农业转基因

生物安全管理政策与法规汇编

NONGYE ZHUANJIYIN SHENGWU ANQUAN GUANLI
ZHENGCE YU FAGUI HUIBIAN

（2018版）

农业农村部农业转基因生物安全管理办公室
农业农村部科技发展中心 编

中国农业出版社
北 京

图书在版编目（CIP）数据

农业转基因生物安全管理政策与法规汇编：2018 版 /
农业农村部农业转基因生物安全管理办公室，农业农村部
科技发展中心编 . —北京：中国农业出版社，2018.12
ISBN 978-7-109-24688-1

Ⅰ.①农… Ⅱ.①农… ②农… Ⅲ.①作物—转基因
技术—法规—汇编—中国 Ⅳ.①D922.49

中国版本图书馆 CIP 数据核字（2018）第 226242 号

中国农业出版社出版
（北京市朝阳区麦子店街 18 号楼）
（邮政编码 100125）
责任编辑 刘 伟 冀 刚

中国农业出版社印刷厂印刷 新华书店北京发行所发行
2018 年 12 月第 1 版 2018 年 12 月北京第 1 次印刷

开本：787mm×1092mm 1/16 印张：29.5
字数：750 千字
定价：200.00 元

（凡本版图书出现印刷、装订错误，请向出版社发行部调换）

目 录

第一部分　法规及配套规章

第二部分　规范性和其他重要文件

第三部分　相关法律、法规和规章

第一部分

法规及配套规章

农业转基因生物安全管理条例

(2001 年 5 月 23 日中华人民共和国国务院令第 304 号发布，
2011 年 1 月 8 日、2017 年 10 月 7 日修订)

第一章 总 则

第一条 为了加强农业转基因生物安全管理，保障人体健康和动植物、微生物安全，保护生态环境，促进农业转基因生物技术研究，制定本条例。

第二条 在中华人民共和国境内从事农业转基因生物的研究、试验、生产、加工、经营和进口、出口活动，必须遵守本条例。

第三条 本条例所称农业转基因生物，是指利用基因工程技术改变基因组构成，用于农业生产或者农产品加工的动植物、微生物及其产品，主要包括：

（一）转基因动植物（含种子、种畜禽、水产苗种）和微生物；

（二）转基因动植物、微生物产品；

（三）转基因农产品的直接加工品；

（四）含有转基因动植物、微生物或者其产品成分的种子、种畜禽、水产苗种、农药、兽药、肥料和添加剂等产品。

本条例所称农业转基因生物安全，是指防范农业转基因生物对人类、动植物、微生物和生态环境构成的危险或者潜在风险。

第四条 国务院农业行政主管部门负责全国农业转基因生物安全的监督管理工作。

县级以上地方各级人民政府农业行政主管部门负责本行政区域内的农业转基因生物安全的监督管理工作。

县级以上各级人民政府有关部门依照《中华人民共和国食品安全法》的有关规定，负责转基因食品安全的监督管理工作。

第五条 国务院建立农业转基因生物安全管理部际联席会议制度。

农业转基因生物安全管理部际联席会议由农业、科技、环境保护、卫生、外经贸、检验检疫等有关部门的负责人组成，负责研究、协调农业转基因生物安全管理工作中的重大问题。

第六条 国家对农业转基因生物安全实行分级管理评价制度。

农业转基因生物按照其对人类、动植物、微生物和生态环境的危险程度，分为Ⅰ、Ⅱ、Ⅲ、Ⅳ四个等级。具体划分标准由国务院农业行政主管部门制定。

第七条 国家建立农业转基因生物安全评价制度。

农业转基因生物安全评价的标准和技术规范，由国务院农业行政主管部门制定。

第八条 国家对农业转基因生物实行标识制度。

实施标识管理的农业转基因生物目录，由国务院农业行政主管部门商国务院有关部门制定、调整并公布。

第二章　研究与试验

第九条　国务院农业行政主管部门应当加强农业转基因生物研究与试验的安全评价管理工作，并设立农业转基因生物安全委员会，负责农业转基因生物的安全评价工作。

农业转基因生物安全委员会由从事农业转基因生物研究、生产、加工、检验检疫以及卫生、环境保护等方面的专家组成。

第十条　国务院农业行政主管部门根据农业转基因生物安全评价工作的需要，可以委托具备检测条件和能力的技术检测机构对农业转基因生物进行检测。

第十一条　从事农业转基因生物研究与试验的单位，应当具备与安全等级相适应的安全设施和措施，确保农业转基因生物研究与试验的安全，并成立农业转基因生物安全小组，负责本单位农业转基因生物研究与试验的安全工作。

第十二条　从事Ⅲ、Ⅳ级农业转基因生物研究的，应当在研究开始前向国务院农业行政主管部门报告。

第十三条　农业转基因生物试验，一般应当经过中间试验、环境释放和生产性试验三个阶段。中间试验，是指在控制系统内或者控制条件下进行的小规模试验。环境释放，是指在自然条件下采取相应安全措施所进行的中规模的试验。生产性试验，是指在生产和应用前进行的较大规模的试验。

第十四条　农业转基因生物在实验室研究结束后，需要转入中间试验的，试验单位应当向国务院农业行政主管部门报告。

第十五条　农业转基因生物试验需要从上一试验阶段转入下一试验阶段的，试验单位应当向国务院农业行政主管部门提出申请；经农业转基因生物安全委员会进行安全评价合格的，由国务院农业行政主管部门批准转入下一试验阶段。

试验单位提出前款申请，应当提供下列材料：

（一）农业转基因生物的安全等级和确定安全等级的依据；

（二）农业转基因生物技术检测机构出具的检测报告；

（三）相应的安全管理、防范措施；

（四）上一试验阶段的试验报告。

第十六条　从事农业转基因生物试验的单位在生产性试验结束后，可以向国务院农业行政主管部门申请领取农业转基因生物安全证书。试验单位提出前款申请，应当提供下列材料：

（一）农业转基因生物的安全等级和确定安全等级的依据；

（二）生产性试验的总结报告；

（三）国务院农业行政主管部门规定的试验材料、检测方法等其他材料。

国务院农业行政主管部门收到申请后，应当委托具备检测条件和能力的技术检测机构进行检测，并组织农业转基因生物安全委员会进行安全评价；安全评价合格的，方可颁发农业转基因生物安全证书。

第十七条　转基因植物种子、种畜禽、水产苗种，利用农业转基因生物生产的或者含有农业转基因生物成分的种子、种畜禽、水产苗种、农药、兽药、肥料和添加剂等，在依照有关法律、行政法规的规定进行审定、登记或者评价、审批前，应当依照本条例第十六条的规定取得农业转基因生物安全证书。

第十八条　中外合作、合资或者外方独资在中华人民共和国境内从事农业转基因生物研究与试验的，应当经国务院农业行政主管部门批准。

第三章　生产与加工

第十九条　生产转基因植物种子、种畜禽、水产苗种，应当取得国务院农业行政主管部门颁发的种子、种畜禽、水产苗种生产许可证。

生产单位和个人申请转基因植物种子、种畜禽、水产苗种生产许可证，除应当符合有关法律、行政法规规定的条件外，还应当符合下列条件：

（一）取得农业转基因生物安全证书并通过品种审定；

（二）在指定的区域种植或者养殖；

（三）有相应的安全管理、防范措施；

（四）国务院农业行政主管部门规定的其他条件。

第二十条　生产转基因植物种子、种畜禽、水产苗种的单位和个人，应当建立生产档案，载明生产地点、基因及其来源、转基因的方法以及种子、种畜禽、水产苗种流向等内容。

第二十一条　单位和个人从事农业转基因生物生产、加工的，应当由国务院农业行政主管部门或者省、自治区、直辖市人民政府农业行政主管部门批准。具体办法由国务院农业行政主管部门制定。

第二十二条　从事农业转基因生物生产、加工的单位和个人，应当按照批准的品种、范围、安全管理要求和相应的技术标准组织生产、加工，并定期向所在地县级人民政府农业行政主管部门提供生产、加工、安全管理情况和产品流向的报告。

第二十三条　农业转基因生物在生产、加工过程中发生基因安全事故时，生产、加工单位和个人应当立即采取安全补救措施，并向所在地县级人民政府农业行政主管部门报告。

第二十四条　从事农业转基因生物运输、储存的单位和个人，应当采取与农业转基因生物安全等级相适应的安全控制措施，确保农业转基因生物运输、储存的安全。

第四章　经　　营

第二十五条　经营转基因植物种子、种畜禽、水产苗种的单位和个人，应当取得国务院农业行政主管部门颁发的种子、种畜禽、水产苗种经营许可证。

经营单位和个人申请转基因植物种子、种畜禽、水产苗种经营许可证，除应当符合有关法律、行政法规规定的条件外，还应当符合下列条件：

（一）有专门的管理人员和经营档案；

（二）有相应的安全管理、防范措施；

（三）国务院农业行政主管部门规定的其他条件。

第二十六条　经营转基因植物种子、种畜禽、水产苗种的单位和个人，应当建立经营档案，载明种子、种畜禽、水产苗种的来源、储存，运输和销售去向等内容。

第二十七条　在中华人民共和国境内销售列入农业转基因生物目录的农业转基因生物，应当有明显的标识。

列入农业转基因生物目录的农业转基因生物，由生产、分装单位和个人负责标识；未标识的，不得销售。经营单位和个人在进货时，应当对货物和标识进行核对。经营单位和个人拆开原包装进行销售的，应当重新标识。

第二十八条　农业转基因生物标识应当载明产品中含有转基因成分的主要原料名称；有特殊销售范围要求的，还应当载明销售范围，并在指定范围内销售。

第二十九条　农业转基因生物的广告，应当经国务院农业行政主管部门审查批准后，方可刊登、播放、设置和张贴。

第五章　进口与出口

第三十条　从中华人民共和国境外引进农业转基因生物用于研究、试验的，引进单位应当向国务院农业行政主管部门提出申请；符合下列条件的，国务院农业行政主管部门方可批准：

（一）具有国务院农业行政主管部门规定的申请资格；

（二）引进的农业转基因生物在国（境）外已经进行了相应的研究、试验；

（三）有相应的安全管理、防范措施。

第三十一条　境外公司向中华人民共和国出口转基因植物种子、种畜禽、水产苗种和利用农业转基因生物生产的或者含有农业转基因生物成分的植物种子、种畜禽、水产苗种、农药、兽药、肥料和添加剂的，应当向国务院农业行政主管部门提出申请；符合下列条件的，国务院农业行政主管部门方可批准试验材料入境并依照本条例的规定进行中间试验、环境释放和生产性试验：

（一）输出国家或者地区已经允许作为相应用途并投放市场；

（二）输出国家或者地区经过科学试验证明对人类、动植物、微生物和生态环境无害；

生产性试验结束后，经安全评价合格，并取得农业转基因生物安全证书后，方可依照有关法律、行政法规的规定办理审定、登记或者评价、审批手续。

第三十二条　境外公司向中华人民共和国出口农业转基因生物用作加工原料的，应当向国务院农业行政主管部门提出申请，提交国务院农业行政主管部门要求的试验材料、检测方法等材料；符合下列条件，经国务院农业行政主管部门委托的、具备检测条件和能力的技术检测机构检测确认对人类、动植物、微生物和生态环境不存在危险，并经安全评价合格的，由国务院农业行政主管部门颁发农业转基因生物安全证书：

（一）输出国家或者地区已经允许作为相应用途并投放市场；

（二）输出国家或者地区经过科学试验证明对人类、动植物、微生物和生态环境无害；

（三）有相应的安全管理、防范措施。

第三十三条　从中华人民共和国境外引进农业转基因生物的，或者向中华人民共和国出口农业转基因生物的，引进单位或者境外公司应当凭国务院农业行政主管部门颁发的农业转基因生物安全证书和相关批准文件，向口岸出入境检验检疫机构报检；经检疫合格后，方可向海关申请办理有关手续。

第三十四条　农业转基因生物在中华人民共和国过境转移的，应当遵守中华人民共和国有关法律、行政法规的规定。

第三十五条 国务院农业行政主管部门应当自收到申请人申请之日起270日内作出批准或者不批准的决定，并通知申请人。

第三十六条 向中华人民共和国境外出口农产品，外方要求提供非转基因农产品证明的，由口岸出入境检验检疫机构根据国务院农业行政主管部门发布的转基因农产品信息，进行检测并出具非转基因农产品证明。

第三十七条 进口农业转基因生物，没有国务院农业行政主管部门颁发的农业转基因生物安全证书和相关批准文件的，或者与证书、批准文件不符的，作退货或者销毁处理。进口农业转基因生物不按照规定标识的，重新标识后方可入境。

第六章 监督检查

第三十八条 农业行政主管部门履行监督检查职责时，有权采取下列措施：

（一）询问被检查的研究、试验、生产、加工、经营或者进口、出口的单位和个人、利害关系人、证明人，并要求其提供与农业转基因生物安全有关的证明材料或者其他资料；

（二）查阅或者复制农业转基因生物研究、试验、生产、加工、经营或者进口、出口的有关档案、账册和资料等；

（三）要求有关单位和个人就有关农业转基因生物安全的问题作出说明；

（四）责令违反农业转基因生物安全管理的单位和个人停止违法行为；

（五）在紧急情况下，对非法研究、试验、生产、加工，经营或者进口、出口的农业转基因生物实施封存或者扣押。

第三十九条 农业行政主管部门工作人员在监督检查时，应当出示执法证件。

第四十条 有关单位和个人对农业行政主管部门的监督检查，应当予以支持、配合，不得拒绝、阻碍监督检查人员依法执行职务。

第四十一条 发现农业转基因生物对人类、动植物和生态环境存在危险时，国务院农业行政主管部门有权宣布禁止生产、加工、经营和进口，收回农业转基因生物安全证书，销毁有关存在危险的农业转基因生物。

第七章 罚　　则

第四十二条 违反本条例规定，从事Ⅲ、Ⅳ级农业转基因生物研究或者进行中间试验，未向国务院农业行政主管部门报告的，由国务院农业行政主管部门责令暂停研究或者中间试验，限期改正。

第四十三条 违反本条例规定，未经批准擅自从事环境释放、生产性试验的，已获批准但未按照规定采取安全管理、防范措施的，或者超过批准范围进行试验的，由国务院农业行政主管部门或者省、自治区、直辖市人民政府农业行政主管部门依据职权，责令停止试验，并处1万元以上5万元以下的罚款。

第四十四条 违反本条例规定，在生产性试验结束后，未取得农业转基因生物安全证书，擅自将农业转基因生物投入生产和应用的，由国务院农业行政主管部门责令停止生产和应用，并处2万元以上10万元以下的罚款。

第四十五条 违反本条例第十八条规定，未经国务院农业行政主管部门批准，从事农业转基因生物研究与试验的，由国务院农业行政主管部门责令立即停止研究与试验，限期补办审批手续。

第四十六条 违反本条例规定，未经批准生产、加工农业转基因生物或者未按照批准的品种、范围、安全管理要求和技术标准生产、加工的，由国务院农业行政主管部门或者省、自治区、直辖市人民政府农业行政主管部门依据职权，责令停止生产或者加工，没收违法生产或者加工的产品及违法所得；违法所得 10 万元以上的，并处违法所得 1 倍以上 5 倍以下的罚款；没有违法所得或者违法所得不足 10 万元的，并处 10 万元以上 20 万元以下的罚款。

第四十七条 违反本条例规定，转基因植物种子、种畜禽、水产苗种的生产、经营单位和个人，未按照规定制作、保存生产、经营档案的，由县级以上人民政府农业行政主管部门依据职权，责令改正，处 1 000 元以上 1 万元以下的罚款。

第四十八条 违反本条例规定，未经国务院农业行政主管部门批准，擅自进口农业转基因生物的，由国务院农业行政主管部门责令停止进口，没收已进口的产品和违法所得；违法所得 10 万元以上的，并处违法所得 1 倍以上 5 倍以下的罚款；没有违法所得或者违法所得不足 10 万元的，并处 10 万元以上 20 万元以下的罚款。

第四十九条 违反本条例规定，进口、携带、邮寄农业转基因生物未向口岸出入境检验检疫机构报检的，由口岸出入境检验检疫机构比照进出境动植物检疫法的有关规定处罚。

第五十条 违反本条例关于农业转基因生物标识管理规定的，由县级以上人民政府农业行政主管部门依据职权，责令限期改正，可以没收非法销售的产品和违法所得，并可以处 1 万元以上 5 万元以下的罚款。

第五十一条 假冒、伪造、转让或者买卖农业转基因生物有关证明文书的，由县级以上人民政府农业行政主管部门依据职权，收缴相应的证明文书，并处 2 万元以上 10 万元以下的罚款；构成犯罪的，依法追究刑事责任。

第五十二条 违反本条例规定，在研究、试验、生产、加工、储存、运输、销售或者进口、出口农业转基因生物过程中发生基因安全事故，造成损害的，依法承担赔偿责任。

第五十三条 国务院农业行政主管部门或者省、自治区、直辖市人民政府农业行政主管部门违反本条例规定核发许可证、农业转基因生物安全证书以及其他批准文件的，或者核发许可证、农业转基因生物安全证书以及其他批准文件后不履行监督管理职责的，对直接负责的主管人员和其他直接责任人员依法给予行政处分；构成犯罪的，依法追究刑事责任。

第八章 附 则

第五十四条 本条例自公布之日起施行。

修改说明

1. 2011 年 1 月 8 日国务院令第 588 号第一次修改，修改内容如下：

将《农业转基因生物安全管理条例》第四条第三款修改为："县级以上各级人民政府

有关部门依照《中华人民共和国食品安全法》的有关规定，负责转基因食品安全的监督管理工作。"

2. 2017 年 10 月 7 日国务院令第 687 号第二次修改，修改内容如下：

（1）删去《农业转基因生物安全管理条例》第十六条第二款第二项。第二款第四项改为第三项，修改为："（三）国务院农业行政主管部门规定的试验材料、检测方法等其他材料。"第三款修改为："国务院农业行政主管部门收到申请后，应当委托具备检测条件和能力的技术检测机构进行检测，并组织农业转基因生物安全委员会进行安全评价；安全评价合格的，方可颁发农业转基因生物安全证书。"

（2）删去第二十二条。

（3）第三十三条改为第三十二条，修改为："境外公司向中华人民共和国出口农业转基因生物用作加工原料的，应当向国务院农业行政主管部门提出申请，提交国务院农业行政主管部门要求的试验材料、检测方法等材料；符合下列条件，经国务院农业行政主管部门委托的、具备检测条件和能力的技术检测机构检测确认对人类、动植物、微生物和生态环境不存在危险，并经安全评价合格的，由国务院农业行政主管部门颁发农业转基因生物安全证书：

"（一）输出国家或者地区已经允许作为相应用途并投放市场；

"（二）输出国家或者地区经过科学试验证明对人类、动植物、微生物和生态环境无害；

"（三）有相应的安全管理、防范措施。"

（4）第三十五条改为第三十四条，修改为："农业转基因生物在中华人民共和国过境转移的，应当遵守中华人民共和国有关法律、行政法规的规定。"

（5）第三十六条改为第三十五条，删去其中的"国家出入境检验检疫部门"。

（6）删去第四十九条。

（7）第五十一条改为第四十九条，修改为："违反本条例规定，进口、携带、邮寄农业转基因生物未向口岸出入境检验检疫机构报检的，由口岸出入境检验检疫机构比照进出境动植物检疫法的有关规定处罚。"

农业转基因生物安全评价管理办法

（2002 年 1 月 5 日农业部令第 8 号公布，2004 年 7 月 1 日、2016 年 7 月 25 日、2017 年 11 月 30 日修订）

第一章 总 则

第一条 为了加强农业转基因生物安全评价管理，保障人类健康和动植物、微生物安全，保护生态环境，根据《农业转基因生物安全管理条例》（简称《条例》），制定本办法。

第二条 在中华人民共和国境内从事农业转基因生物的研究、试验、生产、加工、经营和进口、出口活动，依照《条例》规定需要进行安全评价的，应当遵守本办法。

第三条 本办法适用于《条例》规定的农业转基因生物，即利用基因工程技术改变基因组构成，用于农业生产或者农产品加工的植物、动物、微生物及其产品，主要包括：

（一）转基因动植物（含种子、种畜禽、水产苗种）和微生物；

（二）转基因动植物、微生物产品；

（三）转基因农产品的直接加工品；

（四）含有转基因动植物、微生物或者其产品成分的种子、种畜禽、水产苗种、农药、兽药、肥料和添加剂等产品。

第四条 本办法评价的是农业转基因生物对人类、动植物、微生物和生态环境构成的危险或者潜在的风险。安全评价工作按照植物、动物、微生物三个类别，以科学为依据，以个案审查为原则，实行分级分阶段管理。

第五条 根据《条例》第九条的规定设立国家农业转基因生物安全委员会，负责农业转基因生物的安全评价工作。国家农业转基因生物安全委员会由从事农业转基因生物研究、生产、加工、检验检疫、卫生、环境保护等方面的专家组成，每届任期五年。

农业部设立农业转基因生物安全管理办公室，负责农业转基因生物安全评价管理工作。

第六条 从事农业转基因生物研究与试验的单位是农业转基因生物安全管理的第一责任人，应当成立由单位法定代表人负责的农业转基因生物安全小组，负责本单位农业转基因生物的安全管理及安全评价申报的审查工作。

从事农业转基因生物研究与试验的单位，应当制定农业转基因生物试验操作规程，加强农业转基因生物试验的可追溯管理。

第七条 农业部根据农业转基因生物安全评价工作的需要，委托具备检测条件和能力的技术检测机构对农业转基因生物进行检测，为安全评价和管理提供依据。

第八条 转基因植物种子、种畜禽、水产种苗，利用农业转基因生物生产的或者含有农业转基因生物成分的种子、种畜禽、水产种苗、农药、兽药、肥料和添加剂等，在依照有关法律、行政法规的规定进行审定、登记或者评价、审批前，应当依照本办法的规定取得农业转基因生物安全证书。

第二章 安全等级和安全评价

第九条 农业转基因生物安全实行分级评价管理。

按照对人类、动植物、微生物和生态环境的危险程度，将农业转基因生物分为以下四个等级：

安全等级Ⅰ：尚不存在危险；

安全等级Ⅱ：具有低度危险；

安全等级Ⅲ：具有中度危险；

安全等级Ⅳ：具有高度危险。

第十条 农业转基因生物安全评价和安全等级的确定按以下步骤进行：

（一）确定受体生物的安全等级；

（二）确定基因操作对受体生物安全等级影响的类型；

（三）确定转基因生物的安全等级；

（四）确定生产、加工活动对转基因生物安全性的影响；

（五）确定转基因产品的安全等级。

第十一条 受体生物安全等级的确定。

受体生物分为四个安全等级：

（一）符合下列条件之一的受体生物应当确定为安全等级Ⅰ：

1. 对人类健康和生态环境未曾发生过不利影响；

2. 演化成有害生物的可能性极小；

3. 用于特殊研究的短存活期受体生物，实验结束后在自然环境中存活的可能性极小。

（二）对人类健康和生态环境可能产生低度危险，但是通过采取安全控制措施完全可以避免其危险的受体生物，应当确定为安全等级Ⅱ。

（三）对人类健康和生态环境可能产生中度危险，但是通过采取安全控制措施，基本上可以避免其危险的受体生物，应当确定为安全等级Ⅲ。

（四）对人类健康和生态环境可能产生高度危险，而且在封闭设施之外尚无适当的安全控制措施避免其发生危险的受体生物，应当确定为安全等级Ⅳ。包括：

1. 可能与其他生物发生高频率遗传物质交换的有害生物；

2. 尚无有效技术防止其本身或其产物逃逸、扩散的有害生物；

3. 尚无有效技术保证其逃逸后，在对人类健康和生态环境产生不利影响之前，将其捕获或消灭的有害生物。

第十二条 基因操作对受体生物安全等级影响类型的确定。

基因操作对受体生物安全等级的影响分为三种类型，即：增加受体生物的安全性；不影响受体生物的安全性；降低受体生物的安全性。

类型1 增加受体生物安全性的基因操作

包括：去除某个（些）已知具有危险的基因或抑制某个（些）已知具有危险的基因表达的基因操作。

类型2 不影响受体生物安全性的基因操作

包括：

1. 改变受体生物的表型或基因型而对人类健康和生态环境没有影响的基因操作；

2. 改变受体生物的表型或基因型而对人类健康和生态环境没有不利影响的基因操作。

类型 3　降低受体生物安全性的基因操作

包括：

1. 改变受体生物的表型或基因型，并可能对人类健康或生态环境产生不利影响的基因操作；

2. 改变受体生物的表型或基因型，但不能确定对人类健康或生态环境影响的基因操作。

第十三条　农业转基因生物安全等级的确定。

根据受体生物的安全等级和基因操作对其安全等级的影响类型及影响程度，确定转基因生物的安全等级。

（一）受体生物安全等级为Ⅰ的转基因生物：

1. 安全等级为Ⅰ的受体生物，经类型 1 或类型 2 的基因操作而得到的转基因生物，其安全等级仍为Ⅰ。

2. 安全等级为Ⅰ的受体生物，经类型 3 的基因操作而得到的转基因生物，如果安全性降低很小，且不需要采取任何安全控制措施的，则其安全等级仍为Ⅰ；如果安全性有一定程度的降低，但是可以通过适当的安全控制措施完全避免其潜在危险的，则其安全等级为Ⅱ；如果安全性严重降低，但是可以通过严格的安全控制措施避免其潜在危险的，则其安全等级为Ⅲ；如果安全性严重降低，而且无法通过安全控制措施完全避免其危险的，则其安全等级为Ⅳ。

（二）受体生物安全等级为Ⅱ的转基因生物：

1. 安全等级为Ⅱ的受体生物，经类型 1 的基因操作而得到的转基因生物，如果安全性增加到对人类健康和生态环境不再产生不利影响的，则其安全等级为Ⅰ；如果安全性虽有增加，但对人类健康和生态环境仍有低度危险的，则其安全等级仍为Ⅱ。

2. 安全等级为Ⅱ的受体生物，经类型 2 的基因操作而得到的转基因生物，其安全等级仍为Ⅱ。

3. 安全等级为Ⅱ的受体生物，经类型 3 的基因操作而得到的转基因生物，根据安全性降低的程度不同，其安全等级可为Ⅱ、Ⅲ或Ⅳ，分级标准与受体生物的分级标准相同。

（三）受体生物安全等级为Ⅲ的转基因生物：

1. 安全等级为Ⅲ的受体生物，经类型 1 的基因操作而得到的转基因生物，根据安全性增加的程度不同，其安全等级可为Ⅰ、Ⅱ或Ⅲ，分级标准与受体生物的分级标准相同。

2. 安全等级为Ⅲ的受体生物，经类型 2 的基因操作而得到的转基因生物，其安全等级仍为Ⅲ。

3. 安全等级为Ⅲ的受体生物，经类型 3 的基因操作得到的转基因生物，根据安全性降低的程度不同，其安全等级可为Ⅲ或Ⅳ，分级标准与受体生物的分级标准相同。

（四）受体生物安全等级为Ⅳ的转基因生物：

1. 安全等级为Ⅳ的受体生物，经类型 1 的基因操作而得到的转基因生物，根据安全性增加的程度不同，其安全等级可为Ⅰ、Ⅱ、Ⅲ或Ⅳ，分级标准与受体生物的分级标准相同。

2. 安全等级为Ⅳ的受体生物，经类型2或类型3的基因操作而得到的转基因生物，其安全等级仍为Ⅳ。

第十四条 农业转基因产品安全等级的确定。

根据农业转基因生物的安全等级和产品的生产、加工活动对其安全等级的影响类型和影响程度，确定转基因产品的安全等级。

（一）农业转基因产品的生产、加工活动对转基因生物安全等级的影响分为三种类型：

类型1 增加转基因生物的安全性；

类型2 不影响转基因生物的安全性；

类型3 降低转基因生物的安全性。

（二）转基因生物安全等级为1的转基因产品：

1. 安全等级为Ⅰ的转基因生物，经类型1或类型2的生产、加工活动而形成的转基因产品，其安全等级仍为Ⅰ。

2. 安全等级为Ⅰ的转基因生物，经类型3的生产、加工活动而形成的转基因产品，根据安全性降低的程度不同，其安全等级可为Ⅰ、Ⅱ、Ⅲ或Ⅳ，分级标准与受体生物的分级标准相同。

（三）转基因生物安全等级为Ⅱ的转基因产品：

1. 安全等级为Ⅱ的转基因生物，经类型1的生产、加工活动而形成的转基因产品，如果安全性增加到对人类健康和生态环境不再产生不利影响的，其安全等级为Ⅰ；如果安全性虽然有增加，但是对人类健康或生态环境仍有低度危险的，其安全等级仍为Ⅱ。

2. 安全等级为Ⅱ的转基因生物，经类型2的生产、加工活动而形成的转基因产品，其安全等级仍为Ⅱ。

3. 安全等级为Ⅱ的转基因生物，经类型3的生产、加工活动而形成的转基因产品，根据安全性降低的程度不同，其安全等级可为Ⅱ、Ⅲ或Ⅳ，分级标准与受体生物的分级标准相同。

（四）转基因生物安全等级为Ⅲ的转基因产品：

1. 安全等级为Ⅲ的转基因生物，经类型1的生产、加工活动而形成的转基因产品，根据安全性增加的程度不同，其安全等级可为Ⅰ、Ⅱ或Ⅲ，分级标准与受体生物的分级标准相同。

2. 安全等级为Ⅲ的转基因生物，经类型2的生产、加工活动而形成的转基因产品，其安全等级仍为Ⅲ。

3. 安全等级为Ⅲ的转基因生物，经类型3的生产、加工活动而形成转基因产品，根据安全性降低的程度不同，其安全等级可为Ⅲ或Ⅳ，分级标准与受体生物的分级标准相同。

（五）转基因生物安全等级为Ⅳ的转基因产品：

1. 安全等级为Ⅳ的转基因生物，经类型1的生产、加工活动而得到的转基因产品，根据安全性增加的程度不同，其安全等级可为Ⅰ、Ⅱ、Ⅲ或Ⅳ，分级标准与受体生物的分级标准相同。

2. 安全等级为Ⅳ的转基因生物，经类型 2 或类型 3 的生产、加工活动而得到的转基因产品，其安全等级仍为Ⅳ。

第三章　申报和审批

第十五条　凡在中华人民共和国境内从事农业转基因生物安全等级为Ⅲ和Ⅳ的研究以及所有安全等级的试验和进口的单位以及生产和加工的单位和个人，应当根据农业转基因生物的类别和安全等级，分阶段向农业转基因生物安全管理办公室报告或者提出申请。

第十六条　农业部依法受理农业转基因生物安全评价申请。申请被受理的，应当交由国家农业转基因生物安全委员会进行安全评价。国家农业转基因生物安全委员会每年至少开展两次农业转基因生物安全评审。农业部收到安全评价结果后按照《中华人民共和国行政许可法》和《条例》的规定作出批复。

第十七条　从事农业转基因生物试验和进口的单位以及从事农业转基因生物生产和加工的单位和个人，在向农业转基因生物安全管理办公室提出安全评价报告或申请前应当完成下列手续：

（一）报告或申请单位和报告或申请人对所从事的转基因生物工作进行安全性评价，并填写报告书或申报书；

（二）组织本单位转基因生物安全小组对申报材料进行技术审查；

（三）提供有关技术资料。

第十八条　在中华人民共和国从事农业转基因生物实验研究与试验的，应当具备下列条件：

（一）在中华人民共和国境内有专门的机构；

（二）有从事农业转基因生物实验研究与试验的专职技术人员；

（三）具备与实验研究和试验相适应的仪器设备和设施条件；

（四）成立农业转基因生物安全管理小组。

第十九条　报告农业转基因生物实验研究和中间试验以及申请环境释放、生产性试验和安全证书的单位应当按照农业部制定的农业转基因植物、动物和微生物安全评价各阶段的报告或申报要求、安全评价的标准和技术规范，办理报告或申请手续（见附录Ⅰ、Ⅱ、Ⅲ、Ⅳ）。

第二十条　从事安全等级为Ⅰ和Ⅱ的农业转基因生物实验研究，由本单位农业转基因生物安全小组批准；从事安全等级为Ⅲ和Ⅳ的农业转基因生物实验研究，应当在研究开始前向农业转基因生物安全管理办公室报告。

研究单位向农业转基因生物安全管理办公室报告时应当提供以下材料：

（一）实验研究报告书；

（二）农业转基因生物的安全等级和确定安全等级的依据；

（三）相应的实验室安全设施、安全管理和防范措施。

第二十一条　在农业转基因生物（安全等级Ⅰ、Ⅱ、Ⅲ、Ⅳ）实验研究结束后拟转入中间试验的，试验单位应当向农业转基因生物安全管理办公室报告。

试验单位向农业转基因生物安全管理办公室报告时应当提供下列材料：

（一）中间试验报告书；

（二）实验研究总结报告；

（三）农业转基因生物的安全等级和确定安全等级的依据；

（四）相应的安全研究内容、安全管理和防范措施。

第二十二条　在农业转基因生物中间试验结束后拟转入环境释放的，或者在环境释放结束后拟转入生产性试验的，试验单位应当向农业转基因生物安全管理办公室提出申请，经国家农业转基因生物安全委员会安全评价合格并由农业部批准后，方可根据农业转基因生物安全审批书的要求进行相应的试验。

试验单位提出前款申请时，应当按照相关安全评价指南的要求提供下列材料：

（一）安全评价申报书；

（二）农业转基因生物的安全等级和确定安全等级的依据；

（三）有检测条件和能力的技术检测机构出具的检测报告；

（四）相应的安全研究内容、安全管理和防范措施；

（五）上一试验阶段的试验总结报告；

申请生产性试验的，还应当按要求提交农业转基因生物样品、对照样品及检测方法。

第二十三条　在农业转基因生物安全审批书有效期内，试验单位需要改变试验地点的，应当向农业转基因生物安全管理办公室报告。

第二十四条　在农业转基因生物试验结束后拟申请安全证书的，试验单位应当向农业转基因生物安全管理办公室提出申请。

试验单位提出前款申请时，应当按照相关安全评价指南的要求提供下列材料：

（一）安全评价申报书；

（二）农业转基因生物的安全等级和确定安全等级的依据；

（三）中间试验、环境释放和生产性试验阶段的试验总结报告；

（四）按要求提交农业转基因生物样品、对照样品及检测所需的试验材料、检测方法，但按照本办法第二十二条规定已经提交的除外；

（五）其他有关材料。

农业部收到申请后，应当组织农业转基因生物安全委员会进行安全评价，并委托具备检测条件和能力的技术检测机构进行检测；安全评价合格的，经农业部批准后，方可颁发农业转基因生物安全证书。

第二十五条　农业转基因生物安全证书应当明确转基因生物名称（编号）、规模、范围、时限及有关责任人、安全控制措施等内容。

从事农业转基因生物生产和加工的单位和个人以及进口的单位，应当按照农业转基因生物安全证书的要求开展工作并履行安全证书规定的相关义务。

第二十六条　从中华人民共和国境外引进农业转基因生物，或者向中华人民共和国出口农业转基因生物的，应当按照《农业转基因生物进口安全管理办法》的规定提供相应的安全评价材料，并在申请安全证书时按要求提交农业转基因生物样品、对照样品及检测方法。

第二十七条　农业转基因生物安全评价受理审批机构的工作人员和参与审查的专家，应当为申报者保守技术秘密和商业秘密，与本人及其近亲属有利害关系的应当回避。

第四章　技术检测管理

第二十八条　农业部根据农业转基因生物安全评价及其管理工作的需要，委托具备检测条件和能力的技术检测机构进行检测。

第二十九条　技术检测机构应当具备下列基本条件：

（一）具有公正性和权威性，设有相对独立的机构和专职人员；

（二）具备与检测任务相适应的、符合国家标准（或行业标准）的仪器设备和检测手段；

（三）严格执行检测技术规范，出具的检测数据准确可靠；

（四）有相应的安全控制措施。

第三十条　技术检测机构的职责任务：

（一）为农业转基因生物安全管理和评价提供技术服务；

（二）承担农业部或申请人委托的农业转基因生物定性定量检验、鉴定和复查任务；

（三）出具检测报告，作出科学判断；

（四）研究检测技术与方法，承担或参与评价标准和技术法规的制修订工作；

（五）检测结束后，对用于检测的样品应当安全销毁，不得保留；

（六）为委托人和申请人保守技术秘密和商业秘密。

第五章　监督管理与安全监控

第三十一条　农业部负责农业转基因生物安全的监督管理，指导不同生态类型区域的农业转基因生物安全监控和监测工作，建立全国农业转基因生物安全监管和监测体系。

第三十二条　县级以上地方各级人民政府农业行政主管部门按照《条例》第三十九条和第四十条的规定负责本行政区域内的农业转基因生物安全的监督管理工作。

第三十三条　有关单位和个人应当按照《条例》第四十一条的规定，配合农业行政主管部门做好监督检查工作。

第三十四条　从事农业转基因生物试验、生产的单位，应当接受农业行政主管部门的监督检查，并在每年3月31日前，向试验、生产所在地省级和县级人民政府农业行政主管部门提交上一年度试验、生产总结报告。

第三十五条　从事农业转基因生物试验和生产的单位，应当根据本办法的规定确定安全控制措施和预防事故的紧急措施，做好安全监督记录，以备核查。

安全控制措施包括物理控制、化学控制、生物控制、环境控制和规模控制等（见附录Ⅳ）。

第三十六条　安全等级Ⅱ、Ⅲ、Ⅳ的转基因生物，在废弃物处理和排放之前应当采取可靠措施将其销毁、灭活，以防止扩散和污染环境。发现转基因生物扩散、残留或者造成危害的，必须立即采取有效措施加以控制、消除，并向当地农业行政主管部门报告。

第三十七条　农业转基因生物在储存、转移、运输和销毁、灭活时，应当采取相应的安全管理和防范措施，具备特定的设备或场所，指定专人管理并记录。

第三十八条　发现农业转基因生物对人类、动植物和生态环境存在危险时，农业部有权宣布禁止生产、加工、经营和进口，收回农业转基因生物安全证书，由货主销毁有关存在危险的农业转基因生物。

第六章　罚　则

第三十九条　违反本办法规定，从事安全等级Ⅲ、Ⅳ的农业转基因生物实验研究或者从事农业转基因生物中间试验，未向农业部报告的，按照《条例》第四十二条的规定处理。

第四十条　违反本办法规定，未经批准擅自从事环境释放、生产性试验的，或已获批准但未按照规定采取安全管理防范措施的，或者超过批准范围和期限进行试验的，按照《条例》第四十三条的规定处罚。

第四十一条　违反本办法规定，在生产性试验结束后，未取得农业转基因生物安全证书，擅自将农业转基因生物投入生产和应用的，按照《条例》第四十四条的规定处罚。

第四十二条　假冒、伪造、转让或者买卖农业转基因生物安全证书、审批书以及其他批准文件的，按照《条例》第五十一条的规定处罚。

第四十三条　违反本办法规定核发农业转基因生物安全审批书、安全证书以及其他批准文件的，或者核发后不履行监督管理职责的，按照《条例》第五十三条的规定处罚。

第七章　附　则

第四十四条　本办法所用术语及含义如下：

（一）基因，系控制生物性状的遗传物质的功能和结构单位，主要指具有遗传信息的DNA片段；

（二）基因工程技术，包括利用载体系统的重组DNA技术以及利用物理、化学和生物学等方法把重组DNA分子导入有机体的技术；

（二）基因组，系指特定生物的染色体和染色体外所有遗传物质的总和；

（四）DNA，系脱氧核糖核酸的英文名词缩写，是储存生物遗传信息的遗传物质；

（五）农业转基因生物，系指利用基因工程技术改变基因组构成，用于农业生产或者农产品加工的动植物、微生物及其产品；

（六）目的基因，系指以修饰受体细胞遗传组成并表达其遗传效应为目的的基因；

（七）受体生物，系指被导入重组DNA分子的生物；

（八）种子，系指农作物和林木的种植材料或者繁殖材料，包括籽粒、果实和根、茎、苗、芽、叶等；

（九）实验研究，系指在实验室控制系统内进行的基因操作和转基因生物研究工作；

（十）中间试验，系指在控制系统内或者控制条件下进行的小规模试验；

（十一）环境释放，系指在自然条件下采取相应安全措施所进行的中规模的试验；

（十二）生产性试验，系指在生产和应用前进行的较大规模的试验；

（十三）控制系统，系指通过物理控制、化学控制和生物控制建立的封闭或半封闭操作体系；

（十四）物理控制措施，系指利用物理方法限制转基因生物及其产物在实验区外的生存及扩散，如设置栅栏，防止转基因生物及其产物从实验区逃逸或被人或动物携带至实验区外等；

（十五）化学控制措施，系指利用化学方法限制转基因生物及其产物的生存、扩散或残留，如生物材料、工具和设施的消毒；

（十六）生物控制措施，系指利用生物措施限制转基因生物及其产物的生存、扩散或残留，以及限制遗传物质由转基因生物向其他生物的转移，如设置有效的隔离区及监控区、清除试验区附近可与转基因生物杂交的物种、阻止转基因生物开花或去除繁殖器官、采用花期不遇等措施，以防止目的基因向相关生物的转移；

（十七）环境控制措施，系指利用环境条件限制转基因生物及其产物的生存、繁殖、扩散或残留，如控制温度、水分、光周期等；

（十八）规模控制措施，系指尽可能地减少用于试验的转基因生物及其产物的数量或减小试验区的面积，以降低转基因生物及其产物广泛扩散的可能性，在出现预想不到的后果时，能比较彻底地将转基因生物及其产物消除。

第四十五条 本办法由农业部负责解释。

第四十六条 本办法自 2002 年 3 月 20 日起施行。1996 年 7 月 10 日农业部发布的第 7 号令《农业生物基因工程安全管理实施办法》同时废止。

附录 I

转基因植物安全评价

一、转基因植物安全性评价

1 受体植物的安全性评价

1.1 受体植物的背景资料：

1.1.1 学名、俗名和其他名称；

1.1.2 分类学地位；

1.1.3 试验用受体植物品种（或品系）名称；

1.1.4 是野生种还是栽培种；

1.1.5 原产地及引进时间；

1.1.6 用途；

1.1.7 在国内的应用情况；

1.1.8 对人类健康和生态环境是否发生过不利影响；

1.1.9 从历史上看，受体植物演变成有害植物（如杂草等）的可能性；

1.1.10 是否有长期安全应用的记录。

1.2 受体植物的生物学特性：

1.2.1 是一年生还是多年生；

1.2.2 对人及其他生物是否有毒，如有毒，应说明毒性存在的部位及其毒性的性质；

1.2.3 是否有致敏原，如有，应说明致敏原存在的部位及其致敏的特性；

1.2.4 繁殖方式是有性繁殖还是无性繁殖，如为有性繁殖，是自花授粉还是异花授粉或常异花授粉；是虫媒传粉还是风媒传粉；

1.2.5 在自然条件下与同种或近缘种的异交率；

1.2.6 育性（可育还是不育，育性高低，如果不育，应说明属何种不育类型）；

1.2.7 全生育期；

1.2.8 在自然界中生存繁殖的能力，包括越冬性、越夏性及抗逆性等。

1.3 受体植物的生态环境：

1.3.1 在国内的地理分布和自然生境；

1.3.2 生长发育所要求的生态环境条件，包括自然条件和栽培条件的改变对其地理分布区域和范围影响的可能性；

1.3.3 是否为生态环境中的组成部分；

1.3.4 与生态系统中其他植物的生态关系，包括生态环境的改变对这种（些）关系的影响以及是否会因此而产生或增加对人类健康和生态环境的不利影响；

1.3.5 与生态系统中其他生物（动物和微生物）的生态关系，包括生态环境的改变对这种（些）关系的影响以及是否会因此而产生或增加对人类健康或生态环境的不利影响。

1.3.6 对生态环境的影响及其潜在危险程度；

1.3.7 涉及国内非通常种植的植物物种时，应描述该植物的自然生境和有关其天然捕食者、寄生物、竞争物和共生物的资料。

1.4 受体植物的遗传变异：

1.4.1 遗传稳定性；

1.4.2 是否有发生遗传变异而对人类健康或生态环境产生不利影响的资料；

1.4.3 在自然条件下与其他植物种属进行遗传物质交换的可能性；

1.4.4 在自然条件下与其他生物（例如微生物）进行遗传物质交换的可能性。

1.5 受体植物的监测方法和监控的可能性。

1.6 受体植物的其他资料。

1.7 根据上述评价，参照本办法第十一条有关标准划分受体植物的安全等级。

2 基因操作的安全性评价

2.1 转基因植物中引入或修饰性状和特性的叙述。

2.2 实际插入或删除序列的以下资料：

2.2.1 插入序列的大小和结构，确定其特性的分析方法；

2.2.2 删除区域的大小和功能；

2.2.3 目的基因的核苷酸序列和推导的氨基酸序列；

2.2.4 插入序列在植物细胞中的定位（是否整合到染色体、叶绿体、线粒体，或以非整合形式存在）及其确定方法；

2.2.5 插入序列的拷贝数。

2.3 目的基因与载体构建的图谱，载体的名称、来源、结构、特性和安全性，包括载体是否有致病性以及是否可能演变为有致病性。

2.4 载体中插入区域各片段的资料：

2.4.1 启动子和终止子的大小、功能及其供体生物的名称；

2.4.2 标记基因和报告基因的大小、功能及其供体生物的名称；

2.4.3 其他表达调控序列的名称及其来源（如人工合成或供体生物名称）。

2.5 转基因方法。

2.6 插入序列表达的资料：

2.6.1 插入序列表达的器官和组织，如根、茎、叶、花、果、种子等；

2.6.2 插入序列的表达量及其分析方法；

2.6.3 插入序列表达的稳定性。

2.7 根据上述评价，参照本办法第十二条有关标准划分基因操作的安全类型。

3 转基因植物的安全性评价

3.1 转基因植物的遗传稳定性。

3.2 转基因植物与受体或亲本植物在环境安全性方面的差异：

3.2.1 生殖方式和生殖率；

3.2.2 传播方式和传播能力；

3.2.3 休眠期；

3.2.4 适应性；

3.2.5 生存竞争能力；

3.2.6 转基因植物的遗传物质向其他植物、动物和微生物发生转移的可能性；

3.2.7 转变成杂草的可能性；

3.2.8 抗病虫转基因植物对靶标生物及非靶标生物的影响，包括对环境中有益和有害生物的影响；

3.2.9 对生态环境的其他有益或有害作用。

3.3 转基因植物与受体或亲本植物在对人类健康影响方面的差异：

3.3.1 毒性；

3.3.2 过敏性；

3.3.3 抗营养因子；

3.3.4 营养成分；

3.3.5 抗生素抗性；

3.3.6 对人体和食品安全性的其他影响。

3.4 根据上述评价，参照本办法第十三条有关标准划分转基因植物的安全等级。

4 转基因植物产品的安全性评价

4.1 生产、加工活动对转基因植物安全性的影响。

4.2 转基因植物产品的稳定性。

4.3 转基因植物产品与转基因植物在环境安全性方面的差异。

4.4 转基因植物产品与转基因植物在对人类健康影响方面的差异。

4.5 参照本办法第十四条有关标准划分转基因植物产品的安全等级。

二、转基因植物试验方案

1 试验地点

1.1 提供试验地点的地形和气象资料，对试验地点的环境作一般性描述，标明试验的具体地点。

1.2 试验地周围属自然生态类型还是农业生态类型。若为自然生态类型，则说明距农业生态类型地区的远近；若为农业生态类型，列举该作物常见病虫害的名称及发生为害、流行情况。

1.3 列举试验地周围的相关栽培种和野生种的名称、及常见杂草的名称并简述其为害情况。

1.4 列举试验地周围主要动物的种类，是否有珍稀、濒危和保护物种。

1.5 试验地点的生态环境对该转基因植物存活、繁殖、扩散和传播的有利或不利因素，特别是环境中其他生物从转基因植物获得目的基因的可能性。

2 试验设计

2.1 田间试验的起止时间。

2.2 试验地点的面积（不包括隔离材料的面积）。

2.3 转基因植物的种植资料：

2.3.1 转基因植物品种、品系、材料名称（编号）；

2.3.2 转基因植物各品种、品系或材料在各试验地点的种植面积；

2.3.3 转基因植物的用量；

2.3.4 转基因植物如何包装及运至试验地；

2.3.5 转基因植物是机械种植还是人工种植。

2.4 转基因植物全生育期中拟使用农药的情况。

2.5 转基因植物及其产品收获的资料：

2.5.1 转基因植物是否结实；

2.5.2 是机械收获还是人工收获，如何避免散失；

2.5.3 收获后的转基因植物及其产品如何保存。

3 安全控制措施

3.1 隔离措施：

3.1.1 隔离距离；

3.1.2 隔离植物的种类及配置方式；

3.1.3 采用何种方式防止花粉传至试验地之外；

3.1.4 拟采用的其他隔离措施。

3.2 防止转基因植物及其基因扩散的措施。

3.3 试验过程中出现意外事故的应急措施。

3.4 收获部分之外的残留部分如何处理。

3.5 收获后试验地的监控：

3.5.1 试验地的监控负责人及联系方式；

3.5.2 试验地是否留有边界标记；

3.5.3 试验结束后的监控措施和年限。

三、转基因植物各阶段申报要求

1 中间试验的报告要求

1.1 项目名称：应包含目的基因名称、转基因植物名称、试验所在省（自治区、直辖市）名称和试验阶段名称四个部分，如转 Bt 杀虫基因棉花在河北省和北京市的中间试验。

1.2 试验转基因植物材料数量：一份报告书中转化体应当是由同种受体植物（品种或品系不超过 5 个）、相同的目的基因、相同的基因操作所获得的，而且每个转化体都应有明确的名称或编号。

1.3 试验地点和规模：应在法人单位的试验基地进行，每个试验点面积不超过 4 亩[①]（多年生植物视具体情况而定）。试验地点应明确试验所在的省（自治区、直辖市）、县（市）、乡、村和坐标。

1.4 试验年限：一般为一至两年（多年生植物视具体情况而定）。

1.5 报告中间试验一般应当提供以下相关附件资料：

1.5.1 目的基因的核苷酸序列及其推导的氨基酸序列；

1.5.2 目的基因与载体构建的图谱；

---

① 亩为非法定计量单位。1 亩＝1/15 公顷。

1.5.3 目的基因与植物基因组整合及其表达的分子检测或鉴定结果（PCR 检测、Southern 杂交分析或 Northern 分析结果）；

1.5.4 转基因性状及其产物的检测、鉴定技术；

1.5.5 试验地点的位置地形图和种植隔离图；

1.5.6 中间试验的操作规程（包括转基因植物的储存、转移、销毁、收获、采后期监控、意外释放的处理措施以及试验点的管理等）；

1.5.7 试验设计（包括安全性评价的主要指标和研究方法等，如转基因植物的遗传稳定性、农艺性状、环境适应能力、生存竞争能力、外源基因在植物各组织器官的表达及功能性状的有效性等）。

2 环境释放的申报要求

2.1 项目名称：应包含目的基因名称、转基因植物名称、试验所在省（自治区、直辖市）名称和试验阶段名称四个部分，如转 Bt 杀虫基因棉花 NY12 和 NM36 在河北省和北京市的环境释放。

2.2 试验转基因植物材料数量：一份申报书中转化体应当是由同一品种或品系的受体植物、相同的目的基因、相同的基因操作方法所获得的，每个转化体都应有明确的名称或编号，并与中间试验阶段的相对应。

2.3 试验地点和规模：每个试验点面积不超过 30 亩（一般大于 4 亩，多年生植物视具体情况而定）。试验地点应明确试验所在的省（自治区、直辖市）、县（市）、乡、村和坐标。

2.4 试验年限：一次申报环境释放的期限一般为一至两年（多年生植物视具体情况而定）。

2.5 申请环境释放一般应当提供以下相关附件资料：

2.5.1 目的基因的核苷酸序列及其推导的氨基酸序列；

2.5.2 目的基因与载体构建的图谱；

2.5.3 目的基因与植物基因组整合及其表达的分子检测或鉴定结果（PCR 检测、Southern 杂交分析、Northern 或 Western 分析结果、目的基因产物表达结果）；

2.5.4 转基因性状及其产物的检测、鉴定技术；

2.5.5 实验研究和中间试验总结报告；

2.5.6 试验地点的位置地形图；

2.5.7 环境释放的操作规程（包括转基因植物的储存、转移、销毁、收获、采后期监控、意外释放的处理措施以及试验点的管理等）；

2.5.8 试验设计（包括安全性评价的主要指标和研究方法等，如转基因植物的遗传稳定性、农艺性状、环境适应能力、生存竞争能力、外源基因在植物各组织器官的表达及功能性状的稳定性、与相关物种的可交配性及基因漂移、对非靶标生物的影响等）。

3 生产性试验的申报要求

3.1 项目名称：应包含目的基因名称、转基因植物名称、试验所在省（自治区、直辖市）名称和试验阶段名称四个部分，如转 Bt 杀虫基因棉花 NY12 在河北省和北京市的生产性试验。

3.2 试验转基因植物材料数量：一份申报书中不超过 5 个品系，这些品系应为同一转化体，其名称应与前期试验阶段的名称或编号相对应。

3.3　试验地点和规模：应在批准过环境释放的省（自治区、直辖市）进行，每个试验点面积大于 30 亩（多年生植物视具体情况而定）。试验地点应明确试验所在的省（自治区、直辖市）、县（市）、乡、村和坐标。

3.4　试验年限：一次申报生产性试验的期限一般为一至两年（多年生植物视具体情况而定）。

3.5　申请生产性试验一般应当提供以下相关附件资料：

3.5.1　目的基因的核苷酸序列及其推导的氨基酸序列；

3.5.2　目的基因与载体构建的图谱；

3.5.3　目的基因与植物基因组整合及其表达的分子检测或鉴定结果（PCR 检测、Southern 杂交分析、Northern 或 Western 分析结果、目的基因产物表达结果）；

3.5.4　转基因性状及其产物的检测和鉴定技术；

3.5.5　环境释放阶段审批书的复印件；

3.5.6　各试验阶段试验结果及安全性评价试验总结报告；

3.5.7　试验地点的位置地形图；

3.5.8　生产性试验的操作规程（包括转基因植物的储存、转移、销毁、收获、采后期监控、意外释放的处理措施以及试验点的管理等）；

3.5.9　试验设计（包括安全性评价的主要指标和研究方法等，如转基因植物的遗传稳定性、生存竞争能力、基因漂移检测、对非靶标生物的影响，食品安全性如营养成分分析、抗营养因子、是否含毒性物质、是否含致敏原，标记基因的安全性，必要的急性、亚急性动物试验数据等）；

3.5.10　以转基因植物为亲本与常规品种（或其他转基因植物品种或品系）杂交获得的含有转基因成分的植物，应当提供其亲本名称及其选育过程的有关资料，并提供证明其基因来源的试验数据和资料。

4　安全证书的申报要求

4.1　项目名称：应包含目的基因名称、转基因植物名称、安全证书应用所在适宜生态区等几个部分，如转 cry1Ac 基因抗虫棉花 XY12 在黄河流域应用的安全证书。

4.2　一份申报书只能申请转基因植物一个品系（或品种），其名称应与前期试验阶段的名称或编号相对应。品系名称应符合《农业植物品种命名规定》。

4.3　一个转基因植物品系（或品种）应当在已批准进行过生产性试验的适宜生态区申请一个安全证书。

4.4　一次申请安全证书的使用期限一般不超过五年。

4.5　申请安全证书一般应当提供以下附件资料：

4.5.1　目的基因的核苷酸序列及其推导的氨基酸序列；

4.5.2　目的基因与载体构建的图谱；

4.5.3　目的基因与植物基因组整合及其表达的分子检测或鉴定结果（PCR 检测、Southern 杂交分析、Northern 或 Western 分析结果、目的基因产物表达结果）；

4.5.4　转基因性状及产物的检测和鉴定技术；

4.5.5　各试验阶段审批书的复印件；

4.5.6 各试验阶段的安全性评价试验总结报告；

4.5.7 转基因植物对生态环境安全性的综合评价报告；

4.5.8 食品安全性的综合评价报告，包括：A）必要的动物毒理试验报告；B）食品过敏性评价试验报告；C）与非转基因植物比较，其营养成分及抗营养因子分析报告等；

4.5.9 该类转基因植物国内外生产应用概况；

4.5.10 田间监控方案，包括监控技术、抗性治理措施、长期环境效应的研究方法等；

4.5.11 审查所需的其他相关资料。

4.6 申请转基因生物安全证书的转基因植物应当经农业部批准进行生产性试验，并在试验结束后方可申请安全证书。

4.7 转基因植物在取得农业转基因生物安全证书后方可作为种质资源利用。用取得农业转基因生物安全证书的转基因植物作为亲本与常规品种杂交得到的杂交后代，应当从生产性试验阶段开始申报安全性评价。

附录 Ⅱ

转基因动物安全评价

一、转基因动物安全性评价

1 受体动物的安全性评价

1.1 受体动物的背景资料：

1.1.1 学名、俗名和其他名称；

1.1.2 分类学地位；

1.1.3 试验用受体动物品种名称；

1.1.4 是野生种还是驯养种；

1.1.5 原产地及引进时间；

1.1.6 用途；

1.1.7 在国内的应用情况；

1.1.8 对人类健康和生态环境是否发生过不利影响；

1.1.9 从历史上看，受体动物演变成有害动物的可能性；

1.1.10 是否有长期安全应用的记录。

1.2 受体动物的生物学特性：

1.2.1 各发育时期的生物学特性和生命周期；

1.2.2 食性；

1.2.3 繁殖方式和繁殖能力；

1.2.4 迁移方式和能力；

1.2.5 建群能力包括受体动物的竞争性和侵占性行为对其在环境中建群能力的影响，种群大小对繁殖和迁移能力的影响；

1.2.6 对人畜的攻击性、毒性等；

1.2.7 对生态环境影响的可能性。

1.3 受体动物病原体的状况及其潜在影响：

1.3.1 是否具有某种特殊的易于传染的病原；

1.3.2 自然环境中病原体的种类和分布，对受体动物疾病的发生和传播，对其重要的经济生产性能降低及对人类健康和生态环境产生的不良影响；

1.3.3 病原体对环境的其他影响。

1.4 受体动物的生态环境：

1.4.1 在国内的地理分布和自然生境，这种自然分布是否会因某些条件的变化而改变；

1.4.2 生长发育所要求的生态环境条件；

1.4.3 是否为生态环境中的组成部分，对草地、水域环境的影响；

1.4.4 是否具有生态特异性，如在环境中的适应性等；

1.4.5　习性，是否可以独立生存，或者协同共生等；

1.4.6　在环境中生存的能力、机制和条件，天敌、饲草（饲料或饵料）或其他生物因子及气候、土壤、水域等非生物因子对其生存的影响；

1.4.7　与生态系统中其他动物的生态关系，包括生态环境的改变对这种（些）关系的影响以及是否会因此而产生或增加对人类健康和生态环境的不利影响；

1.4.8　与生态系统中其他生物（植物和微生物）的生态关系，包括生态环境的改变对这种（些）关系的影响以及是否会因此而产生或增加对人类健康或生态环境的不利影响。

1.4.9　对生态环境的影响及其潜在危险程度；

1.4.10　涉及国内非通常养殖的动物物种时，应详细描述该动物的自然生境和有关其天然捕食者、寄生物、竞争物和共生物的资料。

1.5　受体动物的遗传变异：

1.5.1　遗传稳定性，包括是否可以和外源 DNA 结合，是否存在交换因子，是否有活性病毒物质与其正常的染色体互作，是否可观察由于基因突变导致的异常基因型和表现型；

1.5.2　是否有发生遗传变异而对人类健康或生态环境产生不利影响的资料；

1.5.3　在自然条件下与其他动物种属进行遗传物质交换的可能性；

1.5.4　在自然条件下与微生物（特别是病原体）进行遗传物质交换的可能性。

1.6　受体动物的监测方法和监控的可能性。

1.7　受体动物的其他资料。

1.8　根据上述评价，参照本办法第十一条有关标准划分受体动物的安全等级。

2　基因操作的安全性评价

2.1　转基因动物中引入或修饰性状和特性的叙述。

2.2　实际插入或删除序列的以下资料：

2.2.1　插入序列的大小和结构，确定其特性的分析方法；

2.2.2　删除区域的大小和功能；

2.2.3　目的基因的核苷酸序列和推导的氨基酸序列；

2.2.4　插入序列在动物细胞中的定位（是否整合到染色体、线粒体，或以非整合形式存在）及其确定方法；

2.2.5　插入序列的拷贝数。

2.3　目的基因与载体构建的图谱，载体的名称和来源，载体是否有致病性以及是否可能演变为有致病性。如是病毒载体，则应说明其作用和在受体动物中是否可以复制。

2.4　载体中插入区域各片段的资料：

2.4.1　启动子和终止子的大小、功能及其供体生物的名称；

2.4.2　标记基因和报告基因的大小、功能及其供体生物的名称；

2.4.3　其他表达调控序列的名称及其来源（如人工合成或供体生物名称）。

2.5　转基因方法。

2.6　插入序列表达的资料：

2.6.1　插入序列表达的资料及其分析方法，如 Southern 印迹杂交图、PCR-Southern

杂交检测图等；

2.6.2 插入序列表达的器官和组织、表达量。

2.7 根据上述评价，参照本办法第十二条有关标准划分基因操作的安全类型。

3 转基因动物的安全性评价

3.1 与受体动物比较，转基因动物的如下特性是否改变：

3.1.1 在自然界中的存活能力；

3.1.2 经济性能；

3.1.3 繁殖、遗传和其他生物学特性。

3.2 插入序列的遗传稳定性。

3.3 基因表达产物、产物的浓度及其在可食用组织中的分布。

3.4 转基因动物遗传物质转移到其他生物体的能力和可能后果。

3.5 由基因操作产生的对人体健康和环境的毒性或有害作用的资料。

3.6 是否存在不可预见的对人类健康或生态环境的危害。

3.7 转基因动物的转基因性状检测和鉴定技术。

3.8 根据上述评价和食品卫生的有关规定，参照本办法第十三条有关标准划分转基因动物的安全等级。

4 转基因动物产品的安全性评价

4.1 转基因动物产品的稳定性。

4.2 生产、加工活动对转基因动物安全性的影响。

4.3 转基因动物产品与转基因动物在环境安全性方面的差异。

4.4 转基因动物产品与转基因动物在对人类健康影响方面的差异。

4.5 参照本办法第十四条有关标准划分转基因动物产品的安全等级。

二、转基因动物试验方案

1 试验地点

1.1 试验地点及其环境气象资料。

1.2 试验地点的生态类型。

1.3 试验地点周围的动物种类。

1.4 试验地点的生态环境对该转基因动物存活、繁殖、扩散和传播的有利或不利因素。特别是环境中其他生物从转基因动物获得目的基因的可能性。

2 试验设计

2.1 试验起止时间。

2.2 转基因动物的品种、品系名称（编号）。

2.3 转基因动物品种、品系在各试验地点的规模。

2.4 转基因动物及其产品的生产、包装和储运方法。

2.5 转基因动物及其产品的用量，剩余部分处理方法。

2.6 转基因动物的饲养、屠宰、加工和储运方式。

3 安全控制措施

3.1 隔离方式，并附试验设计图。

3.2　转基因动物屠宰和加工后的残余或剩余部分处理方法。

3.3　防止转基因动物扩散的措施。

3.4　试验实施过程中出现意外事故的应急措施。

3.5　试验全过程的监控负责人及联络方式。

3.6　试验结束后的监控措施和年限。

三、转基因动物各阶段申报要求

1　中间试验的报告要求

1.1　项目名称：应包含目的基因名称、转基因动物名称、试验所在省（自治区、直辖市）名称和试验阶段名称四个部分，如转 GH 促生长基因鲤在湖南省和上海市的中间试验。

1.2　试验转基因动物材料数量：一份报告书中转基因动物品系（材料）应当是由同种受体动物、相同的目的基因、相同的基因操作所获得的，而且每个品系（材料）应当有明确的名称或编号。

1.3　试验地点和规模：应在法人单位的试验基地进行，每个试验点规模（上限）为大动物（马、牛）10～20 头；中小动物（猪、羊等）20～40 头（只）；禽类（鸡、鸭等）100～200 羽（只）；鱼 2 000～5 000 尾等。试验地点应当明确试验所在的省（自治区、直辖市）、县（市）、乡、村和坐标。

1.4　试验年限：一般为一至两年（世代间隔几年以上的视具体情况而定）。

1.5　报告中间试验一般应当提供以下相关附件资料：

1.5.1　目的基因的核苷酸序列及推导的氨基酸序列；

1.5.2　目的基因与载体构建图；

1.5.3　目的基因整合进动物中并表达的分子检测或鉴定结果（PCR 检测、Southern 杂交分析或 Northern 分析结果）；

1.5.4　转基因性状及其产物的检测和鉴定技术；

1.5.5　试验地点的位置地形图和养殖隔离区图；

1.5.6　中间试验的操作规程（包括转基因动物的储运、饲养、屠宰、销毁、试验结束后的监控、意外事故的处理措施以及试验点的管理等）；

1.5.7　试验设计（包括安全评价的主要指标和研究方法等，如转基因动物目标性状表达的稳定性、经济性能、生存竞争性、适应能力、外源功能基因在动物各组织器官的表达及功能性状的有效性等）。

2　环境释放的申报要求

2.1　项目名称：应包含目的基因名称、转基因动物名称、试验所在省（自治区、直辖市）名称和试验阶段名称四个部分，如转 GH 促生长基因鲤 A12 和 T19 在湖南省的环境释放。

2.2　试验转基因动物材料数量：一份申报书中转基因动物品系最多不超过 5 个，这些品系应当是由同种受体动物、相同的目的基因、相同的基因操作获得的，而且每个品系应当有名称或编号，并与中间试验阶段的相对应。

2.3　试验地点和规模：每个试验点规模（上限）为大动物（马、牛）150 头；中小动物（猪、羊等）500 头（只）；禽类（鸡、鸭等）3 000 羽（只）；鱼 10 000～50 000 尾等。试验地点应当明确试验所在的省（自治区、直辖市）、县（市）、乡、村和坐标。

2.4 试验年限：一次申报环境释放的期限一般为一至两年（世代间隔几年以上的视具体情况而定）。

2.5 申请环境释放一般应当提供以下相关附件资料：

2.5.1 目的基因的核苷酸序列及其推导的氨基酸序列；

2.5.2 目的基因与载体构建的图谱；

2.5.3 目的基因整合进动物中并表达的分子检测或鉴定结果（PCR 检测、Southern 杂交分析或 Northern 分析结果、目的蛋白的表达结果）；

2.5.4 转基因性状及其产物的检测和鉴定技术；

2.5.5 中间试验结果及安全性评价试验总结报告；

2.5.6 试验地点的位置地形图和隔离示意图；

2.5.7 环境释放的操作规程（包括转基因动物的储运、饲养、屠宰、销毁、试验结束后的监控、意外事故的处理措施以及试验点的管理等）；

2.5.8 试验设计（包括安全性评价的主要指标和研究方法等，如转基因动物的稳定性、经济性能、生存竞争性、适应能力、外源功能基因在动物各组织器官的表达及功能性状的稳定性和有效性、基因漂移检测、对非靶标生物的影响等）。

3 生产性试验的申报要求

3.1 项目名称：应包含目的基因名称、转基因动物名称、试验所在省（自治区、直辖市）名称和试验阶段名称四个部分，如转 GH 促生长基因鲤 A112 在湖南省的生产性试验。

3.2 试验转基因动物材料数量：一份申报书中转基因动物品系不超过 3 个，这些品系应当是由同种受体动物、相同的目的基因、相同的基因操作获得的。品种或品系应当有明确的名称，并与以前各试验阶段的名称或编号相对应。

3.3 试验地点和规模：应在批准过环境释放的省（自治区、直辖市）进行，每个试验点规模（上限）为大动物（马、牛）1 000 头；中小动物（猪、羊等）10 000 头（只）；禽类（鸡、鸭等）20 000 羽（只）；鱼 10 万～30 万尾等。试验地点应当明确试验所在的省（自治区、直辖市）、县（市）、乡、村和坐标。

3.4 试验年限：一次申请生产性试验的期限一般为一至两年（世代间隔较长的视具体情况而定）。

3.5 申请生产性试验一般应当提供以下相关附件资料：

3.5.1 目的基因的核苷酸序列及其推导的氨基酸序列；

3.5.2 目的基因与载体构建的图谱；

3.5.3 目的基因整合进动物中并表达的分子检测或鉴定结果（PCR 检测、Southern 杂交分析或 Northern 分析结果、目的蛋白的表达结果）；

3.5.4 转基因性状及其产物的检测和鉴定技术；

3.5.5 环境释放阶段审批书的复印件；

3.5.6 各试验阶段试验结果及安全性评价试验总结报告；

3.5.7 试验地点的位置地形图；

3.5.8 生产性试验的操作规程（包括转基因动物的储运、饲养、屠宰、销毁、试验结束后的监控、意外事故的处理措施以及试验点的管理等）；

3.5.9 试验设计（包括安全评价的主要指标和研究方法等，如转基因动物的稳定性、经济性能、生存竞争性、适应能力、外源功能基因在动物各组织器官的表达及功能性状的稳定性、有效性、基因漂移情况、对非靶标生物的影响、食品安全性如营养成分分析、抗营养因子、是否含毒性物质、是否有过敏性反应、急性、亚急性动物试验数据等）；

3.5.10 对于以转基因动物为亲本与常规品种杂交获得的含有转基因成分的动物，应当提供其亲本名称及其选育过程的有关资料，并提供证明其基因来源的试验数据和资料。

4 安全证书的申报要求

4.1 项目名称：应包含目的基因名称、转基因动物名称等几个部分，如转 GH 促生长基因鲤 A112 的安全证书。

4.2 一份申报书只能申请转基因动物的一个品种或品系，其名称应与以前各试验阶段的名称或编号相对应。

4.3 一次申请安全证书的使用期限一般不超过五年。

4.4 申请安全证书一般应当提供以下相关附件资料：

4.4.1 目的基因的核苷酸序列及其推导的氨基酸序列；

4.4.2 目的基因与载体构建的图谱；

4.4.3 目的基因整合进动物中并表达的分子检测或鉴定结果（PCR 检测、Southern 杂交分析或 Northern 分析结果、目的蛋白的表达结果）；

4.4.4 转基因性状及其产物的检测和鉴定技术；

4.4.5 各试验阶段审批书的复印件；

4.4.6 各试验阶段试验结果及安全性评价试验总结报告；

4.4.7 转基因动物遗传稳定性、经济性能、竞争性、生存适应能力等的综合评价报告；

4.4.8 外源基因在动物各组织器官的表达资料；

4.4.9 转基因动物对生态环境的安全性综合评价报告；

4.4.10 食品安全性检测报告：A）动物毒理试验报告；B）食品过敏性评价试验报告；C）与非转基因动物比较，其营养成分及抗营养因子分析报告；

4.4.11 该类转基因动物国内外生产应用概况；

4.4.12 该转基因动物可能的生存区域的监控方案，包括监控技术、抗性治理措施、长期环境效应的研究方法；

4.4.13 审查所需的其他相关资料。

4.5 转基因动物应当经农业部批准进行生产性试验，并在试验结束后方可申请安全证书。

4.6 转基因动物在取得农业转基因生物安全证书后方可作为种质资源利用。已取得农业转基因生物安全证书的转基因动物作为亲本与常规品种杂交得到的含有转基因成分的动物，应当从生产性试验阶段开始申报安全性评价。

附录Ⅲ

转基因微生物安全评价

根据安全性评价的需要，将转基因微生物分为植物用转基因微生物、动物用转基因微生物和其他转基因微生物。

一、植物用转基因微生物安全评价

（一）植物用转基因微生物安全性评价

1 受体微生物的安全性评价

1.1 受体微生物的背景资料：

1.1.1 学名、俗名和其他名称；

1.1.2 分类学地位；

1.1.3 试验用受体微生物菌株名称；

1.1.4 是天然野生菌种还是人工培养菌种；

1.1.5 原产地及引进时间；

1.1.6 用途；

1.1.7 在国内的应用情况；

1.1.8 对人类健康或生态环境是否发生过不利影响；

1.1.9 从历史上看，受体微生物演变成有害生物的可能性；

1.1.10 是否有长期安全应用的记录。

1.2 受体微生物的生物学特性：

1.2.1 生育期和世代时间；

1.2.2 繁殖方式和繁殖能力；

1.2.3 适宜生长的营养要求；

1.2.4 寄主植物范围；

1.2.5 在环境中定殖、存活和传播扩展的方式、能力及其影响因素；

1.2.6 对人畜的致病性，是否产生有毒物质；

1.2.7 对植物的致病性；

1.2.8 其他重要生物学特性。

1.3 受体微生物的生态环境：

1.3.1 在国内的地理分布和自然生境，其自然分布是否会因某些条件的变化而改变；

1.3.2 生长发育所要求的生态环境条件，包括温度、湿度、酸碱度、光照、空气等；

1.3.3 是否为生态环境中的组成部分，对农田土壤、植被、陆地、草地、水域环境的影响；

1.3.4 是否具有生态特异性，如在环境中的适应性等；

1.3.5 与生态系统中其他微生物的生态关系，包括生态环境的改变对这种（些）关系的影响以及是否会因此而产生或增加对人类健康和生态环境的不利影响；

1.3.6 与生态系统中其他生物（植物和动物）的生态关系，包括生态环境的改变对这种（些）关系的影响以及是否会因此而产生或增加对人类健康或生态环境的不利影响。

1.3.7 对生态环境的影响及其潜在危险程度；

1.3.8 涉及国内非通常种植的植物物种时，应详细描述该植物的自然生境和有关其天然捕食者、寄生物、竞争物和共生物的资料。

1.4 受体微生物的遗传变异：

1.4.1 遗传稳定性；

1.4.2 质粒状况，质粒的稳定性及其潜在危险程度；

1.4.3 转座子和转座因子状况及其潜在危险程度；

1.4.4 是否有发生遗传变异而对人类健康或生态环境产生不利影响的资料；

1.4.5 在自然条件下与其他微生物（特别是病原体）进行遗传物质交换的可能性；

1.4.6 在自然条件下与植物进行遗传物质交换的可能性；

1.4.7 在自然条件下与动物进行遗传物质交换的可能性。

1.5 受体微生物的监测方法和监控的可能性。

1.6 受体微生物的其他资料。

1.7 根据本办法第十一条有关标准确定受体微生物的安全等级。

2 基因操作的安全性评价

2.1 植物用转基因微生物中引入或修饰性状和特性的叙述。

2.2 实际插入或删除序列的资料：

2.2.1 插入序列的大小和结构，确定其特性的分析方法；

2.2.2 删除区域的大小和功能。

2.2.3 目的基因的核苷酸序列和推导的氨基酸序列；

2.2.4 插入序列的拷贝数。

2.3 载体的名称和来源，载体特性和安全性，能否向自然界中不含有该类基因的微生物转移；载体构建的图谱。

2.4 载体中插入区域各片段的资料：

2.4.1 启动子和终止子的大小、功能及其供体生物的名称；

2.4.2 标记基因和报告基因的大小、功能及其供体生物的名称；

2.4.3 其他表达调控序列的名称及其来源（如人工合成或供体生物名称）。

2.5 基因操作方法。

2.6 目的基因的生存前景和表达的稳定性。

2.7 目的基因的检测和鉴定技术。

2.8 重组 DNA 分子的结构、复制特性和安全性。

2.9 根据本办法第十二条有关标准确定基因操作的安全类型。

3 植物用转基因微生物的安全性评价

3.1 与受体微生物比较，植物用转基因微生物如下特性是否改变：

3.1.1 定殖能力；

3.1.2 存活能力；

3.1.3 传播扩展能力；

3.1.4 毒性和致病性；

3.1.5 遗传变异能力；

3.1.6 受监控的可能性；

3.1.7 与植物的生态关系；

3.1.8 与其他微生物的生态关系；

3.1.9 与其他生物（动物和人）的生态关系，人类接触的可能性及其危险性，对所产生的不利影响的消除途径；

3.1.10 其他重要生物学特性。

3.2 应用的植物种类和用途。与相关生物农药、生物肥料等相比，其表现特点和相对安全性。

3.3 试验应用的范围，在环境中可能存在的范围，广泛应用后的潜在影响。

3.4 对靶标生物的有益或有害作用。

3.5 对非靶标生物的有益或有害作用。

3.6 植物用转基因微生物转基因性状的监测方法和检测鉴定技术。

3.7 根据本办法第十三条有关标准确定植物用转基因微生物的安全等级。

4 植物用转基因微生物产品的安全性评价

4.1 转基因微生物产品的稳定性。

4.2 生产、加工活动对转基因微生物安全性的影响。

4.3 转基因微生物产品与转基因微生物在环境安全性方面的差异。

4.4 转基因微生物产品与转基因微生物在对人类健康影响方面的差异。

4.5 参照本办法第十四条有关标准划分植物用转基因微生物产品的安全等级。

（二）植物用转基因微生物试验方案

1 试验地点

1.1 试验地点的气象资料，试验地点的地形，环境的一般性描述，标明试验地点的位置示意图。

1.2 试验地周围的生态类型。

1.3 释放地点周围的动物、植物种类。

1.4 释放地点的生态环境对该植物用转基因微生物的存活、繁殖、扩散和传播的有利或不利因素，特别是环境中其他生物从转基因生物获得目的基因的可能性。

2 试验设计

2.1 试验的起止时间。

2.2 试验菌株名称或编号。

2.3 拟开展试验的地点和试验面积。

2.4 生产、包装、储存及运输至试验地的方式。

2.5 使用方法及剂量，未使用部分的处置方式。

2.6 试验植物的种植方法、田间管理措施。

3 安全控制措施

3.1 在试验地点的安全隔离措施：

3.1.1 隔离方式和隔离距离；

3.1.2 防止植物用转基因微生物扩散的措施；

3.1.3 试验过程中出现意外事故的应急措施；

3.1.4 试验期间的监控负责人及其联系方式。

3.2 试验期间和试验结束后，试验植物的取样或收获方式，残余或剩余部分的处理方法。

3.3 试验结束后的监控措施：

3.3.1 试验结束后对试验地点及其周围环境的安全监控计划；

3.3.2 试验结束后的监控年限；

3.3.3 监控负责人及其联系方式。

（三）植物用转基因微生物各阶段申报要求

1 中间试验的报告要求

1.1 项目名称：应包含目的基因名称、转基因微生物的名称、试验所在省（自治区、直辖市）名称和试验阶段名称四个部分，如转 Cry1Ac 基因苏云金芽孢杆菌在广东省的中间试验。

1.2 试验转基因微生物菌株数量：一份报告书中菌株应当是由同一种受体微生物（受体菌株不超过 5 个）、相同的目的基因、相同的基因操作所获得的，而且每个转基因菌株都应有明确的名称或编号。

1.3 试验地点和规模：应在法人单位的试验基地进行，每个试验点面积不超过 4 亩。试验地点应当明确试验所在的省（自治区、直辖市）、县（市）、乡、村和坐标。

1.4 试验年限：一般为一至两年。

1.5 报告中间试验一般应当提供以下相关附件资料：

1.5.1 目的基因的核苷酸序列和推导的氨基酸序列；

1.5.2 目的基因、载体图谱与转基因微生物构建技术路线；

1.5.3 受体微生物和转基因微生物的毒理学试验报告或有关文献资料；

1.5.4 试验地点的位置图和试验隔离图；

1.5.5 中间试验的操作规程（包括植物用转基因微生物的储存、转移、销毁、试验结束后的监控、意外释放的处理措施以及试验点的管理等）；

1.5.6 根据安全性评价的要求提出具体试验设计。

2 环境释放的申报要求

2.1 项目名称：应包含目的基因名称、转基因微生物名称及代号、试验所在省（自治区、直辖市）名称和试验阶段名称四个部分，如转 Cry1Ac 基因苏云金芽孢杆菌 NJ8 和 NY23 在广东省的环境释放。

2.2 试验转基因微生物菌株数量：一份申报书中菌株应当是由同一受体菌株、相同的目的基因、相同的基因操作所获得的，而且每个转基因菌株都应有明确的名称或编号，并与中间试验的相对应。

2.3 试验地点和规模：每个试验点面积为不超过 30 亩（一般大于 4 亩）。试验地点应当明确试验所在的省（自治区、直辖市）、县（市）、乡、村和坐标。

2.4 试验年限：一次申请环境释放的期限一般为一至两年。

2.5 申请环境释放一般应当提供以下相关附件资料：

2.5.1 目的基因的核苷酸序列或其推导的氨基酸序列；

2.5.2 目的基因、载体图谱与转基因微生物构建技术路线；

2.5.3 受体菌、转基因微生物的毒理学试验报告或有关文献资料；

2.5.4 跟踪监测要求的资料；

2.5.5 中间试验阶段安全性评价的总结报告；

2.5.6 试验地点的位置图；

2.5.7 环境释放的操作规程（包括植物用转基因微生物的储存、转移、销毁、试验结束后的监控、意外释放的处理措施以及试验点的管理等）；

2.5.8 根据安全性评价的要求提出具体试验设计。

3 生产性试验的申报要求

3.1 项目名称：应包含目的基因名称、转基因微生物名称及代号、试验所在省（自治区、直辖市）名称和试验阶段名称四个部分，如转 Cry1Ac 基因苏云金芽孢杆菌 NY23 在广东省的生产性试验。

3.2 试验转基因微生物菌株数量：一份申报书中不超过 5 个转基因微生物株系（品系），这些株系（品系）应当是由同一受体菌株、相同的目的基因、相同的基因操作所获得的，而且应有明确的名称，并与以前各试验阶段的名称或编号相对应。

3.3 试验地点和规模：应在批准过环境释放的省（自治区、直辖市）进行，每个试验点面积大于 30 亩。试验地点应当明确试验所在的省（自治区、直辖市）、县（市）、乡、村和坐标。

3.4 试验年限：一次申请生产性试验的期限一般为一至两年。

3.5 申请生产性试验一般应当提供以下相关附件资料：

3.5.1 目的基因的核苷酸序列和推导的氨基酸序列；

3.5.2 目的基因、载体图谱与转基因微生物构建的技术路线；

3.5.3 检测机构出具的受体微生物、转基因微生物的毒理学试验报告或有关文献资料；

3.5.4 环境释放阶段审批书的复印件；

3.5.5 跟踪监测要求的资料；

3.5.6 中间试验和环境释放阶段安全性评价的总结报告；

3.5.7 转基因微生物生产和试验地点的位置图；

3.5.8 生产性试验的操作规程（包括植物用转基因微生物的储存、转移、销毁、试验结束后的监控、意外释放的处理措施以及试验点的管理等）；

3.5.9 根据安全性评价的要求提出具体试验设计。

4 安全证书的申报要求

4.1 项目名称：应包含目的基因名称、转基因微生物名称等几个部分，如转 Cry1Ac 基因苏云金芽孢杆菌 NY23 的安全证书。

4.2 转基因微生物应当经农业部批准进行生产性试验，并在试验结束后才能申请安全证书。

4.3 一次申请安全证书的使用期限一般不超过五年。

4.4 申请安全证书一般应当提供以下相关附件资料：

4.4.1 目的基因的核苷酸序列或其推导的氨基酸序列；

4.4.2 目的基因、载体图谱与转基因微生物构建的技术路线；

4.4.3 环境释放和生产性试验阶段审批书的复印件；

4.4.4 中间试验、环境释放、生产性试验阶段安全性评价的总结报告；

4.4.5 转基因微生物对人体健康、环境和生态安全影响的综合性评价报告；

4.4.6 该类植物用转基因微生物在国内外生产应用的概况；

4.4.7 植物用转基因微生物检测、鉴定的方法或技术路线；

4.4.8 植物用转基因微生物的长期环境影响监控方法；

4.4.9 其他相关资料。

二、动物用转基因微生物安全评价

（一）动物用转基因微生物安全性评价

1 受体微生物的安全性评价

1.1 受体微生物的背景资料：

1.1.1 学名、俗名和其他名称；

1.1.2 分类学地位；

1.1.3 试验用受体微生物菌株名称；

1.1.4 是天然野生菌种还是人工培养菌种；

1.1.5 原产地及引进时间；

1.1.6 用途；

1.1.7 在国内的应用情况；

1.1.8 对人类健康或生态环境是否发生过不利影响；

1.1.9 从历史上看，受体微生物演变成有害生物的可能性；

1.1.10 是否有长期安全应用的记录。

1.2 受体微生物的生物学特性：

1.2.1 生育期和世代时间；

1.2.2 繁殖方式和繁殖能力；

1.2.3 适宜生长的营养要求；

1.2.4 适宜应用的动物种类；

1.2.5 在环境中定殖、存活和传播扩展的方式、能力及其影响因素；

1.2.6 对动物的致病性，是否产生有毒物质；

1.2.7 对人体健康和植物的潜在危险性；

1.2.8 其他重要生物学特性。

1.3 受体微生物所适应的生态环境：

1.3.1 在国内的地理分布和自然生境，其自然分布是否会因某些条件的变化而改变；

1.3.2 生长发育所要求的生态环境条件，包括温度、湿度、酸碱度、光照、空气等；

1.3.3 是否具有生态特异性，如在环境中的适应性等；

1.3.4 与生态系统中其他微生物的生态关系，是否受人类和动物病原体（如病毒）的侵染，包括生态环境的改变对这种（些）关系的影响以及是否会因此而产生或增加对动物健康、人类健康和生态环境的不利影响；

1.3.5 对生态环境的影响及其潜在危险程度；

1.3.6 涉及国内非通常养殖的动物物种时，应详细描述该动物的自然生境和其他有关资料。

1.4 受体微生物的遗传变异：

1.4.1 遗传稳定性；

1.4.2 质粒状况，质粒的稳定性及其潜在危险程度；

1.4.3 转座子和转座因子状况及其潜在危险程度；

1.4.4 是否有发生遗传变异而对动物健康、人类健康或生态环境产生不利影响的可能性；

1.4.5 在自然条件下与其他微生物（特别是病原体）进行遗传物质交换的可能性；

1.4.6 在自然条件下与动物进行遗传物质交换的可能性。

1.5 受体微生物的监测方法和监控的可能性。

1.6 受体微生物的其他资料。

1.7 根据本办法第十一条有关标准确定受体微生物的安全等级。

2 基因操作的安全性评价

2.1 动物用转基因微生物中引入或修饰性状和特性的叙述。

2.2 实际插入或删除序列的资料：

2.2.1 插入序列的大小和结构，确定其特性的分析方法；

2.2.2 删除区域的大小和功能；

2.2.3 目的基因的核苷酸序列和推导的氨基酸序列；

2.2.4 插入序列的拷贝数。

2.3 目的基因与载体构建的图谱，载体的名称和来源，载体特性和安全性，能否向自然界中不含有该类基因的微生物转移。

2.4 载体中插入区域各片段的资料：

2.4.1 启动子和终止子的大小、功能及其供体生物的名称；

2.4.2 标记基因和报告基因的大小、功能及其供体生物的名称；

2.4.3 其他表达调控序列的名称及其来源（如人工合成或供体生物名称）。

2.5 基因操作方法。

2.6 目的基因表达的稳定性。

2.7 目的基因的检测和鉴定技术。

2.8 重组 DNA 分子的结构、复制特性和安全性。

2.9 根据本办法第十二条有关标准确定基因操作的安全类型。

3 动物用转基因微生物的安全性评价

3.1 动物用转基因微生物的生物学特性；应用目的；在自然界的存活能力；遗传物质转移到其他生物体的能力和可能后果；监测方法和监控的可能性。

3.2 动物用转基因微生物的作用机理和对动物的安全性。

3.2.1 在靶动物和非靶动物体内的生存前景。

3.2.2 对靶动物和可能的非靶动物高剂量接种后的影响。

3.2.3　与传统产品相比较，其相对安全性。

3.2.4　宿主范围及载体的漂移度。

3.2.5　免疫动物与靶动物以及非靶动物接触时的排毒和传播能力。

3.2.6　动物用转基因微生物回复传代时的毒力返强能力。

3.2.7　对怀孕动物的安全性。

3.2.8　对免疫动物子代的安全性。

3.3　动物用转基因微生物对人类的安全性。

3.3.1　人类接触的可能性及其危险性，有可能产生的直接影响、短期影响和长期影响，对所产生的不利影响的消除途径。

3.3.2　广泛应用后的潜在危险性。

3.4　动物用转基因微生物对生态环境的安全性。

3.4.1　在环境中释放的范围、可能存在的范围以及对环境中哪些因素存在影响。

3.4.2　影响动物用转基因微生物存活、增殖和传播的理化因素。

3.4.3　感染靶动物的可能性或潜在危险性。

3.4.4　动物用转基因微生物的稳定性、竞争性、生存能力、变异性以及致病性是否因外界环境条件的改变而改变。

3.5　动物用转基因微生物的检测和鉴定技术。

3.6　根据本办法第十三条有关标准确定动物用转基因微生物的安全等级。

4　动物用转基因微生物产品的安全性评价

4.1　转基因微生物产品的稳定性。

4.2　生产、加工活动对转基因微生物安全性的影响。

4.3　转基因微生物产品与转基因微生物在环境安全性方面的差异。

4.4　转基因微生物产品与转基因微生物在对人类健康影响方面的差异。

4.5　参照本办法第十四条有关标准划分动物用转基因微生物产品的安全等级。

（二）动物用转基因微生物试验方案

1　试验地点

1.1　提供试验地点的气象资料，试验地点的地形环境的一般性描述、标明试验地点的示意图。

1.2　试验地周围的生态类型。

1.3　试验地点周围的动物种类。

1.4　试验地点的生态环境对该动物用转基因微生物的存活、繁殖、扩散和传播的有利或不利因素，特别是环境中其他生物从该动物用转基因微生物获得目的基因的可能性。

2　试验方案

2.1　试验的起止时间。

2.2　动物用转基因微生物的名称或编号。

2.3　动物用转基因微生物在各试验地点的试验动物规模。

2.4　试验区域的大小。

2.5　动物用转基因微生物的应用。

2.6　动物用转基因微生物的生产、包装及储运至试验地方式。

2.7 动物用转基因微生物的使用方法及剂量，未使用的部分的处置方式。

3 安全控制措施

3.1 试验动物的安全隔离。

3.1.1 隔离方式、隔离距离。

3.1.2 防止动物用转基因微生物扩散的措施。

3.1.3 饲养全过程的安全控制措施。

3.1.4 试验过程中出现意外事故的应急措施。

3.2 试验动物的饲养和试验结束后的处理方式。

3.3 试验结束后对试验场所的监控措施。

3.4 试验结束后的监控年限。

3.5 试验的监控负责人及其联系方式。

（三）动物用转基因微生物各阶段申报要求

1 中间试验的报告要求

1.1 项目名称：应包含目的基因名称、动物用转基因微生物及产品名称、试验所在省（自治区、直辖市）名称和试验阶段名称四个部分，如表达鸡新城疫病毒 F 基因的重组鸡痘病毒基因工程疫苗在江苏省的中间试验。

1.2 试验转基因微生物材料数量：一份报告书中菌株应当是由同一种受体微生物（受体菌株不超过 5 个）、相同的目的基因、相同的基因操作所获得的，而且每个转基因菌株都应有明确的名称或编号。

1.3 试验地点和规模：应在法人单位的试验基地进行。每个试验点动物规模（上限）为大动物（马、牛）20 头；中小动物（猪、羊等）40 头（只）；禽类（鸡、鸭等）200 羽（只）；鱼 2 000 尾。应当明确试验所在的省（自治区、直辖市）、县（市）、乡、村和坐标。

1.4 试验年限：一般为一至二年。

1.5 报告中间试验一般应当提供以下相关附件资料：

1.5.1 目的基因的核苷酸序列和推导的氨基酸序列；

1.5.2 目的基因与载体构建的图谱；

1.5.3 试验地点的位置图和试验隔离图；

1.5.4 中间试验的操作规程（包括动物用转基因微生物的储存、转移、销毁、试验结束后的监控、意外释放的处理措施以及试验点的管理等）；

1.5.5 试验设计（包括安全评价的主要指标和研究方法等，如转基因微生物的稳定性、竞争性、生存适应能力、外源基因在靶动物体内的表达和消长关系等）。

2 环境释放的申报要求

2.1 项目名称：应包含目的基因名称、动物用转基因微生物及产品名称、试验所在省（自治区、直辖市）名称和试验阶段名称四个部分，如表达鸡新城疫病毒 F 基因的重组鸡痘病毒基因工程疫苗 NF16 和 YF9 在江苏省的环境释放。

2.2 试验转基因微生物材料数量：一份申报书中菌株应当是由同一种受体菌株、同种目的基因和同种基因操作所获得的，每个菌株应当有明确的名称或编号，并与中间试验阶段的相对应。

2.3 试验地点和规模：每个试验点试验动物规模（上限）为大动物（马、牛）100 头；中小动物（猪、羊等）500 头（只）；禽类（鸡、鸭等）5 000 羽（只）；鱼 10 000 尾。应当明确试验所在的省（自治区、直辖市）、县（市）、乡、村和坐标。

2.4 试验年限：一次申请环境释放的期限一般为一至二年。

2.5 申请环境释放一般应当提供以下相关附件资料：

2.5.1 目的基因的核苷酸序列和推导的氨基酸序列图；

2.5.2 目的基因与载体构建的图谱；

2.5.3 提供中间试验阶段的安全性评价试验总结报告；

2.5.4 毒理学试验报告（如急性、亚急性、慢性试验，致突变、致畸变试验等）；

2.5.5 试验地点的位置图和试验隔离图；

2.5.6 环境释放的操作规程（包括动物用转基因微生物的储存、转移、销毁、试验结束后的监控、意外释放的处理措施以及试验点的管理等）；

2.5.7 试验设计（包括安全评价的主要指标和研究方法等，如转基因微生物的稳定性、竞争性、生存适应能力、外源基因在靶动物体内的表达和消长关系等）。

3 生产性试验的申报要求

3.1 项目名称：应包含目的基因名称、转基因微生物名称、试验所在省（自治区、直辖市）名称和试验阶段名称四个部分，如表达鸡新城疫病毒 F 基因的重组鸡痘病毒基因工程疫苗 NF16 在江苏省的生产性试验。

3.2 试验转基因微生物材料数量：一份申报书中不超过 5 种动物用转基因微生物，应当是由同一受体菌株、相同的目的基因、相同的基因操作所获得的，而且其名称应当与前期试验阶段的名称和编号相对应。

3.3 试验地点和规模：应在批准过环境释放的省（自治区、直辖市）进行，每个试验点试验动物规模（上限）为大动物（马、牛）1 000 头；中小动物（猪、羊等）10 000 头（只）；禽类（鸡、鸭等）20 000 羽（只）；鱼 10 万尾。应当明确试验所在的省（自治区、直辖市）、县（市）、乡、村和坐标。

3.4 试验年限：一次申请生产性试验的期限一般为一至二年。

3.5 申请生产性试验一般应当提供以下相关附件资料：

3.5.1 目的基因的核苷酸序列或其推导的氨基酸序列图；

3.5.2 目的基因与载体构建的图谱；

3.5.3 环境释放阶段审批书的复印件；

3.5.4 中间试验和环境释放安全性评价试验的总结报告；

3.5.5 食品安全性检测报告（如急性、亚急性、慢性试验，致突变、致畸变试验等毒理学报告）；

3.5.6 通过监测，目的基因或动物用转基因微生物向环境中的转移情况报告。

3.5.7 试验地点的位置图和试验隔离图；

3.5.8 生产性试验的操作规程（包括动物用转基因微生物的储存、转移、销毁、试验结束后的监控、意外释放的处理措施以及试验点的管理等）；

3.5.9 试验设计（包括安全评价的主要指标和研究方法等，如转基因微生物的稳定性、竞争性、生存适应能力、外源基因在靶动物体内的表达和消长关系等）。

4 安全证书的申报要求

4.1 项目名称：应包含目的基因名称、转基因微生物名称等几个部分，如表达鸡新城疫病毒 F 基因的重组鸡痘病毒基因工程疫苗 NF16 的安全证书。

4.2 一份申报书只能申请 1 种动物用转基因微生物，其名称应当与前期试验阶段的名称或编号相对应。

4.3 一次申请安全证书的使用期限一般不超过五年。

4.4 申请安全证书一般应当提供以下相关附件资料：

4.4.1 目的基因的核苷酸序列及其推导的氨基酸序列图；

4.4.2 目的基因与载体构建的图谱；

4.4.3 目的基因的分子检测或鉴定技术方案；

4.4.4 重组 DNA 分子的结构、构建方法；

4.4.5 各试验阶段审批书的复印件；

4.4.6 各试验阶段安全性评价试验的总结报告；

4.4.7 通过监测，目的基因或转基因微生物向环境中转移情况的报告；

4.4.8 稳定性、生存竞争性、适应能力等的综合评价报告；

4.4.9 对非靶标生物影响的报告；

4.4.10 食品安全性检测报告（如急性、亚急性、慢性试验，致突变、致畸变试验等毒理学报告）；

4.4.11 该类动物用转基因微生物在国内外生产应用的概况；

4.4.12 审查所需的其他相关资料。

三、其他转基因微生物安全评价

（一）其他转基因微生物安全性评价

1 受体微生物的安全性评价

1.1 受体微生物的背景资料：

1.1.1 学名、俗名和其他名称；

1.1.2 分类学地位；

1.1.3 试验用受体微生物菌株名称；

1.1.4 是天然野生菌种还是人工培养菌种；

1.1.5 原产地及引进时间；

1.1.6 用途；

1.1.7 在国内的应用情况；

1.1.8 对人类健康或生态环境是否发生过不利影响；

1.1.9 从历史上看，受体微生物演变成有害生物的可能性；

1.1.10 是否有长期安全应用的记录。

1.2 受体微生物的生物学特性：

1.2.1 生育期和世代时间；

1.2.2 繁殖方式和繁殖能力；

1.2.3 适宜生长的营养要求；

1.2.4 在环境中定殖、存活和传播扩展的方式、能力及其影响因素；

1.2.5 对人畜的致病性，是否产生有毒物质；

1.2.6 对植物的致病性；

1.2.7 其他重要生物学特性。

1.3 受体微生物的生态环境：

1.3.1 在国内的地理分布和自然生境，其自然分布是否会因某些条件的变化而改变；

1.3.2 生长发育所要求的生态环境条件，包括温度、湿度、酸碱度、光照、空气等；

1.3.3 是否为生态环境中的组成部分，对农田土壤、植被、陆地、草地、水域环境的影响；

1.3.4 是否具有生态特异性，如在环境中的适应性等；

1.3.5 与生态系统中其他微生物的生态关系，包括生态环境的改变对这种（些）关系的影响以及是否会因此而产生或增加对人类健康和生态环境的不利影响；

1.3.6 与生态系统中其他生物（植物和动物）的生态关系，包括生态环境的改变对这种（些）关系的影响以及是否会因此而产生或增加对人类健康或生态环境的不利影响。

1.3.7 对生态环境的影响及其潜在危险程度；

1.3.8 涉及国内非通常种植（养殖）的动植物物种时，应详细描述该动物（植物）的自然生境和有关其天然捕食者、寄生物、竞争物和共生物的资料。

1.4 受体微生物的遗传变异：

1.4.1 遗传稳定性；

1.4.2 质粒状况，质粒的稳定性及其潜在危险程度；

1.4.3 转座子和转座因子状况及其潜在危险程度；

1.4.4 是否有发生遗传变异而对人类健康或生态环境产生不利影响的可能性；

1.4.5 在自然条件下与其他微生物（特别是病原体）进行遗传物质交换的可能性；

1.4.6 在自然条件下与植物进行遗传物质交换的可能性；

1.4.7 在自然条件下与动物进行遗传物质交换的可能性。

1.5 受体微生物的监测方法和监控的可能性。

1.6 受体微生物的其他资料。

1.7 根据本办法第十一条有关标准确定受体微生物的安全等级。

2 基因操作的安全性评价

2.1 转基因微生物中引入或修饰性状和特性的叙述。

2.2 实际插入或删除序列的资料：

2.2.1 插入序列的大小和结构，确定其特性的分析方法；

2.2.2 删除区域的大小和功能；

2.2.3 目的基因的核苷酸序列和推导的氨基酸序列；

2.2.4 插入序列的拷贝数。

2.3 目的基因与载体构建的图谱；载体的名称和来源，载体特性和安全性，能否向自然界中不含有该类基因的微生物转移。

2.4 载体中插入区域各片段的资料：

2.4.1 启动子和终止子的大小、功能及其供体生物的名称；

2.4.2　标记基因和报告基因的大小、功能及其供体生物的名称；

2.4.3　其他表达调控序列的名称及其来源（如人工合成或供体生物名称）。

2.5　基因操作方法。

2.6　目的基因表达的稳定性。

2.7　目的基因的检测和鉴定技术。

2.8　重组 DNA 分子的结构、复制特性和安全性。

2.9　根据本办法第十二条有关标准确定基因操作的安全类型。

3　转基因微生物的安全性评价

3.1　转基因微生物的生物学特性；应用目的；在自然界的存活能力；遗传物质转移到其他生物体的能力和可能后果；监测方法和监控的可能性。

3.2　转基因微生物对人类的安全性。

3.2.1　人类接触的可能性及其危险性，有可能产生的直接影响、短期影响和长期影响，对所产生的不利影响的消除途径。

3.2.2　广泛应用后的潜在危险性。

3.3　转基因微生物对生态环境的安全性。

3.3.1　在环境中释放的范围、可能存在的范围以及对环境中哪些因素存在影响；

3.3.2　影响转基因微生物存活、增殖和传播的理化因素；

3.3.3　转基因微生物的稳定性、竞争性、生存能力、变异性以及致病性是否因外界环境条件的改变而改变。

3.4　转基因微生物的检测和鉴定技术。

3.5　根据本办法第十三条有关标准确定转基因微生物的安全等级。

4　其他转基因微生物产品的安全性评价

4.1　转基因微生物产品的稳定性。

4.2　生产、加工活动对转基因微生物安全性的影响。

4.3　转基因微生物产品与转基因微生物在环境安全性方面的差异。

4.4　转基因微生物产品与转基因微生物在对人类健康影响方面的差异。

4.5　参照本办法第十四条有关标准划分其他转基因微生物产品的安全等级。

（二）其他转基因微生物试验方案

1　试验地点

1.1　提供试验地点的气象资料、试验地点的地形环境的一般性描述、标明试验地点的示意图。

1.2　试验地周围的生态类型。

1.3　试验地点周围的相关生物种类。

1.4　试验地点的生态环境对该转基因微生物的存活、繁殖、扩散和传播的有利或不利因素，特别是环境中其他生物从该转基因微生物获得目的基因的可能性。

2　试验设计

2.1　试验的起止时间。

2.2　转基因微生物的名称或编号。

2.3　转基因微生物在各试验地点的规模。

2.4 试验区域的大小。

2.5 转基因微生物的应用。

2.6 转基因微生物的生产、包装及储运至试验地方式。

2.7 转基因微生物的使用方法及剂量，未使用的部分的处置方式。

3 安全控制措施

3.1 试验生物的安全隔离。

3.1.1 隔离方式、隔离距离；

3.1.2 防止转基因微生物扩散的措施；

3.1.3 试验过程的安全控制措施；

3.1.4 试验过程中出现意外事故的应急措施。

3.2 试验生物的培养和试验结束后的处理方式。

3.3 试验结束后对试验场所的监控措施。

3.4 试验结束后的监控年限。

3.5 试验的监控负责人及其联系方式。

（三）其他转基因微生物各阶段申报要求

1 中间试验的报告要求

1.1 项目名称：应包含目的基因名称、转基因微生物名称、试验所在省（自治区、直辖市）名称和试验阶段名称四个部分。如：转×××基因×××（微生物名称）在河南省的中间试验。

1.2 试验转基因微生物材料数量：一份报告书中菌株应当是由同一种受体微生物（受体菌株不超过 5 个）、相同的目的基因、相同的基因操作所获得的，而且每个转基因菌株都应有明确的名称或编号。

1.3 试验地点和规模：应在法人单位的试验基地进行。每个试验点规模不超过 100 升（千克）发酵产品（样品）或者陆地面积不超过 4 亩。试验地点应当明确试验所在的省（自治区、直辖市）、县（市）、乡、村和坐标。

1.4 试验年限：一般为一至二年。

1.5 报告中间试验一般应当提供以下相关附件资料：

1.5.1 目的基因的核苷酸序列或其推导的氨基酸序列；

1.5.2 目的基因与载体构建的图谱；

1.5.3 试验地点的位置图和试验隔离图；

1.5.4 中间试验的操作规程（包括转基因微生物的储存、转移、销毁、试验结束后的监控、意外释放的处理措施以及试验点的管理等）；

1.5.5 试验设计（包括安全评价的主要指标和研究方法等，如转基因微生物的稳定性、竞争性、生存适应能力等）。

2 环境释放的申报要求

2.1 项目名称：应包含目的基因名称、转基因微生物名称、试验所在省（自治区、直辖市）名称和试验阶段名称四个部分。如转×××基因×××（微生物名称）在江苏省和河北省的环境释放。

2.2 试验转基因微生物材料数量：一份申报书中菌株应当是由同一种受体菌株、相同的目的基因、相同的基因操作所获得的，其名称或编号应与中间试验阶段的相对应。

2.3 试验地点和规模：每个试验点规模不超过 1 000 升（千克）［一般大于 100 升（千克）］发酵产品（样品）或者陆地面积不超过 30 亩（一般大于 4 亩）。试验地点应当明确试验所在的省（自治区、直辖市）、县（市）、乡、村和坐标。

2.4 试验年限：一次申请环境释放的期限一般为一至二年。

2.5 申请环境释放一般应当提供以下相关附件资料：

2.5.1 目的基因的核苷酸序列或其推导的氨基酸序列图；

2.5.2 目的基因与载体构建的图谱；

2.5.3 提供中间试验阶段安全性评价试验报告；

2.5.4 毒理学检测报告（如急性、亚急性、慢性试验，致突变、致畸变试验等）；

2.5.5 试验地点的位置图和试验隔离图；

2.5.6 环境释放的操作规程（包括转基因微生物的储存、转移、销毁、试验结束后的监控、意外释放的处理措施以及试验点的管理等）；

2.5.7 试验设计（包括安全评价的主要指标和研究方法等，如转基因微生物的稳定性、竞争性、生存适应能力等）。

3 生产性试验的申报要求

3.1 项目名称：应包含目的基因名称、转基因微生物名称、试验所在省（市、自治区）名称和试验阶段名称 4 个部分。如转×××基因×××（微生物名称）在山东省的生产性试验。

3.2 试验转基因微生物材料数量：一份申报书中不超过 5 个转基因微生物株系（品系），这些株系（品系）应当是由同一受体菌株、相同的目的基因、相同的基因操作所获得的，而且其名称应与前期试验阶段的名称或编号相对应。

3.3 试验地点和规模：应在批准进行过环境释放的省（自治区、直辖市）进行，每个试验点规模大于 1 000 升（千克）发酵产品（样品）或者陆地面积大于 30 亩。试验地点应当明确试验所在的省（自治区、直辖市）、县（市）、乡、村和坐标。

3.4 试验年限：一次申请生产性试验的期限一般为一至两年。

3.5 申请生产性试验一般应当提供以下相关附件资料：

3.5.1 目的基因的核苷酸序列或其推导的氨基酸序列图；

3.5.2 目的基因与载体构建的图谱；

3.5.3 环境释放阶段审批书的复印件；

3.5.4 中间试验和环境释放阶段安全性评价试验的总结报告；

3.5.5 食品安全性检测报告（如急性、亚急性、慢性试验，致突变、致畸变试验等毒理学报告）；

3.5.6 通过监测，目的基因或转基因微生物向环境中转移情况的报告；

3.5.7 试验地点的位置图和试验隔离图；

3.5.8 生产性试验的操作规程（包括转基因微生物的储存、转移、销毁、试验结束后的监控、意外释放的处理措施以及试验点的管理等）；

3.5.9 试验设计（包括安全评价的主要指标和研究方法等，如转基因微生物的稳定性、竞争性、生存适应能力、外源基因在靶动物体内的表达和消长关系等）。

4　安全证书的申报要求

4.1　项目名称：应包含目的基因名称、转基因微生物名称等几个部分。如：转××
×基因×××（微生物名称）的安全证书。

4.2　一份申报书只能申请 1 个转基因微生物株系（品系），其名称和编号应当与前期
试验阶段的相对应。

4.3　一次申请安全证书的使用期限一般不超过 5 年。

4.4　申请安全证书一般应当提供以下相关附件资料：

4.4.1　目的基因的核苷酸序列或其推导的氨基酸序列；

4.4.2　目的基因、载体图谱与转基因微生物构建的技术路线；

4.4.3　环境释放和生产性试验阶段审批书的复印件；

4.4.4　中间试验、环境释放和生产性试验阶段安全性评价试验总结报告；

4.4.5　转基因微生物对人体健康、环境和生态安全影响的综合性评价报告；

4.4.6　该类转基因微生物在国内外生产应用的概况；

4.4.7　转基因微生物检测鉴定技术；

4.4.8　转基因微生物的长期环境影响监控方法；

4.4.9　审查所需的其他相关资料。

4.5　申请安全证书的转基因微生物应当经农业部批准进行生产性试验，并在试验结
束后方可申请。

附录 IV

农业转基因生物及其产品安全控制措施

为避免农业转基因生物对人类健康和生态环境的潜在不利影响，特对不同等级的基因工程工作制定相应的安全控制措施。

1 实验室控制措施

1.1 安全等级 I 控制措施：

实验室和操作按一般生物学实验室的要求。

1.2 安全等级 II 控制措施：

1.2.1 实验室要求：

除同安全等级 I 的实验室要求外，还要求安装超净工作台、配备消毒设施和处理废弃物的高压灭菌设备。

1.2.2 操作要求：

除同安全等级 I 的操作外，还要求：

1.2.2.1 在操作过程中尽可能避免气溶胶的产生；

1.2.2.2 在实验室划定的区域内进行操作；

1.2.2.3 废弃物要装在防渗漏、防碎的容器内，并进行灭活处理；

1.2.2.4 基因操作时应穿工作服，离开实验室前必须将工作服等放在实验室内；

1.2.2.5 防止与实验无关的一切生物如昆虫和啮齿类动物进入实验室。如发生有害目的基因、载体、转基因生物等逃逸、扩散事故，应立即采取应急措施；

1.2.2.6 动物用转基因微生物的实验室安全控制措施，还应符合兽用生物制品的有关规定。

1.3 安全等级 III 控制措施：

1.3.1 实验室要求：

除同安全等级 II 的实验室要求外，还要求：

1.3.1.1 实验室应设立在隔离区内并有明显警示标志，进入操作间应通过专门的更衣室，室内设有沐浴设施，操作间门口还应装自动门和风淋；

1.3.1.2 实验室内部的墙壁、地板、天花板应光洁、防水、防漏、防腐蚀；

1.3.1.3 窗户密封；

1.3.1.4 配有高温高压灭菌设施；

1.3.1.5 操作间应装有负压循环净化设施和污水处理设备。

1.3.2 操作要求：

除同安全等级 II 的操作外，还要求：

1.3.2.1 进入实验室必须由项目负责人批准；

1.3.2.2 进入实验室前必须在更衣室内换工作服、戴手套等保护用具；离开实验室前必须沐浴；不准穿工作服离开实验室，工作服必须经过高压灭菌后清洗；

1.3.2.3 工作台用过后马上清洗消毒；

1.3.2.4 转移材料用的器皿必须是双层、不破碎和密封的；

1.3.2.5 使用过的器皿、所有实验室内的用具远离实验室前必须经过灭菌处理；

1.3.2.6 用于基因操作的一切生物、流行性材料应由专人管理并储存在特定的容器或设施内。

1.3.3 安全控制措施应当向农业转基因生物安全委员会报告，经批准后按其要求执行。

1.4 安全等级Ⅳ控制措施。

除严格执行安全等级Ⅲ的控制措施外，对其试验条件和设施以及试验材料的处理应有更严格的要求。安全控制措施应当向农业转基因生物安全委员会报告，经批准后按其要求执行。

2 中间试验、环境释放和生产性试验控制措施

2.1 安全等级Ⅰ控制措施：

采用一般的生物隔离方法，将试验控制在必需的范围内。部分转基因作物田间隔离距离见表1；

2.2 安全等级Ⅱ控制措施：

2.2.1 采取适当隔离措施控制人畜出入，设立网室、网罩等防止昆虫飞入。水生生物应当控制在人工水域内，堤坝加固加高，进出水口设置栅栏，防止水生生物逃逸。确保试验生物10年内不致因灾害性天气而进入天然水域；

2.2.2 对工具和有关设施使用后进行消毒处理；

2.2.3 采取一定的生物隔离措施，如将试验地选在转基因生物不会与有关生物杂交的地理区域；

2.2.4 采取相应的物理、化学、生物学、环境和规模控制措施；

2.2.5 试验结束后，收获部分之外的残留植株应当集中销毁，对鱼塘、畜栏和土壤等应进行彻底消毒和处理，以防止转基因生物残留和存活。

2.3 安全等级Ⅲ控制措施：

2.3.1 采取适当隔离措施，严禁无关人员、畜禽和车辆进入。根据不同试验目的配备网室、人工控制的工厂化养殖设施、专门的容器以及有关杀灭转基因生物的设备和药剂等；

2.3.2 对工具和有关设施及时进行消毒处理。防止转基因生物被带出试验区，利用除草剂、杀虫剂、杀菌剂、杀鼠剂消灭与试验无关的植物、昆虫、微生物及啮齿类动物等；

2.3.3 采取最有效的生物隔离措施，防止有关生物与试验区内的转基因生物杂交、转导、转化、接合寄生或转主寄生；

2.3.4 采用严格的环境控制措施，如利用环境（湿度、水分、温度、光照等）限制转基因生物及其产物在试验区外的生存和繁殖，或将试验区设置在沙漠、高寒等地区使转基因生物一旦逃逸扩散后无法生存；

2.3.5 严格控制试验规模，必要时可随时将转基因生物销毁；

2.3.6 试验结束后，收获部分之外的残留植株应当集中销毁，对鱼塘、畜栏和土壤等应当进行消毒和处理，以防止转基因生物残留和存活；

2.3.7 安全控制措施应当向农业转基因生物安全委员会报告，经批准后按其要求

执行。

2.4 安全等级Ⅳ控制措施：

除严格执行安全等级Ⅲ的控制措施外，对其试验条件和设施以及试验材料的处理应有更严格的要求。安全控制措施应当向农业转基因生物安全委员会报告，经批准后按其要求执行。

2.5 动物用转基因微生物及其产品的中间试验、环境释放和生产性试验的控制措施，还应符合兽用生物制品的有关规定。

3 应急措施

3.1 转基因生物发生意外扩散，应立即封闭事故现场，查清事故原因，迅速采取有效措施防止转基因生物继续扩散，并上报有关部门。

3.2 对已产生不良影响的扩散区，应暂时将区域内人员进行隔离和医疗监护。

3.3 对扩散区应进行追踪监测，直至不存在危险。

表 1 主要农作物田间隔离距离（参考）

作物名称 Crop Species	隔离距离（米） Isolation Distance（m）	备注 Note
玉米 *Zea mays* L.	300	或花期隔离 25 天以上
小麦 *Triticum aestivum*	100	或花期隔离 20 天以上
大麦 *Hordeum vulgare*	100	或花期隔离 20 天以上
芸薹属 *Brassica* L.	1 000	—
棉花 *Gossypium* L.	150	—
水稻 *Oryza sativa* L.	100	或花期隔离 20 天以上
大豆 *Glycine max*（L.）Merrill	100	—
番茄 *Lycopersicum esculentum* Mill	100	—
烟草 *Nicotiana tabacum*	400	—
高粱 *Sorghum vulgare* Pers.	500	—
马铃薯 *Solanum tuberosum* L.	100	—
南瓜 *Cucurbita pepo*	700	—
苜蓿 *Trifolium repens*	300	—
黑麦草 *Lolium perenne*	300	—
辣椒 *Capsicum annum*	100	—

修改说明

1. 2004 年 7 月 1 日农业部令第 38 号第一次修改，修改内容如下：

（1）第十六条修改为："农业部每年组织两次农业转基因生物安全评审。第一次受理申请的截止日期为每年 3 月 31 日，第二次受理申请的截止日期为每年的 9 月 30 日。申请被受理的，应当交由国家农业转基因生物安全委员会进行安全评价。农业部自收到安全评价结果后 20 日内作出批复。"

（2）删除第二十六条中申请农业转基因生物安全评价"交纳审查费"的规定。

2. 2016 年 7 月 25 日农业部令 2016 年第 7 号第二次修改，修改内容如下：

（1）将第五条第一款修改为："根据《条例》第九条的规定设立国家农业转基因生物安全委员会，负责农业转基因生物的安全评价工作。国家农业转基因生物安全委员会由从事农业转基因生物研究、生产、加工、检验检疫、卫生、环境保护等方面的专家组成，每届任期五年。"

（2）将第六条修改为："从事农业转基因生物研究与试验的单位是农业转基因生物安全管理的第一责任人，应当成立由单位法定代表人负责的农业转基因生物安全小组，负责本单位农业转基因生物的安全管理及安全评价申报的审查工作。"增加一款作为第二款："从事农业转基因生物研究与试验的单位，应当制定农业转基因生物试验操作规程，加强农业转基因生物试验的可追溯管理。"

（3）将第十六条修改为："农业部依法受理农业转基因生物安全评价申请。申请被受理的，应当交由国家农业转基因生物安全委员会进行安全评价。国家农业转基因生物安全委员会每年至少开展两次农业转基因生物安全评审。农业部收到安全评价结果后按照《中华人民共和国行政许可法》和《条例》的规定作出批复。"

（4）删除第十七条第三项，将第四项修改为第三项。

（5）将第二十二条第二款的"试验单位提出前款申请时，应当提供下列材料"修改为："试验单位提出前款申请时，应当按照相关安全评价指南的要求提供下列材料"。增加一款作为第三款："申请生产性试验的，还应当按要求提交农业转基因生物样品、对照样品及检测方法。"

（6）在第二十二条后增加一条："在农业转基因生物安全审批书有效期内，试验单位需要改变试验地点的，应当向农业转基因生物安全管理办公室报告。"

（7）将第二十三条第一款修改为："在农业转基因生物试验结束后拟申请安全证书的，试验单位应当向农业转基因生物安全管理办公室提出申请，经国家农业转基因生物安全委员会安全评价合格并由农业部批准后，方可颁发农业转基因生物安全证书。"将第二款"试验单位提出前款申请时，应当提供下列材料"修改为："试验单位提出前款申请时，应当按照相关安全评价指南的要求提供下列材料"，增加一项作为第五项："按要求提交农业转基因生物样品、对照样品及检测方法，但按照本办法第二十二条规定已经提交的除外。"

（8）将第二十五条修改为："从中华人民共和国境外引进农业转基因生物，或者向中华人民共和国出口农业转基因生物的，应当按照《农业转基因生物进口安全管理办法》的规定提供相应的安全评价材料，并在申请安全证书时按要求提交农业转基因生物样品、对照样品及检测方法。"

（9）将第二十六条修改为："申请农业转基因生物安全评价，应当按照财政部、国家发展改革委的有关规定交纳评价费和检测费。"

（10）将第三十四条修改为："从事农业转基因生物试验、生产的单位，应当接受农业行政主管部门的监督检查，并在每年 3 月 31 日前，向试验、生产所在地省级和县级人民政府农业行政主管部门提交上一年度试验、生产总结报告。"

（11）对附录相关内容作必要修改。

3. 2017 年 11 月 30 日农业部令 2017 年第 8 号第三次修改，修改内容如下：

（1）将第二十二条第二款第三项修改为："有检测条件和能力的技术检测机构出具的检测报告。"

（2）第二十四条第一款修改为："在农业转基因生物试验结束后拟申请安全证书的，试验单位应当向农业转基因生物安全管理办公室提出申请。"删去第二款第三项，将第二款第五项改为第四项，修改为："按要求提交农业转基因生物样品、对照样品及检测所需的试验材料、检测方法，但按照本办法第二十二条规定已经提交的除外。"增加一款作为第三款："农业部收到申请后，应当组织农业转基因生物安全委员会进行安全评价，并委托具备检测条件和能力的技术检测机构进行检测；安全评价合格的，经农业部批准后，方可颁发农业转基因生物安全证书。"

（3）删去第二十七条。

农业转基因生物进口安全管理办法

（2002 年 1 月 5 日农业部令第 9 号公布，2004 年 7 月 1 日、
2017 年 11 月 30 日修订）

第一章　总　　则

第一条　为了加强对农业转基因生物进口的安全管理，根据《农业转基因生物安全管理条例》（简称《条例》）的有关规定，制定本办法。

第二条　本办法适用于在中华人民共和国境内从事农业转基因生物进口活动的安全管理。

第三条　农业部负责农业转基因生物进口的安全管理工作。国家农业转基因生物安全委员会负责农业转基因生物进口的安全评价工作。

第四条　对于进口的农业转基因生物，按照用于研究和试验的、用于生产的以及用作加工原料的三种用途实行管理。

第二章　用于研究和试验的农业转基因生物

第五条　从中华人民共和国境外引进安全等级Ⅰ、Ⅱ的农业转基因生物进行实验研究的，引进单位应当向农业转基因生物安全管理办公室提出申请，并提供下列材料：

（一）农业部规定的申请资格文件；

（二）进口安全管理登记表（见附件）；

（三）引进农业转基因生物在国（境）外已经进行了相应的研究的证明文件；

（四）引进单位在引进过程中拟采取的安全防范措施。经审查合格后，由农业部颁发农业转基因生物进口批准文件。引进单位应当凭此批准文件依法向有关部门办理相关手续。

第六条　从中华人民共和国境外引进安全等级Ⅲ、Ⅳ的农业转基因生物进行实验研究的和所有安全等级的农业转基因生物进行中间试验的，引进单位应当向农业部提出申请，并提供下列材料：

（一）农业部规定的申请资格文件；

（二）进口安全管理登记表（见附件）；

（三）引进农业转基因生物在国（境）外已经进行了相应研究或试验的证明文件；

（四）引进单位在引进过程中拟采取的安全防范措施；

（五）《农业转基因生物安全评价管理办法》规定的相应阶段所需的材料。经审查合格后，由农业部颁发农业转基因生物进口批准文件。引进单位应当凭此批准文件依法向有关部门办理相关手续。

第七条　从中华人民共和国境外引进农业转基因生物进行环境释放和生产性试验的，

引进单位应当向农业部提出申请，并提供下列材料：

（一）农业部规定的申请资格文件；

（二）进口安全管理登记表（见附件）；

（三）引进农业转基因生物在国（境）外已经进行了相应的研究的证明文件；

（四）引进单位在引进过程中拟采取的安全防范措施；

（五）《农业转基因生物安全评价管理办法》规定的相应阶段所需的材料。经审查合格后，由农业部颁发农业转基因生物安全审批书。引进单位应当凭此审批书依法向有关部门办理相关手续。

第八条 从中华人民共和国境外引进农业转基因生物用于试验的，引进单位应当从中间试验阶段开始逐阶段向农业部申请。

第三章　用于生产的农业转基因生物

第九条 境外公司向中华人民共和国出口转基因植物种子、种畜禽、水产苗种和利用农业转基因生物生产的或者含有农业转基因生物成分的植物种子、种畜禽、水产苗种、农药、兽药、肥料和添加剂等拟用于生产应用的，应当向农业部提出申请，并提供下列材料：

（一）进口安全管理登记表（见附件）；

（二）输出国家或者地区已经允许作为相应用途并投放市场的证明文件；

（三）输出国家或者地区经过科学试验证明对人类、动植物、微生物和生态环境无害的资料；

（四）境外公司在向中华人民共和国出口过程中拟采取的安全防范措施；

（五）《农业转基因生物安全评价管理办法》规定的相应阶段所需的材料。

第十条 境外公司在提出上述申请时，应当在中间试验开始前申请，经审批同意，试验材料方可入境，并依次经过中间试验、环境释放、生产性试验三个试验阶段以及农业转基因生物安全证书申领阶段。中间试验阶段的申请，经审查合格后，由农业部颁发农业转基因生物进口批准文件，境外公司凭此批准文件依法向有关部门办理相关手续。环境释放和生产性试验阶段的申请，经安全评价合格后，由农业部颁发农业转基因生物安全审批书，境外公司凭此审批书依法向有关部门办理相关手续。安全证书的申请，经安全评价合格后，由农业部颁发农业转基因生物安全证书，境外公司凭此证书依法向有关部门办理相关手续。

第十一条 引进的农业转基因生物在生产应用前，应取得农业转基因生物安全证书，方可依照有关种子、种畜禽、水产苗种、农药、兽药、肥料和添加剂等法律、行政法规的规定办理相应的审定、登记或者评价、审批手续。

第四章　用作加工原料的农业转基因生物

第十二条 境外公司向中华人民共和国出口农业转基因生物用作加工原料的，应当向农业部申请领取农业转基因生物安全证书。

第十三条 境外公司提出上述申请时，应当按照相关安全评价指南的要求提供下列材料：

（一）进口安全管理登记表（见附件）；

（二）安全评价申报书（见《农业转基因生物安全评价管理办法》附录Ⅴ）；

（三）输出国家或者地区已经允许作为相应用途并投放市场的证明文件；

（四）输出国家或者地区经过科学试验证明对人类、动植物、微生物和生态环境无害的资料；

（五）按要求提交农业转基因生物样品、对照样品及检测所需的试验材料、检测方法；

（六）境外公司在向中华人民共和国出口过程中拟采取的安全防范措施。

农业部收到申请后，应当组织农业转基因生物安全委员会进行安全评价，并委托具备检测条件和能力的技术检测机构进行检测；安全评价合格的，经农业部批准后，方可颁发农业转基因生物安全证书。

第十四条 在申请获得批准后，再次向中华人民共和国提出申请时，符合同一公司、同一农业转基因生物条件的，可简化安全评价申请手续，并提供以下材料：

（一）进口安全管理登记表（见附件）；

（二）农业部首次颁发的农业转基因生物安全证书复印件；

（三）境外公司在向中华人民共和国出口过程中拟采取的安全防范措施。

经审查合格后，由农业部颁发农业转基因生物安全证书。

第十五条 境外公司应当凭农业部颁发的农业转基因生物安全证书，依法向有关部门办理相关手续。

第十六条 进口用作加工原料的农业转基因生物如果具有生命活力，应当建立进口档案，载明其来源、储存、运输等内容，并采取与农业转基因生物相适应的安全控制措施，确保农业转基因生物不进入环境。

第十七条 向中国出口农业转基因生物直接用作消费品的，依照向中国出口农业转基因生物用作加工原料的审批程序办理。

第五章 一般性规定

第十八条 农业部应当自收到申请人申请之日起270日内作批准或者不批准的决定，并通知申请人。

第十九条 进口农业转基因生物用于生产或用作加工原料的，应当在取得农业部颁发的农业转基因生物安全证书后，方能签订合同。

第二十条 进口农业转基因生物，没有国务院农业行政主管部门颁发的农业转基因生物安全证书和相关批准文件的，或者与证书、批准文件不符的，作退货或者销毁处理。

第二十一条 本办法由农业部负责解释。

第二十二条 本办法自2002年3月20日起施行。

附件：

农业转基因生物进口安全管理登记表

（用于研究、试验和生产）

<table>
<tr><td rowspan="5">商品一般资料</td><td>商品名称</td><td colspan="2"></td><td>商品编码</td><td></td><td>数量</td><td></td></tr>
<tr><td>物理状态</td><td colspan="2"></td><td>包装方式</td><td></td><td>储存方式</td><td></td></tr>
<tr><td>运输工具</td><td colspan="2"></td><td>输出地</td><td></td><td colspan="2"></td></tr>
<tr><td>进口用途</td><td colspan="6">1. 用于研究、试验□　　2. 用于生产□　　3. 其他□</td></tr>
<tr><td>发货方</td><td colspan="4"></td><td>收货方</td><td></td></tr>
<tr><td rowspan="12">转基因生物的一般资料</td><td rowspan="2">受体生物</td><td colspan="2">中文名</td><td colspan="2"></td><td>学名</td><td></td></tr>
<tr><td colspan="2">起源或原产地</td><td colspan="4"></td></tr>
<tr><td rowspan="2">目的基因</td><td colspan="2">名称</td><td colspan="2"></td><td>供体生物或来源</td><td></td></tr>
<tr><td colspan="2">生物学功能</td><td colspan="4"></td></tr>
<tr><td rowspan="4">产地国批准的文件</td><td colspan="2">编号</td><td colspan="2"></td><td colspan="2"></td></tr>
<tr><td colspan="2">审批机构</td><td colspan="2"></td><td colspan="2"></td></tr>
<tr><td colspan="2">有效期</td><td colspan="2"></td><td colspan="2"></td></tr>
<tr><td colspan="2">用途</td><td colspan="2"></td><td colspan="2"></td></tr>
<tr><td colspan="3">有否被拒绝批准的记录</td><td colspan="4"></td></tr>
<tr><td colspan="9"></td></tr>
<tr><td colspan="9"></td></tr>
<tr><td colspan="9"></td></tr>
<tr><td rowspan="6">申请单位情况</td><td colspan="2">国家（地区）</td><td colspan="5"></td></tr>
<tr><td colspan="2">单位名称</td><td colspan="5"></td></tr>
<tr><td colspan="2">主要经营活动</td><td colspan="5"></td></tr>
<tr><td rowspan="3">联系方式</td><td>联系人</td><td colspan="2"></td><td>电话</td><td colspan="2"></td></tr>
<tr><td>传真</td><td colspan="2"></td><td>电子邮箱</td><td colspan="2"></td></tr>
<tr><td>通信地址</td><td colspan="5"></td></tr>
<tr><td colspan="2">申请单位法人代表</td><td colspan="6">（签字）（单位公章）</td></tr>
<tr><td colspan="2">申请时间</td><td colspan="6" style="text-align:right">年　月　日</td></tr>
</table>

农业转基因生物进口安全管理登记表

（用作加工原料）

<table>
<tr><td rowspan="5">商品一般资料</td><td>商品名称</td><td colspan="2"></td><td>商品编码</td><td></td></tr>
<tr><td>物理状态</td><td colspan="2"></td><td>包装方式</td><td></td></tr>
<tr><td>储存方式</td><td colspan="2"></td><td>运输工具</td><td></td></tr>
<tr><td>是否具有生命活力</td><td colspan="4">1. 具有□　2. 不具有□</td></tr>
</table>

<table>
<tr><td rowspan="13">转基因生物的一般资料</td><td>生物名称</td><td colspan="2"></td><td>产地</td><td></td></tr>
<tr><td rowspan="2">受体生物</td><td>中文名</td><td></td><td>学名</td><td></td></tr>
<tr><td>起源或原产地</td><td colspan="3"></td></tr>
<tr><td rowspan="2">目的基因</td><td>名称</td><td></td><td>供体生物或来源</td><td></td></tr>
<tr><td>功能特性</td><td colspan="3"></td></tr>
<tr><td>研发公司</td><td colspan="4"></td></tr>
<tr><td>农业转基因生物安全证书（进口）编号</td><td colspan="4"></td></tr>
<tr><td rowspan="4">产地国批准的文件</td><td>编号</td><td colspan="3"></td></tr>
<tr><td>审批机构</td><td colspan="3"></td></tr>
<tr><td>有效期</td><td colspan="3"></td></tr>
<tr><td>用途</td><td colspan="3"></td></tr>
</table>

<table>
<tr><td rowspan="6">境外贸易商情况</td><td>国家（地区）</td><td colspan="4"></td></tr>
<tr><td>单位名称</td><td colspan="4"></td></tr>
<tr><td>主要经营活动</td><td colspan="4"></td></tr>
<tr><td rowspan="3">联系方式</td><td>电话</td><td></td><td>传真</td><td></td></tr>
<tr><td>电子邮箱</td><td></td><td>联系人</td><td></td></tr>
<tr><td>通信地址</td><td colspan="3"></td></tr>
</table>

<table>
<tr><td rowspan="5">境内贸易商情况</td><td>单位名称</td><td colspan="4"></td></tr>
<tr><td>主要经营活动</td><td colspan="4"></td></tr>
<tr><td rowspan="3">联系方式</td><td>电话</td><td></td><td>传真</td><td></td></tr>
<tr><td>电子邮箱</td><td></td><td>联系人</td><td></td></tr>
<tr><td>通信地址</td><td colspan="3"></td></tr>
</table>

<table>
<tr><td>境外贸易商法人代表</td><td>（签字）（单位公章）</td><td>境内贸易商法人代表</td><td>（签字）（单位公章）</td></tr>
<tr><td>申请时间</td><td colspan="3"></td></tr>
<tr><td>备注</td><td colspan="3"></td></tr>
</table>

修改说明

1. 2004 年 7 月 1 日农业部令第 38 号第一次修改，修改内容如下：

（1）第三条修改为："农业部负责农业转基因生物进口的安全管理工作。国家农业转基因生物安全委员会负责农业转基因生物进口的安全评价工作。"

（2）第六条修改为："从中华人民共和国境外引进安全等级 III、IV 的农业转基因生物进行实验研究的和所有安全等级的农业转基因生物进行中间试验的，引进单位应当向农业部提出申请，并提供下列材料……"

（3）第七条修改为："从中华人民共和国境外引进农业转基因生物进行环境释放和生产性试验的，引进单位应当向农业部提出申请，并提供下列材料……"

（4）第九条修改为："境外公司向中华人民共和国出口转基因植物种子、种畜禽、水产苗种和利用农业转基因生物生产的或者含有农业转基因生物成分的植物种子、种畜禽、水产苗种、农药、兽药、肥料和饲料添加剂等拟用于生产应用的，应当向农业部提出申请，并提供下列材料……"

（5）第十二条修改为："境外公司向中华人民共和国出口农业转基因生物用作加工原料的，应当向农业部申请领取农业转基因生物安全证书。"

（6）第十六条后增加一条，"向中国出口农业转基因生物直接用作消费品的，依照向中国出口农业转基因生物用作加工原料的审批程序办理。"

2. 2017 年 11 月 30 日农业部令 2017 年第 8 号第二次修改，修改内容如下：

（1）将第十三条第一款中的"应当提供下列材料"修改为"应当按照相关安全评价指南的要求提供下列材料"。

（2）第一款第五项修改为："按要求提交农业转基因生物样品、对照样品及检测所需的试验材料、检测方法。"第二款修改为："农业部收到申请后，应当组织农业转基因生物安全委员会进行安全评价，并委托具备检测条件和能力的技术检测机构进行检测；安全评价合格的，经农业部批准后，方可颁发农业转基因生物安全证书。"

农业转基因生物标识管理办法

（2002 年 1 月 5 日农业部令第 10 号公布，2004 年 7 月 1 日、
2017 年 11 月 30 日修订）

第一条 为了加强对农业转基因生物的标识管理，规范农业转基因生物的销售行为，引导农业转基因生物的生产和消费，保护消费者的知情权，根据《农业转基因生物安全管理条例》（简称《条例》）的有关规定，制定本办法。

第二条 国家对农业转基因生物实行标识制度。实施标识管理的农业转基因生物目录，由国务院农业行政主管部门商国务院有关部门制定、调整和公布。

第三条 在中华人民共和国境内销售列入农业转基因生物标识目录的农业转基因生物，必须遵守本办法。凡是列入标识管理目录并用于销售的农业转基因生物，应当进行标识；未标识和不按规定标识的，不得进口或销售。

第四条 农业部负责全国农业转基因生物标识的监督管理工作。

第五条 列入农业转基因生物标识目录的农业转基因生物，由生产、分装单位和个人负责标识；经营单位和个人拆开原包装进行销售的，应当重新标识。

第六条 标识的标注方法：

（一）转基因动植物（含种子、种畜禽、水产苗种）和微生物，转基因动植物、微生物产品，含有转基因动植物、微生物或者其产品成分的种子、种畜禽、水产苗种、农药、兽药、肥料和添加剂等产品，直接标注"转基因××"。

（二）转基因农产品的直接加工品，标注为"转基因××加工品（制成品）"或者"加工原料为转基因××"。

（三）用农业转基因生物或用含有农业转基因生物成分的产品加工制成的产品，但最终销售产品中已不再含有或检测不出转基因成分的产品，标注为"本产品为转基因××加工制成，但本产品中已不再含有转基因成分"或者标注为"本产品加工原料中有转基因××，但本产品中已不再含有转基因成分"。

第七条 农业转基因生物标识应当醒目，并和产品的包装、标签同时设计和印制。难以在原有包装、标签上标注农业转基因生物标识的，可采用在原有包装、标签的基础上附加转基因生物标识的办法进行标注，但附加标识应当牢固、持久。

第八条 难以用包装物或标签对农业转基因生物进行标识时，可采用下列方式标注：

（一）难以在每个销售产品上标识的快餐业和零售业中的农业转基因生物，可以在产品展销（示）柜（台）上进行标识，也可以在价签上进行标识或者设立标识板（牌）进行标识。

（二）销售无包装和标签的农业转基因生物时，可以采取设立标识板（牌）的方式进行标识。

（三）装在运输容器内的农业转基因生物不经包装直接销售时，销售现场可以在容器

上进行标识，也可以设立标识板（牌）进行标识。

（四）销售无包装和标签的农业转基因生物，难以用标识板（牌）进行标注时，销售者应当以适当的方式声明。

（五）进口无包装和标签的农业转基因生物，难以用标识板（牌）进行标注时，应当在报检（关）单上注明。

第九条 有特殊销售范围要求的农业转基因生物，还应当明确标注销售的范围，可标注为"仅限于××销售（生产、加工、使用）"。

第十条 农业转基因生物标识应当使用规范的中文汉字进行标注。

第十一条 销售农业转基因生物的经营单位和个人在进货时，应当对货物和标识进行核对。

第十二条 违反本办法规定的，按《条例》第五十条规定予以处罚。

第十三条 本办法由农业部负责解释。

第十四条 本办法自 2002 年 3 月 20 日起施行。

附件：

第一批实施标识管理的农业转基因生物目录

1. 大豆种子、大豆、大豆粉、大豆油、豆粕
2. 玉米种子、玉米、玉米油、玉米粉（含税号为 11022000、11031300、11042300 的玉米粉）
3. 油菜种子、油菜籽、油菜籽油、油菜籽粕
4. 棉花种子
5. 番茄种子、鲜番茄、番茄酱

修改说明

1. 2004 年 7 月 1 日农业部令第 38 号第一次修改，修改内容如下：

第十二条修改为："负责农业转基因生物标识审查认可工作的农业行政主管部门，应当自申请受理之日起 20 日内作出决定，并通知申请人。"

2. 2017 年 11 月 30 日农业部令 2017 年第 8 号第二次修改，修改内容如下：

（1）将第四条第一款修改为："农业部负责全国农业转基因生物标识的监督管理工作。"

（2）删去第十一条、第十二条。

农业转基因生物加工审批办法

(2006 年 1 月 16 日农业部第 3 次常务会议审议通过)

第一条 为了加强农业转基因生物加工审批管理，根据《农业转基因生物安全管理条例》的有关规定，制定本办法。

第二条 本办法所称农业转基因生物加工，是指以具有活性的农业转基因生物为原料，生产农业转基因生物产品的活动。

前款所称农业转基因生物产品，是指《农业转基因生物安全管理条例》第三条第（二）、（三）项所称的转基因动植物、微生物产品和转基因农产品的直接加工品。

第三条 在中华人民共和国境内从事农业转基因生物加工的单位和个人，应当取得加工所在地省级人民政府农业行政主管部门颁发的《农业转基因生物加工许可证》（以下简称《加工许可证》）。

第四条 从事农业转基因生物加工的单位和个人，除应当符合有关法律、法规规定的设立条件外，还应当具备下列条件：

（一）与加工农业转基因生物相适应的专用生产线和封闭式仓储设施。

（二）加工废弃物及灭活处理的设备和设施。

（三）农业转基因生物与非转基因生物原料加工转换污染处理控制措施。

（四）完善的农业转基因生物加工安全管理制度。包括：

1. 原料采购、运输、储藏、加工、销售管理档案；

2. 岗位责任制度；

3. 农业转基因生物扩散等突发事件应急预案；

4. 农业转基因生物安全管理小组，具备农业转基因生物安全知识的管理人员、技术人员。

第五条 申请《加工许可证》应当向省级人民政府农业行政主管部门提出，并提供下列材料：

（一）农业转基因生物加工许可证申请表（见附件）；

（二）农业转基因生物加工安全管理制度文本；

（三）农业转基因生物安全管理小组人员名单和专业知识、学历证明；

（四）农业转基因生物安全法规和加工安全知识培训记录；

（五）农业转基因生物产品标识样本；

（六）加工原料的《农业转基因生物安全证书》复印件。

第六条 省级人民政府农业行政主管部门应当自受理申请之日起 20 个工作日内完成审查。审查符合条件的，发给《加工许可证》，并及时向农业部备案；不符合条件的，应当书面通知申请人并说明理由。

省级人民政府农业行政主管部门可以根据需要组织专家小组对申请材料进行评审，专家小组可以进行实地考察，并在农业行政主管部门规定的期限内提交考察报告。

第七条 《加工许可证》有效期为三年。期满后需要继续从事加工的，持证单位和个人应当在期满前六个月，重新申请办理《加工许可证》。

第八条 从事农业转基因生物加工的单位和个人变更名称的，应当申请换发《加工许可证》。

从事农业转基因生物加工的单位和个人有下列情形之一的，应当重新办理《加工许可证》：

（一）超出原《加工许可证》规定的加工范围的；

（二）改变生产地址的，包括异地生产和设立分厂。

第九条 违反本办法规定的，依照《农业转基因生物安全管理条例》的有关规定处罚。

第十条 《加工许可证》由农业部统一印制。

第十一条 本办法自 2006 年 7 月 1 日起施行。

附件：

农业转基因生物加工许可证申请表

申请时间：　　年　月　日

申请单位名称		机构代码	
地址		邮编	
E-MAIL		传真	
企业性质		成立时间	
法人代表		联系人		电话	
联营或建分场情况					
转基因生物原料名称		原料来源（产地、国别）			
产品名称（种类）					
用途		标识情况			
产品流向		上年度加工量			
申请单位意见	法人代表（签字或盖章） 　　年　月　日				
专家小组意见	盖　章 　　年　月　日				
省级农业行政主管部门审批意见	盖　章 　　年　月　日				

进出境转基因产品检验检疫管理办法

（2001 年 9 月 5 日国家质量监督检验检疫总局局务会议审议通过）

第一章　总　　则

第一条　为加强进出境转基因产品检验检疫管理，保障人体健康和动植物、微生物安全，保护生态环境，根据《中华人民共和国进出口商品检验法》、《中华人民共和国食品卫生法》、《中华人民共和国进出境动植物检疫法》及其实施条例、《农业转基因生物安全管理条例》等法律法规的规定，制定本办法。

第二条　本办法适用于对通过各种方式（包括贸易、来料加工、邮寄、携带、生产、代繁、科研、交换、展览、援助、赠送以及其他方式）进出境的转基因产品的检验检疫。

第三条　本办法所称"转基因产品"是指《农业转基因生物安全管理条例》规定的农业转基因生物及其他法律法规规定的转基因生物与产品。

第四条　国家质量监督检验检疫总局（以下简称国家质检总局）负责全国进出境转基因产品的检验检疫管理工作，国家质检总局设在各地的出入境检验检疫机构（以下简称检验检疫机构）负责所辖地区进出境转基因产品的检验检疫以及监督管理工作。

第五条　国家质检总局对过境转移的农业转基因产品实行许可制度。其他过境转移的转基因产品，国家另有规定的按相关规定执行。

第二章　进境检验检疫

第六条　国家质检总局对进境转基因动植物及其产品、微生物及其产品和食品实行申报制度。

第七条　货主或者其代理人在办理进境报检手续时，应当在《入境货物报检单》的货物名称栏中注明是否为转基因产品。申报为转基因产品的，除按规定提供有关单证外，还应当提供法律法规规定的主管部门签发的《农业转基因生物安全证书》（或者相关批准文件，以下简称批准文件）和《农业转基因生物标识审查认可批准文件》。

第八条　对于实施标识管理的进境转基因产品，检验检疫机构应当核查标识，符合农业转基因生物标识审查认可批准文件的，准予进境；不按规定标识的，重新标识后方可进境；未标识的，不得进境。

第九条　对列入实施标识管理的农业转基因生物目录（国务院农业行政主管部门制定并公布）的进境转基因产品，如申报是转基因的，检验检疫机构应当实施转基因项目的符合性检测，如申报是非转基因的，检验检疫机构应进行转基因项目抽查检测；对实施标识管理的农业转基因生物目录以外的进境动植物及其产品、微生物及其产品和食品，检验检疫机构可根据情况实施转基因项目抽查检测。

检验检疫机构按照国家认可的检测方法和标准进行转基因项目检测。

第十条 经转基因检测合格的，准予进境。如有下列情况之一的，检验检疫机构通知货主或者其代理人作退货或者销毁处理：

（一）申报为转基因产品，但经检测其转基因成分与批准文件不符的；

（二）申报为非转基因产品，但经检测其含有转基因成分的。

第十一条 进境供展览用的转基因产品，须获得法律法规规定的主管部门签发的有关批准文件后方可入境，展览期间应当接受检验检疫机构的监管。展览结束后，所有转基因产品必须作退回或者销毁处理。如因特殊原因，需改变用途的，须按有关规定补办进境检验检疫手续。

第三章 过境检验检疫

第十二条 过境的转基因产品，货主或者其代理人应当事先向国家质检总局提出过境许可申请，并提交以下资料：

（一）填写《转基因产品过境转移许可证申请表》；

（二）输出国家或者地区有关部门出具的国（境）外已进行相应的研究证明文件或者已允许作为相应用途并投放市场的证明文件；

（三）转基因产品的用途说明和拟采取的安全防范措施；

（四）其他相关资料。

第十三条 国家质检总局自收到申请之日起 270 日内作出答复，对符合要求的，签发《转基因产品过境转移许可证》并通知进境口岸检验检疫机构；对不符合要求的，签发不予过境转移许可证（见附件），并说明理由。

第十四条 过境转基因产品进境时，货主或者其代理人须持规定的单证和过境转移许可证向进境口岸检验检疫机构申报，经检验检疫机构审查合格的，准予过境，并由出境口岸检验检疫机构监督其出境。对改换原包装及变更过境线路的过境转基因产品，应当按照规定重新办理过境手续。

第四章 出境检验检疫

第十五条 对出境产品需要进行转基因检测或者出具非转基因证明的，货主或者其代理人应当提前向所在地检验检疫机构提出申请，并提供输入国家或者地区官方发布的转基因产品进境要求。

第十六条 检验检疫机构受理申请后，根据法律法规规定的主管部门发布的批准转基因技术应用于商业化生产的信息，按规定抽样送转基因检测实验室作转基因项目检测，依据出具的检测报告，确认为转基因产品并符合输入国家或者地区转基因产品进境要求的，出具相关检验检疫单证；确认为非转基因产品的，出具非转基因产品证明。

第五章 附 则

第十七条 对进出境转基因产品除按本办法规定实施转基因项目检测和监管外，其他检验检疫项目内容按照法律法规和国家质检总局的有关规定执行。

第十八条 承担转基因项目检测的实验室必须通过国家认证认可监督管理部门的能力

验证。

第十九条　对违反本办法规定的，依照有关法律法规的规定予以处罚。

第二十条　本办法由国家质检总局负责解释。

第二十一条　本办法自公布之日。

第二部分

规范性和其他重要文件

一、行政审批

国务院关于第三批取消中央指定
地方实施行政许可事项的决定

（国发〔2017〕7号）

各省、自治区、直辖市人民政府，国务院各部委、各直属机构：

经研究论证，国务院决定第三批取消39项中央指定地方实施的行政许可事项。另有14项依据有关法律设立的行政许可事项，国务院将依照法定程序提请全国人民代表大会常务委员会修订相关法律规定。

各地区、各部门要抓紧做好事中事后监管措施的落实和衔接工作，明确责任主体和工作方法，切实提高行政审批改革的系统性、协同性、针对性和有效性。

附件：国务院决定第三批取消中央指定地方实施的行政许可事项目录（共计39项）

国务院
2017年1月12日

附件：

国务院决定第三批取消中央指定
地方实施的行政许可事项目录

（共计 39 项，第 20 项涉及转基因标识审查）

序号	项目名称	审批部门	设定依据	加强事中事后监管措施
20	国内农业转基因生物标识审查	省、市、县级农业行政主管部门	《农业转基因生物安全管理条例》 《农业转基因生物标识管理办法》（农业部令 2002 年第 10 号，2004 年 7 月 1 日予以修改）	取消审批后，农业部要强化"农业转基因生物安全审批"，严格把关。农业行政主管部门要通过开展随机抽查、设立举报平台、建立黑名单制度等方式，加强对农业转基因生物标识的监督检查，及时公开不按规定标识的企业信息

国务院关于第三批清理规范国务院部门行政审批中介服务事项的决定

（国发〔2017〕8 号）

国务院各部委、各直属机构：

经研究论证，国务院决定第三批清理规范 17 项国务院部门行政审批中介服务事项，不再作为行政审批的受理条件。另有 2 项涉及修改法律的中介服务事项，国务院将依照法定程序提请全国人民代表大会常务委员会修订相关法律规定；另有 1 项涉及修改《内地与香港关于建立更紧密经贸关系的安排》和《内地与澳门关于建立更紧密经贸关系的安排》的中介服务事项，国务院有关部门将按程序与香港、澳门特别行政区政府磋商，修改补充相关安排。

各有关部门要认真做好清理规范行政审批中介服务事项的落实工作，加快配套改革和相关制度建设，加强事中事后监管，保障行政审批质量和效率。对于涉及公共安全的行政审批事项，中介服务清理规范后，要进一步强化相关监管措施，确保安全责任落实到位。

附件：国务院决定第三批清理规范的国务院部门行政审批中介服务事项目录（共计17 项）

国务院

2017 年 1 月 12 日

附件：

国务院决定第三批清理规范的
国务院部门行政审批中介服务事项目录

（共计 17 项，其中第 6、7 项涉及农业转基因生物安全证书）

序号	中介服务事项名称	涉及的审批事项项目名称	审批部门	中介服务设定依据	中介服务实施机构	处理决定
6	境外公司申请向我国出口农业转基因生物用作加工原料所需的安全检测（成分、环境和食用）	境外研发商首次申请农业转基因生物安全证书（农业转基因生物研究、试验、生产、经营和进口审批的子项）	农业部	《农业转基因生物安全管理条例》《农业转基因生物进口安全管理办法》（农业部令 2002 年第 9 号，2004 年 7 月 1 日予以修改）	通过认证的、有资质的农业转基因生物技术检测机构	不再要求申请人进行转基因生物安全检测，改由审批部门委托有关机构开展转基因生物安全检测
7	农业转基因生物安全检测（成分、环境和食用）	农业转基因生物安全证书（生产应用）（农业转基因生物研究、试验、生产、经营和进口审批的子项）	农业部	《农业转基因生物安全管理条例》《农业转基因生物安全评价管理办法》（农业部令 2002 年第 8 号，2004 年 7 月 1 日、2007 年 11 月 8 日、2016 年 7 月 25 日予以修改）	通过认证的、有资质的农业转基因生物技术检测机构	不再要求申请人进行转基因生物安全检测，改由审批部门委托有关机构开展转基因生物安全检测

国务院关于第一批清理规范89项国务院部门行政审批中介服务事项的决定

（国发〔2015〕58号）

国务院各部委、各直属机构：

根据推进政府职能转变和深化行政审批制度改革的部署和要求，国务院决定第一批清理规范89项国务院部门行政审批中介服务事项，不再作为行政审批的受理条件。

各有关部门要加强组织领导，认真做好清理规范行政审批中介服务事项的落实工作，加快配套改革和相关制度建设，加强事中事后监管，保障行政审批质量和效率。要制定完善中介服务的规范和标准，指导监督本行业中介服务机构建立相关制度，规范中介服务机构及从业人员执业行为，细化服务项目、优化服务流程、提高服务质量，营造公平竞争、破除垄断、优胜劣汰的市场环境，促进中介服务市场健康发展，不断提高政府管理科学化、规范化水平。

附件：国务院决定第一批清理规范的国务院部门行政审批中介服务事项目录（共计89项）

国务院

2015年10月11日

附件：

国务院决定第一批清理规范的
国务院部门行政审批中介服务事项目录

（共计 89 项，其中第 35 项、39 项涉及转基因农作物种子生产许可证核发）

序号	中介服务事项名称	涉及的审批事项项目名称	审批部门	中介服务设定依据	中介服务实施机构	处理决定
35	种子生产许可申请人注册资本证明	转基因农作物种子生产许可证核发	农业部	《农作物种子生产经营许可管理办法》（农业部令 2011 年第 3 号）	会计师事务所或者审计事务所及其他具有相关资格的机构	不再要求申请人提供注册资本证明
39	提供种子生产涉及计量的检验设备检定材料	转基因农作物种子生产许可证核发	农业部	《农作物种子生产经营许可管理办法》（农业部令 2011 年第 3 号）《转基因棉花种子生产经营许可规定》（农业部公告 2011 年第 1643 号，2015 年 4 月 29 日予以修改）	具有资质的计量检定机构	不再要求申请人提供检验设备检定材料，检验设备的检定依法由质监部门开展

国务院关于第五批取消和下放管理层级行政审批项目的决定

（国发〔2010〕21号）

各省、自治区、直辖市人民政府，国务院各部委、各直属机构：

2009年以来，按照国务院的统一部署和行政审批制度改革的要求，行政审批制度改革工作部际联席会议依据行政许可法等法律法规的规定，组织对国务院部门的行政审批项目进行了新一轮集中清理。经严格审核论证，国务院决定第五批取消和下放管理层级行政审批项目184项。其中，取消的行政审批项目113项，下放管理层级的行政审批项目71项。

各地区、各部门要认真做好取消和下放管理层级行政审批项目的落实和衔接工作，切实加强后续监管。要按照深化行政管理体制改革、转变政府职能的要求，继续深化行政审批制度改革，进一步减少行政审批项目，规范审批流程，创新审批方式，健全行政审批制约监督机制，加强对行政审批权运行的监督。

附件：1.国务院决定取消的行政审批项目目录（113项）

2.国务院决定下放管理层级的行政审批项目目录（71项）

国务院

二〇一〇年七月四日

附件 1：

国务院决定取消的行政审批项目目录（113 项）

（共 113 项，其中第 29 项、47 项涉及转基因）

部门	序号	项目名称	设定依据
农业部	29	农民养殖、种植转基因动植物审批	《农业转基因生物安全管理条例》（国务院令第 304 号）
国家质量监督检验检疫总局	47	农业转基因生物过境转移审批	《农业转基因生物安全管理条例》（国务院令第 304 号）

附件 2：

国务院决定下放管理层级的行政审批项目目录

（71 项，不涉及转基因，略）

国务院审改办关于取消行政许可
事项子项的说明

（审改办函〔2015〕89号）

　　根据2015年12月3日国务院推进职能转变协调小组第五次全体会议审议通过新一批拟取消国务院各部门行政许可事项工作意见，取消2项行政许可事项中的子项。

　　一、财政部"彩票发行管理事项审批"（编码10007）中的子项"3. 派奖审批"。

　　二、农业部"农业转基因生物研究、试验、生产、经营和进口审批"（编码17001）中的子项"4. 农业转基因生物标识审查认可批准文件"。

国务院审改办

2015年12月15日

农业部办公厅关于印发《农业部科教（转基因）行政审批工作规范》的通知

（农办科〔2013〕14号）

各有关单位：

　　为进一步明确农业科教行政审批各环节职责，细化审批流程，提升工作的规范化、标准化水平，依据《中华人民共和国行政许可法》《农业转基因生物安全管理条例》《农业转基因生物安全评价管理办法》《农业转基因生物进口安全管理办法》，我部编写了《农业部科教（转基因）行政审批工作规范》。现印发你们，请遵照执行。

农业部办公厅

2013 年 5 月 8 日

农业转基因生物材料入境审批书审批工作规范

为进一步明确农业转基因行政审批各环节职责任务，提升工作的规范化、标准化水平，依据《中华人民共和国行政许可法》《农业转基因生物安全管理条例》《农业转基因生物安全评价管理办法》《农业转基因生物进口安全管理办法》，特制定本工作规范。

一、农业部行政审批综合办公室受理

（一）审查内容

1. 申请人资质及基本信息是否真实有效，申请表内容填写是否准确齐全；

2. 申请资料的有效性和完整性。

（二）办理程序

农业部行政审批综合办公室对申请材料进行受理审查，并作出是否受理决定。审查合格的，向申请人出具受理通知书，同时将申请资料和办理通知书分送农业部科技发展中心进行初步审查；审查不合格的，向申请人出具不予受理通知书，并详细说明理由。

（三）办理时限

2个工作日。

二、农业部科技发展中心初审

（一）审查内容

1. 申请资料的有效性；

2. 申请资料是否符合《农业转基因生物安全管理条例》《农业转基因生物安全评价管理办法》《农业转基因生物进口安全管理办法》的规定和要求；

3. 申请资料是否符合《转基因植物安全评价指南》《动物用转基因微生物安全评价指南》等安全评价指南的规定和要求；

4. 申报单位是否符合相关要求。

（二）办理程序

农业部科技发展中心会同农业部科技教育司、部分农业转基因生物安全委员会（以下简称安委会）委员进行初审。初审通过的，农业部科技发展中心将申请材料移送安委会评审。同时，做好安委会技术评审的准备工作。

（三）办理时限

1个月。

三、安委会安全评审

（一）审查内容

1. 农业转基因生物分子特征；

2. 农业转基因生物环境安全性；

3. 农业转基因生物食用安全性；

4. 引进农业转基因生物在国（境）外已经进行的相关研究和获得的批准证明文件及其他相关资料。

（二）办理程序

安委会对申请资料进行技术评审，形成安委会评审意见，报农业部科技教育司。

（三）办理时限

2 个月。

四、农业部科技教育司审查报签

（一）审查内容

1. 申请事项是否符合国家农业转基因安全管理相关法规、规定及政策要求；

2. 技术评审的程序是否规范、有效；

3. 技术审核过程中形成的各项材料及意见是否规范、齐全、准确；

4. 安委会审核意见；

5. 批复文件与申请资料信息是否一致。

（二）办理程序

农业部科技教育司提出审查意见，办理签报，会签相关业务主管司（局），按程序报部领导签发后，制作批复文件，送农业部行政审批综合办公室。

（三）办理时限

3 个月加 15 个工作日。

五、农业部行政审批综合办公室办结

（一）审查内容

1. 审批决定与领导签发意见复核；

2. 不予批准理由表述是否准确规范；

3. 批件内容与审批信息是否一致。

（二）办理程序

农业部行政审批综合办公室对审批决定和批件进行复核。复核通过的，及时予以办结，并将批件或办结通知书按照申请人要求的方式送达；复核未通过的，退回农业部科技教育司重新办理。

（三）办理时限

3 个工作日。

六、行政审批结果公开

农业部行政审批综合办公室办结行政许可申请的同时，将审批结果在农业部门户网站

公开。

七、文件归档

农业部科技教育司负责部内签报和安委会评审意见的归档；农业部科技发展中心负责将行政审批过程中资料进行归档（申报资料等），保存时间按照档案管理有关规定执行。农业部行政审批综合办公室负责全年办理通知书的整理汇总，并保存一年备查。

境外研发商首次申请农业转基因
生物安全证书〔进口〕审批工作规范

为进一步明确农业转基因行政审批各环节职责任务，提升工作的规范化、标准化水平，依据《中华人民共和国行政许可法》《农业转基因生物安全管理条例》《农业转基因生物安全评价管理办法》《农业转基因生物进口安全管理办法》，特制定本工作规范。

一、农业部行政审批综合办公室受理

（一）审查内容
1. 申请人资质及基本信息是否真实有效，申请表内容填写是否准确齐全；
2. 申请资料的有效性和完整性。

（二）办理程序
农业部行政审批综合办公室对申请材料进行受理审查，并作出是否受理决定。审查合格的，向申请人出具受理通知书，同时将申请资料和办理通知书分送农业部科技发展中心进行初步审查；审查不合格的，向申请人出具不予受理通知书，并详细说明理由。

（三）办理时限
2 个工作日。

二、农业部科技发展中心初审

（一）审查内容
1. 申请资料的有效性；
2. 申请资料是否符合《农业转基因生物安全管理条例》《农业转基因生物安全评价管理办法》《农业转基因生物进口安全管理办法》的规定和要求；
3. 申请资料是否符合《转基因植物安全评价指南》《动物用转基因微生物安全评价指南》等安全评价指南的规定和要求；
4. 申报单位是否符合相关要求。

（二）办理程序
农业部科技发展中心会同农业部科技教育司、部分农业转基因生物安全委员会（以下简称安委会）委员对申请材料进行初审。初审通过的，农业部科技发展中心将申请材料移送安委会评审。同时，做好安委会技术评审的准备工作。

（三）办理时限
1 个月。

三、安委会安全评审

（一）审查内容

1. 农业转基因生物分子特征；
2. 农业转基因生物环境安全性；
3. 农业转基因生物食用安全性；
4. 引进农业转基因生物在国（境）外已经进行的相关研究和获得的批准证明文件及其他相关资料。

（二）办理程序

安委会对申请资料进行技术评审，形成安委会评审意见，报农业部科技教育司。

（三）办理时限

2个月。

四、农业部科技教育司审查报签

（一）审查内容

1. 申请事项是否符合国家农业转基因安全管理相关法规、规定及政策要求；
2. 技术评审的程序是否规范、有效；
3. 技术审核过程中形成的各项材料及意见是否规范、齐全、准确；
4. 安委会审核意见；
5. 批复文件与申请资料信息是否一致。

（二）办理程序

农业部科技教育司提出审查意见，办理签报，会签相关业务主管司（局），按程序报部领导签发后，制作批复文件，送农业部行政审批综合办公室。

（三）办理时限

3个月加15个工作日。

五、农业部行政审批综合办公室办结

（一）审查内容

1. 审批决定与领导签发意见复核；
2. 不予批准理由表述是否准确规范；
3. 批件内容与审批信息是否一致。

（二）办理程序

农业部行政审批综合办公室对审批意见和批件进行复核。复核通过的，及时予以办结，并将批件或办结通知书按照申请人要求的方式送达；复核未通过的，退回农业科技教育司重新办理。

（三）办理时限

3个工作日。

六、行政审批结果公开

农业部行政审批综合办公室办结行政许可申请的同时，将审批结果在农业部门户网站

公开。

七、文件归档

农业部科技教育司负责部内签报和安委会评审意见的归档；农业部科技发展中心负责将行政审批过程中资料进行归档（申报资料等），保存时间按照档案管理有关规定执行。农业部行政审批综合办公室负责全年办理通知书的整理汇总，并保存一年备查。

境外贸易商申请农业转基因生物安全证书〔进口〕审批工作规范

为进一步明确农业转基因行政审批各环节职责任务，提升工作的规范化、标准化水平，依据《中华人民共和国行政许可法》《农业转基因生物安全管理条例》《农业转基因生物安全评价管理办法》《农业转基因生物进口安全管理办法》，特制定本工作规范。

一、农业部行政审批综合办公室受理

（一）审查内容

1. 申请人资质及基本信息是否真实有效，申请表内容填写是否准确齐全；
2. 申请资料的有效性和完整性。

（二）办理程序

农业部行政审批综合办公室对申请材料进行受理审查，并作出是否受理决定。审查合格的，向申请人出具受理通知书，同时将申请资料和办理通知书分送农业部科技发展中心；审查不合格的，向申请人出具不予受理通知书，并详细说明理由。

（三）办理时限

2个工作日。

二、农业部科技发展中心初审

（一）审查内容

1. 转基因生物的特性；
2. 转基因生物的用途及运输过程中的安全性；
3. 转基因生物的流向；
4. 转基因生物在产地国的批准状况及其他相关资料；
5. 申报单位是否符合相关要求。

（二）办理程序

农业部科技发展中心对申请材料进行初审，提出审核意见，报农业部科技教育司。

（三）办理时限

7个工作日。

三、农业部科技教育司审查报签

（一）审查内容

1. 申请事项是否符合国家农业转基因安全管理相关法规、规定及政策要求；
2. 农业部科技发展中心的审核意见；
3. 批复文件与申请资料信息是否一致。

（二）办理程序

农业部科技教育司提出审查意见，报司长（部长授权）签发后，制作批复文件，送农业部行政审批综合办公室。

（三）办理时限

8 个工作日。

四、农业部行政审批综合办公室办结

（一）审查内容

1. 审批决定与领导签发意见复核；

2. 不予批准理由表述是否准确规范；

3. 批件内容与审批信息是否一致。

（二）办理程序

农业部行政审批综合办公室对审批决定和批件进行复核。复核通过的，及时予以办结，并将批件或办结通知书按照申请人要求的方式送达；复核未通过的，退回农业部科技教育司重新办理。

（三）办理时限

3 个工作日。

五、行政审批结果公开

农业部行政审批综合办公室办结行政许可申请的同时，将审批结果在农业部门户网站公开。

六、文件归档

农业部科技教育司负责司内签报的归档；农业部科技发展中心负责对审批过程中资料（申报资料等）的留存、整理，保存时间按照档案管理有关规定执行。农业部行政审批综合办公室负责全年办理通知书的整理汇总，并保存一年备查。

农业转基因生物安全审批书审批工作规范

为进一步明确农业转基因行政审批各环节职责任务，提升工作的规范化、标准化水平，依据《中华人民共和国行政许可法》《农业转基因生物安全管理条例》《农业转基因生物安全评价管理办法》《农业转基因生物进口安全管理办法》，特制定本工作规范。

一、农业部行政审批综合办公室受理

（一）审查内容

1. 申请人资质及基本信息是否真实有效，申请表内容填写是否准确齐全；

2. 申请资料的有效性和完整性。

（二）办理程序

农业部行政审批综合办公室对申请材料进行受理审查，并作出是否受理决定。审查合格的，向申请人出具受理通知书，同时将申请资料和办理通知书分送农业部科技发展中心进行初步审查；审查不合格的，向申请人出具不予受理通知书，并详细说明理由。

（三）办理时限

2个工作日。

二、农业部科技发展中心初审

（一）审查内容

1. 申请资料的有效性；

2. 申请资料是否符合《农业转基因生物安全管理条例》《农业转基因生物安全评价管理办法》《农业转基因生物进口安全管理办法》的规定和要求；

3. 申请资料是否符合《转基因植物安全评价指南》《动物用转基因微生物安全评价指南》等安全评价指南的规定和要求；

4. 申报单位是否符合相关要求。

（二）办理程序

农业部科技发展中心会同农业部科技教育司、部分农业转基因生物安全委员会（以下简称安委会）委员进行初审。初审通过的，农业部科技发展中心将申请材料移送安委会评审。同时，做好安委会技术评审的准备工作。

（三）办理时限

1个月。

三、安委会安全评审

（一）审查内容

1. 农业转基因生物分子特征；

2. 农业转基因生物环境安全性；

3. 农业转基因生物食用安全性；

4. 引进农业转基因生物在国（境）外已经进行的相关研究和获得的批准证明文件及其他相关资料。

（二）办理程序

安委会对申请资料进行技术评审，形成安委会评审意见，报农业部科技教育司。

（三）办理时限

2 个月。

四、农业部科技教育司报签

（一）审查内容

1. 申请事项是否符合国家农业转基因安全管理相关法规、规定及政策要求；

2. 技术评审的程序是否规范、有效；

3. 技术审核过程中形成的各项材料及意见是否规范、齐全、准确；

4. 安委会审核意见；

5. 批复文件与申请资料信息是否一致。

（二）办理程序

农业部科技教育司提出审查意见，办理签报，会签相关业务主管司（局），按程序报部领导签发后，制作批复文件，送农业部行政审批综合办公室。

（三）办理时限

3 个月加 15 个工作日。

五、农业部行政审批综合办公室办结

（一）审查内容

1. 审批决定与领导签发意见复核；

2. 不予批准理由表述是否准确规范；

3. 批件内容与审批信息是否一致。

（二）办理程序

农业部行政审批综合办公室对审批决定和批件进行复核。复核通过的，及时予以办结，并将批件或办结通知书按照申请人要求的方式送达；复核未通过的，退回农业部科技教育司重新办理。

（三）办理时限

3 个工作日。

六、行政审批结果公开

农业部行政审批综合办公室办结行政许可申请的同时，通过农业部门户网站公开。

七、文件归档

农业部科技教育司负责部内签报和安委会评审意见的归档；农业部科技发展中心负责将行政审批过程中资料进行归档（申报资料等），保存时间按照档案管理有关规定执行。农业部行政审批综合办公室负责全年办理通知书的整理汇总，并保存一年备查。

农业转基因生物安全证书（生产应用） 审批工作规范

为进一步明确农业转基因行政审批各环节职责任务，提升工作的规范化、标准化水平，依据《中华人民共和国行政许可法》《农业转基因生物安全管理条例》《农业转基因生物安全评价管理办法》《农业转基因生物进口安全管理办法》，特制定本工作规范。

一、农业部行政审批综合办公室受理

（一）审查内容
1. 申请人资质及基本信息是否真实有效，申请表内容填写是否准确齐全；
2. 申请资料的有效性和完整性。

（二）办理程序
农业部行政审批综合办公室对申请材料进行受理审查，并作出是否受理决定。审查合格的，向申请人出具受理通知书，同时将申请资料和办理通知书分送农业部科技发展中心进行初步审查；审查不合格的，向申请人出具不予受理通知书，并详细说明理由。

（三）办理时限
2个工作日。

二、农业部科技发展中心初审

（一）审查内容
1. 申请资料的有效性；
2. 申请资料是否符合《农业转基因生物安全管理条例》《农业转基因生物安全评价管理办法》《农业转基因生物进口安全管理办法》的规定和要求；
3. 申请资料是否符合《转基因植物安全评价指南》《动物用转基因微生物安全评价指南》等安全评价指南的规定和要求；
4. 申报单位是否符合相关要求。

（二）办理程序
农业部科技发展中心会同农业部科技教育司、部分农业转基因生物安全委员会（以下简称安委会）委员进行初审。初审通过的，农业部科技发展中心将申请材料移送安委会评审。同时做好安委会技术评审的准备工作。

（三）办理时限
1个月。

三、安委会安全评审

（一）审查内容

1. 农业转基因生物分子特征；

2. 农业转基因生物环境安全性；

3. 农业转基因生物食用安全性；

4. 引进农业转基因生物在国（境）外已经进行的相关研究和获得的批准证明文件及其他相关资料。

（二）办理程序

安委会对申请资料进行技术评审，形成安委会评审意见，报农业部科技教育司。

（三）办理时限

2 个月。

四、农业部科技教育司报签

（一）审查内容

1. 申请事项是否符合国家农业转基因安全管理相关法规、规定及政策要求；

2. 技术评审的程序是否规范、有效；

3. 技术审核过程中形成的各项材料及意见是否规范、齐全、准确；

4. 安委会审核意见；

5. 批复文件与申请资料信息是否一致。

（二）办理程序

农业部科技教育司提出审查意见，办理签报，会签相关业务主管司（局），按报部领导签发后，制作批复文件，送农业部行政审批综合办公室。

（三）办理时限

3 个月加 15 工作日。

五、农业部行政审批综合办公室办结

（一）审查内容

1. 审批书与领导签发意见复核；

2. 不予批准理由表述是否准确规范；

3. 批件内容与审批信息是否一致。

（二）办理程序

农业部行政审批综合办公室对审批决定和批件进行复核。复核通过的，及时予以办结，并将批件或办结通知书按照申请人要求的方式送达；复核未通过的，退回农业部科技教育司重新办理。

（三）办理时限

3 个工作日。

六、行政审批结果公开

农业部行政审批综合办公室办结行政许可申请的同时，将审批结果在农业部门户网站

公开。

七、文件归档

农业部科技教育司负责部内签报和安委会评审意见的归档；农业部科技发展中心负责将行政审批过程中资料进行归档（申报材料等），保存时间按照档案管理有关规定执行。农业部行政审批综合办公室负责全年办理通知书的整理汇总，并保存一年备查。

进口农业转基因生物直接用作消费品审批工作规范

为进一步明确农业转基因行政审批各环节职责任务，提升工作的规范化、标准化水平，依据《中华人民共和国行政许可法》《农业转基因生物安全管理条例》《农业转基因生物安全评价管理办法》《农业转基因生物进口安全管理办法》，特制定本工作规范。

一、农业部行政审批综合办公室受理

（一）审查内容
1. 申请人资质及基本信息是否真实有效，申请表内容填写是否准确齐全；
2. 申请资料的有效性和完整性。

（二）办理程序
农业部行政审批综合办公室对申请材料进行受理审查，并作出是否受理决定。审查合格的，向申请人出具受理通知书，同时将申请资料和办理通知书分送农业部科技发展中心；审查不合格的，向申请人出具不予受理通知书，并说明理由。

（三）办理时限
2 个工作日。

二、农业部科技发展中心初审

（一）审查内容
1. 转基因生物的特性；
2. 转基因生物的用途及运输过程中的安全性；
3. 转基因生物的流向；
4. 转基因生物在产地国的批准状况及其他相关资料；
5. 申报单位是否符合相关要求。

（二）办理程序
农业部科技发展中心对申请材料进行初审，提出审核意见，报农业部科技教育司。

（三）办理时限
7 个工作日。

三、农业部科技教育司审查报签

（一）审查内容
1. 申请事项是否符合国家农业转基因安全管理相关法规、规定及政策要求；
2. 农业部科技发展中心的审核意见；
3. 批复文件与申请资料信息是否一致。

（二）办理程序

农业部科技教育司提出审查意见，报司长（部长授权）签发后，制作批复文件，送农业部行政审批综合办公室。

（三）办理时限

8个工作日。

四、农业部行政审批综合办公室办结

（一）审查内容

1. 审批决定与领导签发意见复核；

2. 不予批准理由表述是否准确规范；

3. 批件内容与审批信息是否一致。

（二）办理程序

农业部行政审批综合办公室对审批决定和批件进行复核。复核通过的，及时予以办结，并将批件或办结通知书按照申请人要求的方式送达；复核未通过的，退回农业部科技教育司重新办理。

（三）办理时限

3个工作日。

五、行政审批结果公开

农业部行政审批综合办公室办结行政许可申请的同时，通过农业部门户网站公开。

六、文件归档

农业部科技教育司负责司内签报的归档；农业部科技发展中心负责对行政审批过程中资料（申请资料等）的留存、整理，保存时间按照档案管理有关规定执行。农业部行政审批综合办公室负责全年办理通知书的整理汇总，并保存一年备查。

抄送：监察局。

农业部办公厅　　　　　　　　　　　　　　　　　2013年5月8日印发

中华人民共和国农业部公告第 2147 号

（实施农业转基因生物行政审批在线申请）

为进一步深化行政审批制度改革，规范行政审批行为，提高行政审批标准化和信息化服务水平，我部决定自 2014 年 9 月 1 日起正式实施农业转基因生物行政审批在线申请工作。现将有关事项公告如下。

一、农业转基因生物行政审批在线申请主要涉及"农业转基因生物材料入境审批书""境外研发商首次申请农业转基因生物安全证书〔进口〕""境外贸易商申请农业转基因生物安全证书〔进口〕""农业转基因生物标识审查认可批准文件""农业转基因生物安全审批书""农业转基因生物安全证书〔生产应用〕""进口农业转基因生物直接用作消费品""中外合作、合资、外方独资在中国境内从事农业转基因生物研究与试验审批"8 项行政许可的审批。

二、申请人可登录农业部行政审批办公系统网址（http：//xzsp. moa. gov. cn），按照规定要求进行注册，审核通过后提交农业转基因生物的在线申请，打印带有二维码标签的申请表，并按照行政许可办事指南的要求提交纸质资料，我部将按照办事指南规定的程序和要求进行办理。

中华人民共和国农业部

二〇一四年八月二十九日

中华人民共和国农业部公告第 2436 号

（转基因棉花种子生产经营许可规定）

根据《中华人民共和国种子法》《农业转基因生物安全管理条例》《农作物种子生产经营许可管理办法》规定，我部修订了《转基因棉花种子生产经营许可规定》，现予公布，自 2016 年 10 月 18 日起施行。农业部 2011 年 9 月 6 日发布的《转基因棉花种子生产经营许可规定》（农业部第 1643 号公告）同时废止。

特此公告。

农业部

2016 年 9 月 18 日

转基因棉花种子生产经营许可规定

第一条 为加强转基因棉花种子生产经营许可管理，根据《中华人民共和国种子法》《农业转基因生物安全管理条例》《农作物种子生产经营许可管理办法》，制定本规定。

第二条 转基因棉花种子生产经营许可证，由企业所在地省级农业主管部门审核，农业部核发。

第三条 申请领取转基因棉花种子生产经营许可证的企业，应当具备以下条件：

（一）具有办公场所 200 平方米以上，检验室 150 平方米以上，加工厂房 500 平方米以上，仓库 500 平方米以上；

（二）具有转基因棉花自育品种或作为第一选育人的品种 1 个以上，或者合作选育的品种 2 个以上，或者受让品种权的品种 3 个以上；生产经营的品种应当通过审定并取得农业转基因生物安全证书。生产经营授权品种种子的，应当征得品种权人的书面同意；

（三）具有净度分析台、电子秤、样品粉碎机、烘箱、生物显微镜、电子天平、扦样器、分样器、发芽箱、PCR 扩增仪及产物检测配套设备、酸度计、高压灭菌锅、磁力搅拌器、恒温水浴锅、高速冷冻离心机、成套移液器等仪器设备，能够开展种子水分、净度、纯度、发芽率四项指标检测及品种分子鉴定；

（四）具有种子加工成套设备，成套设备总加工能力 1 吨/小时以上，配备棉籽化学脱绒设备；

（五）具有种子生产、加工储藏和检验专业技术人员各 3 名以上，农业转基因生物安全管理人员 2 名以上；

（六）种子生产地点、经营区域在农业转基因生物安全证书批准的区域内；

（七）符合棉花种子生产规程以及转基因棉花种子安全生产要求的隔离和生产条件，生产地点无检疫性有害生物；

（八）有相应的农业转基因生物安全管理、防范措施；

（九）农业部规定的其他条件。

第四条 申请转基因棉花种子生产经营许可证的企业，应当向审核机关提交以下材料：

（一）转基因棉花种子生产经营许可证申请表（式样见附件1）；

（二）单位性质、股权结构等基本情况，公司章程、营业执照复印件，设立分支机构、委托生产种子、委托代销种子以及以购销方式销售种子等情况说明；

（三）种子生产、加工储藏、检验技术人员和农业转基因生物安全管理人员的基本情况及其企业缴纳的社保证明复印件，企业法定代表人和高级管理人员名单及其种业从业简历；

（四）种子检验室、加工厂房、仓库和其他设施的自有产权或自有资产证明材料；办公场所自有产权证明复印件或租赁合同；种子检验、加工等设备清单和购置发票复印件；相关设施设备的情况说明及实景照片；

（五）品种审定证书和农业转基因生物安全证书复印件；生产经营授权品种种子的，提交植物新品种权证书复印件及品种权人的书面同意证明；

（六）委托种子生产合同复印件或自行组织种子生产的情况说明和证明材料；

（七）种子生产地点检疫证明；种子生产所在地省级农业主管部门书面意见；

（八）农业转基因生物安全管理、防范措施说明；

（九）农业部规定的其他材料。

第五条 审核机关应当自受理申请之日起 20 个工作日内完成审核工作。审核机关应当对申请企业的办公场所和种子加工、检验、仓储等设施设备进行实地考察，并查验相关申请材料原件。符合条件的，签署审核意见，上报核发机关；审核不予通过的，书面通知申请人并说明理由。

核发机关应当自收到申请材料和审核意见之日起 20 个工作日内完成核发工作。核发机关认为有必要的，可以进行实地考察并查验原件。符合条件的，发给种子生产经营许可证并予公告；不符合条件的，书面通知申请人并说明理由。

第六条 转基因棉花种子生产经营许可证设主证、副证（式样见附件 2）。主证注明许可证编号、企业名称、统一社会信用代码、住所、法定代表人、生产经营范围、生产经营方式、有效区域、有效期至、发证机关、发证日期；副证注明生产种子的作物种类、种子类别、品种名称及审定编号、转基因安全证书编号、生产地点、有效期至等。转基因棉花种子生产经营许可证加注许可信息代码。

（一）许可证编号为"G（农）农种许字（××××）第××××号"，第二个括号内为首次发证时的年号，"第××××号"为 4 位顺序号；

（二）生产经营方式按生产、加工、包装、批发、零售填写；

（三）生产地点为种子生产所在地，标注至县级行政区域。

第七条 转基因棉花种子生产经营许可证有效期为 5 年，同时不得超出农业转基因生物安全证书规定的有效期限。

在有效期内变更主证、副证载明事项的，应当按照原申请程序办理变更手续，并提供相应证明材料。

许可证期满后继续从事转基因棉花种子生产经营的，企业应当在期满 6 个月前重新提出申请。

第八条 转基因棉花种子生产经营许可的其他事项，按照《农作物种子生产经营许可管理办法》有关规定执行。

第九条 本规定自 2016 年 10 月 18 日起施行。农业部 2011 年 9 月 6 日公布、2015 年 4 月 29 日修订的《转基因棉花种子生产经营许可规定》（农业部第 1643 号公告）同时废止。

本规定施行之日前已取得的转基因棉花种子生产、经营许可证有效期不变，有效期在本规定公布之日至 2016 年 12 月 31 日届满的企业，其原有转基因棉花种子生产、经营许可证的有效期自动延展至 2016 年 12 月 31 日。

附件：1 转基因棉花种子生产经营许可证申请表（式样）

2 转基因棉花种子生产经营许可证（式样）

附件1：

转基因棉花种子生产经营许可证申请表（式样）

（　）农种申字（　）第　号

申请单位名称			
统一社会信用代码			
注册地址			
通信地址			
法定代表人		法定代表人身份证号	
联 系 人		联系电话	
邮政编码		电子邮箱	

基本情况	种子生产人员	名	加工储藏人员	名
	种子检验人员	名	安全管理人员	名
	检验仪器	台	检验室面积	平方米
	加工成套设备	吨/小时	加工厂房面积	平方米
	仓库面积	平方米	办公场所面积	平方米
	科研室面积	平方米	生产基地面积	亩

申请事项					
	生产经营范围				
	生产经营方式				
	生产经营区域				
	品种名称	品种审定编号	转基因安全证书编号	植物新品种权号	生产地点	加工包装地点

申请单位： 　负责人（签章）： 　　　　　年 月 日	审核机关： 　负责人（签章）： 　　　　　年 月 日

注：申请生产经营品种较多的，可另附页。

本表一式三份，申请单位一份、受理机关二份。

附件2：

（许可信息代码标注位置）

转基因棉花种子生产经营许可证（主证式样）

许可证编号：G（农）农种许字（　　）第　　号

企业名称：

住所：

法定代表人：

生产经营范围：

生产经营方式：

有效区域：

有效期至：

统一社会信用代码：

发证机关（盖章）

年　月　日

（许可信息代码标注位置）

转基因棉花种子生产经营许可证（副证式样）

企业名称：　　　　　　　　　　　　许可证编号：G（农）农种许字（　）第　号

发证日期：　　　　　　　　　　　　有效期至：

作物种类	种子类别	生产经营品种				生产地点	备注
		品种名称	审定编号	转基因安全证书编号	品种有效期至		

发证机关：　　　　　　　　　　　　　日期：年　月　日

二、机构职能

国务院办公厅关于同意农业转基因生物安全管理部际联席会议制度的函

（国办函〔2007〕106号）

农业部：

你部《关于报请审批农业转基因生物安全管理部际联席会议制度的请示》（农请〔2007〕55号）收悉。经国务院领导同志同意，现函复如下：

同意修订后的农业转基因生物安全管理部际联席会议制度。请按照国务院有关法规和文件精神认真组织开展工作。

附件：农业转基因生物安全管理部际联席会议制度

国务院办公厅
二○○七年十月十二日

附件：

农业转基因生物安全管理部际联席会议制度

根据《农业转基因生物安全管理条例》的规定，为加强农业转基因生物安全管理，强化各有关部门的协调配合，经国务院同意，建立农业转基因生物安全管理部际联席会议（以下简称联席会议）制度。

一、主要职能

贯彻落实国务院关于农业转基因生物安全管理的决策和部署；研究农业转基因生物安全管理工作的重大政策，提出有关政策建议；修订和完善《农业转基因生物安全管理条例》及配套规章；研究协调部门间联合执法与行政监管等重大事项；研究协调农业转基因生物安全管理能力建设事项；研究协调应对农业转基因生物安全重大突发事件；制定、调整农业转基因生物标识目录；完成国务院交办的其他事项。

二、联席会议成员

召集人：农业部部长。成员：农业部副部长，发展改革委副主任，教育部副部长，科技部副部长，财政部副部长，环境保护部副部长，商务部副部长，卫生计生委副主任，工商总局副局长，质检总局副局长，食品药品监管总局副局长，林业局副局长。

联席会议成员因工作变动需要调整的，由所在单位提出，联席会议确定。联席会议办公室设在农业部，承担日常工作。联席会议设联络员，由联席会议成员单位有关司局负责同志担任。

三、工作规则

联席会议原则上每年举行一次，根据工作需要可临时召开全体会议或部分成员会议。会议由召集人或召集人委托的同志主持。各成员单位提出的议题，提前报联席会议办公室。联席会议以会议纪要形式明确议定事项，经与会单位同意后印发有关方面，同时抄报国务院。

四、工作要求

各成员单位要按照职责分工，主动研究农业转基因生物安全管理问题，积极参加联席会议，认真落实联席会议议定的事项。要互通信息、互相配合、互相支持、形成合力，充分发挥联席会议的作用。对涉密议题及其议定事项，要做好保密工作。

关于成立农业部农业转基因生物安全管理领导小组和农业转基因生物安全管理办公室的通知

（农人发〔2002〕6 号）

部机关各司局、直属各有关单位：

2002 年 1 月 18 日，农业部常务会议研究决定，成立农业部农业转基因生物安全管理领导小组，组长由主管副部长担任，副组长由科技教育司、市场与经济信息司主要负责人担任，领导小组成员由科技教育司、产业政策与法规司、发展计划司、财务司、国际合作司、种植业管理司、畜牧兽医局、渔业局、农垦局和农业部科技发展中心负责人组成，领导小组的主要职责任务为：研究农业转基因生物安全管理工作的重大问题；审议草拟或修订的农业转基因生物安全管理方面的法律法规；研究重要农业转基因生物安全审批、生产与经营许可、进出口政策；审议实施标识管理的农业转基因生物目录；审定对外宣传口径；指导农业转基因生物安全管理办公室的工作。

成立农业转基因生物安全管理办公室，负责农业转基因生物安全管理的综合协调、归口管理和统一对外。农业转基因生物安全管理办公室设在科技教育司，其主要职责任务为：组织拟定和实施农业生物技术与安全管理的政策、法规、规划、计划和技术规范；组织全国农业转基因生物安全的监督管理；统一受理农业转基因生物的安全评价申请、标识审查认可申请和进口申请，审批与发放有关证书、批件；负责国家农业转基因生物安全评价与检测机构的认证、管理和安全监测体系建设；负责农业转基因生物安全管理信息发布、宣传报道、资料统计和对外合作交流；负责农业生物技术与安全管理重大项目的遴选及组织实施；协调、落实国务院农业转基因生物安全管理部际联席会议决定事项，承办农业部农业转基因生物安全管理领导小组、国家农业转基因生物安全委员会的日常工作。

关于印发《农业转基因生物安全管理职责分工意见》的通知

（农办人〔2001〕83号）

部机关各司局，部属各有关单位：

  《农业转基因生物安全管理职责分工意见》已经部常务会讨论通过，现印发给你们，请遵照执行。

二〇〇一年十月三十一日

农业转基因生物安全管理职责分工意见

为了保障《农业转基因生物安全管理条例》的实施，根据部领导的指示，按照归口管理、分工负责、互相衔接、统一对外的原则，现将有关司局关于基因安全管理的职责分工明确如下：

科技教育司

一、负责农业转基因生物安全管理的综合协调、归口管理，牵头组织《农业转基因生物安全管理条例》的实施。

二、组织全国农业转基因生物安全的监督管理。

三、组织起草有关农业转基因生物安全管理的政策、法规（草案）、规划。

四、组织农业转基因生物的安全性评价以及安全审批书、安全证书的审批与发放。

五、负责拟定农业转基因生物安全评价办法、安全性研究的规划、计划及技术规范、并组织实施。

六、负责国家农业转基因生物安全性评价与检测机构的认证、管理和安全性检测体系建设。

七、统一受理进口农业转基因生物的申请，负责中外合资或独资的在中国境内从事农业转基因生物研究与试验单位的审批。

八、负责农业转基因生物安全管理的信息发布、宣传报道、资料统计和对外合作交流。

九、承办国家农业转基因生物安全委员会的日常事务以及农业转基因生物安全管理办公室的工作。

十、协调、落实国务院农业转基因生物安全管理部际联席会议的具体工作。

市场与经济信息司

一、负责农业转基因生物的标识管理。组织起草农业转基因生物标识管理、进口管理的法规、规章；组织提出实施标识管理的农业转基因生物目录，发布转基因农产品信息。

二、负责农业转基因生物安全管理有关标准的计划、审批和发布。

三、负责农业转基因生物产品质量监督与监测体系的规划、认证和管理。

产业政策与法规司

一、负责审查农业转基因生物安全管理的法规、规章草案。

二、负责有关农业转基因生物安全管理法规规章的执法监督。

三、协调与国务院法制办和有关部门法规的关系。

四、协助《农业转基因生物安全管理条例》的组织实施。

种植业管理司

一、负责转基因植物种子（苗）和含有转基因生物成分的农药、肥料相关法规、规章的起草，及与转基因生物安全管理法规的衔接。

二、负责转基因植物种子（苗）的品种审定和含有转基因生物成分的农药、肥料的登记、市场准入和进口审批。

三、负责转基因植物种子（苗）的生产、加工管理和经营管理，及其种子（苗）生产许可证和经营许可证的审批和发放。

四、负责转基因植物种子（苗）及含有转基因成分的农药、肥料等在生产、加工、经营、储存、运输、销售流向过程中的安全控制管理。

五、负责转基因植物种子（苗）的检疫管理。

六、负责本行业农业转基因生物广告的审查和批准。

畜牧兽医局

一、负责转基因动物、种畜禽、牧草种子、饲料、饲料添加剂、兽用药品和生物制品相关法规、规章的起草，以及与转基因生物安全管理法规的衔接。

二、负责转基因动物、种畜禽、牧草种子、饲料、饲料添加剂、兽用药品和生物制品的审定、登记、市场准入和进口审批。

三、负责转基因动物、种畜禽、牧草种子、饲料、饲料添加剂、兽用药品和生物制品的生产、加工管理和经营管理，及其生产许可证和经营许可证的审批和发放。

四、负责转基因种畜禽、兽药、饲料添加剂等的储存、运输、生产、加工与销售流向中的安全控制管理。

五、负责本行业农业转基因生物广告的审查和批准。

渔业局

一、负责与转基因水产苗种相关法规、规章的起草，以及与转基因生物安全管理法规的衔接。

二、负责转基因水产苗种的审定、登记、市场准入与进出口的审批。

三、负责转基因水产苗种的生产、加工管理和经营管理，及其生产许可证和经营许可证的审批、发放。

四、负责转基因水产苗种储存、运输、生产、加工与销售流向中的安全控制管理。

五、负责本行业农业转基因生物广告的审查和批准。

主题词：转基因 安全 职责 通知

农业部办公厅　　　　　　　　　　　　　　2001 年 11 月 1 日印发

农业部办公厅关于科技教育司（外来物种管理办公室）职能调整的通知

（农办人〔2011〕60号）

科技教育司（外来物种管理办公室）：

经部党组 2011 年第 9 次会议审议，决定你司不再承担农业植物新品种保护和监督管理职能，转基因生物安全与知识产权处的职责任务调整为：拟订农业转基因生物安全管理的政策法规、规划和年度计划，并组织实施。承担农业转基因生物安全监督管理工作，组织全国农业转基因生物安全监管和监测体系建设。承担农业转基因生物安全管理领域的国际合作交流和国际公约履约工作。承担农业转基因生物安全突发事件应急管理工作。承办农业知识产权保护的相关工作。调整后，你司领导职数和人员编制保持不变。

特此通知。

二〇一一年八月二十六日

主题词：职能　调整　通知

本部发送：部机关各司局、部署有关单位

农业部办公厅　　　　　　　　　　　　2011 年 8 月 30 日印发

三、监管和科普

农业部办公厅关于印发《2018年农业转基因生物监管工作方案》的通知

（农办科〔2018〕2号）

各省、自治区、直辖市农业（农牧、农村经济）厅（局、委），新疆生产建设兵团农业局：

为切实做好农业转基因监管工作，确保农业转基因生物研究、试验、生产、经营、进口和加工等活动规范有序，根据《农业转基因生物安全管理条例》等法规规章，我部制定了《2018年农业转基因生物监管工作方案》，现予以印发，请认真抓好落实。

农业部办公厅

2018年1月22日

2018 年农业转基因生物监管工作方案

2017 年各级农业部门认真贯彻中央决策部署，切实履职，严格管理，农业转基因监管力度大、措施实、效果好。为做好 2018 年农业转基因监管工作，依法规范农业转基因生物研究、试验、生产、进口和加工等活动，制订本方案。

一、总体要求

严格按照《农业转基因生物安全管理条例》等法规规章要求，认真落实农业转基因监管职责，严厉打击农业转基因生物非法试验、制种、经营、种植、进口和加工等行为，保障我国农业转基因生物产业健康有序发展。

（一）坚持突出重点。聚焦研发单位、育制种基地、加工企业等重点，强化研究试验、品种审定（登记）、种子生产经营、产品加工、产品标识监管；加大东北粮食生产区、西北西南制种基地和种子生产基地、沿海进口农产品加工区等重点区域监管力度。

（二）坚持全覆盖。将所有从事农业转基因研发、生产、加工、经营活动的单位全部纳入监管范围，对涉农试验基地、种子生产基地、南繁基地全覆盖抽检。

（三）坚持查早查小。加强研发、制种源头管理，防范转基因材料扩散，防止非法转基因种子下地，斩断非法种植的源头。

（四）坚持监管协同。强化职责分工和统筹，加强与公安、工商等相关部门协调，努力形成市场主体自律、政府监管、社会监督的农业转基因生物监管新局面。

二、监管任务

（一）研究试验环节监管。严查中间试验是否依法报告、环境释放和生产性试验是否依法报批，对涉农科研育种单位试验基地全覆盖抽样检测，排查非法试验行为。对批准开展的转基因试验全程监管，试验前检查控制措施和制度建设情况，试验中检查安全隔离等措施落实情况，试验结束检查残余物和收获物处理、保存情况和试验档案。

（二）南繁基地监管。严格南繁基地转基因试验报告与审批制度。开展全覆盖检测，严查私自开展农业转基因生物试验和育繁种行为。推进生物育种专区建设，加强农业转基因生物试验基地管理，逐步将转基因南繁试验纳入专区管理。

（三）品种审定（登记）环节监管。严格落实非法转基因品种一律不得进行区域试验和品种审定（登记）的要求。对参加区域试验的玉米、水稻、大豆、小麦以及进行登记的油菜等品种，申请单位要进行转基因成分检测，试验或登记组织单位进行复检。

（四）制种基地和种子加工经营环节监管。春耕备耕前开展专项检查，对种子企业和制种基地开展拉网式排查，加大种子抽检力度和苗期检测力度，做到早发现早处理，防止非法转基因种子下地。对种子市场、经营门店开展转基因成分抽检，严查非法转基因种子进入市场。对田间种植地进行抽样监测，发现问题，一律铲除，同时深入农户，倒查种子源头。继续开展番木瓜育苗企业和育苗基地检查，进一步规范转基因番木瓜种苗生产。对违法制种、繁种、销售转基因种子的生产经营者，停止生产经营，依法没收违法所得和种子，吊销种子生产经营许可证，构成犯罪的依法移送司法机关。

（五）进口加工环节监管。加强进口农业转基因生物流向监管，严格执行农业转基因生物进口和加工许可制度，严查国内进口商和加工企业的装卸、储藏、运输、加工过程中安全控制措施落实情况，全面核查产品采购、加工、销售等档案管理以及转基因农产品标识情况，确保进口农业转基因生物全部用于原料加工，严禁改变用途。对违规进口农业转基因生物、安全监管控制措施落实不力的进口企业和加工企业，依法责令停止进口、加工，给予行政处罚。

三、工作要求

（一）强化属地管理责任。省级农业行政主管部门是本行政区域内农业转基因监管的责任主体，要提高认识，勇于担当、主动监管、严格执法，将转基因监管工作制度化、常态化，在机构、队伍、经费和装备等方面加大支持力度。贯彻国务院关于"放管服"改革精神，强化转基因标识等事中事后监管。

（二）落实主体责任。督促转基因研发单位落实第一责任人的责任，健全管理制度，落实安全控制措施。督促种子企业、进口企业、加工企业切实担负起主体责任，提高认识、建立制度，健全管理档案，落实监管措施。

（三）落实监管长效机制。进一步落实好约谈问责、督导检查制度，依法依规追究不作为、乱作为者的责任。常态化转基因监管信息报送制度，案件查处信息实行月报制度，没有案件的实行零报告。

（四）加大案件查处力度。严厉打击违法违规行为，对重大案件追根溯源、查清主体、查明责任，依法严肃处理。对已结案的违规违法案件，各省（自治区、直辖市）要及时在省农业行政主管部门官方网站公布查处结果。鼓励社会各界对违法违规行为进行举报，各省（自治区、直辖市）对于举报的线索，要一查到底，主动接受社会监督。

四、工作安排

（一）动员部署。各省（自治区、直辖市）农业行政主管部门要按照本方案要求和区域特点，制订相应的农业转基因生物安全监管实施方案，明确工作重点、任务分工和工作机制，抓好落实。

（二）组织实施。各省（自治区、直辖市）农业行政主管部门要切实担负属地监管责任，认真开展监管工作，创新监管模式，强化监管手段，确保监管措施落到实处。

（三）工作总结。各省（自治区、直辖市）农业行政主管部门年底对全年转基因监管工作情况进行总结，及时总结工作中的好经验、好做法，科学研判形势，谋划下一年度工作。

农业部关于进一步加强农业转基因生物安全监管工作的通知

（农科教发〔2014〕2号）

各省、自治区、直辖市农业（农牧、农村经济）厅（局、委），新疆生产建设兵团农业局：

农业转基因生物安全监管工作事关粮食安全、食品安全和生态安全。农业部高度重视，不断健全制度，强化监管。目前，农业转基因生物安全管理规范有序，总体可控，但在一些地方偶有发生违规扩散现象，引起社会关注。各级农业部门要充分认识加强农业转基因生物安全监管工作的重要性，认真按照党中央、国务院明确提出的积极研究、慎重推广的要求，以高度负责的态度，进一步加强农业转基因生物安全监管工作。现将有关事项通知如下：

一、强化重点环节的执法监管

各地农业部门要以信息化管理网络为载体，对本行政区域内的科研、教学单位和企业逐一摸底，将所有从事农业转基因生物研发、生产、加工、经营活动的单位全部纳入监管范围。对重点单位、重点区域、重点环节和重点产品进行全面、系统、彻底排查。一旦发现违规扩散情况，应立即采取有效措施妥善处置，并及时向上级农业行政主管部门报告。

（一）加强试验环节监管。要严格按照法律、法规、规章和《转基因农作物田间试验安全检查指南》要求，对安全评价试验进行全面、动态监管，详细记录，确保监管工作全覆盖。试验前对控制措施和控制制度进行检查，试验中对隔离等安全控制措施进行监管，试验结束时对残余物的处理和收获物的保存进行监管。

（二）科学规范安评试验。中间试验严格执行报告制，开展中间试验前需经试验所在地省级农业行政主管部门向农业部报告，对于未报告的将责令暂停试验，限期改正。中间试验要在具备控制条件的实验基地内进行。环境释放试验和生产性试验，要严格按照审批的试验条件进行。

（三）加强品种审定环节监管。未获得转基因生物安全生产应用证书的品种一律不得进行区域试验和品种审定。要对参加区域试验的水稻、玉米、油菜、大豆等品种进行转基因成分检测，一经发现，立即终止试验并按照《主要农作物品种审定办法》等规定严肃处理，严防转基因品种冒充非转基因品种进行审定。

（四）加强生产经营销售环节监管。要以水稻、玉米、大豆和油菜种子为重点，开展种子生产、加工和销售环节转基因成分抽检，严防转基因作物种子冒充非转基因作物种子生产经营，依法严厉查处非法生产、加工、销售转基因种子行为。

（五）加强标识管理。要强化标识监管，做到应标必标，标识规范，充分满足公众的知情权和选择权。凡违反标识管理规定和不符合标识管理程序的，依法予以严厉查处，并将查处结果及时报上一级农业行政主管部门备案。

（六）加强对研发单位的监管。要督促研发单位落实管理制度，加强监管，依法依规开展研究，不得违规扩散转基因材料。对研发单位和研发者进行系统、全面的培训，使其熟练掌握安全管理规定。从事转基因生物技术研发的单位要具备相应的条件，不具备条件的不得从事转基因技术研究。

二、进一步落实转基因生物安全监管责任

（一）强化属地化管理制度。省级农业行政主管部门是本行政区域内转基因生物安全监管工作的责任主体。各地农业行政主管部门要严格按照《农业转基因生物安全管理条例》《种子法》《食品安全法》等法律法规和规章，认真履行转基因生物安全管理职责，主动监管，严格执法。省级农业转基因生物安全管理办公室负责综合协调和牵头抓总，并承担转基因生物研究阶段的监督管理职能；种子管理机构承担转基因品种审定、种子生产经营阶段的监管工作；其他有关部门在各自职责范围内开展监管工作。

（二）落实"第一责任人"责任。研发单位和研发人是转基因生物安全管理的第一责任人。要按照《农业转基因生物安全管理条例》及配套规章的要求成立转基因生物安全管理小组，健全制度，确保研发活动有章可循、管理规范。要落实法律法规要求的安全控制设施和措施，依法依规开展科研活动，坚决杜绝随意分发、转让、扩散转基因材料的行为。

三、完善转基因生物安全监管保障机制

（一）加强体系建设。各地农业部门要加强组织领导，成立转基因生物安全管理领导小组，主要负责同志负总责，分管领导具体抓。要把农业转基因生物安全监管纳入日常管理，进一步加强工作力量，保障工作经费，提升监管能力，构建人财物支持体系。

（二）强化风险监测。要建立风险监测制度和监测体系，进一步加大风险监测力度，形成全覆盖的监测网络，推动农业转基因生物安全监管向以预警机制为主的事前、事中、事后全程监管转变。加强分析研判和风险预警，做到早发现、早控制、早处置，提高主动发现、事前干预的能力。

（三）严厉打击违规行为。对违规开展田间试验、南繁、环境释放以及转让转基因材料等活动，造成非法扩散的研发单位和研发者，取消承担转基因科研任务和申报安全评价的资格。对以转基因品种冒充非转基因品种审定的，取消申请资格。对违规开展转基因种子生产经营等活动的企业，依法吊销证照，严厉打击。

（四）加强科普宣传。转基因技术作为一项高新技术，在我国的研究和应用起步晚，公众对转基因技术及安全管理情况还不够了解。要通过各种渠道，宣传转基因基本知识，宣传我国转基因生物安全管理制度和决策程序，增进广大消费者的了解和认可度。做好信息公开，向社会及时传递科学、权威、客观的信息，使公众能科学理性地对待转基因技术及产品。

农业转基因生物安全监管涉及面广，社会关注度高，任务繁重。各地农业部门要发挥

高度负责、勇于担当、顾全大局、协同推进的精神，以饱满的工作状态和务实的工作作风，采取切实可行的工作措施，毫不松懈地做好农业转基因生物安全监管，确保我国农业转基因生物技术研究、试验、生产、经营和加工等活动规范有序地开展。

农业部

2014 年 5 月 27 日

农业部关于进一步加强转基因作物监管工作的通知

(农科教发〔2016〕3号)

各省、自治区、直辖市农业（农牧、农村经济）厅（局、委、办），新疆生产建设兵团农业局：

转基因是一项高技术、也是一个新产业，具有广阔的发展前景。中央对发展农业转基因提出了明确的要求，在研究上大胆，坚持自主创新；在推广上慎重，做到确保安全；在管理上严格，坚持依法监管。近年来，各级农业行政主管部门高度重视转基因作物监管工作，认真履行职责，严格依法监管，转基因作物监管工作规范有序，但个别违法违规现象仍然存在。为进一步加强转基因作物监管，促进农业转基因作物研究与应用健康发展，现就有关事项通知如下。

一、明确监管重点

（一）加强试验环节监管。严格执行转基因作物中间试验、环境释放和生产性试验依法报告报批制度。按照监管手册全程监管，试验前检查控制措施和制度建设情况，试验中检查安全隔离等措施落实情况，试验结束检查残余物和收获物处理、保存情况，做到监管过程有记录、监管内容有档案、试验材料可溯源。

（二）加强南繁基地监管。加快推进生物育种专区建设，认定一批转基因试验基地。实行准入制度，将转基因试验纳入基地管理，实现对南繁单位检测监测全覆盖。严查在南繁基地私自开展转基因试验和育繁种行为，对违规试验和繁种材料坚决铲除。

（三）加强品种审定环节监管。对申请参加区域试验的玉米、水稻、大豆等品种，申请单位要进行转基因成分检测，试验组织单位要进行转基因成分复检，发现非法含有转基因成分的要立即终止试验。未获得转基因生物安全生产应用证书的品种一律不得进行区域试验和品种审定。

（四）加强制种基地监管。对西北、西南等主要制种和种子生产基地开展拉网式排查，加大种子检测力度，严查亲本来源，防止非法转基因种子下地。加大苗期检测力度，查早查小，发现问题从严从速查处。

（五）加强种子加工经营环节监管。开展种子加工和销售环节转基因成分抽检，严防转基因玉米、水稻、大豆和油菜种子冒充非转基因种子生产经营。下移重心，深入农户，倒查源头，严惩非法生产经营行为。

二、加大查处力度

（一）严把试验研发关。依法开展转基因作物研究试验，严格落实控制措施。对违法开展田间试验（中间试验、环境释放、生产性试验）的研发者，责令其停止试验，依法给予行政处罚，并停止其安全评价申请资格，情节严重的停止相关科研项目，追究单位领导责任。

（二）严把试验品种审定关。加强区域试验品种转基因成分检测，对以转基因品种冒充非转基因品种申请试验审定的，严格按《种子法》及相关配套规定进行处罚。

（三）严把种子生产经营关。生产和经营转基因作物种子必须依法取得生产经营许可证。对违规制种、繁种、销售转基因种子的生产经营者，依法责令停止生产经营，没收违法所得和种子，吊销种子生产经营许可证，构成犯罪的依法移送司法机关，追究刑事责任。

三、强化监管保障

（一）落实主体责任

落实研发者的主体责任。研发单位要成立转基因生物安全管理小组，健全制度，确保研发活动有章可循。研发人要依法依规开展科研活动，保障安全控制设施和措施到位，中间试验要在具备控制条件的试验基地内进行，环境释放试验和生产性试验要严格按照审批的试验条件进行，保障研发活动可追溯。

落实种子生产经营者的主体责任。严格依法持证生产经营，确保生产经营品种真实合法。加强对制种亲本的转基因成分检测，严防非法生产转基因作物种子。建立健全种子生产经营档案，加强委托、代销种子经销售渠道的管理，规范种子标签、包装，保证种子生产经营可追溯。

（二）强化管理责任

加强属地管理。各级农业行政主管部门是本行政区域内转基因作物的监管主体，主要领导负总责。要严格按照《种子法》《农业转基因生物安全管理条例》要求，认真履行转基因作物监管职责，主动监管，严格执法。科教管理机构承担转基因作物研究试验阶段的监督管理工作；种子管理机构承担转基因作物品种试验审定和种子生产经营监督管理工作；其他有关机构在各自职责范围内开展监管工作。

加强检查督查。将各省转基因作物监管工作纳入农业部延伸绩效考核范围，促进监管工作落到实处。建立转基因作物监管信息报送机制，案件查处信息实行月报制度，没有案件的实行零报告。

加强责任追究。对重点违法违规区域分层级对农业行政主管部门主要负责人进行约谈，并报告政府分管领导。建立问责机制，依法依规追究不作为、乱作为行为的责任。

（三）提升监管能力

加强监管体系建设。进一步健全监管机构，强化监管职能，充实人员力量，提升人员素质，保障工作经费，构建人财物支持体系。进一步强化技术支撑能力建设，改善仪器设备条件，加强专业队伍建设，提升转基因检测监测技术水平。

推动管理信息化。整合安全评价、试验研究、检测监测管理信息，逐步建立统一、标准、实时、动态的农业转基因生物安全管理信息平台，实现对监管的关键对象、关键过程和关键节点实时跟踪，全面提升监管能力。

（四）加大案件曝光力度

对已结案的违规违法案件，及时在省级以上农业行政主管部门官方网站公布查处结果。对重点案件，适时通报查处进展。

（五）主动接受社会监督

农业部设立专门的举报邮箱和微信公众号，各地也要建立相应的举报平台，鼓励社会各界对非法研发、生产、经营、种植转基因作物的行为进行举报。对于举报的线索，要追根溯源，一查到底，接受群众监督。

各级农业行政主管部门要增强大局意识、责任意识、担当意识，切实将转基因作物监管措施落到实处，促进监管工作制度化、规范化、常态化。

农业部

2016 年 4 月 12 日

关于开展第一批农业转基因生物试验基地认定工作的通知

[农科（执法）函〔2016〕第 397 号]

各有关单位：

为落实《农业部关于进一步加强转基因作物安全监管工作的通知》（农科教发〔2016〕3 号）精神，加强农业转基因生物试验的可追溯管理，提高试验基地的标准化、集约化和规模化水平，提升农业转基因试验的源头监管能力，经研究，我司将于近期开展第一批农业转基因生物试验基地认定工作。现将有关事项通知如下：

一、认定范围

第一批农业转基因生物试验基地认定范围界定为在海南省南部的三亚市、陵水县、乐东县开展农业转基因作物试验的现有育制种基地。

二、申报条件

符合《农业转基因生物安全管理通用要求试验基地》（农业部 2406 号公告—3—2016）要求，并具备以下条件。

（一）设施条件。符合监管部门要求的隔离距离，隔离距离内无所试验转基因植物的野生近缘种；具有可控制人畜出入的围墙或永久性围栏；具有工具间、仓储间、工作间，必要时应具备网室、网罩、旱棚等附属设施；具有专用的播种、收获等机械设备和工具，非专用的机械设备和工具应有清洁设施；有控制人员和物品出入及防止转基因生物意外带出的设施；有 24 小时监控设施、气象记录的设施、排灌和排涝设施，生物的无害化处理、灭活或销毁设施；试验基地及其重要场所有明显标示。

（二）组织管理。试验基地的依托单位为中国境内的法人机构，并具有 10 年以上的土地使用权；设立农业转基因生物安全小组，建立农业转基因生物安全管理责任制；试验基地负责人熟悉农业转基因生物安全管理法规，具备 3 年以上转基因研究或试验经历；根据农业转基因生物研究或试验对象、规模和研究内容等配备试验人员，试验人员具备与岗位职责相适应的法律法规知识、专业知识和操作能力；安全负责人的姓名和联系方式张贴在醒目位置。

（三）制度建设。制定有人员和物品的出入授权与登记制度、试验审查制度、材料引入与转出制度、安全检查制度、人员培训制度、农业转基因生物操作规程、突发事件应急预案和档案管理制度等。

三、遴选程序

（一）材料申报。农业转基因生物试验基地的依托单位按要求编报《农业转基因生物试验基地认定申报书》（附件）。

（二）专家评审。农业部组织专家进行会议评审和现场评审。根据综合评估结果，拟定第一批农业转基因生物试验基地名单。

（三）公布结果。在完成前述工作基础上，公布农业转基因生物试验基地认定结果。

四、工作要求

（一）依托单位是农业转基因生物试验基地认定的责任主体，对申报材料的准确性和真实性负责。

（二）一份申报书只能填报一个农业转基因生物试验基地认定。申报书一律使用 A4 纸，正文用四号仿宋体打印，标准字间距和单倍行距，字迹清楚，需签字栏目必须手签。

（三）11 月 25 日前将纸质材料 5 份报送至农业部科技发展中心农业转基因生物安全管理处，电子版发送到 gmokjfzzx@163.com。（地址：北京市经济技术开发区荣华南路甲 18 号科技大厦 415 室，100122）

五、联系方式

（一）农业部科技教育司
联系人：张宪法；联系电话：010-59193059
（二）农业部科技发展中心
联系人：刘培磊；联系电话：010-59198141
附件：农业转基因生物试验基地认定申报书（格式）

附件：

农业转基因生物试验基地认定
申　报　书

（格式）

申　请　单　位：

试　验　基　地：

申　请　时　间：

填 写 说 明

1. 一份申报书只能填报一个农业转基因生物试验基地。

2. 申请书一式五份，一律使用 A4 纸，正文用四号仿宋体打印，标准字间距和单倍行距，字迹清楚，并提供电子版。需签字栏目必须手签。

申报表

单位名称					
单位性质	事业□ 企业□ 中外合作□ 中外合资□ 外方独资□				
单位地址					
联系电话			传 真		
邮政编码			电子邮箱		
试验基地	名 称		管理机构		
	负责人		电 话		
	性质	本单位所有□ 长期租用□			
	类 别	植物□ 植物用微生物□ 水生动物□ 动物用微生物□ 其他动物□（可多选）			
	地 址				
	精确坐标（经纬度）				
本单位农业转基因生物安全管理小组意见	组 长		职 务		
	办事机构		负责人		
	职务/职称		电 话		
	机构成立的文件编号				
	组长（签字）： 年 月 日				
申请单位意见	负责人（签字）： （盖章） 年 月 日				

×××基地认定申报书

一、组织管理。概述项目单位、本单位农业转基因生物安全小组和试验基地基本情况。详细说明试验基地的管理体系，包括人员情况、组织管理框架、各机构的职责任务、各岗位的职责。

二、设施条件。基地的设施设备和设施条件，包括隔离、灭活、耕种收和运输、储藏等设备，给排水系统等建设和落实情况。

三、管理制度。基地建立的管理制度和执行情况，包括人员和物品出入授权制度、试验审查制度、材料引入与转出制度、安全检查制度、人员培训制度、农业转基因生物操作规程、突发事件应急预案和档案管理制度。

四、建议现场评估时间。

五、附件等证明材料。主要包括申请单位的法人证书和组织机构代码证、本单位农业转基因生物安全管理小组的成立文件及工作规则、试验基地的土地使用权证明、人员基本情况表及培训证明。

表 1　×××试验基地人员基本情况一览表

序号	姓名	年龄	所学专业	职称	所在部门	职务	培训或考核情况*

*　已参加培训并获得培训证书。

表 2　×××试验基地的设施条件（植物）

序号	条目	描述	评估指标*
1	隔离环境		·隔离距离符合监管部门要求□ ·周围无野生近缘种□ ·周围环境不存在促使转基因植物扩散的因素□
2	规模		·大于 4 亩□
3	可控制人畜出入的围墙或永久性围栏		·围墙或永久性围栏□ ·高度大于 2 米□
4	门禁管理		·设置门禁□ ·具有鞋套、刮泥板等防止转基因生物意外带出的设施□
5	24 小时监控设备或措施		·监控设备□，或监控措施□
6	排灌和排涝设施		·具备□
7	气象观察记录设施		·具备□
8	工具间、仓储间、工作间，必要时具备网室、网罩、旱棚等附属设施		·基本的附属设施□ ·必要时的附属设施□
9	机械设备和工具		·专用□ ·非专用，但具有清洁设施□
10	无害化处理的设施或措施		·处理设施□，或收集处理措施□
11	标示		·试验基地及重要场所具有标识□ ·张贴安全负责人的姓名和联系方式□

*　"√"表示具备该条件，"×"表示不具备该条件。

关于指导做好涉转基因广告管理工作的通知

[农科（执法）函〔2015〕第18号]

各省、自治区、直辖市农业（农牧、农村经济）厅（局、委），新疆生产建设兵团农业局：

近年来，转基因食品安全性问题备受关注。在这样的舆论环境中，有的企业利用部分消费者对转基因技术的认知欠缺和焦虑心理，为追求自身利益而不顾市场规则，把"非转基因"作为卖点加以炒作，有的在广告词中使用比较性语言，暗示非转基因更安全。这种做法不仅违背《中华人民共和国广告法》等相关法规，导致行业无序竞争，更加剧了公众对转基因的恐慌情绪。事实上，通过安全评价的转基因产品与非转基因产品同样安全。

《中华人民共和国广告法》第四条规定，"广告不得含有虚假内容，不得欺骗和误导消费者"。第十条规定，"广告使用……引用语、应当真实、准确，并表明出处"。《中华人民共和国反不正当竞争法》第五条规定，"经营者不得采用下列不正当手段从事市场交易，损害竞争对手：……对商品质量作引人误解的虚假表示"。第九条规定，"经营者不得利用广告或者其他办法，对商品的质量、制作成分、性能……作引人误解的虚假宣传"。

为防止误导消费者，为转基因产品与非转基因产品营造公平的竞争环境，引导公众科学理性认识转基因，各省农业行政主管部门要与当地工商、食药等部门积极协调配合，依法加强对涉及转基因广告的监督管理工作。对我国未批准进口用做加工原料、未批准在国内进行商业化种植，市场上并不存在该转基因作物及其加工品的，禁止使用非转基因广告词；对我国已批准进口用做加工原料或在国内已经商业化种植，市场上确实存在该种转基因作物和非转基因作物及其加工品的，可以标明非转基因但禁止使用更健康、更安全等误导性广告词。

农业部科技教育司

2015 年 1 月 21 日

农业部办公厅关于开展转基因知识集中宣传培训工作的通知

(农办科〔2014〕41号)

各省（自治区、直辖市）农业（农牧、农村经济）厅（委、局）：

为进一步普及转基因基础知识，宣传生物安全管理工作，使公众能科学理性地对待转基因技术及产品，农业部决定在全国开展转基因科普知识集中宣传培训工作。现将有关事项通知如下：

一、培训目标

坚持突出重点、集中力量、创新方式、注重实效，以大众传媒为主体，充分利用电视、网络、报纸等多种途径，集中宣讲与多角度宣传相结合，提高公众的科学认知水平，切实改善农业转基因生物安全管理工作的舆论环境，营造有利于转基因生物产业健康发展的社会氛围。

二、培训内容

围绕社会公众关注的热点问题，以农业转基因生物安全管理部际联席会议办公室和中国科协科普部联合编写出版的《理性看待转基因》为主要内容，突出培训重点。一是深入宣讲转基因的基础知识、应用领域、发展趋势和本质特征，引导社会公众科学认识转基因技术的来龙去脉，把握转基因技术的科学本质；二是深入宣讲转基因产品安全性评价的内容、方法、程序和标准，增强社会公众对转基因产品安全性的认识；三是深入宣讲我国在转基因安全管理方面的体制、运行机制、标识管理、进出口管理和信息公开制度，提高社会公众对我国转基因管理规则的了解；四是针对网络与社会上充斥的各种似是而非的谣言和传言进行科学解读和辟谣，还原事实真相，引导公众理性看待。

三、组织实施

转基因宣传培训工作采取"统一部署、分省实施、创新方式、注重实效"的形式推进。农业部统一安排、统一部署，负责遴选转基因生物研究、安全评价及安全管理方面具有丰富宣讲经验的专家，指导各省开展宣传培训工作。各省农业行政主管部门负责组织开展培训活动：一是采取视频会等方式对全省农业行政管理系统进行集中培训；二是采取报告会等方式对在校大学生进行集中宣传；三是采取群众喜闻乐见的方式，走进街道和社区，对社区居民进行宣传，确保宣传工作覆盖面。

四、有关要求

（一）各地要认真贯彻中央农村工作会议精神，以强烈的政治意识和责任意识，把转基因科普宣传作为一项重要工作纳入议事日程，高度重视，加强领导，抓好落实。主要领导要亲自抓组织、抓部署、抓落实，做好组织动员、活动安排、宣传报道，切实把各项宣传活动抓紧抓实，抓出成效。

（二）各地要充分利用多种媒体资源，依托学习讲堂（讲坛）、文化广场、网络新媒体等载体，综合采用视频会、报告会、座谈会等广大干部群众乐于接受的形式，创造性地开展形式多样的宣传培训活动。

（三）要积极争取相关职能部门的支持与配合。要主动向宣传部门汇报沟通，邀请相关部门共同做好科普宣传工作。充分利用报纸、广播、电视、网络、微博等舆论平台，集中报道活动进展及社会各界的反响，向社会传递科学理性的声音。

农业部办公厅

2014 年 9 月 25 日

抄送：农业部科技发展中心。

农业部办公厅关于加强农业转基因科普宣传工作的通知

(农办科〔2011〕4号)

各省、自治区、直辖市农业、畜牧、渔业厅（局、委、办），新疆生产建设兵团农业局：

转基因技术在缓解资源约束、保障食物安全、保护生态环境、拓展农业功能等方面已显示出巨大潜力，是农业领域发展速度最快、应用前景最广、经济效益最为可观的核心技术。推进转基因技术研究与应用是发展现代农业、实现科技创新、确保粮食安全的战略选择和必由之路。发达国家纷纷把发展转基因生物技术作为抢占未来科技制高点、增强农业国际竞争力的战略重点，发展中国家也积极跟进。

集中、有序、有力开展转基因科普宣传活动，宣传贯彻国家转基因技术发展战略和政策方针，普及转基因知识，引导舆论，提高公众认知水平，切实加强科普宣传工作，为农业转基因技术健康发展创造良好的舆论环境，现就有关事项通知如下：

一、高度重视转基因科普宣传工作。农业转基因生物技术被称为"人类历史上应用最为迅速的重大技术之一"，推进转基因生物技术研究与应用，是我国实施科教兴农、提升农业科技竞争力的重大发展战略，已成为我国既定的战略决策。2006年，《国家中长期科技发展规划纲要》明确要大力培育转基因生物新品种；2008年，国务院启动实施了农业转基因生物新品种培育重大专项；2009年，生物育种被列入国家"战略性新兴产业规划"。近年来，个别网站和组织散布谣言，有意误导公众。因此，我们必须加强对转基因技术和安全管理工作的宣传工作，提高公众对转基因生物安全的科学认知度，保障我国农业转基因生物产业健康发展。

二、切实做好农业转基因技术宣传普及工作。充分认识转基因技术普及宣传工作的复杂性、艰巨性和长期性。一是深化日常科普宣传工作。利用新兴媒体强化科普宣传是未来工作的重中之重。我部已经将转基因知识科普宣传纳入今后的重点工作，提上重要日程，摆在更加重要位置。要按照客观公正、尊重科学的原则，强化网络宣传广度和深度，让公众了解事实真相、理解政府决策、支持国家战略。二是突出宣传重点。主要宣传转基因生物技术、转基因生物安全管理的基本常识，宣传转基因生物应用后取得的经济效益、生态效益和社会效益，宣传我国农业转基因生物安全管理的法律法规、体系建设、技术支撑、安全监管成效。三是强化日常舆情监测工作。要将日常舆情监测纳入重要工作内容，有专人负责，建立舆情监测和应对工作机制。四是完善应急应对工作机制。要制定舆情应急预案，对于发现的问题及时上报，并在第一时间主动应对。对别有用心、恶意歪曲事实的报道，要在第一时间发布正面权威信息，及时做好工作的解释工作。要逐步建设一支政治素质高、科学素养好、业务能力强的网络评论员队伍，并为他们开展工作提供便利。五是探索建立科普宣传的长效机制。利用现有的检测机构、科普基地等，通过举办公众开放日、举办专家讲座、发放宣传资料和建立科普网站等形式，开展长期的科普宣传活动，让公众认清事实真相，理解政府决策，支持生物技术产业发展。组织编印科普文章，权威解读转基因知识，详细介绍国内外转基因技术研究、安全管理、产业发展等情况。广泛开展培训工作，要建立必要的师资队伍，保障培训工作质量。

三、进一步加强对转基因宣传工作的领导。各级农业部门要提高认识，统一思想，把农业转基因宣传工作列入重要议事日程，切实履行好对本地区宣传工作的领导。建立工作责任制，把工作任务分解到各层级、各单位，落实工作机构、人员和经费，强化监督管理，确保各项工作落到实处。要加强与当地党委宣传部门的协作，充分利用广播、电视、报纸、网络等新闻媒体，广泛开展农业转基因技术的科普宣传活动。

四、切实加强农业转基因生物安全监管工作。各省农业行政主管部门要充分认识加强农业转基因生物安全监管的重要性和紧迫性，按照《农业转基因生物安全管理条例》赋予的职责，强化对安全评价试验环节、品种审定试验环节、经营销售环节和对研发单位的监管，切实履行好本地区农业转基因生物安全监管工作责任，有序规范地开展转基因生物技术研究、试验、生产、经营和加工活动，维护法律的权威性和严肃性。

二〇一一年二月二十一日

国务院法制办公室对农业部《关于商请对〈农业转基因生物安全管理条例〉有关问题进行解释的函》的答复

（国法函〔2002〕19 号）

农业部：

你部《关于商请对〈农业转基因生物安全管理条例〉有关问题进行解释的函》（农政函〔2002〕4 号）收悉。经研究并征求有关部门意见，现答复，如下：

一、关于"直接加工品"的范围

《农业转基因生物安全管理条例》（以下简称《条例》）第三条第一款第（三）项规定的"转基因农产品的直接加工品"是指转基因农产品直接加工所得的产品，包括大豆粉、大豆油、豆粕、玉米粉、玉米油、油菜籽油、油菜籽粕、番茄酱等。

二、关于第三十四条规定的农业转基因生物的范围

《条例》第三十四条规定的需要取得农业转基因生物安全证书的农业转基因生物的范围，是指《条例》第三条规定的农业转基因生物。

附：

对外贸易经济合作部关于对《农产品转基因生物安全管理条例》解释意见的函

（2002年2月25日外经贸法函〔2002〕16号）

国务院法制办公室：

你办关于就农业部提出的《关于商请对〈农业转基因生物安全管理条例〉有关问题进行解释的函》征求我部意见的函收悉。经研究，我部对农业部关于《条例》第三条第（三）项和第三十四条的解释无不同意见。

关于农产品转基因生物安全的管理有关问题，我部根据所了解的情况提出如下意见供参考：

一、在我与美方的会谈中，美方一直认为我方缺乏技术力量实施条例的规定，至少无法实施对大豆油转基因成分的检测，因此最终将无法实施条例的规定。我部认为，我国法规可以将大豆油列入管理的范围，但应当做好应对美方交涉的准备工作。

二、我国是农业大国，转基因技术对于提高农产品产量、改进作物品质可以发挥重要作用。因此，对转基因产品的管理措施在一定程度上是一柄双刃剑。建议农业部在对《条例》进行解释和配套规章的制定中，妥善把握政策尺度，既要加强对转基因产品的管理、控制国外转基因产品的进口，又要保证我国转基因技术的健康发展，使之服务于我国农业的发展。

以上意见供参考。

关于商请对《农业转基因生物安全管理条例》
有关问题进行解释的函

国务院法制办公室：

目前，在贯彻实施《农业转基因生物安全管理条例》中，有关方面对该条例规定的"直接加工品"的范围和第三十四条的理解存在分歧，影响到该条例的正确实施。

一、关于"直接加工品"的范围，我部认为，条例第三条第（三）项所指"转基因农产品的直接加工品"包括大豆粉、大豆油、豆粕、玉米粉、玉米油、油菜籽油、油菜籽粕、番茄酱等。

二、关于第三十四条规定的农业转基因生物范围，我部认为，条例第三十四条规定的需要取得农业转基因生物安全证书的农业转基因生物范围，除条例第三十一、三十二、三十三条规定的转基因生物外，还包括其他符合条例第三条规定的农业转基因生物，如直接用于消费的大豆粉、大豆油、豆粕、玉米粉、玉米油、油菜籽油、油菜籽粕、番茄酱等。这些农业转基因生物的进口应按照农业部的规定进行安全评价，取得农业转基因生物安全证书。

以上当否，请予函复。

农业部办公厅关于印发《农业转基因生物安全委员会工作规则》的通知

（农办科〔2013〕33号）

为进一步规范农业转基因生物安全委员会（以下简称安委会）评审工作，明确安委会委员的权利和义务，提升安全评价工作的科学性，做好我国转基因生物安全管理工作，依据《农业转基因生物安全管理条例》及相关规定，在广泛征求意见的基础上，对原有的安委会工作规范进行了修改完善，制定了《农业转基因生物安全委员会工作规则》。现予以印发，请遵照执行。

农业部办公厅

2013 年 5 月 17 日

附件：

农业转基因生物安全委员会工作规则

第一条 依据《农业转基因生物安全管理条例》，农业部商部际联席会议成员单位组建农业转基因生物安全委员会（简称安委会），负责农业转基因生物安全评价工作，为转基因生物安全管理提供技术咨询。

第二条 安委会开展农业转基因生物安全评价应当坚持科学、公正的原则。

第三条 安委会设立秘书处，由农业部科技发展中心承担日常工作。

第四条 安委会委员应符合以下条件：

（一）拥护党的路线、方针、政策，具有较强的社会责任感，遵纪守法，作风正派，恪守科学道德；

（二）具有转基因生物技术研究、食品安全、植物保护、环境保护、检验检疫等一项或多项专业背景，熟悉转基因生物安全相关法律法规及知识；

（三）具有副高级及以上技术职称；

（四）身体健康，热心转基因生物安全评价工作，本人自愿且能够保证履行委员各项义务；

（五）具有中华人民共和国国籍。

第五条 安委会委员由有关部门和单位推荐，农业部遴选和聘任，每届任期3年。

第六条 安委会委员的权利：

（一）有参加安委会会议和相关活动的权利；

（二）有获得相关资料和文件的权利；

（三）有表决权；

（四）对安委会工作进行监督，有提出意见建议的权利。

第七条 安委会委员的义务：

（一）遵守国家法律法规和本规则，执行安委会决议；

（二）按时参加安委会会议和活动，保证参会时间，科学、及时、公正、明确地提出意见。委员由于健康等原因不能参加委员会会议的，应事先请假，并说明理由和时限；

（三）承担安委会交办的任务；

（四）保守秘密，不得泄露会议讨论情况；

（五）保护知识产权，严守申请人的技术秘密；

（六）主动宣传转基因生物安全管理的政策法规和相关科学知识；

（七）承担农业部交办的其他相关工作。

第八条 因安全评价工作需要，农业部可增补安委会委员。

第九条 安委会委员存在以下情形之一的，农业部可解除其委员资格，或自动解除委员资格：

（一）因情况变化，不再符合委员条件的；

（二）不能认真履行委员义务的；

（三）未经批准不参加安委会会议；

（四）任期内缺席会议 4 次以上的，自动解除委员资格；

（五）以安委会委员名义从事相关商业活动或公开发表有悖于安委会决议言论的。

第十条 安委会设立常委会会议、专业组会议和审查小组会议。

第十一条 常委会会议由主任委员主持，也可由主任委员委托的副主任委员主持，主任委员、副主任委员、专业组组长和副组长参加。主要职责是审议农业转基因生物安全评价申请，以及闭会期间农业转基因生物安全重大问题的技术咨询。

第十二条 安委会设植物及植物用微生物和动物及动物用微生物专业组。各专业组设组长 1 名，副组长 2 名。专业组会议由专业组组长主持，本专业组成员参加。主要职责是审查本专业领域农业转基因生物安全评价申请。

第十三条 根据需要，专业组可设分子特征、食用安全和环境安全等审查小组。审查小组召集人由专业组组长指定。审查小组会议由召集人主持，本审查小组成员参加。主要职责是对农业转基因生物安全评价申请进行初步评审。

第十四条 安委会会议每年召开 3 次，原则上于每年 3 月、7 月和 11 月召开，2/3 以上（含 2/3）委员到会有效。常委会会议根据工作需要召开，必要时可邀请相关委员参加。

第十五条 安委会按照以下程序评审农业转基因生物安全评价申请：

（一）秘书处形式审查；

（二）审查小组评审，提出初审意见；

（三）专业组对审查小组意见进行评审。评审时原则上应当协商一致，3/4 以上（含 3/4）委员同意方为通过；

（四）常委会对专业组评审意见进行审议。

第十六条 根据安全评价工作的需要，可以邀请相关领域的专家参加评审会议，提出咨询意见。

第十七条 安委会委员及其亲属与申报人有利害关系的，应当在讨论该项目时主动回避。专业组组长应将评审中申请回避情况书面报告主任委员。

农业部关于印发《第五届农业转基因生物安全委员会组成人员名单》的通知

（农科教发〔2016〕4号）

各有关单位：

根据《农业转基因生物安全管理条例》和《农业转基因生物安全评价管理办法》有关规定，第四届农业转基因生物安全委员会（以下简称安委会）任期已满。经农业转基因生物安全管理部际联席会议成员单位等共同推荐，我部研究决定由 74 名专家组成第五届安委会。现将第五届安委会委员名单予以印发。请你单位大力支持委员工作，提供相关条件，确保委员履行职责。

农业部

2016 年 8 月 29 日

附件：

第五届农业转基因生物安全委员会组成人员名单

序　号	姓　名	职　称	单　位
1	吴孔明	研究员/院士	中国农业科学院
2	谢道昕	教授	清华大学生命科学学院
3	常智杰	教授	清华大学医学院
4	郭　岩	教授	中国农业大学生物学院
5	卢宝荣	教授	复旦大学生命科学学院
6	黄昆仑	教授	中国农业大学食品科学与营养工程学院
7	杨汉春	教授	中国农业大学动物医学院
8	蒋思文	教授	华中农业大学动物科学技术学院
9	张大兵	教授	上海交通大学生命科学技术学院
10	刘　标	研究员	环境保护部南京环境科学研究所
11	徐海根	研究员	环境保护部南京环境科学研究所
12	徐海滨	研究员	国家食品安全风险评估中心
13	杨晓光	研究员	中国疾病预防控制中心营养与健康所
14	卓　勤	研究员	中国疾病预防控制中心营养与健康所
15	陶爱林	教授	广州医科大学附属第二医院
16	魏雪涛	教授	北京大学医学部公共卫生学院
17	贾旭东	研究员	国家食品安全风险评估中心
18	王　雪	研究员	中国食品药品检定研究院食品药品安全评价所
19	霍　艳	研究员	中国食品药品检定研究院食品药品安全评价所
20	彭于发	研究员	中国农业科学院植物保护研究所
21	李新海	研究员	中国农业科学院作物科学研究所
22	李　聪	研究员	中国农业科学院北京畜牧兽医研究所
23	傅　强	研究员	中国农业科学院中国水稻研究所
24	郭安平	研究员	中国热带农业科学院
25	吴　刚	研究员	中国农业科学院油料作物研究所
26	姚　斌	研究员	中国农业科学院饲料研究所
27	金芜军	研究员	中国农业科学院生物技术研究所
28	王志兴	研究员	中国农业科学院生物技术研究所
29	童光志	研究员	中国农业科学院上海兽医研究所
30	崔金杰	研究员	中国农业科学院棉花研究所
31	路兴波	研究员	山东省农业科学院

(续)

序 号	姓 名	职 称	单 位
32	姜 平	教授	南京农业大学
33	朱水芳	研究员	中国检验检疫科学院植物检疫研究所
34	潘良文	研究员	上海出入境检验检疫局动植物与食品检验检疫技术中心
35	胡 炜	研究员	中国科学院水生生物研究所
36	涂长春	研究员	军事医学科学院军事兽医研究所
37	金宁一	研究员/院士	军事医学科学院军事兽医研究所
38	谢华安	研究员/院士	福建省农业科学院
39	张改平	教授/院士	河南农业大学
40	沈建忠	教授/院士	中国农业大学动物医学院
41	陈焕春	教授/院士	华中农业大学动物医学院
42	张新友	研究员/院士	河南省农业科学院
43	朱作言	研究员/院士	中国科学院水生生物研究所
44	曹晓风	研究员/院士	中国科学院遗传与发育生物学研究所
45	康 乐	研究员/院士	中国科学院动物研究所
46	周 琪	研究员/院士	中国科学院动物研究所
47	邓子新	教授/院士	武汉大学药学院
48	贺 林	教授/院士	上海交通大学 Bio-x 研究院
49	欧阳颀	教授/院士	北京大学物理学院
50	陈 颖	研究员	中国检验检疫科学研究院
51	孙秀兰	教授	江南大学食品学院
52	吴益东	教授	南京农业大学植物保护学院
53	叶恭银	教授	浙江大学农业与生物技术学院
54	王宏斌	教授	中山大学生命科学学院
55	王长永	研究员	环境保护部南京环境科学研究所
56	杨杏芬	教授	广东省疾病预防控制中心
57	刘兆平	研究员	国家食品安全风险评估中心
58	王佑春	研究员	中国食品药品检定研究院
59	路 勇	教授级高工	北京市食品安全监控和风险评估中心
60	郭新东	教授级高工	广州质量监督检测研究院
61	崔生辉	研究员	中国食品药品检定研究院
62	罗云波	教授	中国农业大学食品科学与营养工程学院
63	张利生	教授	华中农业大学动物科技学院
64	谢 震	研究员	清华大学生物信息学部
65	孙加强	研究员	中国农业科学院作物科学研究所
66	王 涛	教授	中国农业大学
67	郑成超	教授	山东农业大学生命科学学院

（续）

序　号	姓　名	职　称	单　位
68	陈坤明	教授	西北农林科技大学生命科学学院
69	李启云	研究员	吉林省农业科学院
70	章桂明	研究员	深圳出入境检验检疫局动植物检验检疫技术中心
71	王　瑛	研究员	中国科学院华南植物园
72	高彩霞	研究员	中国科学院遗传与发育生物学研究所
73	钱　军	研究员	军事医学科学院军事兽医研究所
74	夏　晴	研究员	军事医学科学院生物医学分析中心

农业部办公厅关于印发《农业转基因生物（植物、动物、动物用微生物）安全评价指南》的通知

（农办科〔2017〕5号）

各有关单位：

为进一步规范农业转基因生物安全评价工作，根据《农业转基因生物安全管理条例》和《农业转基因生物安全评价管理办法》，我部修订了《转基因植物安全评价指南》《动物用转基因微生物安全评价指南》，制定了《转基因动物安全评价指南》，并经 2017 年农业部第 1 次常务会议批准，现予印发，请遵照执行。

附件：1. 转基因植物安全评价指南

2. 转基因动物安全评价指南

3. 动物用转基因微生物安全评价指南

农业部办公厅

2017 年 1 月 23 日

附件 1：

转基因植物安全评价指南

本指南适用于《农业转基因生物安全管理条例》规定的农业转基因植物，即利用基因工程技术改变基因组构成，用于农业生产或者农产品加工的植物及其产品。

一、总体要求

（一）分子特征

从基因水平、转录水平和翻译水平，考察外源插入序列的整合和表达情况。

1. 表达载体相关资料

（1）载体构建的物理图谱。详细注明表达载体所有元件名称、位置和酶切位点。

（2）目的基因。详细描述目的基因的供体生物、结构（包括基因中的酶切位点）、功能和安全性。

供体生物：如 *Bt* 基因 cry1A 来源于苏云金芽孢杆菌××菌株。

结构：完整的 DNA 序列和推导的氨基酸序列。

功能：生物学功能及性状，如抗鳞翅目昆虫。

安全性：从供体生物特性、安全使用历史、基因结构、功能及有关安全性试验数据等方面综合评价目的基因的安全性。

（3）其他主要元件。

启动子：供体生物来源、大小、DNA 序列（或文献）、功能、安全应用记录。

终止子：供体生物来源、大小、DNA 序列（或文献）、功能、安全应用记录。

标记基因：供体生物来源、大小、DNA 序列（或文献）、功能、安全应用记录。

报告基因：供体生物来源、大小、DNA 序列（或文献）、功能、安全应用记录。

其他序列：来源（如人工合成或供体生物名称）、名称、大小、DNA 序列（或文献）、功能、安全应用记录。

2. 目的基因在植物基因组中的整合情况

采用转化体特异性 PCR、Southern 杂交等方法，分析外源插入序列在植物基因组中的整合情况，包括目的基因和标记基因的拷贝数，标记基因、报告基因或其他调控序列删除情况，整合位点等。

外源插入序列的转化体特异性 PCR 检测：具有序列名称、引物序列、扩增产物长度、PCR 条件、扩增产物电泳图谱（含图题、分子量标准、阴性对照、阳性对照、泳道标注）。

外源插入序列的 Southern 杂交：采用两种以上限制性内切酶分别消化植物基因组总DNA，获得能明确整合拷贝数的、具有转化体特异性的分子杂交图谱。文字描述至少包括探针序列位置、内切酶名称、特异性条带的大小、图题、分子量标准、阴性对照、阳性对照、泳道标注。

外源插入序列的全长 DNA 序列：实际插入受体植物基因组的全长 DNA 序列和插入

位点的两端边界序列（大于 300bp）。提供转化体特异性 PCR 验证时相应引物名称、序列及其扩增产物长度。

3. 外源插入序列的表达情况

（1）转录水平表达（RNA）。采用 Real-time PCR、RT-PCR 或 Northern 杂交等方法，分析主要插入序列（如目的基因、标记基因等）的转录表达情况，包括表达的主要组织和器官（如根、茎、叶、果实、种子等）。

RT-PCR 检测：引物序列、扩增产物长度、RT-PCR 条件、扩增产物电泳图谱（含图题、分子量标准、阴性对照、阳性对照、泳道标注）。

Northern 杂交：探针序列位置、特异性条带的大小、Northern 杂交条件、杂交图谱（含图题、分子量标准、阴性对照、阳性对照、泳道标注）。

（2）翻译水平表达（蛋白质）。采用 ELISA 或 Western 杂交等方法，分析主要插入序列（如目的基因、标记基因等）的蛋白质表达情况，包括表达的主要组织和器官（如根、茎、叶、种子等）。

ELISA 检测：描述定量检测的具体方法，包括相关抗体、阴性对照、阳性对照、光密度测定结果、标准曲线等。

Western 免疫印记：相关抗体名称、特异性蛋白条带的大小、Western 免疫印记条件、免疫印记图谱（含图题、分子量标准、阴性对照、阳性对照、泳道标注、样品和阳性对照的加样量）。

（二）遗传稳定性

1. 目的基因整合的稳定性

用 Southern 或转化体特异性 PCR 手段检测目的基因在转化体中的整合情况，明确转化体中目的基因的拷贝数以及在后代中的分离情况，提供不少于 3 代的试验数据。

2. 目的基因表达的稳定性

用 Northern、Real-time PCR、RT-PCR、Western 等手段提供目的基因在转化体不同世代在转录（RNA）和（或）翻译（蛋白质）水平表达的稳定性（包括不同发育阶段和不同器官部位的表达情况），提供不少于 3 代的试验数据。

3. 目标性状表现的稳定性

用适宜的观察手段考察目标性状在转化体不同世代的表现情况，提供不少于 3 代的试验数据。

（三）环境安全

1. 生存竞争能力

提供与受体或亲本植物比较，转基因植物种子数量、重量、活力和休眠性，越冬越夏能力，抗病虫能力，生长势，生育期，落粒性，自生苗等试验数据和结论。

若受体植物为多年生（如饲草、制种用的草坪草）、无性繁殖或目标性状增强生存竞争力（如抗旱、耐盐等），应根据个案分析的原则提出有针对性的补充资料。

2. 基因漂移的环境影响

（1）受体物种的相关资料。如果存在可交配的野生近缘种，提供野生近缘种的地理分布范围、发生频率、生物学特性（生育期、生长习性、开花期、繁殖习性、种子及无性繁殖器官的传播途径等）以及与野生近缘种的亲缘关系（包括基因组类型、与栽培种的天然异交结实性、杂种 F_1 的育性及其后代的生存能力和结实能力）的资料。

如果存在同一物种的可交配植物类型，需提供同一物种植物类型的分布及其危害情况的资料。

（2）外源基因漂移风险。对于存在可交配的野生近缘种或存在同一物种可交配的植物类型，无相关数据和资料的，可设计试验评估外源基因漂移风险及可能造成的生态后果，如基因漂移频率、外源基因在野生近缘种中表达情况、目的基因是否改变野生近缘种的生态适合度等试验。

3. 功能效率评价

提供转基因植物的功能效率评价报告。如为有害生物抗性转基因植物，则需要提供对靶标生物的抗性效率试验数据。

抗性效率指抗有害生物转基因植物所产生的抗性物质对靶标生物综合作用的结果，一般通过转基因品种与受体品种在靶标生物数量变化、危害程度、植物长势及产量等方面的差别进行评价。抗病虫转基因植物需提供在室内和田间试验条件下，转基因植物对靶标生物的抗性生测报告、靶标生物在转基因品种及受体品种田季节性发生危害情况和种群动态的试验数据与结论。

4. 有害生物抗性转基因植物对非靶标生物的影响

根据转基因植物与外源基因表达蛋白特点和作用机制，有选择地提供对相关非靶标植食性生物、有益生物（如天敌昆虫、资源昆虫和传粉昆虫等）、受保护的物种等潜在影响的评估报告。

5. 对生态系统群落结构和有害生物地位演化的影响

根据转基因植物与外源基因表达蛋白的特异性和作用机理，有选择地提供对相关动物群落、植物群落和微生物群落结构和多样性的影响，以及转基因植物生态系统下病虫害等有害生物地位演化的风险评估报告等。

6. 靶标生物的抗性风险

靶标生物的抗性是指靶标生物由于连续多代取食转基因植物，敏感个体被淘汰，抗性较强的个体存活、繁殖，逐渐发展成高抗性种群的现象。抗病虫转基因植物需提供对靶标生物的作用机制和特点等资料，转基因植物商业化种植前靶标生物的敏感性基线数据，抗性风险评估依据和结论，拟采取的抗性监测方案和治理措施等。

（四）食用安全

按照个案分析的原则，评价转基因植物与非转基因植物的相对安全性。

传统非转基因对照物选择：无性繁殖的转基因植物，以非转基因植物亲本为对照物；有性繁殖的转基因植物，以遗传背景与转基因植物有可比性的非转基因植物为对照物。对照物与转基因植物的种植环境（时间和地点）应具有可比性。

1. 新表达物质毒理学评价

（1）新表达蛋白质资料。提供新表达蛋白质（包括目的基因和标记基因所表达的蛋白质）的分子和生化特征等信息，包括分子量、氨基酸序列、翻译后的修饰、功能叙述等资料。表达的产物若为酶，应提供酶活性、酶活性影响因素（如 pH、温度、离子强度）、底物特异性、反应产物等。

提供新表达蛋白质与已知毒蛋白质和抗营养因子（如蛋白酶抑制剂、植物凝集素等）

氨基酸序列相似性比较的资料。

提供新表达蛋白质热稳定性试验资料，体外模拟胃液蛋白消化稳定性试验资料，必要时提供加工过程（热、加工方式）对其影响的资料。

若用体外表达的蛋白质作为安全性评价的试验材料，需提供体外表达蛋白质与植物中新表达蛋白质等同性分析（如分子量、蛋白测序、免疫原性、蛋白活性等）的资料。

（2）新表达蛋白质毒理学试验。当新表达蛋白质无安全食用历史，安全性资料不足时，必须提供经口急性毒性资料，28 天喂养试验毒理学资料视该蛋白质在植物中的表达水平和人群可能摄入水平而定，必要时应进行免疫毒性检测评价。如果不提供新表达蛋白质的经口急性毒性和 28 天喂养试验资料，则应说明理由。

（3）新表达非蛋白质物质的评价。新表达的物质为非蛋白质，如脂肪、碳水化合物、核酸、维生素及其他成分等，其毒理学评价可能包括毒物代谢动力学、遗传毒性、亚慢性毒性、慢性毒性/致癌性、生殖发育毒性等方面。具体需进行哪些毒理学试验，采取个案分析的原则。

（4）摄入量估算。应提供外源基因表达物质在植物可食部位的表达量，根据典型人群的食物消费量，估算人群最大可能摄入水平，包括同类转基因植物总的摄入水平、摄入频率等信息。进行摄入量评估时需考虑加工过程对转基因表达物质含量的影响，并应提供表达蛋白质的测定方法。

2. 致敏性评价

外源基因插入产生新蛋白质，或改变代谢途径产生新蛋白质的，应对该蛋白质的致敏性进行评价。

提供基因供体是否含有致敏原、插入基因是否编码致敏原、新蛋白质在植物食用和饲用部位表达量的资料。

提供新表达蛋白质与已知致敏原氨基酸序列的同源性分析比较资料。

提供新表达蛋白质热稳定性试验资料，体外模拟胃液蛋白消化稳定性试验资料。

对于供体含有致敏原的，或新蛋白质与已知致敏原具有序列同源性的，应提供与已知致敏原为抗体的血清学试验资料。

受体植物本身含有致敏原的，应提供致敏原成分含量分析的资料。

3. 关键成分分析

提供受试物基本信息，包括名称、来源、所转基因和转基因性状、种植时间、地点和特异气候条件、储藏条件等资料。受试物应为转基因植物可食部位的初级农产品，如大豆、玉米、棉籽、水稻种子等。同一种植地点至少 3 批不同种植时间的样品，或 3 个不同种植地点的样品。

提供同一物种对照物各关键成分的天然变异阈值及文献资料等。

（1）营养素。包括蛋白质、脂肪、碳水化合物、纤维素、矿物质、维生素等，必要时提供蛋白质中氨基酸和脂肪中饱和脂肪酸、单不饱和脂肪酸、多不饱和脂肪酸含量分析的资料。矿物质和维生素的测定应选择在该植物中具有显著营养意义或对人群营养素摄入水平贡献较大的矿物质和维生素进行测定。

（2）天然毒素及有害物质。植物中对健康可能有影响的天然存在的有害物质，根据不同植物进行不同的毒素分析，如棉籽中棉酚、油菜籽中硫代葡萄糖苷和芥酸等。

（3）抗营养因子。对营养素的吸收和利用有影响、对消化酶有抑制作用的一类物质。如大豆胰蛋白酶抑制剂、大豆凝集素、大豆寡糖等；玉米中植酸；油菜籽中单宁等。

（4）其他成分。如水分、灰分、植物中的其他固有成分。

（5）非预期成分。因转入外源基因可能产生的新成分。

4. 全食品安全性评价

大鼠 90 天喂养试验资料。必要时提供大鼠慢性毒性试验和生殖毒性试验及其他动物喂养试验资料。

5. 营养学评价

如果转基因植物在营养、生理作用等方面有改变的，应提供营养学评价资料。

（1）提供动物体内主要营养素的吸收利用资料。

（2）提供人群营养素摄入水平的资料以及最大可能摄入水平对人群膳食模式影响评估的资料。

6. 生产加工对安全性影响的评价

应提供与非转基因对照物相比，生产加工、储存过程是否可改变转基因植物产品特性的资料，包括加工过程对转入 DNA 和蛋白质的降解、消除、变性等影响的资料，如油的提取和精炼、微生物发酵、转基因植物产品的加工、储藏等对植物中表达蛋白含量的影响。

7. 按个案分析的原则需要进行的其他安全性评价

对关键成分有明显改变的转基因植物，需提供其改变对食用安全性和营养学评价资料。

对耐除草剂的转基因植物，需提供目标除草剂残留量的评价资料。

二、阶段要求

转基因植物安全评价应按照《农业转基因生物安全评价管理办法》的规定撰写申报书，并参照如下要求提供各阶段安全评价材料。以下规定是申请该阶段时所需材料的基本要求。

根据安全评价需要和转基因植物的特殊性，农业转基因生物技术检测机构的检测指标增减遵循个案分析的原则确定。

检测指标暂无农业转基因生物技术检测机构开展检测的，由农业部指定相关机构进行检测。

（一）申请实验研究

1. 外源基因：包括目的基因、标记基因、报告基因以及启动子、终止子和其他调控序列。外源基因名称应当是按国际通行规则正式命名的名称或 Genbank 中的序列号，未正式命名或无 Genbank 序列号的应提供基因序列。

2. 转基因性状：包括产量性状改良、品质性状改良、生理性状改良、杂种优势改良、抗逆、抗病、抗虫、耐除草剂、生物反应器、其他 10 种类型。

产量性状改良：指改良株高、株型、籽粒数量、籽粒大小、棉铃数量等。

品质性状改良：指改良淀粉成分、蛋白成分、微量元素含量、硫苷含量、芥酸含量、饱和脂肪酸含量、纤维品质、含油量等。

生理性状改良：指改良生育期、光合效率、营养物质利用率、种子储藏活力、根系活力等。

杂种优势改良：指雄性不育、育性恢复以及改良育性恢复能力等。

抗逆：指改良抗旱性、耐涝性、耐寒性、耐盐性等。

3. 实验转基因植物材料数量：一份申报书中只能包含同一物种的受体生物和相同的转基因性状。

4. 实验年限：一般为一至两年。

（二）申请中间试验

1. 提供外源插入序列的分子特征资料。

2. 提供每一个转化体的转基因植株自交或杂交代别，及相应代别目的基因和标记基因 PCR 检测或转化体特异性 PCR 检测的资料。

3. 按《转基因植物及其产品食用安全性评价导则》（NY/T 1101—2006）提供受体植物、基因供体生物的安全性评价资料。

4. 提供新表达蛋白质的分子和生化特征等信息，以及提供新表达蛋白质与已知毒蛋白质、抗营养因子和致敏原氨基酸序列相似性比较的资料。

5. 提供抗虫植物表达蛋白质和已商业化种植的转基因抗虫植物对靶标害虫作用机制的分析资料，评估交互抗性的风险。

（三）申请环境释放

1. 申请中间试验提供的相关资料，以及中间试验结果的总结报告。

2. 提供每个转基因株系中目的基因和标记基因整合进植物基因组的 Southern 杂交图和插入拷贝数，或提供每个转基因株系转化体特异性 PCR 检测图，并注明转基因株系的代别和编号。

3. 提供目的基因在转录水平或翻译水平表达的资料。

4. 提供转基因株系遗传稳定性的资料，包括目的基因和标记基因整合的稳定性、表达的稳定性和表型性状的稳定性。

5. 对于抗病虫转基因植物，提供目标蛋白的测定方法，植物不同发育阶段目标蛋白在各器官中的含量，以及对靶标生物的田间抗性效率。

6. 新蛋白质（包括目的基因和标记基因所表达的蛋白质）在植物食用和饲用部位表达含量的资料。

7. 提供靶标害虫对新抗虫植物和已商业化种植的抗虫植物交互抗性的研究资料。

8. 提供对可能影响的非靶标生物（至少 1 种非靶标植食性生物和 2 种有益生物）的室内生物测定资料。

9. 提供目标性状和功能效率的评价资料。例如，抗虫植物应明确靶标生物种类并提供室内或田间生测报告。

（四）申请生产性试验

分为两种类型：一是转化体申请生产性试验，二是用取得农业转基因生物安全证书的转化体与常规品种杂交获得的衍生品系申请生产性试验。

1. 转化体申请生产性试验

（1）提供所申报转基因植物样品、对照样品及检测方法。样品要求：种子（单一纯合体的，纯度大于 99％）；方法要求：提供外源插入序列信息及转化体特异性核酸检测方法等。

（2）申请环境释放提供的相关资料，以及环境释放结果的总结报告。

（3）提供转化体外源插入序列（如转化载体骨架、目的基因和标记基因等）整合进植物基因组的 Southern 杂交图和插入拷贝数，以及转化体特异性 PCR 检测图，并注明供试材料的名称和代别。

（4）提供目的基因和标记基因翻译水平表达的资料，或目标基因（被 RNAi 等方法所干涉的基因）在转录水平或翻译水平表达的资料。

（5）提供该转化体至少 2 代的遗传稳定性资料，包括目的基因整合的稳定性、表达的稳定性和表现性状的稳定性。

（6）提供该转化体个体生存竞争能力的资料。

（7）提供该转基因植物基因漂移的资料。

（8）提供目标性状和功能效率的评价资料。例如，抗虫植物应提供靶标生物在转基因植物及受体植物田季节性发生危害情况和种群动态的试验数据。

（9）提供靶标生物对抗病虫转基因植物的抗性风险评价资料。

（10）提供对非靶标生物、对生态系统群落结构和有害生物地位演化影响的评价资料。

（11）提供新表达蛋白质体外模拟胃液蛋白消化稳定性、热稳定性试验资料。

（12）必要时提供全食品毒理学评价资料。

（13）提供农业转基因生物技术检测机构出具的检测报告，包括：①确认转化体身份的核酸检测；②抗病虫等转基因植物对特定非靶标生物的影响、转基因抗旱（逆）植物的生存竞争力等；③新表达产物在植物可食部分的表达量及新表达蛋白质体外模拟胃液蛋白消化稳定性等。

2. 用取得农业转基因生物安全证书的转化体与常规品种杂交获得的衍生品系申请生产性试验

（1）提供所申报转基因植物样品、对照样品及检测方法。样品要求：种子（单一纯合体的，纯度大于 99％）；方法要求：提供外源插入序列信息及转化体特异性核酸检测方法等。

（2）已取得农业转基因生物安全证书的转化体综合评价报告及相关附件资料。

（3）提供亲本名称及其选育过程的资料。

（4）提供外源插入序列（如转化载体骨架、目的基因和标记基因等）整合进植物基因组的 Southern 杂交图和插入拷贝数，或提供转化体特异性 PCR 检测图，并注明供试材料的名称和代别。

（五）申请安全证书

分为农业转基因生物安全证书（生产应用）和农业转基因生物安全证书（进口用作加工原料）2 种类型。其中，农业转基因生物安全证书（生产应用）包括转化体申请生产证书，以及用取得农业转基因生物安全证书的转化体与常规品种杂交获得的衍生品系申请安全证书两种情况。

类型 1：申请农业转基因生物安全证书（生产应用）

1. 转化体申请安全证书

（1）汇总以往各试验阶段的资料，提供环境安全和食用安全综合评价报告。

（2）提供外源插入序列整合进植物基因组的资料。包括能明确外源片段（如转化载体骨架、目的基因和标记基因等）整合拷贝数并具有转化体特异性的分子杂交图谱，整合进植物基因组的外源片段的全长 DNA 序列和插入位点两端的边界序列，以及转化体特异性 PCR 检测图等。

（3）提供该转化体至少 3 代的遗传稳定性资料，包括目的基因整合的遗传稳定性、表达的稳定性和表现性状的稳定性。

（4）提供该转化体个体生存竞争能力、自然延续或建立种群能力的资料。

（5）提供该转基因植物基因漂移的资料。

（6）提供至少 2 代对目标性状和功能效率的田间评价资料。

（7）提供对至少 6 种非靶标生物影响的评价资料。

（8）提供至少 2 代对生物多样性影响的评价资料，以及对生态系统群落结构和有害生物地位演化影响的风险评估报告。

（9）提供靶标生物对转基因植物所产生抗病/虫物质的敏感性基线资料，抗性风险评估的依据和结论；拟采取的靶标生物综合治理策略、抗性监测方案和治理措施等。

（10）提供完整的毒性、致敏性、营养成分、抗营养因子、耐除草剂作物目标除草剂的残留量等食用安全资料。

（11）提供农业转基因生物技术检测机构出具的检测报告，包括：①转化体的分子特征；②目标性状功能效率评价、对非靶标生物的影响；③新表达蛋白质与已知毒蛋白质、抗营养因子和致敏原氨基酸序列相似性比较；④急性毒性试验、营养成分分析、大鼠 90 天喂养等。

（12）如为续申请，则需要提供上次批准期限内的商业化种植数据和环境影响监测报告。

2. 取得农业转基因生物安全证书的转化体与常规品种杂交获得的衍生品系申请安全证书

（1）申请生产性试验提供的相关资料，以及生产性试验的总结报告。

（2）提供亲本名称及其选育过程的资料。

（3）提供外源插入序列整合进植物基因组的资料。包括能明确外源片段（如转化载体骨架、目的基因和标记基因等）整合拷贝数并具有转化体特异性的分子杂交图谱，整合进植物基因组的外源片段的全长 DNA 序列和插入位点两端的边界序列，或转化体特异性 PCR 检测图等。

（4）提供目的基因和标记基因翻译水平表达的资料，或目标基因（被 RNAi 等方法所干涉的基因）在转录水平或翻译水平表达的资料。

（5）提供遗传稳定性的资料，包括目的基因整合的稳定性、表达的稳定性和表现性状的稳定性。

（6）提供目标性状和功能效率的评价资料。例如，抗虫植物应提供靶标生物在转基因植物及受体植物田季节性发生危害情况和种群动态的试验数据。

（7）如为续申请，则需要提供上次批准期限内的商业化种植数据和环境影响监测报告。

类型 2：申请农业转基因生物安全证书（进口用作加工原料）

（1）提供所申报转基因植物样品、对照样品及检测方法。样品要求：种子（单一纯合体的，纯度大于 99%）；方法要求：提供外源插入序列信息及转化体特异性核酸检测方法等。

（2）提供环境安全和食用安全综合评价报告。

（3）农业转基因生物技术检测机构出具的环境安全和食用安全检测报告，环境安全检测报告一般包括确认转化体身份的核酸检测、生存竞争能力、基因漂移的环境影响、对非靶标生物和生物多样性影响的评价资料等；食用安全检测报告一般包括确认转化体身份的核酸检测、抗营养因子分析、全食品安全性评价（大鼠 90 天喂养试验）等。对于新性状、新类型的转基因植物的检测内容根据个案原则确定。

（4）提供外源插入序列整合进植物基因组的资料。包括能明确外源片段（如转化载体骨架、目的基因和标记基因等）整合拷贝数并具有转化体特异性的分子杂交图谱、整合进植物基因组的外源片段的全长 DNA 序列和插入位点两端的边界序列，以及转化体特异性 PCR 检测图等。

（5）提供完整的毒性、致敏性、营养成分、抗营养因子、耐除草剂作物目标除草剂的残留量等食用安全资料。

（6）输出国家或者地区经过科学试验证明对人类、动植物、微生物和生态环境无害的资料。

附件 2:

转基因动物安全评价指南

转基因动物是指通过显微注射、电穿孔、粒子轰击、细胞转化、病毒导入等基因操作技术,将外源片段导入受体或定向改造受体基因得到的用于农业生产或者农产品加工的动物及其产品,包括用于如下用途的畜禽、水生动物和节肢动物等。

(一)产量性状改良:改良生长发育速度、消化吸收率和饲料转化率等;

(二)品质性状改良:改良营养成分、减少致敏原、用于观赏等;

(三)繁殖性状改良:调控动物的繁殖力和性别;

(四)抗逆:改良动物对环境条件、疾病和化学物质的抗性;

(五)环境指示:对环境质量变化有指示性作用;

(六)生物反应器:药用、工业用以及用于功能性食品的动物。

一、总体要求

(一)分子特征

从基因水平、转录水平和翻译水平,考察外源基因或片段的整合和表达情况。

1. 表达载体相关资料

(1)目的基因与载体构建的物理图谱。详细注明表达载体所有组件名称、位置和酶切位点。

(2)目的基因或片段。详细描述目的基因或片段的供体生物、结构(包括基因中的酶切位点)、功能和安全性。

供体生物:如 *Fatl* 基因来源于线虫。

结构:完整的 DNA 或 cDNA 序列和推导的氨基酸序列。

功能:生物学功能,如提高猪肉中 ω-3 脂肪酸的含量。

安全性:从供体生物特性、安全使用历史、基因结构、功能及有关安全性试验数据等方面综合评价目的基因或片段的安全性。

(3)表达载体其他主要组件。

启动子:供体生物来源、大小、DNA 序列(或文献)、功能、安全应用记录。

终止子:供体生物来源、大小、DNA 序列(或文献)、功能、安全应用记录。

标记基因:供体生物来源、大小、DNA 序列(或文献)、功能、安全应用记录。

报告基因:供体生物来源、大小、DNA 序列(或文献)、功能、安全应用记录。

其他表达调控序列或转座序列:来源(如人工合成或供体生物名称)、名称、大小、DNA 序列(或文献)、功能、安全应用记录。

2. 目的基因在动物基因组中的整合情况

采用 PCR、Southern 杂交等方法,分析外源插入序列在动物基因组中的整合情况,包括目的基因和标记基因的拷贝数,标记基因、报告基因或其他调控序列删除情况,整合位点等。

外源插入序列的 PCR 检测：应有序列名称、引物序列、扩增产物大小、PCR 条件、扩增产物电泳图谱（含图题、分子量标准、阴性对照、阳性对照、泳道标注等）。

外源插入序列的 Southern 杂交：采用两种以上限制性内切酶分别消化动物基因组总 DNA，获得能明确整合拷贝数的、具有特异性条带的分子杂交图谱。文字表述至少包括探针序列位置、内切酶名称、特异性条带的大小、图题、分子量标准、阴性对照、阳性对照、泳道标注。

外源插入序列的全长 DNA 序列分析：实际插入受体动物基因组的全长 DNA 序列和插入位点的两端边界序列（大于 300bp）。提供特异性 PCR 验证时相应引物名称、序列及其扩增产物大小。

3. 外源插入序列在动物体中的表达情况

（1）转录水平（RNA）。采用 RT-PCR 或 Northern 杂交等方法，分析主要插入序列（如目的基因、标记基因等）的转录表达情况，包括表达的主要组织、器官（如乳腺、肝、肺、肾、肌肉等）和细胞。

RT-PCR 检测：引物序列、扩增产物大小、RT-PCR 条件、扩增产物电泳图谱（含图题、分子量标准、阴性对照、阳性对照、泳道标注）。

Northern 杂交：探针序列位置、特异性条带的大小、Northern 杂交条件、杂交图谱（含图题、分子量标准、阴性对照、阳性对照、泳道标注）。

（2）翻译水平（蛋白质）。PCR 采用 Western-Blot、ELISA 等免疫血清学方法，从蛋白质水平分析外源基因或片段（如目的基因、标记基因等）的表达情况，包括表达的主要组织、器官（如乳腺、肝、肺、肾、肌肉等）和细胞。

Western-Blot 检测：描述相关抗体名称、特异性条带的大小、Western-Blot 条件、Western-Blot 图谱（含图题、分子量标准、阴性对照、阳性对照、泳道标注、样品和阳性对照的加样量）。

ELISA 检测：描述定量检测的具体方法，包括相关抗体、阴性对照、阳性对照、光密度测定结果、标准曲线等。

4. 其他

以育种为目的且与食用相关的转基因动物，应在环境释放阶段提供已删除标记基因和报告基因的试验资料。

（二）遗传稳定性

主要考察转基因动物世代之间目的基因的整合与表达情况。

1. 目的基因整合的稳定性

用 Southern、PCR 等方法检测目的基因在转基因动物中的整合情况，明确转基因动物中目的基因的拷贝数以及在后代中的分离情况，提供不少于连续 2 代的试验数据。

2. 目的基因表达的稳定性

用 Northern、RT-PCR、Western-Blot 等方法分析目的基因在转基因动物不同世代在转录（RNA）和（或）翻译（蛋白质）水平表达的稳定性（包括不同生长阶段与不同组织、器官和细胞的表达情况），提供不少于连续 2 代的试验数据。

3. 目标性状表现的稳定性

用适宜的观察手段考察目标性状在转基因动物不同世代的表现情况，提供不少于连续2代的试验数据。

（三）健康状况

用一般指标、生理学指标以及其他适合的指标评价转基因动物的健康状况。

1. 一般指标

包括行为（精神、反应、采食等）、外貌特征（头、体表器官、毛色、皮肤、肢体、关节、体尺指标等）等。

2. 生理学指标

包括常规生理指标、血液指标、生化指标等，必要时提供解剖学指标。

3. 其他指标

根据转基因动物与外源基因的特点，确定适合的特异性指标。

4. 水生生物、节肢动物等转基因动物还应根据个案分析的原则提交有针对性的试验数据。

（四）功能效率评价

提供常规条件下转基因动物目标性状有效性的试验数据。对于为人类提供产品的转基因动物还应提供产肉（瘦肉率、背膘厚、肌内脂肪等）、产奶（产奶量、奶品质）、产蛋（蛋产量、蛋品质）、产毛（毛产量、毛品质）等生产性能的试验数据。

（五）环境适应性

对转基因畜禽，评价其在常规饲养条件下的存活能力（存活率、存活时间），生长发育速度（初生重、成年体重、日增重、生长率等），繁殖能力（例如发情周期、妊娠、精液品质、产仔数、产仔成活率等），对疾病的抵抗能力（发病率、死亡率）以及对温度、湿度等物理因素的适应能力。

对转基因水生动物，评价其在常规养殖条件下的存活能力（存活率、存活时间），运动转移能力，生长发育速度（不同发育阶段的体重和生长率等），摄食能力（食量、食谱和捕食、防御等），繁殖能力，对疾病的抵抗能力（发病率、死亡率），以及对温度、盐度、pH、可溶性氧等物理因素的适应能力。

对转基因节肢动物，评价每个虫态的历期和存活率，性成熟的历期和存活率，交配优势和产卵量，雄性育性和交配率，运动能力，寄主范围，危害或寄生能力，对杀虫剂的敏感性，以及对温度、湿度等物理因素的适应能力。

（六）转基因动物逃逸（释放）及其对环境的影响

1. 转基因动物逃逸的可能性

评价转基因动物繁殖和生长发育阶段的安全控制措施，分析转基因动物的逃逸以及逃逸后捕捉的可能性。

2. 转基因动物存活的可能性

评价转基因动物逃逸后可能进入生态环境的状况和转基因动物的适应性，分析转基因动物逃逸后存活的可能性。

3. 转基因动物扩散的可能性

评价转基因动物逃逸后在自然环境中繁殖的可能性。如果存在可交配的动物类型，分析转基因动物与其交配繁殖的可能性。特别是，如果存在可交配的野生型动物，提供野生型动物的分布状况和生物学特性，分析转基因动物与野生型动物交配繁殖的可能性。

4. 转基因动物对环境的影响

分析转基因动物逃逸（释放）对环境的影响，包括对野生型动物的适应性和入侵性的影响，以及其他相关影响等。

（七）食用安全

1. 表达产物毒理学评价

（1）表达产物资料。提供表达产物（包括目的基因和标记基因所表达的产物）的分子和生化特征等信息，包括分子量、氨基酸序列、结构、翻译后的修饰、功能等资料。表达产物若为酶，应提供酶活性、酶活性影响因素（如 pH、温度、离子浓度）、底物特异性、反应产物等。

表达产物在动物可食部位的表达量，根据典型人群的食物消费量，估算人群最大可能接触水平。进入摄入量评估时需考虑加工过程对表达产物含量的影响。

提供基因供体是否含有已知毒蛋白和抗营养因子的资料。

提供新表达产物与已知毒蛋白和抗营养因子氨基酸序列相似性比较的资料。

提供新表达产物热稳定性试验资料，体外模拟胃液蛋白消化稳定性试验资料，必要时提供加工过程（冷、热、加工方式）对其影响的资料。

若用体外表达的产物作为安全性评价的试验材料，需提供体外表达产物与动物表达产物的等同性分析（如分子量、结构、氨基酸序列、免疫原性、蛋白活性等）的资料。

（2）新表达产物毒理学试验。当新表达产物无安全食用历史，安全性资料不足时，必须提供经口急性毒性资料，28 天喂养试验毒理学资料视该产物在动物中的表达水平和人群可能摄入水平而定，必要时应进行免疫毒性检测评价。若不提供新表达产物的经口急性毒性和 28 天喂养试验资料，则应说明理由。

新表达产物毒理学试验还包括代谢动力学、遗传毒性、亚慢性毒性、慢性毒性/致癌性、生殖发育毒性等方面。具体需进行的毒理学试验，采取个案分析的原则。

2. 致敏性评价

外源基因插入产生新蛋白质，或改变代谢途径产生新蛋白质的，应对其蛋白质的致敏性进行评价。

提供基因供体是否含有已知致敏原的资料。

提供新表达蛋白质与已知致敏原氨基酸序列的同源性分析比较资料。

提供新表达蛋白质热稳定性试验资料，体外模拟胃液蛋白消化稳定性试验资料。

对于供体含有致敏原的，或新蛋白质与已知致敏原具有序列同源性的，应提供与已知致敏原相关的血清学试验资料。

必要时利用相应的动物模型对其致敏性进行评价。

3. 关键成分分析

提供转基因动物肉、乳、蛋等可食部分的主要营养成分，以及可能的有害物质、抗营养因子等的检测数据。

4. 全食品安全评价

提供大鼠 90 天喂养试验资料。必要时提供大鼠慢性毒性试验和生殖毒性试验及其他动物喂养试验资料。

5. 营养学评价

如果转基因动物在营养、生理作用等方面有改变，应提供营养学评价资料。包括试验动物体内主要营养素的吸收利用资料、人群营养素摄入水平的资料以及最大可能摄入水平对人群膳食模式影响评估的资料。

6. 生产加工对安全性影响的评价

应提供与非转基因对照相比，生产加工、储运过程是否可改变转基因动物产品特性的资料，包括加工过程中对转入蛋白质的降解、消除、变性等影响的资料。

7. 其他

按个案分析的原则，对转基因动物可能导致的兽药残留、重金属、毒素等主要污染物的蓄积进行评价。

二、阶段要求

转基因动物安全评价，应按照《农业转基因生物安全评价管理办法》的规定撰写申报书，并参照如下要求提供各阶段安全评价材料，以下规定是申请该阶段时所需材料的基本要求。

根据安全评价需要和转基因动物的特殊性，农业转基因生物技术检测机构的检测指标增减遵循个案分析的原则确定。

检测指标暂无农业转基因生物技术检测机构开展检测的，由农业部指定相关机构进行检测。

（一）申请实验研究

1. 外源基因：包括目的基因、标记基因、报告基因以及启动子、终止子和其他调控序列。外源基因名称应当是按国际通行规则正式命名的名称或 GenBank 中的序列号，未正式命名或无 GenBank 序列号的应提供基因序列。

2. 目标性状：包括产量性状改良、品质性状改良、繁殖性状改良、抗逆、环境指示、生物反应器、其他七种类型。

产量性状改良：改良生长发育速度、消化吸收率和饲料转化率等；

品质性状改良：改良营养成分、减少致敏原、用于观赏等；

繁殖性状改良：调控动物的繁殖力和性别；

抗逆：改良动物对环境条件、疾病和化学物质的抗性；

环境指示：对环境质量变化有指示性作用；

生物反应器：药用、工业用以及用于功能性食品的动物。

3. 实验转基因动物材料数量：一份申报书中只能包含同一物种的受体生物和相同的转基因性状。

4. 实验年限：一般为一至两年。

（二）申请中间试验

1. 提供外源插入序列的分子特征资料。

2. 提供每个转基因动物个体的代别，及相应代别目的基因和标记基因 PCR 检测的资料。

3. 提供基因供体是否含有毒蛋白、致敏原和抗营养因子的资料。

4. 提供表达产物的分子和生化特征等信息，以及提供新表达产物与已知毒蛋白质和抗营养因子氨基酸序列相似性比较的资料。

5. 提供转基因动物一般健康和性能的资料。

（三）申请环境释放

1. 转基因动物具有一定的群体规模，提供详细的群体建立报告。

2. 申请中间试验提供的相关资料，以及中间试验结果的总结报告。

3. 提供每个转基因动物中目的基因和标记基因整合进动物基因组的 Southern 杂交图和插入拷贝数，或提供每个转基因动物的特异性 PCR 检测图，并注明转基因个体的代别和编号。

4. 提供目的基因在转录水平或翻译水平表达的资料。

5. 提供转基因个体遗传稳定性的资料，包括目的基因和标记基因整合的稳定性、表达的稳定性和表型性状的稳定性。

6. 提供转基因动物健康状况的资料。

7. 提供转基因动物功能效率评价的资料。

8. 提供表达产物在转基因动物食用部位表达量的资料。

（四）申请生产性试验

分为两种类型，一是转基因动物申请生产性试验，二是用取得农业转基因生物安全证书的转基因动物与常规品种杂交获得的含有转基因成分的动物申请生产性试验。

1. 转基因动物申请生产性试验

（1）提供所申报转基因动物样品、对照样品及检测方法。样品要求：动物血样或动物组织。方法要求：提供外源插入序列信息及转化体特异性核酸检测方法等。

（2）申请环境释放提供的相关资料，以及环境释放结果的总结报告。

（3）提供转基因动物外源插入序列（如转化载体骨架、目的基因和标记基因等）整合进动物基因组的 Southern 杂交图和插入拷贝数，或提供转化体特异性 PCR 检测图，并注明供试材料的名称和代别。

（4）提供目的基因和标记基因翻译水平表达的资料，或目标基因（被 RNAi 等方法所干涉的基因）在转录水平或翻译水平表达的资料。

（5）提供该转基因动物遗传稳定性的资料，包括目的基因和标记基因整合的稳定性、表达的稳定性和表现性状的稳定性。

（6）提供转基因动物健康状况的资料。

（7）提供转基因动物功能效率评价的资料。

（8）提供转基因动物环境适应性的资料。

（9）提供关键成分分析的资料。

（10）提供新表达蛋白体外模拟胃液蛋白消化稳定性试验资料。

（11）必要时提供全食品毒理学评价资料。

（12）提供农业转基因生物技术检测机构出具的检测报告，包括确认转化体身份的核酸检测。

2. 用取得农业转基因生物安全证书的转基因动物与常规品种杂交获得的含有转基因成分的动物申请生产性试验

（1）提供所申报转基因动物样品、对照样品及检测方法。样品要求：动物血样或动物组织。方法要求：提供外源插入序列信息及转化体特异性核酸检测方法等。

（2）已取得农业转基因生物安全证书的转化体综合评价报告及相关附件资料。

（3）提供亲本名称及其选育过程的资料。

（4）提供外源插入序列（如转化载体骨架、目的基因和标记基因等）整合进植物基因组的 Southern 杂交图和插入拷贝数，或提供特异性 PCR 检测图，并注明供试材料的名称和代别。

（五）申请安全证书

分为两种类型，一是转基因动物申请安全证书，二是用取得农业转基因生物安全证书的转基因动物与常规品种杂交获得的含有转基因成分的动物申请安全证书。

1. 转基因动物申请安全证书

（1）汇总以往各试验阶段的资料，提供环境安全和食用安全综合评价报告。

（2）提供外源插入序列整合进动物基因组的资料。包括能明确外源片段（如转化载体骨架、目的基因和标记基因等）整合拷贝数并具有转化体特异性的分子杂交图谱，整合进动物基因组的外源片段的全长 DNA 序列和插入位点两端的边界序列，以及特异性 PCR 检测图等。

（3）提供转基因动物遗传稳定性不少于连续 2 代的资料，包括目的基因整合的稳定性、表达的稳定性和表现性状的稳定性。

（4）提供不少于连续 2 代转基因动物健康状况的资料。

（5）提供不少于连续 2 代转基因动物功能效率评价的资料。

（6）提供不少于连续 2 代转基因动物环境适应性的资料。

（7）提供转基因动物的逃逸（释放）及其对环境影响的资料。

（8）提供完整的食用安全资料。

（9）提供农业转基因生物技术检测机构出具的检测报告，包括：①转化体的分子特征；②新表达蛋白质与已知毒蛋白质、抗营养因子和致敏原氨基酸序列相似性比较；③急性毒性试验、营养成分分析、大鼠 90 天喂养等。

（10）如为续申请，则需要提供上次批准期限内的转基因动物商业化养殖数量、规模及生产性能数据。

2. 用取得农业转基因生物安全证书的转基因动物与常规品种杂交获得的含有转基因成分的动物申请安全证书

（1）申请生产性试验提供的相关资料，以及生产性试验的总结报告。

（2）提供亲本名称及其选育过程的资料。

（3）提供外源插入序列整合进动物基因组的资料。包括能明确外源片段（如转化载体骨架、目的基因和标记基因等）整合拷贝数并具有转化体特异性的分子杂交图谱，整合进动物基因组的外源片段的全长 DNA 序列和插入位点两端的边界序列，或转化体特异性 PCR 检测图等。

（4）提供目的基因和标记基因翻译水平表达的资料，或目标基因（被 RNAi 等方法所干涉的基因）在转录水平或翻译水平表达的资料。

（5）提供遗传稳定性的资料，包括目的基因整合的稳定性、表达的稳定性和表现性状的稳定性。

（6）提供功能效率评价的资料。

（7）如为续申请，则需要提供上次批准期限内的转基因动物商业化养殖数量、规模及生产性能数据。

附件3：

动物用转基因微生物安全评价指南

一、定义和分类

动物用转基因微生物，是指利用基因工程技术改变基因组构成，在农业生产或者农产品加工中用于动物的重组微生物及其产品。动物用转基因微生物主要分为基因工程亚单位疫苗、基因工程重组活载体疫苗、基因缺失疫苗、核酸疫苗、基因工程激素类疫苗及治疗制剂、饲料用转基因微生物、基因工程抗原与诊断试剂盒等。

（一）基因工程亚单位疫苗

是指利用细菌、病毒、哺乳动物细胞、酵母、植物等体系表达的病原微生物保护性抗原蛋白制备的疫苗。该疫苗可以是纯化的抗原蛋白，也可以是未纯化的灭活混合物，其特点是含有目的抗原蛋白，无复制特性。

（二）基因工程重组活载体疫苗

是指利用基因重组技术将病原微生物的保护性抗原蛋白基因插入到低毒或无毒的细菌、病毒、支原体等载体微生物基因组中获得的活载体疫苗。该疫苗的特点是在体内可复制，且低毒或无毒。

（三）基因缺失疫苗

是指利用同源重组技术将病原微生物的致病或（和）毒力相关的、且复制非必需的基因或基因片段全部或部分删除后获得的低毒或无毒微生物制备的疫苗。该疫苗的特点是带有基因缺失的遗传标记，可以据此区分疫苗毒株和野生毒株。

（四）核酸疫苗

是指将病原微生物的主要保护性抗原基因插入到真核表达质粒（含真核启动子）中形成DNA重组体，纯化获得的重组质粒即为核酸疫苗。核酸疫苗的特点是质粒DNA，而非蛋白，质粒DNA进入细胞后表达抗原蛋白，可以诱导机体免疫反应。

（五）基因工程激素类疫苗及治疗制剂

是指利用基因工程技术体外表达的激素（如生长激素、生长抑素等）、细胞因子（如干扰素、白细胞介素、肿瘤坏死因子等）和其他具有重要生物活性的因子。这些制剂的特点是和正常动物体内相应因子的生物学功能相似或相同，在机体内可发挥调节、干扰、或增强相应的生理功能。

（六）饲料用转基因微生物

是指利用细菌、病毒、哺乳动物细胞、酵母、植物等体系表达的功能性蛋白或肽类（如植酸酶、抗菌肽等）作为饲料添加剂。转基因微生物产品可以是纯化蛋白、活性转基因微生物或灭活转基因微生物。

（七）基因工程抗原与诊断试剂盒

是指利用基因工程技术，通过细菌、病毒、哺乳动物细胞、酵母、植物等体系表达的病原微生物功能蛋白，以此蛋白作为诊断抗原建立诊断方法，并组装诊断试剂盒。此类制剂的特点是不含有病原微生物，只含有病原微生物的一种或几种蛋白；不用于动物体内，只用于体外检测。

（八）其他

无法纳入上述 7 类的其他动物用转基因微生物，如利用反向遗传操作技术体系构建的疫苗。

二、申报程序

（一）基本要求

1. 根据《农业转基因生物安全管理条例》和《农业转基因生物安全评价管理办法》规定，农业转基因生物安全评价试验，一般应当经过中间试验、环境释放、生产性试验三个阶段。

2. 中外合作、合资或者外方独资在中华人民共和国境内从事农业转基因生物研究与试验的，应当在实验研究开始前向农业部申请。

3. 首次申请农业转基因生物生产性试验和安全证书的，应提供所申报转基因微生物活性样品及检测方法。样品要求：病毒（$10^2 \text{TCID}_{50}/\text{mL}$ 以上）各 3 管，细菌（10^3CFU/mL 以上）各 3 管。方法要求：提供外源插入基因或缺失基因的检测方法。

4. 农业转基因生物试验结束后，可以申请农业转基因生物安全证书。在申请安全证书时提交的资料中，应包括由农业转基因生物技术检测机构出具的检测报告：确认动物用转基因微生物身份的核酸检测。

5. 不同类别动物用转基因微生物的申报程序可参照如下要求进行。

（二）各类动物用转基因微生物申报要求

1. 基因工程亚单位疫苗

（1）利用基因工程技术表达的抗原并经纯化后制备的基因工程亚单位疫苗，在中间试验结束后，可直接申请安全证书。

（2）利用基因工程技术表达的抗原未经纯化后制备的基因工程亚单位疫苗，在中间试验和环境释放结束后，依据安全评价情况，可直接申请安全证书。

2. 基因工程重组活载体疫苗

（1）利用已知的、安全的载体与已知的、安全的外源基因构建的基因工程重组活载体疫苗，在中间试验和环境释放结束后，可直接申请安全证书。

（2）利用新型的、安全性不明的载体或外源基因制备的基因工程重组活载体疫苗，应按中间试验、环境释放、生产性试验、安全证书四个阶段申报安全评价。

3. 基因缺失疫苗

（1）基因缺失活疫苗应按中间试验、环境释放、生产性试验、安全证书四个阶段申报安全评价。

（2）基因缺失灭活疫苗在中间试验结束后，可直接申请安全证书。

4. 核酸疫苗

应按中间试验、环境释放、生产性试验、安全证书四个阶段申报安全评价。

5. 基因工程激素类疫苗及治疗制剂

（1）表达蛋白作为激素使用的，在中间试验和环境释放结束后，依据安全评价情况，可直接申请安全证书。

（2）以核酸疫苗应用的激素应按中间试验、环境释放、生产性试验、安全证书四个阶段申报安全评价。

（3）用活载体表达的激素应按中间试验、环境释放、生产性试验、安全证书四个阶段申报安全评价。

（4）以纯化表达蛋白使用且安全的基因工程治疗制剂（如细胞因子和其他具有重要生物活性的因子），在中间试验结束后，可直接申请安全证书。

6. 饲料用转基因微生物

（1）利用转基因微生物的表达产物（如植酸酶、抗菌肽）或代谢物，以及转基因微生物灭活制备的产品，在中间试验和环境释放结束后，依据安全评价情况，可直接申请安全证书。

（2）利用活性转基因微生物制备的产品，应按中间试验、环境释放、生产性试验、安全证书四个阶段申报安全评价。

7. 基因工程抗原与诊断试剂盒

中间试验结束后，可直接申请安全证书。

8. 其他

（1）利用反向遗传操作技术体系构建的基因组序列与原毒株一致且无基因插入或缺失的弱毒活疫苗，在中间试验结束后，可直接申请安全证书。

（2）利用反向遗传操作技术体系构建的经基因缺失、插入或重组制备的活疫苗，应按中间试验、环境释放、生产性试验、安全证书四个阶段申报安全评价。

（3）凡是经过基因操作的毒株，终产品为灭活的，在中间试验结束后，可直接申请安全证书。

三、总体要求

（一）分子特征

从基因水平和翻译水平，考察外源基因插入和表达情况。

1. 表达载体相关情况

（1）目的基因与载体构建的物理图谱。详细注明表达载体所有元件名称、位置和酶切位点。

（2）目的基因。详细描述目的基因的供体微生物、结构（包括基因中的酶切位点）、功能和安全性。

供体微生物：如 VP1 基因来源于口蹄疫病毒××毒株。

结构：完整的 DNA 或 cDNA 序列和推导的氨基酸序列。

功能：生物学功能，如免疫原性、致病性。

安全性：从供体微生物特性、安全使用历史、基因结构、功能及有关安全性试验数据等方面综合评价目的基因的安全性。

（3）表达载体其他主要元件。

启动子：供体（微）生物来源、大小、DNA 序列（或文献）、功能、安全应用记录。

标记基因和（或）报告基因：供体（微）生物来源、大小、DNA 序列（或文献）、功能、安全应用记录。

其他表达调控序列：来源（如人工合成或供体生物名称）、名称、大小、DNA 序列（或文献）、功能、安全应用记录。

2. 目的基因在微生物基因组中的插入或缺失情况

采用 PCR 扩增外源基因片段，进行扩增产物的序列测定，分析外源基因片段的插入情况或分析微生物基因缺失情况。

3. 目的基因在微生物体中的表达情况

采用 Western-Blot 等血清学方法，从蛋白质水平分析外源基因的表达情况。

（二）遗传稳定性

评价转基因微生物菌（毒）种的遗传稳定性和目的基因在转基因微生物中表达的稳定性。

1. 目的基因整合的稳定性

用 Southern 或 PCR 技术检测目的基因在转基因微生物菌（毒）种中的整合情况，提供不少于 5 代的试验数据。

2. 目的基因表达的稳定性

用 Western-Blot 等血清学方法分析目的基因在转基因微生物菌（毒）种中蛋白水平表达的稳定性，提供不少于 5 代的试验数据。

（三）转基因微生物的生物学特性

转基因微生物的生长或培养特性、理化特性（细菌）、致病性与免疫特性。

（四）转基因微生物对动物的安全性

转基因微生物对靶动物和非靶动物的安全性、高剂量使用对靶动物的安全性、对妊娠动物的安全性。

（五）转基因微生物对人类的安全性

评价转基因微生物对人类的感染性和致病性。以提供资料为主，涉及人兽共患病病原应提供在历史上有无对人类感染或致病记录，必要时应提供人体细胞、特定模型动物和灵长类动物感染性试验报告。

（六）转基因微生物对生态环境的安全性

评价转基因微生物在应用环境中的存活情况，在靶动物之间的水平和垂直传播能力，以及与其他相近微生物发生遗传重组的可能性，对动物体内正常菌群和环境微生物的影响。

四、各类动物用转基因微生物安全评价要求

动物用转基因微生物安全评价应按照《农业转基因生物安全评价管理办法》的规定撰写申报书，并参照如下要求提供各类动物用转基因微生物安全评价材料。

申请动物用转基因微生物实验研究的，项目名称应包含目的基因名称、受体微生物名称、实验研究所在省（自治区、直辖市）名称和实验研究阶段等内容，如"表达新城疫病毒 HA 基因的重组鸡痘病毒基因工程疫苗在江苏省的实验研究"。一份申报书只能包含同一种受体微生物和相同的基因。外源基因包括目的基因、标记基因、报告基因以及启动

子、终止子和其他调控序列。外源基因名称应当是按国际通行规则正式命名的名称或 GenBank 中的序列号，未正式命名或无 GenBank 序列号的应提供基因序列。实验年限一般为一至两年。

（一）基因工程亚单位疫苗

1. 申请中间试验

（1）提供前期研究报告，包括表达载体的构建、外源基因的表达和蛋白纯化工艺等。

（2）评价产品对靶动物的安全性，重点是产品用于靶动物后的临床反应。

2. 申请环境释放

（1）提交中间试验阶段安全性试验的总结报告。

（2）未经纯化的产品用于靶动物后，产品中抗性质粒在环境中的转移情况。

3. 申请安全证书

提交各阶段的安全评价试验总结报告。

（二）基因工程重组活载体疫苗

1. 申请中间试验

（1）提供前期研究报告，包括重组活载体疫苗的构建、外源基因的表达、重组微生物的遗传稳定性、生物学特性等。

（2）评价产品对靶动物致病性，以及产品用于非靶动物后的临床反应。

2. 申请环境释放

（1）提交中间试验阶段安全性试验的总结报告。

（2）评价疫苗毒株的水平传播和垂直传播能力；检测疫苗毒株在应用环境中的存活能力，以及疫苗毒株在靶动物的存留和排毒情况。

（3）涉及人兽共患病病原的产品，还应评价产品对人类的安全性，以及疫苗毒株与其他微生物发生遗传重组的可能性。

3. 申请生产性试验

（1）提交中间试验和环境释放阶段安全性试验的总结报告。

（2）继续检测疫苗毒株在应用环境中的存活能力，以及疫苗毒株在靶动物的存留和排毒情况。

4. 申请安全证书

提交各阶段的安全评价试验总结报告。

（三）基因缺失疫苗

1. 申请中间试验

（1）提供前期研究报告，包括基因缺失疫苗的构建、遗传稳定性和生物学特性等。

（2）基因缺失活疫苗：评价基因缺失疫苗毒株对靶动物致病性，以及用于非靶动物后的临床反应；提供实验室内基因缺失毒株与野生毒株重组获得缺失致病基因能力的研究报告。

（3）基因缺失灭活疫苗：评价产品对靶动物的安全性，重点是产品用于靶动物后的临床反应。

2. 申请环境释放

（1）提交中间试验阶段安全性试验的总结报告。

（2）评价基因缺失疫苗毒株在靶动物体内的增殖、分布和存活情况；评价基因缺失疫苗毒株水平传播和垂直传播能力。

（3）涉及人兽共患病病原的产品，还应评价产品对人类的安全性，以及疫苗毒株与其他微生物发生遗传重组的可能性。

3. 申请生产性试验

（1）提交中间试验和环境释放阶段安全性试验的总结报告。

（2）继续观察基因缺失疫苗毒株的水平传播和垂直传播能力。监测缺失毒株与野生毒株重组获得缺失致病基因的能力。

4. 申请安全证书

提交各阶段的安全评价试验总结报告。

（四）核酸疫苗

1. 申请中间试验

（1）提供前期研究报告，包括核酸疫苗的构建、外源基因的表达、制备工艺等。

（2）评价核酸疫苗质粒 DNA 在靶动物注射部位存留情况，以及在靶动物体内相关组织分布情况；监测靶动物血液中质粒 DNA 的存在和持续时间；评价重组质粒与宿主细胞染色体（基因组）的整合情况。

2. 申请环境释放

（1）提供中间试验阶段安全性试验的总结报告。

（2）监测靶动物粪便中核酸疫苗质粒 DNA 的存在；检测重组质粒 DNA 抗性基因向环境微生物（如以大肠杆菌作为指示菌）中转移的可能性。

3. 申请生产性试验

（1）提供中间试验和环境释放阶段安全性试验的总结报告。

（2）继续检测重组质粒 DNA 抗性基因向环境微生物（如以大肠杆菌作为指示菌）中转移的可能性。

4. 申请安全证书

提交各阶段的安全评价试验总结报告。

（五）基因工程激素类疫苗及治疗制剂

1. 申请中间试验

（1）提供前期研究报告，包括表达载体构建、外源基因的表达、重组微生物的遗传稳定性等。

（2）在实验室可控条件下，检测靶动物的临床安全性、生理学和病理学变化；监测产品在体内的代谢（消长规律）。

（3）以核酸疫苗应用的应评价质粒 DNA 在靶动物注射部位存留情况，以及在体内相关组织分布情况；监测靶动物血液中质粒 DNA 的存在和持续时间；评价重组质粒与宿主细胞染色体（基因组）的整合情况。

2. 申请环境释放

（1）提交中间试验阶段安全性试验的总结报告。

（2）分析靶动物的食用安全性；检测靶动物的生理学和病理学变化。

（3）以核酸疫苗应用的应监测靶动物粪便中核酸疫苗质粒 DNA 的存在；检测重组质

粒 DNA 抗性基因向环境微生物（如以大肠杆菌作为指示菌）中转移的可能性。

（4）以活载体疫苗应用的应评价疫苗毒株的水平传播和垂直传播能力；检测疫苗毒株在应用环境中的存活能力，以及疫苗毒株在靶动物的存留和排毒情况。涉及人兽共患病病原的产品，还应评价产品对人类的安全性，以及疫苗毒株与其他微生物发生遗传重组的可能性。

3. 申请生产性试验

（1）提交中间试验和环境释放阶段安全性试验的总结报告。

（2）继续检测靶动物的生理学和病理学变化。

（3）以核酸疫苗应用的继续检测重组质粒 DNA 抗性基因向环境微生物（如以大肠杆菌作为指示菌）中转移的可能性。

（4）以活载体疫苗应用的继续检测疫苗毒株在应用环境中的存活能力，以及疫苗毒株在靶动物的存留和排毒情况。

4. 申请安全证书

提交各阶段的安全评价试验总结报告。

（六）饲料用转基因微生物

1. 申请中间试验

（1）提供前期研究报告，包括重组微生物的构建、外源基因的表达、遗传稳定性等。

（2）在实验室可控条件下，检测产品对靶动物的安全性，重点是产品用于靶动物后的临床反应，以及产品的食用安全性（如分析产品对小鼠的急性毒性）。

2. 申请环境释放

（1）提交中间试验阶段安全性试验的总结报告。

（2）检测产品对靶动物的安全性；分析产品中抗性质粒在环境中的转移情况。

（3）以活载体微生物应用的应评价重组微生物的水平传播和垂直传播能力；检测重组微生物在应用环境中的存活能力，以及重组微生物在靶动物的存留和排毒情况。涉及人兽共患病病原的产品，还应评价产品对人类的安全性，以及重组微生物与其他微生物发生遗传重组的可能性。

3. 申请生产性试验

（1）提交中间试验和环境释放阶段安全性试验的总结报告。

（2）继续检测产品对靶动物的安全性。继续分析产品中抗性质粒在环境中的转移情况。

（3）以活载体微生物应用的继续检测重组微生物在应用环境中的存活能力，以及重组微生物在靶动物的存留和排毒情况。

4. 申请安全证书

提交各阶段的安全评价试验总结报告。

（七）基因工程抗原与诊断试剂盒

1. 申请中间试验

提供前期研究报告，包括表达载体的构建、外源基因的表达、蛋白纯化工艺等。

2. 申请安全证书

提交中间试验安全评价总结报告。

（八）其他

1. 利用反向遗传操作技术体系构建的基因组序列与原毒株一致而且无基因插入或缺失的弱毒活疫苗，中间试验仅进行基因操作评价。

2. 利用反向遗传操作技术体系构建的经基因缺失、插入或重组制备的活疫苗，按基因缺失疫苗安全评价要求进行评价。

3. 凡是经过基因操作的毒株，终产品为灭活的，按基因工程亚单位疫苗安全评价要求进行评价。

中华人民共和国农业部公告第 1693 号

(转基因抗虫棉安全评价检测和安全证书申请程序)

为进一步提高转基因抗虫棉生物安全评价的科学性、公正性和客观性，促进转基因抗虫棉产业化的健康发展，根据《农业转基因生物安全评价管理办法》的有关规定，我部在已经简化的转基因抗虫棉生产应用安全证书申请程序基础上，决定进一步规范转基因抗虫棉检测工作，现将有关事项公告如下：

一、已获得生产应用安全证书的转基因抗虫棉品种（系）（类型 1），可直接申请所有适宜生态区的生产应用安全证书。

二、利用已获得生产应用安全证书的转基因抗虫棉品种（系）通过常规育种选育的抗虫棉新品系（类型 2），可直接申请适宜生态区的生产应用安全证书。

三、对于上述类型 1、2，申请单位在申请生产应用安全证书时，应按照附件 1 要求申请。

四、对于上述类型 1、2，按照附件 1 要求需要提供检测报告的，由我部统一组织检测（详见附件 2）。

五、本公告范围以外的转基因抗虫棉安全评价申请，仍按《农业转基因生物安全评价管理办法》有关规定施行。

本公告自发布之日起施行。2008 年 2 月 25 日农业部发布的第 989 号公告同时废止。

附件：1. 转基因抗虫棉生产应用安全证书申报书（格式）
2. 转基因抗虫棉安全评价检测要求

中华人民共和国农业部
二〇一一年十二月十四日

附件 1：

转基因抗虫棉生产应用安全证书申报书

（格式）

项目名称：

申请单位：

申请人：

通信地址：

邮政编码：

电话：

传真：

E-mail：

填报日期：

转基因抗虫棉生产应用安全证书申报资料要求

一、转基因抗虫棉生产应用安全证书申请表。

二、已获得的转基因抗虫棉生产应用安全证书复印件。

三、已获得生产应用安全证书的转基因抗虫棉生产应用情况总结报告。

四、所申请转基因抗虫棉的选育过程。

五、农业部委托农业部科技发展中心组织的转基因抗虫棉技术检测机构出具的检测报告（类型1中在同一生态区生产应用的，不需要检测报告）

（一）新选育的转基因抗虫棉在苗期、蕾期和铃期棉花叶片、棉蕾和棉铃中杀虫蛋白表达量的检测报告；

（二）该转基因抗虫棉对靶标害虫抗虫性的生测报告。

六、申请单位农业转基因生物安全小组审查意见。

七、申请单位意见。

转基因抗虫棉生产应用安全证书申请表

项目名称				
申请品种（系）名称				
受体生物及品种				
外源基因	基因 1		功能	
	基因 2		功能	
	基因 3		功能	
	……		……	
母本	名称			
	是否为转基因品种	□是　　□否		
父本	名称			
	是否为转基因品种	□是　　□否		
选育方式及世代				
原审批安全证书资料	审批号			
	转基因生物名称			
	生产应用区域			
	有效期			
转基因抗虫棉适宜生态区域（可多选）	□黄河流域　　□长江流域　　□西北内陆			
拟申请使用的年限				
申请单位概况	单位名称			
	申请人		联系人	
	联系电话		电子邮件	
	通信地址			

附件 2：

转基因抗虫棉安全评价检测要求

一、申请单位应在每年 3 月 1 日前，向农业部科技发展中心提出检测申请，填写《转基因抗虫棉安全评价检测申请表》，并附已获得的转基因抗虫棉生产应用安全证书复印件、转基因抗虫棉栽培要求和申请承诺书等资料（一式二份）。

地址：农业部科技发展中心转基因生物安全检定处，北京市朝阳区东三环南路 96 号农丰大厦 712，邮编：100122

电话：010-59199385

二、农业部科技发展中心收到检测申请后，应在 3 月 10 日前完成审查工作，并告知申请单位审查结果。审查合格者，发给允许进行检测的通知单；审查不合格者，可在 3 月 15 日前补充资料，补充资料合格的，发给允许进行检测的通知单。

三、申请单位收到允许进行检测的通知单后，应在 3 月 20 日前向农业部科技发展中心提交转基因抗虫棉样品，并缴纳检测费。样品量为每个品种（系）、每个生态区 1.5 千克光籽。

收款单位：农业部科技发展中心

开户行：中国农业银行北京经济技术开发区支行十里河分理处

账号：220701040009273

转基因抗虫棉安全评价检测申请表

项目名称					
申请品种（系）名称					
受体生物及品种					
外源基因	基因 1		功能		
	基因 2		功能		
	基因 3		功能		
	……		……		
母本	名称				
	是否为转基因品种	□是　　□否			
父本	名称				
	是否为转基因品种	□是　　□否			
选育方式及世代					
原审批安全证书资料	审批号				
	转基因生物名称				
	生产应用区域				
	有效期				
转基因抗虫棉适宜生态区域（可多选）	□黄河流域　　□长江流域　　□西北内陆				
拟申请使用的年限					
申请单位概况	单位名称				
	申请人		联系人		
	联系电话		电子邮件		
	通信地址				

承 诺 书

（格式1）

农业部科技发展中心：

我单位知悉并保证所提供的转基因抗虫棉 _____ 已获得 _____ 生产应用的安全证书，种子质量符合要求。上述不实产生的法律后果，由我单位承担。

申请单位负责人签名

（单位公章）

年 月 日

承 诺 书

（格式2）

农业部科技发展中心：

我单位知悉并保证所提供的转基因抗虫棉 _____ 是利用已获得在 _____ 生产应用安全证书转基因抗虫 _____，通过常规育种选育获得的新品系，种子质量符合要求。上述不实产生的法律后果，由我单位承担。

申请单位负责人签名

（单位公章）

年 月 日

中华人民共和国农业部公告 1643 号

（转基因棉花种子生产经营许可规定）

根据《中华人民共和国种子法》《农业转基因生物安全管理条例》《农作物种子生产经营许可管理办法》，我部制定了《转基因棉花种子生产经营许可规定》，现予公布，自2011年10月7日起施行。

特此公告。

二〇一一年九月六日

转基因棉花种子生产经营许可规定

第一条　为加强转基因棉花种子生产、经营许可管理，根据《中华人民共和国种子法》《农业转基因生物安全管理条例》《农作物种子生产经营许可管理办法》，制定本规定。

第二条　转基因棉花种子生产、经营许可证，由生产所在地省级人民政府农业行政主管部门审核，农业部核发。

第三条　申请领取转基因棉花种子生产许可证的，应当具备以下条件：

（一）注册资本不少于 3 000 万元；

（二）生产的品种取得农业转基因生物安全证书并通过品种审定；生产具有植物新品种权的种子，还应当征得品种权人的书面同意；

（三）具有完好的净度分析台、电子秤、置床设备、电泳仪、电泳槽、样品粉碎机、烘箱、生物显微镜、电冰箱各 1 台（套）以上，电子天平（感量百分之一、千分之一和万分之一）1 套以上，扦样器、分样器、发芽箱各 2 台（套）以上，PCR 扩增仪、酸度计、高压灭菌锅、磁力搅拌器、恒温水浴锅、高速冷冻离心机、成套移液器、酶标仪、洗板机、凝胶成像系统各 1 台（套）以上；检验室 150 平方米以上；

（四）有仓库 500 平方米以上，晒场 1 000 平方米以上或者相应的种子干燥设施设备；

（五）有专职的种子生产技术人员、储藏技术人员和经省级以上人民政府农业行政主管部门考核合格的种子检验人员各 3 名以上；有专职的农业转基因生物安全管理人员 1 名以上；

（六）生产地点在农业转基因生物安全证书批准的区域内，无检疫性有害生物；

（七）符合棉花种子生产规程以及转基因棉花种子安全生产要求的隔离和生产条件；

（八）有相应的农业转基因生物安全管理、防范措施；

（九）农业部规定的其他条件。

第四条　申请转基因棉花种子生产许可证，应当向审核机关提交以下材料：

（一）转基因棉花种子生产许可证申请表；

（二）验资报告或者申请之日前 1 年内的年度会计报表及中介机构审计报告等注册资本证明材料复印件；种子检验等设备清单和购置发票复印件；在生产地所在省（自治区、直辖市）的种子检验室、仓库的产权证明复印件；在生产地所在省（自治区、直辖市）的晒场的产权证明（或租赁协议）复印件，或者种子干燥设施设备的产权证明复印件；计量检定机构出具的涉及计量的检验设备的检定证书复印件；相关设施设备的情况说明及实景照片；

（三）种子生产、储藏、检验技术人员资质证明及劳动合同复印件；农业转基因生物安全管理人员情况说明和劳动合同复印件；

（四）种子生产地点检疫证明；

（五）品种审定证书复印件；

（六）生产具有植物新品种权的种子，提交品种权人的书面同意证明；

（七）种子生产安全隔离和生产条件说明；

（八）农业转基因生物安全证书复印件；

（九）农业转基因生物安全管理、防范措施说明；

（十）农业部规定的其他材料。

转基因棉花种子生产许可证申请者已取得转基因棉花种子经营许可证的，免于提交前款第二项规定的材料和种子储藏、检验技术人员资质证明及劳动合同复印件，但应当提交转基因棉花种子经营许可证复印件。

第五条 申请转基因棉花种子经营许可证，应当具备以下条件：

（一）注册资本不少于 3 000 万元，固定资产不少于 1 000 万元；

（二）经营的品种取得农业转基因生物安全证书并通过品种审定；经营具有植物新品种权的种子，还应当征得品种权人的书面同意；

（三）有符合本规定第三条第三项和第四项要求的种子种子检验设施设备、仓库、晒场或相应的干燥设施设备；有营业场所 300 平方米以上，种子加工成套设备总加工能力 1 吨/小时以上，配备棉籽化学脱绒设备；加工厂房 500 平方米以上；

（四）有专职的种子加工技术人员、储藏技术人员和经省级以上人民政府农业行政主管部门考核合格的种子检验人员各 3 名以上；有专职的农业转基因生物安全管理人员 1 名以上；

（五）有相应的农业转基因生物安全管理、防范措施；

（六）经营区域在农业转基因生物安全证书批准的区域内；

（七）农业部规定的其他条件。

第六条 申请转基因棉花种子经营许可证，应当向审核机关提交以下材料：

（一）转基因棉花种子经营许可证申请表；

（二）验资报告或者申请之日前 1 年内的年度会计报表及中介机构审计报告等注册资本和固定资产证明材料复印件；申请单位性质、资本构成等基本情况证明材料；

（三）种子检验、加工等设施设备清单和购置发票复印件；种子检验室、加工厂房、仓库的产权证明复印件；晒场的产权证明（或租赁协议）复印件，或者种子干燥设施设备的产权证明复印件；计量检定机构出具的涉及计量的检验、包装设备的检定证书复印件；相关设施设备的情况说明及实景照片；

（四）种子检验、加工、储藏等有关技术人员的资质证明及劳动合同复印件；专职的农业转基因生物安全管理人员情况说明及劳动合同复印件；

（五）品种审定证书及农业转基因生物安全证书复印件；经营具有植物新品种权的转基因棉花种子，还应当提交品种权人的书面同意证明；

（六）农业转基因生物安全管理、防范措施说明；

（七）农业部规定的其他材料。

第七条 审核机关应当自受理申请之日起 20 个工作日内完成审核工作，并签署审核意见上报核发机关。审核时，应当对营业场所、加工仓储设施、检验设施设备进行实地考察并查验有关证明材料原件。

核发机关应当自收到申请材料和审核意见之日起 20 个工作日内完成核发工作。核发机关认为有必要的，可以进行实地考察。符合条件的，发给转基因棉花种子生产、经营许可证并予公告；不符合条件的，书面通知申请人并说明理由。

第八条 转基因棉花种子生产许可证编号为"＿＿（×）农种生许字（×）第×号"，"＿＿"上标注"g"，第一个括号内为发证机关简称，第二个括号内为首次发证年号，第三个号码为四位顺序号。

转基因棉花种子经营许可证编号为"＿＿（×）农种经许字（×）第×号"，"＿＿"上标注"g"，第一个括号内为发证机关简称，第二个括号内为首次发证年号，第三个号码为四位顺序号。

第九条 转基因棉花种子生产许可证有效期为 3 年，经营许可证有效期为 5 年，同时不得超出农业转基因生物安全证书规定的有效期限。

第十条 转基因棉花种子生产、经营许可的其他事项，按照《农作物种子生产经营许可管理办法》有关规定执行。

第十一条 本规定自 2011 年 10 月 7 日起施行。本规定施行之日前已取得转基因棉花种子生产、经营许可证，且有效期在本规定施行之日至 2012 年 10 月 7 日届满的企业，其许可证的有效期自动延展至 2012 年 10 月 7 日，但农业转基因生物安全证书的有效期在 2012 年 10 月 7 日前届满的，该企业转基因棉花种子生产、经营许可证的有效期以安全证书的有效期为准。

农业部关于组建全国农业转基因生物安全管理标准化技术委员会的通知

（农质发〔2017〕8号）

各位委员及有关单位：

为全面推进农业转基因生物安全管理标准化，科学构建农业转基因生物安全管理标准体系，根据《农业转基因生物安全管理条例》，我部决定组建全国农业转基因生物安全管理标准化技术委员会。委员会由 37 名委员组成，叶纪明同志任主任委员，林祥明、叶恭银、王志兴、徐海滨同志任副主任委员，宋贵文同志任秘书长，张宪法同志任副秘书长。秘书处依托农业部科技发展中心履行相应职责。全国农业转基因生物安全管理标准化技术委员会内设成分、食用、环境三个技术工作组。

全国农业转基因生物安全管理标准化技术委员会按照《全国专业标准化技术委员会管理规定》和农业部标准化工作规定进行管理，主要承担全国农业转基因生物安全管理领域标准的研究、拟定、审定、宣贯、国际合作交流等相关技术性工作。

　　附件：1. 全国农业转基因生物安全管理标准化技术委员会委员名单
　　　　　2. 全国农业转基因生物安全管理标准化技术委员会章程（草案）

农业部

2017 年 6 月 5 日

附件1:

全国农业转基因生物安全管理标准化
技术委员会委员名单

序号	本会职务	姓名	工作单位	职务/职称
1	主任委员	叶纪明	农业部科技发展中心	副主任/研究员
2	副主任委员	林祥明	农业部科技教育司	处长/高级农艺师
3	副主任委员	叶恭银	浙江大学	教授
4	副主任委员	王志兴	中国农业科学院生物技术研究所	研究员
5	副主任委员	徐海滨	国家食品安全风险评估中心	研究员
6	秘书长	宋贵文	农业部科技发展中心	处长/高级农艺师
7	副秘书长	张宪法	农业部科技教育司	调研员/高级农艺师
8	委员	吴家和	中国科学院微生物研究所	研究员
9	委员	金芜军	中国农业科学院生物技术研究所	研究员
10	委员	吴 刚	中国农业科学院油料作物研究所	研究员
11	委员	付 伟	中国检验检疫科学研究院	副研究员
12	委员	谢家建	中国农业科学院植物保护研究所	副研究员
13	委员	刘 亚	北京市农林科学院	副研究员
14	委员	王渭霞	中国水稻研究所	副研究员
15	委员	宋伟彬	中国农业大学	副研究员
16	委员	连正兴	中国农业大学	教授
17	委员	蒋思文	华中农业大学	教授
18	委员	崔宗斌	中国科学院水生生物研究所	研究员
19	委员	梁新苗	北京出入境检验检疫局	高级农艺师
20	委员	李飞武	吉林省农业科学院	副研究员
21	委员	张世宏	吉林大学	教授
22	委员	李云河	中国农业科学院植物保护研究所	副研究员
23	委员	孙红炜	山东省农业科学院	研究员
24	委员	刘 标	环境保护部南京环境科学研究所	研究员
25	委员	刘 燕	环境保护部南京环境科学研究所	副研究员
26	委员	郭安平	中国热带农业科学院	研究员
27	委员	李香菊	中国农业科学院植物保护研究所	研究员
28	委员	崔金杰	中国农业科学院棉花研究所	研究员
29	委员	翟 勇	农业部科技发展中心	处长/研究员
30	委员	修伟明	农业部环境保护科研监测所	研究员

（续）

序号	本会职务	姓名	工作单位	职务/职称
31	委员	汪 琳	北京出入境检验检疫局	研究员
32	委员	魏雪涛	北京大学	教授
33	委员	卓 勤	中国疾病预防控制中心	研究员
34	委员	贾旭东	国家食品安全风险评估中心	研究员
35	委员	车会莲	中国农业大学	副教授
36	委员	彭大新	扬州大学	教授
37	委员	汪其怀	农业部科技发展中心	处长/高级农艺师

附件2：

全国农业转基因生物安全管理标准化
技术委员会章程（草案）

第一章 总 则

第一条 根据《中华人民共和国标准化法》《全国专业标准化技术委员会管理规定》《农业转基因生物安全管理条例》等有关规定，制定本章程。

第二条 为了充分发挥农业转基因生物安全领域专家和技术人员的作用，广泛开展农业转基因生物安全领域的标准化工作，经农业部批准，组建全国农业转基因生物安全管理标准化技术委员会（以下简称转基因标委会）。

第三条 转基因标委会是从事全国农业转基因生物安全管理标准化工作的技术工作组织，负责全国农业转基因生物安全管理领域的标准化工作。

第四条 转基因标委会由农业部管理，下设秘书处，挂靠在农业部科技发展中心。

第五条 转基因标委会委员在从事转基因标委会活动时，应遵守本章程。

第二章 组织机构

第六条 转基因标委会委员由我国从事农业转基因生物应用研究、安全管理、检验检测、监测等方面人员组成。转基因标委会委员应具有较高理论水平和较丰富实践经验、熟悉和热心标准化工作、能积极参加标准化活动，一般应具有副高级以上技术职称。其中，各级行政管理机构的科技管理人员不超过八分之一。转基因标委会委员任期5年，可以连聘连任。

第七条 根据工作需要，转基因标委会设立成分、食用、环境技术工作组，负责转基因生物安全领域标准规划、审查、修订和制定等具体工作。

第八条 转基因标委会委员由农业部审核批准和聘任。其中主任委员1人，副主任委员3～4人，秘书长1人，副秘书长1人。所有委员均由在职工作人员担任。主任委员由秘书处推荐；秘书长由秘书处挂靠单位推荐；委员可自我推荐或单位推荐，由秘书处报农业部。需要时可聘请在本专业享有盛誉的专家1～3人担任技术委员会的顾问。

第九条 农业部科技发展中心为秘书处提供必要的工作条件。秘书处的工作纳入该单位的工作计划。秘书处在主任委员和秘书长领导下，负责处理转基因标委会的日常工作。

第十条 根据工作需要及转基因标委会委员履职情况，秘书处可提出增补、调整、解聘委员的建议，报农业部审核批准。

第三章 工作任务

第十一条 向主管部门提出农业转基因生物安全管理标准化工作的方针、政策和技术措施的建议。

第十二条 负责组织制定农业转基因安全管理领域标准体系表，提出标准制修订（含标准样品制备）规划和年度计划的建议。

第十三条 根据主管部门批准的标准项目计划，组织指导农业转基因生物安全管理领域标准的制修订工作。

第十四条 组织农业转基因生物安全管理领域标准送审稿的审查工作，提出审查意见和结论。

第十五条 负责组织农业转基因生物安全管理领域标准的宣贯工作。

第十六条 负责农业转基因生物安全管理领域标准的对外合作交流工作。

第十七条 处理与农业转基因生物安全管理标准化工作有关的其他事宜。

第四章　工作程序

第十八条 转基因标委会根据主管部门制修订标准计划的要求，提出标准制修订计划项目的建议，报主管部门审批。

第十九条 转基因标委会根据主管部门下达的计划，组织计划的实施，指导和督促标准主要起草单位进行标准的制定、修订工作。

第二十条 秘书处对起草单位形成的标准送审稿进行形式审查，合格的进行会议审定。标准审定会原则应有三分之二以上所属技术工作组的委员参会，秘书处推荐组长，负责主持各组评审工作。会前秘书处将标准送审稿（包括附件）提交给参会委员。审定时原则上应协商一致，如需表决，必须有到会审定委员的四分之三以上同意，方为通过。

第二十一条 标准送审稿审定通过的，秘书处通知标准起草单位根据审定意见对标准送审稿进行修改，形成标准报批稿（包括附件）后报秘书处；审定未通过的，秘书处通知标准起草单位进一步修改，重新报审。

第二十二条 秘书处对专家签字后的标准报批稿（包括附件）进行复核合格后，经秘书长签字，送主任委员或其委托的副主任委员审核签字，报下达标准项目计划的主管部门审核，并按规定程序报主管部门批准发布。

第二十三条 转基因标委会一般每年召开一至二次工作会议（可与审查标准结合进行），总结上年度工作，安排下年度计划，检查经费使用情况等。

第五章　经　　费

第二十四条 转基因标委会的标准制修订项目补助经费以农业部下拨经费为主，按照专款专用的原则筹集和支出。

第二十五条 转基因标委会的活动经费由以下几方面提供：

（一）主管部门提供的活动经费；

（二）开展本领域标准化咨询、服务活动的收入；

（三）有关方面对转基因生物安全管理标准化工作的资助；

（四）其他收入。

第二十六条 转基因标委会的经费用于以下几个方面：

（一）转基因标委会会议经费；

（二）向委员提供资料所需费用；

（三）秘书处日常办公经费；

（四）有条件时，对制修订标准提供补助；

（五）标准编写审查费。

第二十七条 农业部科技发展中心对转基因标委会的经费进行管理。

第六章 附 则

第二十八条 本章程由秘书处负责解释。

第二十九条 本章程自发布之日起实施。

农业转基因生物安全标准化体系规划（2015－2019）

（农科管理函〔2015〕29 号）

一、编制意义

农业转基因生物安全标准化体系是指在农业转基因生物研究、试验、生产、加工、经营和进出口安全管理活动过程中，由若干技术标准按内在联系形成的具有层次性和协调性的有机整体。作为指导农业转基因生物安全管理标准化工作的纲领性文件，它不仅是农业转基因生物安全管理支撑体系的重要组成部分，而且是《农业转基因生物安全管理条例》（以下简称《条例》）及配套管理办法实施的重要技术保障。建立和完善符合我国国情并与国际接轨的农业转基因生物安全管理技术标准体系，对于保障人体健康和动植物、微生物安全，保护生态环境，促进农业转基因生物技术健康发展，具有极其重要的意义。

（一）履行安全监管职责的需要

根据《条例》规定，农业部肩负着农业转基因生物安全管理的重大职责与任务。转基因标准是法规实施的重要技术保障，已在安全评价、安全监管、检测监测和产品标识等方面发挥重要作用。随着转基因安全管理工作的不断深化，技术标准的作用愈为突出，已经成为依法管理的核心内容和关键方式。没有农业的标准化，就没有农业的现代化。从这一层面说，技术标准水平体现了农业转基因生物的安全管理能力，建立科学适用、符合国情的标准体系是全面贯彻实施转基因法规的迫切需要。

（二）维护国家贸易权益的需要

当前国际转基因产品贸易日趋频繁，一方面国外转基因农产品大量涌入，另一方面我国农产品因含有转基因成分而出口受阻，严峻的贸易形势对我国生物技术产业形成剧烈冲击。必须采取有力措施，加强转基因标准及其体系建设，积极参与国际标准制定，争取更多的话语权，利用合理的技术贸易措施，规避国际农产品进口冲击，促进我国农产品出口，维护国家的合法权益。

（三）促进生物技术产业健康发展的需要

自 2008 年转基因重大专项实施以来，转基因生物的研发速度明显加快，产业化步伐持续推进，转基因生物安全问题随之成为国际社会和我国公众关注的焦点。加强转基因生物研究、试验、生产和贸易的全程管理，完善标准体系建设，是保障生物安全管理有效实施的重要途径，对转基因技术安全利用和产业可持续发展具有重要意义。

二、国外转基因生物安全标准化现状

目前国际上没有统一的转基因标准体系，但各个国际组织和行业协会十分重视转基因标准的制定，发布了形式多样的标准、技术指南、指导性文件和共识文件等。其中，国际标准化组织（ISO）的转基因生物成分检测标准，国际食品法典委员会（CAC）的转基因生物食品安全评价指南，经济合作与发展组织（OECD）的植物生物学特性和新资源食品营养成分共识文件等，已得到世界多数国家的认可和广泛采用。同时，一些具有影响力的行业协会，如欧洲生物技术工业协会（EuropaBio）、美国分析化学家协会（AOAC）等制定的行业标准，也被生物技术公司广泛采用。

（一）ISO 转基因生物成分检测标准

国际标准化组织（ISO）是世界上最大的非政府性标准化专门机构，ISO 下设的技术委员会 TC34 负责农产食品类国际标准的制修订工作。ISO 的转基因生物标准以产品检测方法为主，目前已制定 6 项标准，包括通用要求和原则、抽样、核酸提取、定性核酸检测、定量核酸检测、蛋白质检测方法等。在定性和定量核酸检测标准中，除规定通用的检测程序和方法外，还在附录中按物种特异性、筛选检测方法、构建特异性、转化体特异性 4 个层次列出具体的检测方法，并不断增补新转化体的检测方法。

（二）CAC 转基因生物食品安全评价指南

国际食品法典委员会（CAC）是联合国粮农组织（FAO）和世界卫生组织（WHO）共同建立的国际食品标准政府间组织。2000 年 CAC 成立生物技术食品政府间特别工作组（CX-802），负责制定生物技术食品安全评价标准。2001—2003 年，工作组讨论了生物技术食品安全评价的内容和相关原则，并制定了三个准则，即：现代生物技术食品风险分析原则、重组 DNA 植物食品安全评价指南、重组 DNA 微生物食品安全评价指南，同时把潜在致敏性评价作为重组 DNA 植物和微生物的附件。2005 年工作组启动了重组 DNA 动物食品安全评价准则、营养品质重组 DNA 植物食品安全评价、含少量重组 DNA 植物材料食品安全评价 3 项标准的制定工作，并把后两项作为重组 DNA 植物食品安全评价指南的附件。

（三）OECD 转基因生物共识文件与指南

经济合作与发展组织（OECD），是由 34 个市场经济国家组成的政府间国际经济组织，旨在共同应对全球化带来的经济、社会和政府治理等方面的挑战，并把握全球化带来的机遇。OECD 早在 1986 年就发表了《重组 DNA 安全性考虑》的蓝皮书，第一个提出转基因生物安全评估的原则和概念。1993 年 OECD 发表了《现代生物技术安全性评价》的报告，提出了良好开发原则和小规模田间试验的科学考虑。1995 年，OECD 将工作重点放到转基因生物风险评估信息共享上，出版了一系列的生物安全共识文件，主要包括以下方面：

1. 生物学特性共识文件：已出版 28 种植物、1 种动物的生物学特性共识文件，重点介绍生物起源中心和多样性。

2. 食品和饲料成分共识文件：已出版 18 种植物的成分共识文件，主要介绍关键营养成分、抗营养因子、天然毒素、次级代谢产物及过敏原等。

3. 微生物环境安全共识文件：已出版 4 种微生物环境应用共识文件，包括假单胞菌属、杆状病毒属、嗜酸硫杆菌属和不动杆菌属，主要包括微生物的分类、检测方法、基因水平转移和致病因素评估等。

4. 转基因生物安全共识文件：已出版 4 类转基因植物安全评价、1 个转基因植物饲用安全评价、1 个转基因植物分子特征以及 1 个转基因植物低水平混杂的共识文件。

（四）EuropaBIO转基因生物试验指南

欧洲生物产业协会（EuropaBIO）是代表欧洲生物技术产业利益的行业协会，参与生物技术产品和工艺的研究、开发、测试、制造以及商业化活动。EuropaBIO技术咨询小组依据欧盟转基因生物安全评价的需求，为成员公司制定了一系列的安全评价试验指南，成为该地区的行业标准，主要包括营养成分等同性分析（玉米、油菜、甜菜、大豆），转基因生物检测与鉴定方法，转基因作物环境监测方法（抗虫作物与耐除草剂作物），转基因作物分子特征、基因表达、蛋白安全性评价、复合性状转基因作物安全评价和动物喂养试验等。

（五）其他国家和地区农业转基因生物安全标准化工作

许多国家和地区致力于研究和制定适合本国国情的转基因生物安全标准。在分子检测方面，欧洲标准委员会于1997年成立工作组开展转基因生物成分检测和食品检测标准的制定，由欧盟标准参考实验室（CRL）和欧盟转基因产品检测网络实验室（ENGL）负责标准验证等方面的工作。日本转基因生物检测技术标准体系和ISO类似，沙特阿拉伯、新加坡等国家大都采用ISO的体系制定转基因标准。

三、我国农业转基因生物安全标准化体系现状及修订原因

（一）体系现状

我国农业转基因生物安全标准的制修订工作始于2002年，特别是《条例》及配套规章颁布以来，在农业部农产品质量安全监管局和科技教育司的支持下，转基因生物安全标准体系建设取得了长足进步，现有标准基本适应转基因生物安全管理需要。

1. 发布了一批农业转基因生物安全标准，技术体系框架基本形成

转基因生物安全伴随生物技术产生，生物安全既是以科学为基础的风险评估过程，又有各国经济利益的利弊权衡。我国在总结多年转基因生物安全管理实践，充分借鉴国外标准化系统的基础上，形成了农业转基因生物安全标准体系。目前已经研制相关标准181个，其中132个已经发布，22个完成审定，正在研制27个。从实践看，现有标准基本满足监管需求。

2. 发挥了核心支撑作用，推进转基因法规的贯彻实施

转基因生物安全标准是法规体系的重要组成部分，为法规实施发挥了至关重要的作用。在安全评价方面，转基因生物安全评价指南进一步明确和细化法规要求，指导安全评价申报和评审工作，确保农业转基因生物对人类和环境的安全；在安全监管方面，制定100多个转基因成分检测标准，防止并查处进口用作加工原材料和国内研发转基因生物的非法扩散，对突发事件及时作出反应；在安全监测方面，按照标准规定的方法，连续5年在全国范围内开展安全监测，摸清家底、把握重点，做到心中有数；在进出口管理方面，通过转基因生物安全评价和检测标准，调控转基因农产品贸易，应对欧盟等国家的技术壁垒，维护国家权益；在标识管理方面，制定转基因生物标识和转基因产品检测标准，进一步规范标识的位置、颜色、大小，同时按照标准依法开展产品检测，作为追踪溯源和执法监管的依据。

3. 建立了转基因标准化组织，打造专业化的体系队伍

2005年农业部成立全国农业转基因生物安全管理标准化技术委员会（以下简称转基

因标委会），挂靠农业部科技发展中心。自成立以来，转基因标委会以自身委员和部分农业转基因生物安全委员会委员为骨干，依托农业部转基因生物技术检测机构，大力推进转基因标准的制修订和宣贯工作。一是组织制定标准体系规划，保障标准制修订工作的有序开展和标准有效性的充分发挥。二是整合技术资源，制定了转基因成分标准验证规范，统一组织 7 家单位参与新方法的循环验证，确保标准的适用性和可行性。三是跟踪国际标准化动态，使技术指标和参数与国际接轨。组织编译了 CAC 转基因食品安全评价标准和 OECD 共识文件，参照国际规程制定我国转基因安全评价和安全检测标准。

（二）修订原因

现行转基因生物安全标准体系规划制定于 2006 年，在推动转基因法规贯彻实施、规范转基因标准制修订等方面发挥了至关重要的作用。随着转基因技术的发展，特别是"转基因生物新品种培育重大专项"实施以来，我国转基因生物研发与应用势头迅猛，转基因大豆、玉米等农产品进口量屡创新高，转基因生物安全问题引起公众的广泛关注，转基因生物安全监管对标准化工作提出了更高的要求，原有标准框架中有些规定已经不适应当前的形势和要求。

1. 安全检测要求进一步提高

现有转基因生物成分检测标准主要是检测方法，而转基因生物成分检测是一个系统的工程，需要技术方法、标准物质、实验室管理协调作用。在实际工作中因缺少标准物质、实验室规范等方面的具体规定，使现有标准的有效性和一致性大打折扣，影响了检测、监测工作的顺利开展。为此，急需建立一批转基因标准，完善原有的体系规划。

2. 安全评价技术进一步发展

转基因技术与安全评价是相辅相成的，转基因技术的发展促进了安全评价技术的进步，安全评价技术的发展反过来可以解答转基因安全性问题。随着转基因重大专项的实施，转基因生物安全评价研究工作取得了许多重要突破，研制了一批新技术和新方法，技术发展要求进一步完善转基因标准体系。

3. 进一步与国际标准体系接轨

转基因标准是在急需急用的背景下制定的，标准体系以应用为主，兼顾统一分类和国际接轨。随着自主研发和进口产品数量增多，转基因标准数量不断增加，需要进一步完善标准体系框架，以增强标准制定的科学性和标准项目的计划性。在满足监管需求和保障标准验证经费的前提下，进一步与国际接轨，精简标准数量，强化体系建设，使我国转基因标准形成系统、先进、科学、实用的有机体。

四、标准体系修订总体思路

（一）指导思想

以保障人体健康、保护生态环境、促进生物技术产业健康发展为目标，以科学为基础、政策为导向、法律法规为准绳，遵循农业标准化工作原理，按照"急用优先、兼顾长远"的原则，统筹规划、分步实施，加快标准制修订步伐，提高标准技术水平，建立和完善与国际接轨的农业转基因生物安全管理标准体系。重点体现以下原则：

1. 充分借鉴原则

转基因生物安全标准主要为安全监管服务，重点针对转基因生物的特殊要求。相关领域标准能满足转基因生物安全监管需要的，不再另行制定。例如食用安全评价中的营养成分检测标准，可以直接采用现有的食品标准；抗营养因子检测标准可以部分采用现有标准。

2. 突出重点原则

优先制定未来 5 年监管急需的标准，例如基础类标准中的术语和定义，监管类标准中的农业转基因生物安全管理通用要求等。

3. 与国际接轨原则

按照国际通用做法制定转基因标准，标准体系力求与国际接轨，以增加在国际标准制修订中的参与度和话语权。转基因生物成分检测标准宽严适度，定性为主，兼顾定量。参考 ISO 标准体系，合并和精简标准数量，以附件形式增加具体参数；转基因生物安全评价标准充分借鉴 CAC 标准体系，积极采用国际标准。

（二）修订重点

1. 完善内容

增加关于转基因生物安全管理能力建设的基础类标准，全面提升安全评价、监管和检测水平，满足生物技术产业发展和转基因农产品国际贸易的需求。主要包括术语和定义、转基因标准制定规范、检测实验室要求、标准物质等。

2. 优化结构

打破安全评价、安全监管和安全检测标准的平行关系，以基础标准、安全评价标准和安全监管标准为引领，以安全检测标准为支撑，优化转基因安全标准体系。强化标准项目的系统性和实用性，进一步精简标准数量，突出标准的框架和类别，使标准体系更加清晰。例如，以产品的检测方法为载体，将具体检测对象通过附件的形式在一项标准中列出。《转基因生物产品成分检测　基因特异性定性核酸检测方法》，以附件的形式列举了 9 种常用外源基因；《转基因生物产品成分检测　玉米》，以附件的形式列举了玉米内标基因 PCR 方法和 28 个玉米转化体的定性 PCR 方法。

五、标准体系主体内容

按照功能，将转基因生物安全标准分为基础标准、安全监管标准、安全评价标准和安全检测标准四类。基础标准为提升能力建设和规范标准制定的技术性文件，安全监管标准为规范安全控制措施和产品标识的指南，安全评价标准为转基因生物安全评价导则以及申报要求，安全检测标准为各类指标的具体检测方法。四类标准相辅相成，互为依托，形成农业转基因生物安全标准体系框架。通过完善内容、优化结构，预计到 2019 年，我国农业转基因生物安全标准将为 49 项（140 个）。农业转基因生物安全管理标准体系框架见附件 1，农业转基因生物安全标准体系表（2015—2019 年）见附件 2。

（一）基础标准

包括术语和定义、标准制定规范、检测实验室要求、标准物质四个方面。拟制定 7 项 17 个标准，已经发布 3 个标准，6 个标准通过审定，2 个标准在研，计划制定 6 个标准。

1. 转基因生物安全管理术语和定义

2. 转基因标准制定规范

第 1 部分　定性 PCR 方法制定指南

第 2 部分　实时荧光定量 PCR 方法制定指南

3. 转基因生物良好实验室操作规范

第 1 部分　分子特征检测

4. 转基因生物安全检测中心建设标准

第 1 部分　产品成分检测中心

5. 转基因生物标准物质制备技术规范

第 1 部分　转基因生物基体标准物质制备技术规范

6. 转基因生物标准物质候选物鉴定方法

第 1 部分　转基因生物基体标准物质制备技术规范

7. 转基因生物标准物质试用评价技术规范

（二）安全监管标准

包括研究试验安全要求和生产加工安全要求两个方面，涵盖试验安全控制措施、安全管理要求、生产和加工安全控制措施、标识四个部分。拟制定 4 项 9 个标准，已经发布 1 个标准，2 个标准通过审定，3 个标准在研，计划制定 3 个标准。

1. 转基因生物试验安全控制措施

第 1 部分　转基因植物试验安全控制措施通用要求

第 2 部分　转基因植物试验安全控制药用工业用转基因植物

2. 农业转基因生物安全管理通用要求

第 1 部分　实验室

第 2 部分　温室和动物房

第 3 部分　试验基地

3. 转基因植物生产与加工安全规范

4. 农业转基因生物标签的标识

（三）安全评价标准

包括转基因植物、动物、微生物安全评价指南三个方面。拟制定 4 项 7 个标准，已经发布 3 个指南，计划制定 3 个标准、修订 1 个标准。

1. 转基因植物安全评价通用要求

附件 1　分子特征导则

附件 2　环境安全评价导则

附件 3　食用安全评价导则

2. 转基因动物安全评价指南

3. 转基因微生物安全评价指南

第 1 部分　动物用微生物安全评价指南

第 2 部分　植物用微生物安全评价指南

（四）安全检测标准

依据检测内容分为产品成分检测、环境安全检测、食用安全检测三个方面，拟制定 35 项 107 个标准，已经发布 52 个标准，2 个标准通过审定，10 个标准在研，计划制定 26 个标准、修订 17 个标准。

1. 产品成分检测

包括通用标准、核酸检测、蛋白检测三个方面。拟制定 23 项 51 个标准，已经发布 24 个标准，2 个标准通过审定，6 个标准在研，计划制定 9 个标准、修订 10 个标准。

A. 通用标准

拟制定 5 项 5 个标准，已经发布 3 个，在研 1 个，计划制定 1 个。

（1）转基因生物产品成分检测　通用要求

（2）转基因植物及其产品检测　抽样

（3）转基因植物及其产品成分检测　DNA 提取和纯化

（4）转基因植物及其产品成分检测　制样

（5）转基因生物产品成分检测　蛋白样品制备

B. 核酸检测

拟制定 17 项 43 个标准，已经发布 21 个，2 个通过审定，在研 4 个，计划制定 6 个、修订 10 个。

（1）转基因生物产品成分检测　调控元件特异性核酸检测方法

第 1 部分　调控元件 CaMV35S 启动子、FMV35S 启动子、NOS 启动子、NOS 终止子、CaMV 35S 终止子

第 2 部分　标记基因 NPTII、HPT 和 PMI

第 3 部分　报告基因 GUS、GFP

（2）转基因生物产品成分检测　基因特异性核酸检测方法

第 1 部分　Bt 基因

第 2 部分　CP4-EPSPS 基因

（3）转基因生物产品成分检测　大豆

第 1 部分　内标准基因

第 2 部分　转化体定性核酸检测方法

附件 1　耐除草剂大豆 MON89788

第 3 部分　转化体定量核酸检测方法

附件 1　耐除草剂大豆 MON89788

第 4 部分　构建特异性核酸检测方法

（4）转基因生物产品成分检测　玉米

（5）转基因生物产品成分检测　棉花

C. 蛋白质检测

拟制定 1 项 3 个标准，在研 1 个，计划制定 2 个。

转基因生物产品成分检测　蛋白质检测方法

第 1 部分　ELISA 检测方法

第 2 部分　Western 杂交检测方法

第 3 部分　蛋白质快速检测方法

2. 环境安全检测

包括植物、动物、微生物三个方面。拟制定 7 项 32 个标准，已经发布 15 个，计划制定 10 个、修订 7 个。

A. 转基因植物环境安全检测

拟制定 5 项 27 个标准，已经发布 15 个，计划制定 5 个、修订 7 个。

（1）转基因植物环境安全检测技术规范　目标性状有效性检测

第 1 部分　大豆

1.1　耐除草剂大豆

1.2　抗虫大豆

第 2 部分　玉米

第 3 部分　水稻

（2）转基因植物环境安全检测技术规范　生存竞争能力检测

第 1 部分　大豆

第 2 部分　玉米

（3）转基因植物环境安全检测技术规范　外源基因漂移的生态风险检测

第 1 部分　大豆

第 2 部分　玉米

（4）转基因植物环境安全检测技术规范　对生物多样性影响的检测

第 1 部分　大豆

第 2 部分　玉米

（5）转基因植物环境安全检测技术规范　对非靶标生物影响的检测

第 1 部分　蜜蜂

第 2 部分　草蛉

B. 转基因动物环境安全检测

拟制定 1 项 3 个标准。

转基因动物环境安全检测导则

第 1 部分　家畜

第 2 部分　水生动物

第 3 部分　昆虫

C. 转基因微生物环境安全检测

拟制定 1 项 2 个标准。

转基因微生物环境安全检测导则

第 1 部分　动物用转基因生物

第 2 部分　植物用转基因生物

3. 食用安全检测

包括营养学评价、毒理学评价、致敏性评价、等同性分析四个方面。拟制定 5 项 24 个标准，已经发布 13 个，在研 4 个，计划制定 7 个。

A. 营养学评价

拟制定 2 项 9 个标准，已经发布 4 个，在研 1 个，计划制定 4 个。

（1）转基因生物食用安全检测　抗营养因子

第 1 部分　植酸、棉酚和芥酸

（2）转基因生物安全检测　营养利用率

第 1 部分　蛋白质功效比试验

第 2 部分　动物营养利用率试验

B. 毒理学评价

拟制定 1 项 7 个标准，已经发布 2 个，在研 2 个，计划制定 3 个。

转基因生物食用安全检测　毒理学试验方法

第 1 部分　外源蛋白毒性生物信息学分析方法

第 2 部分　大鼠 90 天喂养试验

第 3 部分　外源蛋白小鼠急性经口毒性试验

C. 致敏性评价

拟制定 1 项 5 个标准，已经发布 4 个，在研 1 个。

转基因生物食用安全检测　致敏性试验方法

第 1 部分　模拟胃肠液外源蛋白质消化稳定性试验方法

第 2 部分　外源蛋白质过敏性生物信息学分析方法

D. 等同性分析

拟制定 1 项 3 个标准，已经发布 3 个。

转基因生物食用安全检测　蛋白质等同性测定方法

第 1 部分　外源基因异源表达蛋白质等同性分析导则

第 2 部分　蛋白质氨基酸序列飞行时间质谱分析方法

第 3 部分　蛋白质糖基化高碘酸希夫染色试验

六、保障措施

（一）加强组织领导

标准体系是转基因生物安全管理的一项基础性工作，是指导标准建设的纲领性文件，各主管部门要切实加强组织领导，明确责任，形成管理合力。同时，要充分调动标准制定单位和研发单位的积极性，形成科研合力。

（二）强化技术储备

我国农业转基因生物安全研究起步较晚，资金投入相对较少，重要转基因生物的安全评价技术指标和标准物质等关键技术研究还存在空白。需要加强重点技术标准支撑研究，做好技术储备。

（三）做好标准宣贯工作

要充分发挥技术标准在转基因生物安全监管中的技术支撑作用，在安全评价和执法监管中广泛采用标准规定的技术指南和检测方法。采取培训班、宣贯会等多种的形式，广泛宣传转基因标准方面的知识，营造用标准评价、检定转基因生物安全、用标准支撑、开展转基因生物监管的良好氛围。

关于提交转基因活性样品和
相关材料有关要求的通知

[农科（执法）函〔2013〕第44号]

部科技发展中心：

为了提升农业转基因生物安全评价和监管能力，根据《农业转基因生物安全管理条例》及其配套规章等规定，我司对现行《农业转基因生物安全评价申报书》填写说明进行了修改，就转基因植物名称、生产应用综合评价、生物样品和技术资料等提出了要求，具体如下：

一、第七条增加"转基因植物的品种命名应符合《农业植物品种命名规定》。首次申请农业转基因生物品种（或品系）生产应用安全证书的，需提供《农业转基因生物品种（或品系）生产应用综合评价报告》，主要包括对我国生产、贸易、社会等方面影响"。

二、增加第八条，即"首次申请农业转基因生物生产性试验和安全证书的，在申请截止日30个工作日前提供所申报转基因生物活性样品和技术资料。样品要求：符合要求的，有活性的植物种子2.5kg，动物5mL血样或3g组织各三份，微生物3批次，各10管样品。技术资料要求：申请生产性试验提供外源片段整合进基因组的Southern杂交结果、拷贝数及检测方法等；申请安全证书提供外源插入片段信息及转化体特异性PCR检测方法等"。填写说明原序号作相应调整，其他要求不变。本通知有关要求从2013年3月2日起开始执行。

农业部科技教育司
2013年3月1日

关于印发《转基因植物及其产品成分检测——转化体特异性和基因特异性定性 PCR 方法标准文本验证方案》的通知

（农基安标〔2012〕1 号）

各农业转基因生物安全检测标准制修订单位、验证单位：

为进一步加强农业转基因生物安全检测技术标准化工作，规范转基因植物及其产品成分检测标准验证程序，农业部科技发展中心组织有关单位制订了《转基因植物及其产品成分检测——转化体特异性和基因特异性定性 PCR 方法标准文本验证方案》，现印发你们，请遵照执行。

附件：转基因植物及其产品成分检测——转化体特异性和基因特异性定性 PCR 方法标准文本验证方案

二〇一二年九月七日

附件：

转基因植物及其产品成分检测

——转化体特异性和基因特异性定性 PCR 方法标准文本验证方案

一、验证目的

通过转基因生物安全检测机构间的验证试验，综合评价标准文本的科学性、先进性和适用性。

二、组织实施

标准文本的验证工作由农业部科技发展中心统一组织实施。

三、样品设计

（一）转化体特异性定性 PCR 方法验证样品

1. 阳性对照

标准文本检测的转化体或其衍生品种（以下简称"检测对象"），其纯合体的质量分数为标准文本规定的检出限，以阴性对照样品为填充物。

2. 阴性对照

"检测对象"的受体或同种非转基因植物样品。

3. 特异性测试

设置以下样品，每个转化体或其衍生品种在样品中的纯合体质量分数为 1%～5%。

（1）"检测对象" 1 个样品；

（2）选择 N 个与"检测对象"相同种类植物的其他转化体或其衍生品种，根据选择转化体或其衍生品种的数量，随机分组混合制成 1～3 个样品；

（3）选择不少于 3 种与"检测对象"不同种类的转基因植物，每种转基因植物选择 N 个不同转化体或其衍生品种，相同种类的转基因植物混合制成 1 个样品；

（4）选择不少于 3 个与"检测对象"相同种类的非转基因品种，混合制成 1 个样品。

4. 灵敏度测试

选择"检测对象"制成 1 个样品，其纯合体的质量分数为标准文本规定的检出限。

5. 加工品测试

选择"检测对象"与非转基因大豆、玉米、水稻混合后，加热制成 1 个样品。

（二）基因特异性定性 PCR 方法验证样品

1. 阳性对照

含标准文本检测基因片段的某一转基因植物（以下简称"检测对象"），其纯合体的质量分数为标准文本规定的检出限，以阴性对照为填充物。

2. 阴性对照

"检测对象"的受体或同种非转基因植物样品。

3. 特异性测试

设置以下样品，每个转化体或其衍生品种在样品中的纯合体质量分数不低于 1％且不高于 5％。

（1）含"检测对象"的 N 个转化体或其衍生品种，每个单独制成 1 个样品，共 N 个样品；

（2）不含"检测对象"的 3～5 个转其他基因的转化体混合制成 1 个样品；

（3）选择非转基因大豆、玉米、油菜、棉花、番茄、水稻等植物品种各 1 个混合制成 1 个样品。

4. 灵敏度测试

选择"检测对象"制成 1 个样品，其纯合体的质量分数为标准文本规定的检出限。

5. 加工品测试

选择"检测对象"与非转基因大豆、玉米、水稻混合后加热制成 1 个样品。

四、验证单位

随机选择不少于 6 个已通过"2＋1 认证"的转基因生物安全检测机构。

五、样品发放

验证样品统一制备和发放。

六、测试要求

验证单位严格按照标准文本及其程序，测试标准方法的特异性、灵敏度和再现性。

七、验证报告

验证单位按附件 1 的格式和要求出具标准文本验证报告，并附谱图。

八、结果分析

标准起草单位依据各验证单位出具的标准文本验证报告，在以下方面进行综合分析。

1. 特异性分析：阳性对照样品和"检测对象"样品检测出预期 DNA 片段，其他样品中未检测出预期 DNA 片段，表明标准方法具有特异性。

2. 灵敏度分析：根据验证单位的结果进行统计分析，确定标准方法的灵敏度。

3. 再现性分析：根据验证单位验证报告的符合性、一致性结果情况，分析判断标准方法的再现性。

如果特异性或灵敏度测试结果与预期结果不相吻合，需分析具体情况，确定是否重新组织验证，或对标准方法进行修正。

附件：

（标准名称）

测试单位（公章）：

测试人员（签字）：

技术负责人（签字）：

标准文本验证报告

报告日期：　　年　月　日

样品测试结果汇总表

样品名称 /编号	"检测对象"特异性片段重复测定结果					
	1	2	3	4	5	6
阳性对照						
阴性对照						
……						
……						
……						
……						
……						
……						
……						
灵敏度（含量,%）						
使用的主要仪器（如 PCR 仪等）型号和试剂（如 Taq 酶等）相关信息：						

注："＋"表示阳性结果，"－"表示阴性结果。

农业部关于印发《农业转基因生物安全监督检验测试机构基本条件》的通知

(农市发〔2006〕19号)

各省、自治区、直辖市及计划单列市农业、畜牧、兽医、农垦、渔业厅（局、委、办），各有关部直属事业单位，各有关部级质检中心：

为适应农业转基因生物安全监督检验测试机构管理和发展要求，健全和完善检测机构管理制度，加强农业转基因生物安全监督检验测试机构建设，我部组织制定了《农业转基因生物安全监督检验测试机构基本条件》。现印发给你们，请遵照执行。

二〇〇六年十一月七日

农业转基因生物安全监督检验测试机构基本条件

第一部分　总体要求

一、农业转基因生物安全监督检验测试机构应符合《农业部产品质量物安全监督检验测试机构基本条件》的要求

二、安全控制要求

1. 实验室安全控制：设置与生物安全等级相适应的实验室安全控制设施，建立与生物安全等级相适应的实验室管理制度、应急预案制度和与维护国家安全要求相适应的检测场所保密制度、样品保存制度。

2. 检测样品安全控制：设置与生物安全等级相适应的安全处理设施，按规定进行检测样品的储藏、保存、转移和运输。对剩余或需要销毁的检测样品，按照国家生物安全等级试验管理和《农业转基因生物安全评价管理办法》的规定进行灭活和无害化处理，严防带有生命活力的转基因生物及其产品逃逸或扩散。

3. 废弃物安全控制：设置与生物安全等级相适应的安全处理设施，按规定进行废弃物灭活和无害化处理，严防排放废弃物造成环境污染和废弃物中带有生命活力的转基因生物及其产品逃逸或扩散。

三、突发事件处置要求

在检测过程中，发生转基因生物检测样品丢失或严重污染等突发性事件，应根据《农业转基因生物安全突发事件应急预案》，立即作出应急响应，按规定上报，并采取应急措施控制事态发展。

四、环境质量控制要求

在实验室分区、单向流动的实验室布局基础上，采取专用实验器材、负压或单向排风等措施，防止样品处理的交叉污染、系统污染、气溶胶污染等，保证检测环境质量要求。

五、检测人员要求

检测人员必须具备转基因技术、安全管理专业知识和熟练掌握核酸提取纯化、PCR检测技术等分子生物学实验操作技能。

第二部分　产品成分类转基因生物安全监督检验测试机构基本要求

一、检测内容

1. 调控元件：启动子、终止子、增强子等。

2. 标记基因：NPTII、Bar、GUS 等。

3. 目的基因：抗除草剂、抗病、抗虫等。

4. 转化事件：GTS40-3-2、GA21 等。

5. 外源蛋白。

以上第 1、2、3、4 项为指令性内容，第 5 项为指导性内容。

二、设施布局

1. 实验室布局：按照生物学实验室（生物安全Ⅰ级）的要求进行设计布局。开展检测样品生物安全Ⅰ级以上的实验室，按照涉及生物安全等级相应级别实验室要求进行设计布局。实验室至少划分为前 PCR 区、样品制备区和 PCR 区 3 个实验区。其中，样品制备区至少分为样品前处理、核酸提取纯化 2 个功能区；PCR 区至少分为 PCR 反应体系配制、PCR 反应、电泳分析 3 个功能区（如下图所示）。

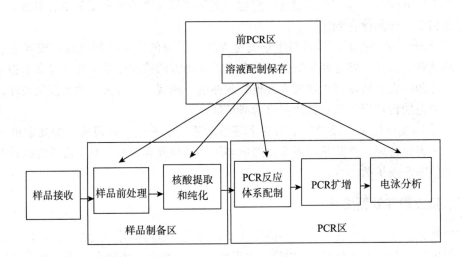

各实验区和功能区之间应有物理隔离，按照单向流动的原则进行设施布局；每个实验区至少应置于独立的 1 个房间之中，前 PCR 区、样品制备区和 PCR 区 3 个实验区之间应设置缓冲空间；样品前处理和凝胶电泳功能区应具备负压或单向排风空间条件，PCR 反应体系配制功能区应具备负压条件或设置生物安全柜，防止交叉污染。

开展指导性内容检测的实验室，应按相关要求进行设计和布局。

2. 功能和要求

（1）前 PCR 区：用于溶液配制保存等。该域必须持清洁，没有来自分子克隆和样品准备等的污染源，前 PCR 区的试剂、设备和移液器必须专用。

（2）样品制备区：用于样品制备，以及核酸提取纯化。样品制备区应具备负压或单向排风条件，如设置生物安全框或通风橱等。

（3）PCR 区：用于 PCR 体系的配制、PCR 反应和电泳分析。该区域使用的所有试剂、一次性器材和仪器必须专用。PCR 反应体系配制功能区具备负压条件，如生物安全柜。电泳分析功能区应具备负压或单向排风条件，如生物安全柜或通风橱等。

三、仪器设备

开展指令性内容检测必备仪器设详见下表，指导性内容检测应配备与检测要求相适应的其他仪器设备与设施。涉及检测生物安全等级Ⅱ以上（含）转基因生物及其产品的实验室，应配备与生物安全等级管理要求相适应的仪器设备与设施。

实验区	功能区	必备仪器设备
前PCR区	溶液配制与保存	药品柜、冰箱、天平、液体体积度量器具（包括专用的移液器）、pH计、磁力搅拌器高计、高压灭菌锅、纯水和超纯水制备装置等
样品制备区	样品前处理	样品破碎机、样品分散器、研钵、生物安全柜或通风橱等
	核酸提取纯化	冰箱、液氮罐专用移器、涡旋混合器、恒温水浴锅（或恒温加热器）、高速冷冻离心机、普通台式离心机、核酸定量检测仪器等
PCR区	PCR反应体系配制	生物安全柜、移液器、台式离心机、冰箱等
	PCR反应	PCR扩增仪等
	电泳分析	微波炉、电泳系统、专用移液器、凝胶成像系统、生物安全柜或通风橱等

第三部分 转基因植物环境安全监督检验测试机构基本要求

一、检测内容

（一）产品成分检测
同"第二部分"。

（二）环境安全检测

1. 分子特征：外源基因插入序列、位点、拷贝数等（用于身份验证）。

2. 目标性状：外源基因表达、目标性状有效性等。

3. 遗传稳定性：目的基因整合稳定性，目标性状和主要农艺性状遗传稳定性等。

4. 生存竞争能力：繁殖力、休眠性等。

5. 基因漂移：与相关物种的可交配性、目的基因漂移的生态影响等。

6. 生物多样性影响：对靶标生物、非靶标生物、生物群落结构的影响等。

以上第1、2、3、4、5、6项均为指令性内容。

二、设施布局

在具备产品成分类转基因检测中心设施布局的基础上，至少增加植物生物学、环境生态学、分子生物学和试验基地的设施与设备。

1. 产品成分检测实验室：按"第二部分"产品成分类转基因检测中心要求进行设施布局。

2. 植物生物学检测实验室：应具有控制温度和光照的设施以及相应的生物安全控制设施。主要用于转基因植物的遗传稳定性、农艺性状和生物学性状的室内观察。

3. 环境生态学检测实验室：应具有控制温度和光照的设施，以及相应的生物安全控制设施。主要用于对靶标和非靶标生物的影响检测等。

4. 分子生物学检测实验室：应设置防渗漏、防污染、防气溶胶形成等安全控制和隔离设施，可在产品成分检测实验室的基础上增加相应的功能区域和设施。主要用于遗传稳定性、基因漂移、生物多样性等相关分子检测。

5. 试验基地：应有固定场所，有符合试验要求的占地面积。由试验地、防虫网室、温室、生物灭活操作间以及晒场、仓储间、工具间、工作间等附属设施组成。场地排灌等设施配套齐全，周围设置围墙或永久性围栏等隔离和防盗设施。周边无污染源，适宜开展承检对象的环境安全检测工作。主要用于目标性状、遗传稳定性、生存竞争能力、基因漂移和生物多样性影响的检测。

三、仪器设备

开展指令性内容检测必备仪器设备详见下表。涉及检测生物安全等级Ⅱ级以上（含Ⅱ级）转基因植物的实验室和试验基地，应配备与生物安全等级管理要求相适应的仪器设备与设施。

实验区	必备仪器设备
产品成分检测实验室	详见"第二部分"
植物生物学检测实验室	冰箱、植物光照培养箱、生化培养箱、种子发芽箱等
环境生态学检测实验室	温控摇床、显微镜、体视显微镜、冰箱、生化培养箱等
分子生物学检测实验室	除与"第二部分"共用的仪器外，增加酶标仪、蛋白质电泳系统、分子杂交装置、核酸蛋白检测仪等
试验基地	昆虫自动吸取仪、气象观测装置、捕虫网、小型脱粒机、精准播种设备、排灌设施、温室、网室、无害化处理设施等

四、其他要求

试验基地和检测场所应由专人看管，严防检测材料被盗或外流。重要检测材料置于温（网）室中，防止鸟、昆虫等引起的基因扩散。田间隔离距离符合《农业转基因生物安全评价管理办法》和有关检测技术标准的规定，防止转基因植物基因漂移。检测结束后，收获的转基因植物按规定储藏、保存、转移、运输和使用，残留植株集中进行无害化处理、灭活和销毁。应按规定跟踪监测检测场地及周边区域，及时清除和销毁转基因植物自生苗。涉及检测生物安全等级Ⅱ级以上（含Ⅱ级）转基因植物，按照生物安全等级田间试验管理规定和安全监控要求。

第四部分 转基因动物环境安全监督检验测试机构基本要求

一、检测内容

（一）产品成分检测
同"第二部分"。

（二）环境安全检测

1. 分子特征：外源 DNA 插入序列、拷贝数等（用于身份验证）。

2. 目标性状：目的基因表达的组织器官、水平等。

3. 遗传稳定性：目的基因整合与遗传稳定性等。

4. 生存竞争能力：生长发育特征、繁殖性能等。

5. 基因漂移：外源基因向其他同种或近缘种发生转移的可能性等。

6. 生物多样性影响：转基因动物及其排泄物对其他生物的生态影响等。

以上第 1、2、3、4 项为指令性内容，第 5、6 项为指导性内容。

二、设施布局

在具备产品成分类转基因检测中心设施布局的基础上，至少增加动物生物学、环境生态学、分子生物学的设施与设备。

1. 产品成分检测实验室：按"第二部分"产品成分类转基因检测中心要求进行设施布局。

2. 动物生物学检测实验室：应具有通风和相应的隔离设施。主要用于转基因动物目标性状、生长发育、繁殖性能以及动物行为特征室内监测。

3. 环境生态学检测实验室：应具有控制温度和光照设施。主要用于转基因动物及其排泄物对生物多样性影响试验的相关室内材料准备和检测，以及转基因动物排泄物成分检测。

4. 分子生物学检测实验室：按分子生物学生物安全Ⅰ级实验室要求建设，可与产品成分检测实验室共用相关仪器设备，或在产品成分检测实验室的基础上增加相应的功能区域和设施。主要用于目的基因与动物基因组整合及其表达的分子检测，以及外源基因在动物组织器官的表达测定。

5. 试验基地：可根据承检转基因动物饲养试验及其环境安全检测的需要，按照有关检测技术标准和实验动物场所建设规范确定建筑标准、规模和占地面积。由动物饲养室、兽医诊断室、胚胎精液冷冻保存室、消毒室、检疫观察室、解剖准备室、解剖室、制样室、留样室、中央控制室、废物处理室等附属设施组成。场地排污等配套设施齐全，具备空气过滤系统，周围设置围墙或永久性围栏等隔离和防盗设施。周边无污染源，适宜开展承检对象的环境安全检测工作。主要用于转基因动物的目标性状、生存竞争能力、基因漂移、生物多样性影响和遗传稳定性的检测。

三、仪器设备

开展指令性内容检测必备仪器设备详见下表，指导性内容检测应配备与检测要求相适应的其他仪器设备与设施。涉及检测生物安全等级Ⅱ级以上（含Ⅱ级）转基因动物的实验室和试验基地，应配备与生物安全等级管理要求相适应的仪器设备与设施。

实验区	必备仪器设备
产品成分检测实验室	详见"第二部分"
动物生物学检测实验室	冰箱、微生物培养箱、生化培养箱、组织培养箱、冷冻切片机、包埋机、动物行为自动观察记录装置等

（续）

实验区	必备仪器设备
环境生态学检测实验室	温控摇床、显微镜、体视显微镜、冰箱、生化培养箱、生物安全柜等
分子生物学检测实验室	除与"第二部分"共用的仪器外，增加酶标仪、蛋白质电泳系统、分子杂交装置等
试验基地	通风设备、温度控制设备、饲养笼舍及隔离栏、解剖器具、动物保定架、废弃物无害化处理设施、兽医诊断设备等

四、其他要求

试验基地和检测场所应由专人看管，严防检测材料被盗或外流。检测用转基因动物的饲养管理和储藏、保存、转移、运输、使用等，按照《农业转基因生物安全评价管理办法》、相关实验动物管理办法和有关检测技术标准规定执行。检测结束后，按规定对转基因动物及其产品集中进行无害化处理和灭活销毁，防止转基因动物及其处理排放物污染环境。涉及检测生物安全等级 II 级以上（含 II 级）转基因动物，按照生物安全等级饲养试验管理规定和安全监控要求，设置与生物安全等级相适应的安全控制设施。

第五部分 转基因水生生物环境安全监督检验测试机构基本要求

一、检测内容

（一）产品成分检测
同"第二部分"。

（二）环境安全检测

1. 分子特征：外源 DNA 插入序列、拷贝数等（用于身份验证）。
2. 目标性状：目的基因表达的组织器官、水平等。
3. 遗传稳定性：目的基因整合的稳定性，目标性状遗传稳定性等。
4. 生存竞争能力：存活率、适应性等。
5. 基因漂移：外源基因向野生种、近缘种发生转移的可能性等。
6. 生物多样性影响：对其他水生生物生长发育、区系组成的影响等。

以上第 1、2、3、4、5 项为指令性内容，第 6 项为指导性内容。

二、设施布局

在具备产品成分类转基因检测中心设施布局的基础上，至少增加鱼类生物学、环境生态学、分子生物学和试验基地的设施与设备。

1. 产品成分检测实验室：按"第二部分"产品成分类转基因检测中心要求进行设施布局。

2. 鱼类生物学检测实验室：应具有通风和相应的隔离设施。主要用于转基因水生生物的遗传稳定性、解剖学性状、怀卵量的室内测定。

3. 环境生态学检测实验室：应具有控制温度和光照设施。主要用于转基因水生生物生存水体的温度、碱度、硬度、盐度、pH 测定，以及对生物生态多样性影响试验的相关室内材料准备和检测。

4. 分子生物学检测实验室：按分子生物学生物安全Ⅰ级实验室要求建设，可与产品成分检测实验室共用相关仪器设备，或在产品成分检测实验室的基础上增加相应的功能区域和设施。主要用于目的基因与水生生物基因组整合及其表达的分子检测，以及外源基因在水生生物组织器官的表达测定。

5. 试验基地：应有固定场所，根据承检转基因水生生物饲养试验及其环境安全检测的需要，按照有关检测技术标准和实验动物场所建设规范要求确定建筑标准、规模和占地面积。由实验鱼池、控温产孵设施、样品处理室和供排水系统、生物灭活区等附属设施组成。场地远离天然水域，周边无污染源，适宜开展承检对象的环境安全检测工作。场内防洪、排涝和排污等配套设施齐全，周围设置围墙或永久性围栏等隔离和防盗设施。试验池塘用沙石混凝土铺底、水泥护坡作防渗处理，内设防逃设施、外置防鸟隔离网罩。主要用于转基因水生生物的目标性状、遗传稳定性、生存竞争能力、基因漂移和生物多样性影响检测。

三、仪器设备

开展指令性内容检测必备仪器设备详见下表，指导性内容检测应配备与检测要求相适应的其他仪器设备与设施。涉及检测生物安全等级Ⅱ级以上（含Ⅱ级）转基因生物的实验室和试验基地，应配备与生物安全等级管理要求相适应的仪器设备与设施。

实验区	必备仪器设备
产品成分检测实验室	详见"第二部分"
鱼类生物学检测实验室	解剖用具、测量用具、显微镜、体视显微镜、冰箱等
环境生态学检测实验室	pH计、显微镜、体视显微镜、冰箱、微生物培养箱、生化培养箱等
分子生物学检测实验室	除与"第二部分"共用的仪器外，增加酶标仪、蛋白质电泳系统、分子杂交装置等
试验基地	池塘及隔离设施、排灌设备、温度控制设备、解剖器具、孵化设备、废弃物无害化处理设施等

四、其他要求

试验基地和检测场所应由专人看管，严防检测材料被盗或外流。检测用转基因水生生物的饲养管理和储藏、保存、转移、运输、使用等，按照《农业转基因生物安全评价管理办法》、相关实验动物管理办法和有关检测技术标准规定执行。试验水面加设隔离网罩，防止鸟类飞入，同时，采取生物、物理或化学控制措施，保证水体质量达标。检测结束后，按规定对转基因水生生物及其产品集中进行无害化处理和灭活销毁，防止转基因水生生物及其处理排放物污染环境。同时，按照规定对检测场所及周边进行跟踪监测，及时清除和销毁残留或存活的转基因水生生物。涉及检测生物安全等级Ⅱ级以上（含Ⅱ级）转基因水生生物，按照生物安全等级饲养试验管理规定和安全监控要求，设置与生物安全等级相适应的安全控制设施。

第六部分　植物用转基因微生物环境安全监督检验测试机构基本要求

一、检测内容

（一）产品成分检测

同"第二部分"。

（二）环境安全检测

1. 分子特征：外源基因插入序列、位点、拷贝数等（用于身份验证）。

2. 目标性状：外源基因表达、目标性状有效性等。

3. 遗传稳定性：目的基因整合稳定性，目标性状和生物学特性遗传稳定性等。

4. 生存竞争能力：定殖能力、存活能力、传播能力等。

5. 基因漂移：外源基因向其他微生物转移的能力等。

6. 生物多样性影响：对靶标生物、非靶标生物、土壤微生物群落结构的影响等。

7. 目标植物安全性：对所应用的植物生长发育影响、致病性等。

以上第1、2、3、4、5、6、7项均为指令性内容。

二、设施布局

在具备产品成分类转基因检测中心设施布局的基础上，至少增加植物微生物学、环境生态学、分子生物学和试验基地的设施与设备。

1. 产品成分检测实验室：按"第二部分"产品成分类转基因检测中心要求进行设施布局。

2. 环境微生物检测实验室：应具有控制温度、光照设施，以及相应的生物安全控制设施。主要用于植物用转基因微生物遗传稳定性、生物学性状、环境微生物种群动态的室内观察，以及对靶标生物、非靶标生物、目标植物影响检测。

3. 分子生物学检测实验室：应设置防渗漏、防污染、防气溶胶形成等安全控制和隔离设施，可与产品成分检测实验室共用相关仪器设备，或在产品成分检测实验室的基础上增加相应的功能区域和设施。主要用于遗传稳定性、基因漂移、生物多样性等相关分子检测。

4. 试验基地：应有固定场所，有符合试验要求的占地面积。由试验地、防虫网室、温室、生物灭活操作间以及晒场、仓储间、工具间、工作间等附属设施组成。场地防渗漏、防逃逸、排灌等设施配套齐全，周围设置围墙或永久性围栏等隔离设施。周边无污染源，适宜开展承检对象的环境安全检测工作。主要用于遗传稳定性、目标性状、生存竞争能力、基因漂移、生物多样性影响和目标植物安全性的检测。

三、仪器设备

开展指令性内容检测必备仪器设备详见下表。涉及检测生物安全等级Ⅱ级以上（含Ⅱ级）植物用转基因微生物的实验室和试验基地，应配备与生物安全等级管理要求相适应的仪器设备与设施。

实验区	必备仪器设备
产品成分检测实验室	详见"第二部分"
环境微生物检测实验室	超低温冰箱、光照培养箱、生化培养箱、温控摇床、显微镜、体视显微镜、全自动菌落计数仪、Biolog全自动微生物鉴定仪、全自动高温消毒锅等
分子生物学检测实验室	除与"第二部分"共用的仪器外，增加酶标仪、免培养微生物分析装置、梯度凝胶电泳装置、蛋白质电泳系统、分子杂交装置等
试验基地	节肢动物自动采样仪、气象观测装置、捕虫网、小型脱粒机、精准播种装置、排灌设施、温室、网室、无害化处理设施等

四、其他要求

试验基地和检测场所应由专人看管，严防检测材料被盗或外流。重要检测材料置于环境安全隔离池或温（网）室中，防止检测材料随土壤、水体和鸟、昆虫等扩散。田间隔离措施符合《农业转基因生物安全评价管理办法》和有关检测技术标准的规定。检测结束后，收获的试验植物按规定储藏、保存、转移、运输和使用，残留植株、试验地块的土壤和用水，按规定进行植物用转基因微生物灭活和无害化处理。涉及检测生物安全等级Ⅱ级以上（含Ⅱ级）植物用转基因微生物，按照生物安全等级田间试验的管理规定和安全监控要求，设置与生物安全等级相适应的安全控制设施。

第七部分 动物用转基因微生物环境安全监督检验测试机构基本要求

一、检测内容

（一）产品成分检测
同"第二部分"。

（二）环境安全检测

1. 分子特征：外源基因插入序列、位点、拷贝数等（用于身份验证）。

2. 目标性状：目的基因表达、目标性状有效性等。

3. 遗传稳定性：目的基因整合稳定性、回复传代后毒力稳定性，外源基因在靶标动物体内表达情况等。

4. 存活能力：在自然界的生存能力等。

5. 免疫动物安全性：对怀孕动物以及免疫动物子代的影响，大剂量免疫对靶标动物和非靶标动物的影响等。

6. 基因漂移：免疫动物与靶标动物以及非靶标动物接触时排毒和传播能力。

以上第1、2、3、4、5项为指令性内容，第6项为指导性内容。

二、设施布局

在具备产品成分类转基因检测中心设施布局的基础上，至少增加组织培养、分子生物学、免疫学和动物房的设施与设备。

1. 产品成分检测实验室：按生物安全Ⅱ级实验室和"第二部分"产品成分类转基因

检测中心要求进行设施布局。

2. 组织培养实验室：按生物安全Ⅱ级实验室要求建设，应密闭防尘，有空气净化、空调系统、生物安全柜和消毒处理设施与设备。主要用于动物用转基因微生物及其产品生物学特性、存活能力、分离鉴定以及毒力检测。

3. 免疫学检测实验室：按生物安全Ⅱ级实验室要求建设，应密闭防尘，有空气净化、空调系统、生物安全柜和消毒处理设施与设备。主要用于抗原抗体反应免疫学检测，包括荧光抗体检测、酶联免疫吸附试验、血凝和血凝抑制试验、琼扩试验等。

4. 分子生物学检测实验室：按生物安全Ⅱ级实验室要求建设，应密闭防尘，有空气净化、空调系统、生物安全柜和消毒处理设施与设备，可与产品成分检测实验室共用相关仪器设备，或在产品成分检测实验室的基础上增加相应的功能区域和设施。主要用于遗传稳定性、外源基因插入稳定性以及外源基因在靶标动物体内表达以及消长检测，包括荧光 PCR 检测、PCR 检测、SDS-PAGE 分析以及 Western-blot 分析等。

5. 动物房：包括啮齿动物房和畜禽动物房，应有固定场所，根据承检动物用转基因微生物免疫试验及其环境安全检测的需要，按照有关检测技术标准或规范要求确定建筑标准、规模和占地面积。从事啮齿类动物实验的动物房必须获得清洁级以上的动物房资质证书，其他动物实验的动物房必须获得普通级以上动物房资质证书。周边无污染源，适宜开展承检对象的环境安全检测工作。主要用于动物用转基因微生物的目标性状、存活能力、基因漂移、免疫动物安全性、生物多样性影响和遗传稳定性检测。

三、仪器设备

开展指令性内容检测必备仪器设备详见下表，指导性内容检测应配备与检测要求相适应的其他仪器设备与设施。涉及检测生物安全等级Ⅱ级以上动物用转基因微生物的实验室和动物房，应配备与生物安全等级管理要求相适应的仪器设备与设施。

实验区	必备仪器设备
产品成分检测实验室	详见"第二部分"
组织培养实验室	温控摇床、二氧化碳培养箱、培养箱、低温冰箱、倒置显微镜、荧光显微镜等
免疫学检测实验室	超净工作台、动物负压隔离器、生化培养箱等
分子生物学检测实验室	除与"第二部分"共用的仪器外，增加荧光 PCR 仪、酶联读数仪、蛋白质电泳系统、分子杂交装置等
动物房	通风设备、消毒设备、温度控制设备、动物笼架、监控设施、解剖器具、清洗设备、保定设备、废弃物无害化处理设施等

四、其他要求

动物房和检测场所应由专人看管，严防检测材料被盗或外流。实验动物的饲养管理和检测样品的储藏、保存、转移、运输、使用等，按照《农业转基因生物安全评价管理办法》、相关实验动物管理办法、兽用生物制品管理办法和有关检测技术标准规定执行。检测结束后，按规定对实验动物及其产品和检测样品集中进行无害化处理和灭活销毁，防止动物用转基因微生物及其处理排放物污染环境。涉及检测生物安全等级Ⅱ级以上动物用转基因微生物，按照生物安全等级实验室管理规定和安全监控要求，设置与生物安全等级相适应的安全控制设施。

第八部分 食用安全类转基因生物安全监督检验测试机构基本要求

一、检测内容

（一）产品成分检测
同"第二部分"。

（二）食用安全检测
1. 分子特征：外源基因插入序列、位点、拷贝数等（用于身份验证）。
2. 关键成分
（1）营养成分：蛋白质及氨基酸、脂肪及脂肪酸、碳水化合物、矿物质、维生素、纤维素含量等；
（2）抗营养因子：植酸、胰蛋白酶抑制剂、棉酚、芥酸、硫苷含量等；
（3）外源基因表达蛋白水平：可食部分表达蛋白的含量等。
3. 营养：主要营养素吸收利用率和对营养状况的影响等。
4. 毒性
（1）外源基因表达蛋白实质等同性分析：表达蛋白的分子量、序列分析、糖基化分析、免疫原性、稳定性和生物活性等（体外表达蛋白质与植物体内表达蛋白质实质等同性分析）。
（2）外源基因表达蛋白同源性分析：外源基因表达蛋白氨基酸序列等（外源基因表达蛋白氨基酸序列与已知有毒蛋白氨基酸序列同源性分析）。
（3）新表达物质（蛋白和其他非蛋白物质）及其产品毒性：外源新表达物质及其产品的急性经口毒性试验、蓄积毒性试验、致突变试验、代谢动力学、30天和90天喂养试验、繁殖试验、致畸试验、慢性毒性（包括致癌）试验等。
5. 致敏性：外源基因表达蛋白氨基酸序列（外源蛋白质氨基酸序列与已知过敏蛋白氨基酸序列同源性分析）、体外模拟胃肠道消化液稳定性试验、热稳定性试验、特异性血清学试验等。
以上除毒性（3）中"代谢动力学"和致敏性中"特异性血清学分析"为指导性内容外，其他均为指令性内容。

二、设施布局

在具备产品成分类转基因检测中心设施布局的基础上，至少增加理化分析、营养学、毒理学、致敏性相应的设施与设备，以及相应营养学和毒理学检测所需的实验动物房。
1. 产品成分检测实验室：按"第二部分"产品成分类转基因检测中心要求进行设施布局。
2. 理化检测实验室：按农业和食品卫生行业规定的理化实验室要求建设，主要用于营养和抗营养因子检测。
3. 营养毒理过敏检测实验室：按农业和食品卫生行业规定的相应实验室要求进行建

设，主要用于营养、毒理和过敏检测。

4. 实验动物房：应有固定场所，根据动物饲养试验和承检转基因生物及其食（饲）用安全检测的需要，按照有关检测技术标准或规范要求确定建筑标准、规模和占地面积。从事啮齿类动物实验的动物房必须获得清洁级以上的动物房资质证书，从事其他动物实验的动物房必须获得普通级以上动物房资质证书。周边无污染源，适宜开展承检对象的食（饲）用安全检测工作。主要用于转基因生物及其产品的营养学和毒理学的动物饲养试验。

三、仪器设备

开展指令性内容检测必备仪器设备详见下表，指导性内容检测应配备与检测要求相适应的其他仪器设备与设施。涉及检测生物安全等级Ⅱ级以上（含Ⅱ级）转基因生物的实验室和动物房，应配备与生物安全等级管理要求相适应的仪器设备与设施。

实验区	必备仪器设备
产品成分检测实验室	详见"第二部分"
理化检测实验室	天平、紫外可见分光光度计、阿贝折射仪、气相色谱仪、液相色谱仪、凯氏定氮仪、马福炉、原子吸收分光光度计、通风橱、高速冷冻离心机、小型台式离心机、恒温磁力搅拌器、多功能食品粉碎机、电热恒温鼓风干燥箱、酸度计、旋转蒸发仪、高压灭菌器、氨基酸分析仪、恒温摇床、不同量程移液器、恒温水浴箱、超纯水制备仪、消化罐、低温冰箱等
营养毒理过敏检测实验室	生化分析仪、显微镜、切片机、血球计数仪、生化培养箱、CO_2 培养箱、倒置显微镜、超净工作台、酶标仪、蛋白质电泳设备、蛋白印迹转移仪、低温冰箱等
实验动物房	天平、饲料储藏间、消毒柜、代谢笼具、监控设施、动物解剖工具、清洗设备、废弃物无害化处理设施等

四、其他要求

实验动物房和检测场所应由专人管理，严防检测材料外流和被盗。实验动物饲养管理和检测样品的储藏、保存、转移、运输、使用等，按照《农业转基因生物安全评价管理办法》、相关实验动物管理办法、食品卫生行业相关管理办法和有关检测技术标准规定执行。检测结束后，按规定对需要销毁的检测样品进行无害化处理和灭活销毁，防止转基因生物和实验动物污染环境。涉及检测生物安全等级Ⅱ级以上（含Ⅱ级）转基因生物及其产品，按照生物安全等级实验室管理规定和安全监控要求，设置与生物安全等级相适应的安全控制设施。

农业转基因生物标签的标识

（农业部 869 号公告—1—2007）

1 范围

本标准规定了农业转基因生物标识的位置、标注方法、文字规格和颜色等要求。

本标准适用于列入农业转基因生物标识目录并用于销售的、有标签的农业转基因生物。

2 术语和定义

下列术语和定义适用于本文件。

2.1 农业转基因生物标识目录 category of agricultural genetically modified organisms under the labeling system

国务院农业行政主管部门商国务院有关部门制定、调整并公布的实施标识管理的农业转基因生物目录。

2.2 包装 package

在流通过程中保护产品，方便运输、销售，按一定技术方法而采用的容器、材料及辅助物等的总称。

2.3 标签 label

产品包装及产品上的文字、图标、符号及一切说明物。

2.4 配料 ingredient

在制造或加工产品时使用的，并存在（包括以改性的形式存在）于产品中的任何物质，包括添加剂。

2.5 强制性标示 mandatory labeling

法律法规规定的产品标签上应标注的内容。

2.6 主要展示版面 principal display panel

消费者购买产品时，包装物或包装容器上最容易观察到的版面。

3 要求

3.1

农业转基因生物标识应符合《农业转基因生物安全管理条例》和《农业转基因生物标识管理办法》的规定，并符合相关标准的规定。

3.2 标识位置

3.2.1 标识应直接印刷在产品标签上。

3.2.2 标识应紧邻产品的配料清单或原料组成，无配料清单和原料组成的应标注在产品名称附近。

3.3 标注方法

3.3.1 转基因动植物（含种子、种畜禽、水产苗种）和微生物，转基因动植物、微生物产品，含有转基因动植物、微生物或者其产品成分的种子、种畜禽、水产苗种、农药、兽药、肥料和添加剂等产品，直接标注为"转基因××"。

3.3.2 转基因农产品的直接加工品，标注为"转基因××加工品（制成品）"或者"加工原料为转基因××"。

3.3.3 用农业转基因生物或用含有农业转基因生物成分的产品加工制成的产品，但最终销售产品中已不再含有或检测不出转基因成分的产品，标注为"本产品为转基因××加工制成，但本产品中已不再含有转基因成分"或者标注为"本产品加工原料中有转基因××，但本产品中已不再含有转基因成分"。

3.4 文字规格

3.4.1 当包装的最大表面积大于或等于 $10cm^2$ 时，文字规格应符合以下要求：

——高度不小于 1.8mm。

——不小于产品标签中其他最小强制性标示的文字。

3.4.2 当包装的最大表面积小于 $10cm^2$ 时，文字规格不小于产品标签中其他最小强制性标示的文字。

包装的最大表面积计算方法见附录 A。

3.5 文字颜色

文字颜色应符合下列要求之一：

a）与产品标签中其他强制性标示的文字颜色相同。

b）当与产品标签中其他强制性标示的文字颜色不同时，应与标签的底色有明显的差异，不得利用色差使消费者难以识别。

3.6 农业转基因生物标识应当在流通过程中清晰易辨。

附录 A
（规范性附录）
包装最大表面积计算方法

A. 1 长方体形包装物或长方体形包装容器计算方法

长方体形包装物或长方体形包装容器的最大一个侧面的高度（厘米）乘以宽度（厘米）。

A. 2 圆柱形包装物、圆柱形包装容器或近似圆柱形包装物、近似圆柱形包装容器计算方法

包装物或包装容器的高度（厘米）乘以圆周长（厘米）的 40%。

A. 3 其他形状的包装物或包装容器计算方法

包装物或包装容器的总表面积的 40%。

如果包装物或包装容器有明显的主要展示版面，应以主要展示版面的面积为最大表面面积。

注：如果是瓶形或罐形，计算表面面积时不包括肩部、颈部、顶部和底部的凸缘。

农业部发布转基因标准汇总情况表

[已发布标准清单（现行有效176项）]

序号	标准名称	标准编号
1	转基因植物及其产品检测　通用要求	NY/T 672—2003
2	转基因植物及其产品检测　大豆定性PCR方法	NY/T 675—2003
3	转基因大豆环境安全检测技术规范　第1部分：生存竞争能力检测	NY/T 719.1—2003
4	转基因大豆环境安全检测技术规范　第2部分：外源基因流散的生态风险检测	NY/T 719.2—2003
5	转基因大豆环境安全检测技术规范　第3部分：对生物多样性影响的检测	NY/T 719.3—2003
6	转基因玉米环境安全检测技术规范　第1部分：生存竞争能力检测	NY/T 720.1—2003
7	转基因玉米环境安全检测技术规范　第2部分：外源基因流散的生态风险检测	NY/T 720.2—2003
8	转基因玉米环境安全检测技术规范　第3部分：对生物多样性影响的检测	NY/T 720.3—2003
9	转基因油菜环境安全检测技术规范　第1部分：生存竞争能力检测	NY/T 721.1—2003
10	转基因油菜环境安全检测技术规范　第2部分：外源基因流散的生态风险检测	NY/T 721.2—2003
11	转基因油菜环境安全检测技术规范　第3部分：对生物多样性影响的检测	NY/T 721.3—2003
12	转基因植物及其产品食用安全性评价导则	NY/T 1101—2006
13	转基因植物及其产品食用安全检测　大鼠90天喂养试验	NY/T 1102—2006
14	转基因植物及其产品食用安全检测　抗营养素　第1部分：植酸、棉酚和芥酸的测定	NY/T 1103.1—2006
15	转基因植物及其产品食用安全检测　抗营养素　第2部分：胰蛋白酶抑制剂的测定	NY/T 1103.2—2006
16	转基因植物及其产品食用安全检测　抗营养素　第3部分：硫代葡萄糖苷的测定	NY/T 1103.3—2006
17	农业转基因生物标签的标识	农业部869号公告—1—2007
18	转基因生物及其产品食用安全检测　模拟胃肠液外源蛋白质消化稳定性试验方法	农业部869号公告—2—2007
19	转基因植物及其产品成分检测　抗除草剂油菜Ms1、Rf1及其衍生品种定性PCR方法	农业部869号公告—4—2007

（续）

序号	标准名称	标准编号
20	转基因植物及其产品成分检测 抗除草剂油菜 Ms8、Rf3 及其衍生品种定性 PCR 方法	农业部 869 号公告—5—2007
21	转基因植物及其产品成分检测 抗除草剂油菜 Ms1、Rf2 及其衍生品种定性 PCR 方法	农业部 869 号公告—6—2007
22	转基因植物及其产品成分检测 抗虫和耐除草剂玉米 TC1507 及其衍生品种定性 PCR 方法	农业部 869 号公告—7—2007
23	转基因植物及其产品成分检测 抗虫玉米 MON863 及其衍生品种定性 PCR 方法	农业部 869 号公告—10—2007
24	转基因植物及其产品成分检测 抗除草剂油菜 GT73 及其衍生品种定性 PCR 方法	农业部 869 号公告—11—2007
25	转基因植物及其产品成分检测 耐除草剂玉米 GA21 及其衍生品种定性 PCR 方法	农业部 869 号公告—12—2007
26	转基因植物及其产品成分检测 耐除草剂玉米 NK603 及其衍生品种定性 PCR 方法	农业部 869 号公告—13—2007
27	转基因植物及其产品成分检测 耐除草剂玉米 T25 及其衍生品种定性 PCR 方法	农业部 869 号公告—14—2007
28	转基因植物及其产品成分检测 抗虫玉米 Bt10 及其衍生品种定性 PCR 方法	农业部 953 号公告—1—2007
29	转基因植物及其产品成分检测 抗虫玉米 CBH351 及其衍生品种定性 PCR 方法	农业部 953 号公告—2—2007
30	转基因植物及其产品成分检测 耐除草剂油菜 T45 及其衍生品种定性 PCR 方法	农业部 953 号公告—3—2007
31	转基因植物及其产品成分检测 耐除草剂油菜 Oxy-235 及其衍生品种定性 PCR 方法	农业部 953 号公告—4—2007
32	转基因动物及其产品成分检测 促生长转 ScGH 基因鲤鱼性 PCR 方法	农业部 953 号公告—5—2007
33	转基因植物及其产品成分检测 抗虫转 Bt 基因水稻定性 PCR 方法	农业部 953 号公告—6—2007
34	转基因植物及其产品环境安全检测 育性改变油菜	农业部 953 号公告—7—2007
35	转基因植物及其产品环境安全检测 抗虫水稻 第 1 部分：抗虫性	农业部 953 号公告—8.1—2007
36	转基因植物及其产品环境安全检测 抗虫水稻 第 2 部分：生存竞争能力	农业部 953 号公告—8.2—2007
37	转基因植物及其产品环境安全检测 抗虫水稻 第 3 部分：外源基因漂移	农业部 953 号公告—8.3—2007
38	转基因植物及其产品环境安全检测 抗虫水稻 第 4 部分：生物多样性影响	农业部 953 号公告—8.4—2007
39	转基因植物及其产品环境安全检测 抗病水稻 第 1 部分：对靶标病害的抗性	农业部 953 号公告—9.1—2007

（续）

序号	标准名称	标准编号
40	转基因植物及其产品环境安全检测　抗病水稻　第2部分：生存竞争能力	农业部953号公告—9.2—2007
41	转基因植物及其产品环境安全检测　抗病水稻　第3部分：外源基因漂移	农业部953号公告—9.3—2007
42	转基因植物及其产品环境安全检测　抗病水稻　第4部分：生物多样性影响	农业部953号公告—9.4—2007
43	转基因植物及其产品环境安全检测　抗虫玉米　第1部分：抗虫性	农业部953号公告—10.1—2007
44	转基因植物及其产品环境安全检测　抗虫玉米　第2部分：生存竞争能力	农业部953号公告—10.2—2007
45	转基因植物及其产品环境安全检测　抗虫玉米　第3部分：外源基因漂移	农业部953号公告—10.3—2007
46	转基因植物及其产品环境安全检测　抗虫玉米　第4部分：生物多样性影响	农业部953号公告—10.4—2007
47	转基因植物及其产品环境安全检测　抗除草剂玉米　第1部分：除草剂耐受性	农业部953号公告—11.1—2007
48	转基因植物及其产品环境安全检测　抗除草剂玉米　第2部分：生存竞争能力	农业部953号公告—11.2—2007
49	转基因植物及其产品环境安全检测　抗除草剂玉米　第3部分：外源基因漂移	农业部953号公告—11.3—2007
50	转基因植物及其产品环境安全检测　抗除草剂玉米　第4部分：生物多样性影响	农业部953号公告—11.4—2007
51	转基因植物及其产品环境安全检测　抗虫棉花　第2部分：生存竞争能力	农业部953号公告—12.2—2007
52	转基因植物及其产品环境安全检测　抗虫棉花　第3部分：基因漂移	农业部953号公告—12.3—2007
53	转基因植物及其产品环境安全检测　抗虫棉花　第4部分：生物多样性影响	农业部953号公告—12.4—2007
54	转基因植物及其产品成分检测　耐贮藏番茄D2及其衍生品种定性PCR方法	农业部1193号公告—1—2009
55	转基因植物及其产品成分检测　耐除草剂油菜Topas19/2及其衍生品种定性PCR方法	农业部1193号公告—2—2009
56	转基因植物及其产品成分检测　抗虫水稻TT51-1及其衍生品种定性PCR方法	农业部1193号公告—3—2009
57	转基因植物及其产品成分检测　耐除草剂棉花MON1445及其衍生品种定性PCR方法	农业部1485号公告—1—2010
58	转基因微生物及其产品成分检测　猪伪狂犬TK-/gE-/gI-毒株（SA215株）及其产品定性PCR方法	农业部1485号公告—2—2010

（续）

序号	标准名称	标准编号
59	转基因植物及其产品成分检测 耐除草剂甜菜 H7-1 及其衍生品种定性 PCR 方法	农业部 1485 号公告—3—2010
60	转基因植物及其产品成分检测 DNA 提取和纯化	农业部 1485 号公告—4—2010
61	转基因植物及其产品成分检测 抗病水稻 M12 及其衍生品种定性 PCR 方法	农业部 1485 号公告—5—2010
62	转基因植物及其产品成分检测 耐除草剂大豆 MON89788 及其衍生品种 PCR 方法	农业部 1485 号公告—6—2010
63	转基因植物及其产品成分检测 耐除草剂大豆 A2704-12 及其衍生品种定性 PCR 方法	农业部 1485 号公告—7—2010
64	转基因植物及其产品成分检测 耐除草剂大豆 A5547-127 及其衍生品种定性 PCR 方法	农业部 1485 号公告—8—2010
65	转基因植物及其产品成分检测 抗虫耐除草剂玉米 59122 及其衍生品种定性 PCR 方法	农业部 1485 号公告—9—2010
66	转基因植物及其产品成分检测 耐除草剂棉花 LLcotton25 及其衍生品种定性 PCR 方法	农业部 1485 号公告—10—2010
67	转基因植物及其产品成分检测 抗虫转 Bt 基因棉花定性 PCR 方法	农业部 1485 号公告—11—2010
68	转基因植物及其产品成分检测 耐除草剂棉花 MON88913 及其衍生品种定性 PCR 方法	农业部 1485 号公告—12—2010
69	转基因植物及其产品成分检测 抗虫棉花 MON15985 及其衍生品种定性 PCR 方法	农业部 1485 号公告—13—2010
70	转基因植物及其产品成分检测 抗虫耐除草剂玉米 MON88017 及其衍生品种定性 PCR 方法	农业部 1485 号公告—15—2010
71	转基因植物及其产品成分检测 抗虫玉米 MIR604 及其衍生品种定性 PCR 方法	农业部 1485 号公告—16—2010
72	转基因生物及其产品食用安全检测 外源基因异源表达蛋白质等同性分析导则	农业部 1485 号公告—17—2010
73	转基因生物及其产品食用安全检测 外源蛋白质过敏性生物信息学分析方法	农业部 1485 号公告—18—2010
74	转基因植物及其产品成分检测 基体标准物质候选物鉴定方法	农业部 1485 号公告—19—2010
75	转基因植物及其产品成分检测 耐除草剂大豆 356043 及其衍生品种定性 PCR 方法	农业部 1782 号公告—1—2012
76	转基因植物及其产品成分检测 标记基因 NPTII、HPT 和 PMI 定性 PCR 方法	农业部 1782 号公告—2—2012
77	转基因植物及其产品成分检测 调控元件 CaMV 35S 启动子、FMV 35S 启动子、NOS 启动子、NOS 终止子和 CaMV 35S 终止子定性 PCR 方法	农业部 1782 号公告—3—2012

（续）

序号	标准名称	标准编号
78	转基因植物及其产品成分检测 高油酸大豆305423及其衍生品种定性PCR方法	农业部1782号公告—4—2012
79	转基因植物及其产品成分检测 耐除草剂大豆CV127及其衍生品种定性PCR方法	农业部1782号公告—5—2012
80	转基因植物及其产品成分检测 bar或pat基因定性PCR方法	农业部1782号公告—6—2012
81	转基因植物及其产品成分检测 CpTI基因定性PCR方法	农业部1782号公告—7—2012
82	转基因植物及其产品成分检测 基体标准物质制备技术规范	农业部1782号公告—8—2012
83	转基因植物及其产品成分检测 标准物质试用评价技术规范	农业部1782号公告—9—2012
84	转基因植物及其产品成分检测 转植酸酶基因玉米BVLA430101构建特异性定性PCR方法	农业部1782号公告—10—2012
85	转基因植物及其产品成分检测 转植酸酶基因玉米BVLA430101及其衍生品种定性PCR方法	农业部1782号公告—11—2012
86	转基因生物及其产品食用安全检测 蛋白质氨基酸序列飞行时间质谱分析方法	农业部1782号公告—12—2012
87	转基因生物及其产品食用安全检测 挪威棕色大鼠致敏性试验方法	农业部1782号公告—13—2012
88	转基因植物及其产品成分检测 水稻内标准基因定性PCR方法	农业部1861号公告—1—2012
89	转基因植物及其产品成分检测 耐除草剂大豆GTS 40-3-2及其衍生品种定性PCR方法	农业部1861号公告—2—2012
90	转基因植物及其产品成分检测 玉米内标准基因定性PCR方法	农业部1861号公告—3—2012
91	转基因植物及其产品成分检测 抗虫玉米MON89034及其衍生品种定性PCR方法	农业部1861号公告—4—2012
92	转基因植物及其产品成分检测 CP4epsps基因定性PCR方法	农业部1861号公告—5—2012
93	转基因植物及其产品成分检测 耐除草剂棉花GHB614及其衍生品种定性PCR方法	农业部1861号公告—6—2012
94	转基因植物及其产品成分检测 棉花内标准基因定性PCR方法	农业部1943号公告—1—2013
95	转基因植物及其产品成分检测 转cry1A基因抗虫棉花构建特异性定性PCR方法	农业部1943号公告—2—2013
96	转基因植物及其产品成分检测 抗虫棉花 第1部分：对靶标害虫的抗虫性	农业部1943号公告—3—2013（代替953号公告—12.1—2007）
97	转基因植物及其产品成分检测抗虫 转Bt基因棉花外源蛋白表达量检测技术规范	农业部1943号公告—4—2013（代替1485号公告—14—2010）
98	转基因植物及其产品环境安全检测 耐除草剂大豆 第1部分：除草剂耐受性	农业部2031号公告—1—2013
99	转基因植物及其产品环境安全检测 耐除草剂大豆 第2部分：生存竞争能力	农业部2031号公告—2—2013
100	转基因植物及其产品环境安全检测 耐除草剂大豆 第3部分：外源基因漂移	农业部2031号公告—3—2013

（续）

序号	标准名称	标准编号
101	转基因植物及其产品环境安全检测 耐除草剂大豆 第4部分：生物多样性影响	农业部2031号公告—4—2013
102	转基因植物及其产品成分检测 耐旱玉米MON87460及其衍生品种定性PCR方法	农业部2031号公告—5—2013
103	转基因植物及其产品成分检测 抗虫玉米MIR162及其衍生品种定性PCR方法	农业部2031号公告—6—2013
104	转基因植物及其产品成分检测 抗虫水稻科丰2号及其衍生品种定性PCR检测方法	农业部2031号公告—7—2013
105	转基因植物及其产品成分检测 大豆内标准基因定性PCR方法	农业部2031号公告—8—2013
106	转基因植物及其产品成分检测 油菜内标准基因定性PCR方法	农业部2031号公告—9—2013
107	转基因植物及其产品成分检测 普通小麦内标准基因定性PCR方法	农业部2031号公告—10—2013
108	转基因植物及其产品成分检测 Barstar基因定性PCR方法	农业部2031号公告—11—2013
109	转基因植物及其产品成分检测 Barnase基因定性PCR方法	农业部2031号公告—12—2013
110	转基因植物及其产品成分检测 转淀粉酶基因玉米3272及其衍生品种定性PCR方法	农业部2031号公告—13—2013
111	转基因动物及其产品成分检测 普通牛（Bos taurus）内标准基因定性PCR方法	农业部2031号公告—14—2013
112	转基因生物及其产品食用安全检测 蛋白质功效比试验	农业部2031号公告—15—2013
113	转基因生物及其产品食用安全检测 蛋白质热稳定性试验	农业部2031号公告—17—2013
114	转基因生物及其产品食用安全检测 蛋白质糖基化高碘酸希夫染色试验	农业部2031号公告—18—2013
115	转基因植物及其产品成分检测 抽样	农业部2031号公告—19—2013（代替NY/T 673—2003）
116	转基因动物及其产品成分检测 猪内标准基因定性PCR	农业部2122号公告—1—2014
117	转基因动物及其产品成分检测 羊内标准基因定性PCR	农业部2122号公告—2—2014
118	转基因植物及其产品成分检测 报告基因GUS、GFP定性PCR	农业部2122号公告—3—2014
119	转基因植物及其产品成分检测 耐除草剂和品质改良大豆MON87705及其衍生品种定性PCR方法	农业部2122号公告—4—2014
120	转基因植物及其产品成分检测 耐除草剂和品质改良大豆MON87769及其衍生品种定性PCR方法	农业部2122号公告—5—2014
121	转基因植物及其产品成分检测 耐除草剂苜蓿J163及其衍生品种定性PCR方法	农业部2122号公告—6—2014
122	转基因植物及其产品成分检测 耐除草剂苜蓿J101及其衍生品种定性PCR方法	农业部2122号公告—7—2014
123	转基因植物及其产品成分检测 抗虫水稻TT51-1及其衍生品种定量PCR方法	农业部2122号公告—8—2014

（续）

序号	标准名称	标准编号
124	转基因植物及其产品成分检测　耐除草剂玉米 DAS-40278-9 及其衍生品种定性 PCR 方法	农业部 2122 号公告—9—2014
125	转基因植物及其产品环境安全检测　耐旱玉米　第 1 部分：干旱耐受性	农业部 2122 号公告—10.1—2014
126	转基因植物及其产品环境安全检测　耐旱玉米　第 2 部分：生存竞争力	农业部 2122 号公告—10.2—2014
127	转基因植物及其产品环境安全检测　耐旱玉米　第 3 部分：外源基因漂移	农业部 2122 号公告—10.3—2014
128	转基因植物及其产品环境安全检测　耐旱玉米　第 4 部分：生物多样性影响	农业部 2122 号公告—10.4—2014
129	转基因植物及其产品成分检测　抗虫和耐除草剂玉米 Bt11 及其衍生品种定性 PCR	农业部 2122 号公告—14—2014（代替 869 号公告—3—2007）
130	转基因植物及其产品成分检测　抗虫和耐除草剂玉米 Bt176 及其衍生品种定性 PCR	农业部 2122 号公告—15—2014（代替 869 号公告—8—2007）
131	转基因植物及其产品成分检测　抗虫玉米 MON810 及其衍生品种定性 PCR	农业部 2122 号公告—16—2014（代替 869 号公告—9—2007）
132	转基因植物及其产品成分检测　基体标准物质定值技术规范	农业部 2259 号公告—1—2015
133	转基因植物及其产品成分检测　玉米标准物质候选物繁殖与鉴定技术规范	农业部 2259 号公告—2—2015
134	转基因植物及其产品成分检测　棉花标准物质候选物繁殖与鉴定技术规范	农业部 2259 号公告—3—2015
135	转基因植物及其产品成分检测　定性 PCR 方法制定指南	农业部 2259 号公告—4—2015
136	转基因植物及其产品成分检测　实时荧光定量 PCR 方法制定指南	农业部 2259 号公告—5—2015
137	转基因植物及其产品成分检测　耐除草剂大豆 MON87708 及其衍生品种定性 PCR 方法	农业部 2259 号公告—6—2015
138	转基因植物及其产品成分检测　抗虫大豆 MON87701 及其衍生品种定性 PCR 方法	农业部 2259 号公告—7—2015
139	转基因植物及其产品成分检测　耐除草剂大豆 FG72 及其衍生品种定性 PCR 方法	农业部 2259 号公告—8—2015
140	转基因植物及其产品成分检测耐　除草剂油菜 MON88302 及其衍生品种定性 PCR 方法	农业部 2259 号公告—9—2015
141	转基因植物及其产品成分检测　抗虫玉米 IE09S034 及其衍生品种定性 PCR 方法	农业部 2259 号公告—10—2015
142	转基因植物及其产品成分检测　抗虫耐除草剂水稻 G6H1 及其衍生品种定性 PCR 方法	农业部 2259 号公告—11—2015
143	转基因植物及其产品成分检测　抗虫耐除草剂玉米双抗 12-5 及其衍生品种定性 PCR 方法	农业部 2259 号公告—12—2015

（续）

序号	标准名称	标准编号
144	转基因植物试验安全控制措施 第1部分：通用要求	农业部 2259 号公告—13—2015
145	转基因植物试验安全控制措施 第2部分：药用工业用转基因植物	农业部 2259 号公告—14—2015
146	转基因植物及其产品环境安全检测 抗除草剂水稻 第1部分：除草剂耐受性	农业部 2259 号公告—15—2015
147	转基因植物及其产品环境安全检测 抗除草剂水稻 第2部分：生存竞争能力	农业部 2259 号公告—16—2015
148	转基因植物及其产品环境安全检测 耐除草剂油菜 第1部分：除草剂耐受性	农业部 2259 号公告—17—2015
149	转基因植物及其产品环境安全检测 耐除草剂油菜 第2部分：生存竞争能力	农业部 2259 号公告—18—2015
150	转基因生物良好实验室操作规范 第1部分：分子特征检测	农业部 2259 号公告—19—2015
151	农业转基因生物安全管理通用要求 实验室	农业部 2406 号公告—1—2016
152	农业转基因生物安全管理通用要求 温室	农业部 2406 号公告—2—2016
153	农业转基因生物安全管理通用要求 试验基地	农业部 2406 号公告—3—2016
154	转基因生物及其产品食用安全检测 蛋白质7天经口毒性试验	农业部 2406 号公告—4—2016
155	转基因生物及其产品食用安全检测 外源蛋白质致敏性人血清酶联免疫试验	农业部 2406 号公告—5—2016
156	转基因生物及其产品食用安全检测 营养素大鼠表观消化率试验	农业部 2406 号公告—6—2016
157	转基因动物及其产品成分检测 DNA 提取和纯化	农业部 2406 号公告—7—2016
158	转基因动物及其产品成分检测 人乳铁蛋白基因（hLTF）定性 PCR 方法	农业部 2406 号公告—8—2016
159	转基因动物及其产品成分检测 人 α-乳清蛋白基因（hLALBA）定性 PCR 方法	农业部 2406 号公告—9—2016
160	转基因生物及其产品食用安全检测 蛋白质急性经口毒性试验	农业部 2406 号公告—10—2016
161	农业转基因生物安全管理术语	农业部 2630 号公告—1—2017
162	转基因植物及其产品成分检测 耐除草剂油菜 73496 及其衍生品种定性 PCR 方法	农业部 2630 号公告—2—2017
163	转基因植物及其产品成分检测 抗虫水稻 T1c-19 及其衍生品种定性 PCR 方法	农业部 2630 号公告—3—2017
164	转基因植物及其产品成分检测 抗虫玉米 5307 及其衍生品种定性 PCR 方法	农业部 2630 号公告—4—2017
165	转基因植物及其产品成分检测 耐除草剂大豆 DAS-68416-4 及其衍生品种定性 PCR 方法	农业部 2630 号公告—5—2017
166	转基因植物及其产品成分检测 耐除草剂玉米 MON87427 及其衍生品种定性 PCR 方法	农业部 2630 号公告—6—2017
167	转基因植物及其产品成分检测 抗虫耐除草剂玉米 4114 及其衍生品种定性 PCR 方法	农业部 2630 号公告—7—2017

（续）

序号	标准名称	标准编号
168	转基因植物及其产品成分检测　抗虫棉花 COT102 及其衍生品种定性 PCR 方法	农业部 2630 号公告－8—2017
169	转基因植物及其产品成分检测　抗虫耐除草剂玉米 C0030.3.5 及其衍生品种定性 PCR 方法	农业部 2630 号公告－9—2017
170	转基因植物及其产品成分检测　耐除草剂玉米 C0010.3.7 及其衍生品种定性 PCR 方法	农业部 2630 号公告－10—2017
171	转基因植物及其产品成分检测　耐除草剂玉米 VCO-1981-5 及其衍生品种定性 PCR 方法	农业部 2630 号公告－11—2017
172	转基因植物及其产品成分检测　外源蛋白质检测试纸评价方法	农业部 2630 号公告－12—2017
173	转基因植物及其产品成分检测　质粒 DNA 标准物质定值技术规范	农业部 2630 号公告－13—2017
174	转基因动物及其产品成分检测　人溶菌酶基因（hLYZ）定性 PCR 方法	农业部 2630 号公告－14—2017
175	转基因植物及其产品成分检测　耐除草剂大豆 SHZD32-1 及其衍生品种定性 PCR 方法	农业部 2630 号公告－15—2017
176	转基因生物及其产品食用安全检测　外源蛋白质与毒性蛋白质和抗营养因子的氨基酸序列相似性生物信息学分析方法	农业部 2630 号公告－16—2017

第三部分

相关法律、法规和规章

中华人民共和国行政许可法

（2003 年 8 月 27 日中华人民共和国主席令第 7 号公布）

第一章　总　　则

第一条　为了规范行政许可的设定和实施，保护公民、法人和其他组织的合法权益，维护公共利益和社会秩序，保障和监督行政机关有效实施行政管理，根据宪法，制定本法。

第二条　本法所称行政许可，是指行政机关根据公民、法人或者其他组织的申请，经依法审查，准予其从事特定活动的行为。

第三条　行政许可的设定和实施，适用本法。有关行政机关对其他机关或者对其直接管理的事业单位的人事、财务、外事等事项的审批，不适用本法。

第四条　设定和实施行政许可，应当依照法定的权限、范围、条件和程序。

第五条　设定和实施行政许可，应当遵循公开、公平、公正的原则。有关行政许可的规定应当公布；未经公布的，不得作为实施行政许可的依据。行政许可的实施和结果，除涉及国家秘密、商业秘密或者个人隐私的外，应当公开。符合法定条件、标准的，申请人有依法取得行政许可的平等权利，行政机关不得歧视。

第六条　实施行政许可，应当遵循便民的原则，提高办事效率，提供优质服务。

第七条　公民、法人或者其他组织对行政机关实施行政许可，享有陈述权、申辩权；有权依法申请行政复议或者提起行政诉讼；其合法权益因行政机关违法实施行政许可受到损害的，有权依法要求赔偿。

第八条　公民、法人或者其他组织依法取得的行政许可受法律保护，行政机关不得擅自改变已经生效的行政许可。

行政许可所依据的法律、法规、规章修改或者废止，或者准予行政许可所依据的客观情况发生重大变化的，为了公共利益的需要，行政机关可以依法变更或者撤回已经生效的行政许可。由此给公民、法人或者其他组织造成财产损失的，行政机关应当依法给予补偿。

第九条　依法取得的行政许可，除法律、法规规定依照法定条件和程序可以转让的外，不得转让。

第十条　县级以上人民政府应当建立健全对行政机关实施行政许可的监督制度，加强对行政机关实施行政许可的监督检查。

行政机关应当对公民、法人或者其他组织从事行政许可事项的活动实施有效监督。

第二章　行政许可的设定

第十一条　设定行政许可，应当遵循经济和社会发展规律，有利于发挥公民、法人或者其他组织的积极性、主动性，维护公共利益和社会秩序，促进经济、社会和生态环境协调发展。

第十二条 下列事项可以设定行政许可：

（一）直接涉及国家安全、公共安全、经济宏观调控、生态环境保护以及直接关系人身健康、生命财产安全等特定活动，需要按照法定条件予以批准的事项；

（二）有限自然资源开发利用、公共资源配置以及直接关系公共利益的特定行业的市场准入等，需要赋予特定权利的事项；

（三）提供公众服务并且直接关系公共利益的职业、行业，需要确定具备特殊信誉、特殊条件或者特殊技能等资格、资质的事项；

（四）直接关系公共安全、人身健康、生命财产安全的重要设备、设施、产品、物品，需要按照技术标准、技术规范，通过检验、检测、检疫等方式进行审定的事项；

（五）企业或者其他组织的设立等，需要确定主体资格的事项；

（六）法律、行政法规规定可以设定行政许可的其他事项。

第十三条 本法第十二条所列事项，通过下列方式能够予以规范的，可以不设行政许可：

（一）公民、法人或者其他组织能够自主决定的；

（二）市场竞争机制能够有效调节的；

（三）行业组织或者中介机构能够自律管理的；

（四）行政机关采用事后监督等其他行政管理方式能够解决的。

第十四条 本法第十二条所列事项，法律可以设定行政许可。尚未制定法律的，行政法规可以设定行政许可。

必要时，国务院可以采用发布决定的方式设定行政许可。实施后，除临时性行政许可事项外，国务院应当及时提请全国人民代表大会及其常务委员会制定法律，或者自行制定行政法规。

第十五条 本法第十二条所列事项，尚未制定法律、行政法规的，地方性法规可以设定行政许可；尚未制定法律、行政法规和地方性法规的，因行政管理的需要，确需立即实施行政许可的，省、自治区、直辖市人民政府规章可以设定临时性的行政许可。临时性的行政许可实施满一年需要继续实施的，应当提请本级人民代表大会及其常务委员会制定地方性法规。

地方性法规和省、自治区、直辖市人民政府规章，不得设定应当由国家统一确定的公民、法人或者其他组织的资格、资质的行政许可；不得设定企业或者其他组织的设立登记及其前置性行政许可。其设定的行政许可，不得限制其他地区的个人或者企业到本地区从事生产经营和提供服务，不得限制其他地区的商品进入本地区市场。

第十六条 行政法规可以在法律设定的行政许可事项范围内，对实施该行政许可作出具体规定。

地方性法规可以在法律、行政法规设定的行政许可事项范围内，对实施该行政许可作出具体规定。

规章可以在上位法设定的行政许可事项范围内，对实施该行政许可作出具体规定。

法规、规章对实施上位法设定的行政许可作出的具体规定，不得增设行政许可；对行政许可条件作出的具体规定，不得增设违反上位法的其他条件。

第十七条　除本法第十四条、第十五条规定的外，其他规范性文件一律不得设定行政许可。

第十八条　设定行政许可，应当规定行政许可的实施机关、条件、程序、期限。

第十九条　起草法律草案、法规草案和省、自治区、直辖市人民政府规章草案，拟设定行政许可的，起草单位应当采取听证会、论证会等形式听取意见，并向制定机关说明设定该行政许可的必要性、对经济和社会可能产生的影响以及听取和采纳意见的情况。

第二十条　行政许可的设定机关应当定期对其设定的行政许可进行评价；对已设定的行政许可，认为通过本法第十三条所列方式能够解决的，应当对设定该行政许可的规定及时予以修改或者废止。

行政许可的实施机关可以对已设定的行政许可的实施情况及存在的必要性适时进行评价，并将意见报告该行政许可的设定机关。

公民、法人或者其他组织可以向行政许可的设定机关和实施机关就行政许可的设定和实施提出意见和建议。

第二十一条　省、自治区、直辖市人民政府对行政法规设定的有关经济事务的行政许可，根据本行政区域经济和社会发展情况，认为通过本法第十三条所列方式能够解决的，报国务院批准后，可以在本行政区域内停止实施该行政许可。

第三章　行政许可的实施机关

第二十二条　行政许可由具有行政许可权的行政机关在其法定职权范围内实施。

第二十三条　法律、法规授权的具有管理公共事务职能的组织，在法定授权范围内，以自己的名义实施行政许可。被授权的组织适用本法有关行政机关的规定。

第二十四条　行政机关在其法定职权范围内，依照法律、法规、规章的规定，可以委托其他行政机关实施行政许可。委托机关应当将受委托行政机关和受委托实施行政许可的内容予以公告。

委托行政机关对受委托行政机关实施行政许可的行为应当负责监督，并对该行为的后果承担法律责任。

受委托行政机关在委托范围内，以委托行政机关名义实施行政许可；不得再委托其他组织或者个人实施行政许可。

第二十五条　经国务院批准，省、自治区、直辖市人民政府根据精简、统一、效能的原则，可以决定一个行政机关行使有关行政机关的行政许可权。

第二十六条　行政许可需要行政机关内设的多个机构办理的，该行政机关应当确定一个机构统一受理行政许可申请，统一送达行政许可决定。

行政许可依法由地方人民政府两个以上部门分别实施的，本级人民政府可以确定一个部门受理行政许可申请并转告有关部门分别提出意见后统一办理，或者组织有关部门联合办理、集中办理。

第二十七条　行政机关实施行政许可，不得向申请人提出购买指定商品、接受有偿服务等不正当要求。

行政机关工作人员办理行政许可，不得索取或者收受申请人的财物，不得谋取其他利益。

第二十八条 对直接关系公共安全、人身健康、生命财产安全的设备、设施、产品、物品的检验、检测、检疫，除法律、行政法规规定由行政机关实施的外，应当逐步由符合法定条件的专业技术组织实施。专业技术组织及其有关人员对所实施的检验、检测、检疫结论承担法律责任。

第四章　行政许可的实施程序

第一节　申请与受理

第二十九条 公民、法人或者其他组织从事特定活动，依法需要取得行政许可的，应当向行政机关提出申请。申请书需要采用格式文本的，行政机关应当向申请人提供行政许可申请书格式文本。申请书格式文本中不得包含与申请行政许可事项没有直接关系的内容。

申请人可以委托代理人提出行政许可申请。但是，依法应当由申请人到行政机关办公场所提出行政许可申请的除外。

行政许可申请可以通过信函、电报、电传、传真、电子数据交换和电子邮件等方式提出。

第三十条 行政机关应当将法律、法规、规章规定的有关行政许可的事项、依据、条件、数量、程序、期限以及需要提交的全部材料的目录和申请书示范文本等在办公场所公示。

申请人要求行政机关对公示内容予以说明、解释的，行政机关应当说明、解释，提供准确、可靠的信息。

第三十一条 申请人申请行政许可，应当如实向行政机关提交有关材料和反映真实情况，并对其申请材料实质内容的真实性负责。行政机关不得要求申请人提交与其申请的行政许可事项无关的技术资料和其他材料。

第三十二条 行政机关对申请人提出的行政许可申请，应当根据下列情况分别作出处理：

（一）申请事项依法不需要取得行政许可的，应当即时告知申请人不受理；

（二）申请事项依法不属于本行政机关职权范围的，应当即时作出不予受理的决定，并告知申请人向有关行政机关申请；

（三）申请材料存在可以当场更正的错误的，应当允许申请人当场更正；

（四）申请材料不齐全或者不符合法定形式的，应当当场或者在五日内一次告知申请人需要补正的全部内容，逾期不告知的，自收到申请材料之日起即为受理；

（五）申请事项属于本行政机关职权范围，申请材料齐全、符合法定形式，或者申请人按照本行政机关的要求提交全部补正申请材料的，应当受理行政许可申请。

行政机关受理或者不予受理行政许可申请，应当出具加盖本行政机关专用印章和注明日期的书面凭证。

第三十三条 行政机关应当建立和完善有关制度，推行电子政务，在行政机关的网站上公布行政许可事项，方便申请人采取数据电文等方式提出行政许可申请；应当与其他行政机关共享有关行政许可信息，提高办事效率。

第二节　审查与决定

第三十四条　行政机关应当对申请人提交的申请材料进行审查。申请人提交的申请材料齐全、符合法定形式，行政机关能够当场作出决定的，应当当场作出书面的行政许可决定。根据法定条件和程序，需要对申请材料的实质内容进行核实的，行政机关应当指派两名以上工作人员进行核查。

第三十五条　依法应当先经下级行政机关审查后报上级行政机关决定的行政许可，下级行政机关应当在法定期限内将初步审查意见和全部申请材料直接报送上级行政机关。上级行政机关不得要求申请人重复提供申请材料。

第三十六条　行政机关对行政许可申请进行审查时，发现行政许可事项直接关系他人重大利益的，应当告知该利害关系人。申请人、利害关系人有权进行陈述和申辩。行政机关应当听取申请人、利害关系人的意见。

第三十七条　行政机关对行政许可申请进行审查后，除当场作出行政许可决定的外，应当在法定期限内按照规定程序作出行政许可决定。

第三十八条　申请人的申请符合法定条件、标准的，行政机关应当依法作出准予行政许可的书面决定。

行政机关依法作出不予行政许可的书面决定的，应当说明理由，并告知申请人享有依法申请行政复议或者提起行政诉讼的权利。

第三十九条　行政机关作出准予行政许可的决定，需要颁发行政许可证件的，应当向申请人颁发加盖本行政机关印章的下列行政许可证件：

（一）许可证、执照或者其他许可证书；

（二）资格证、资质证或者其他合格证书；

（三）行政机关的批准文件或者证明文件；

（四）法律、法规规定的其他行政许可证件。

行政机关实施检验、检测、检疫的，可以在检验、检测、检疫合格的设备、设施、产品、物品上加贴标签或者加盖检验、检测、检疫印章。

第四十条　行政机关作出的准予行政许可决定，应当予以公开，公众有权查阅。

第四十一条　法律、行政法规设定的行政许可，其适用范围没有地域限制的，申请人取得的行政许可在全国范围内有效。

第三节　期　限

第四十二条　除可以当场作出行政许可决定的外，行政机关应当自受理行政许可申请之日起二十日内作出行政许可决定。二十日内不能作出决定的，经本行政机关负责人批准，可以延长十日，并应当将延长期限的理由告知申请人。但是，法律、法规另有规定的，依照其规定。

依照本法第二十六条的规定，行政许可采取统一办理或者联合办理、集中办理的，办理的时间不得超过四十五日；四十五日内不能办结的，经本级人民政府负责人批准，可以延长十五日，并应当将延长期限的理由告知申请人。

第四十三条 依法应当先经下级行政机关审查后报上级行政机关决定的行政许可，下级行政机关应当自其受理行政许可申请之日起二十日内审查完毕。但是，法律、法规另有规定的，依照其规定。

第四十四条 行政机关作出准予行政许可的决定，应当自作出决定之日起十日内向申请人颁发、送达行政许可证件，或者加贴标签、加盖检验、检测、检疫印章。

第四十五条 行政机关作出行政许可决定，依法需要听证、招标、拍卖、检验、检测、检疫、鉴定和专家评审的，所需时间不计算在本节规定的期限内。行政机关应当将所需时间书面告知申请人。

第四节　听　　证

第四十六条 法律、法规、规章规定实施行政许可应当听证的事项，或者行政机关认为需要听证的其他涉及公共利益的重大行政许可事项，行政机关应当向社会公告，并举行听证。

第四十七条 行政许可直接涉及申请人与他人之间重大利益关系的，行政机关在作出行政许可决定前，应当告知申请人、利害关系人享有要求听证的权利；申请人、利害关系人在被告知听证权利之日起五日内提出听证申请的，行政机关应当在二十日内组织听证。

申请人、利害关系人不承担行政机关组织听证的费用。

第四十八条 听证按照下列程序进行：

（一）行政机关应当于举行听证的七日前将举行听证的时间、地点通知申请人、利害关系人，必要时予以公告；

（二）听证应当公开举行；

（三）行政机关应当指定审查该行政许可申请的工作人员以外的人员为听证主持人，申请人、利害关系人认为主持人与该行政许可事项有直接利害关系的，有权申请回避；

（四）举行听证时，审查该行政许可申请的工作人员应当提供审查意见的证据、理由，申请人、利害关系人可以提出证据，并进行申辩和质证；

（五）听证应当制作笔录，听证笔录应当交听证参加人确认无误后签字或者盖章。

行政机关应当根据听证笔录，作出行政许可决定。

第五节　变更与延续

第四十九条 被许可人要求变更行政许可事项的，应当向作出行政许可决定的行政机关提出申请；符合法定条件、标准的，行政机关应当依法办理变更手续。

第五十条 被许可人需要延续依法取得的行政许可的有效期的，应当在该行政许可有效期届满三十日前向作出行政许可决定的行政机关提出申请。但是，法律、法规、规章另有规定的，依照其规定。

行政机关应当根据被许可人的申请，在该行政许可有效期届满前作出是否准予延续的决定；逾期未作决定的，视为准予延续。

第六节　特别规定

第五十一条 实施行政许可的程序，本节有规定的，适用本节规定；本节没有规定的，适用本章其他有关规定。

第五十二条 国务院实施行政许可的程序，适用有关法律、行政法规的规定。

第五十三条 实施本法第十二条第二项所列事项的行政许可的，行政机关应当通过招标、拍卖等公平竞争的方式作出决定。但是，法律、行政法规另有规定的，依照其规定。

行政机关通过招标、拍卖等方式作出行政许可决定的具体程序，依照有关法律、行政法规的规定。

行政机关按照招标、拍卖程序确定中标人、买受人后，应当作出准予行政许可的决定，并依法向中标人、买受人颁发行政许可证件。

行政机关违反本条规定，不采用招标、拍卖方式，或者违反招标、拍卖程序，损害申请人合法权益的，申请人可以依法申请行政复议或者提起行政诉讼。

第五十四条 实施本法第十二条第三项所列事项的行政许可，赋予公民特定资格，依法应当举行国家考试的，行政机关根据考试成绩和其他法定条件作出行政许可决定；赋予法人或者其他组织特定的资格、资质的，行政机关根据申请人的专业人员构成、技术条件、经营业绩和管理水平等的考核结果作出行政许可决定。但是，法律、行政法规另有规定的，依照其规定。

公民特定资格的考试依法由行政机关或者行业组织实施，公开举行。行政机关或者行业组织应当事先公布资格考试的报名条件、报考办法、考试科目以及考试大纲。但是，不得组织强制性的资格考试的考前培训，不得指定教材或者其他助考材料。

第五十五条 实施本法第十二条第四项所列事项的行政许可的，应当按照技术标准、技术规范依法进行检验、检测、检疫，行政机关根据检验、检测、检疫的结果作出行政许可决定。

行政机关实施检验、检测、检疫，应当自受理申请之日起五日内指派两名以上工作人员按照技术标准、技术规范进行检验、检测、检疫。不需要对检验、检测、检疫结果作进一步技术分析即可认定设备、设施、产品、物品是否符合技术标准、技术规范的，行政机关应当当场作出行政许可决定。

行政机关根据检验、检测、检疫结果，作出不予行政许可决定的，应当书面说明不予行政许可所依据的技术标准、技术规范。

第五十六条 实施本法第十二条第五项所列事项的行政许可，申请人提交的申请材料齐全、符合法定形式的，行政机关应当当场予以登记。需要对申请材料的实质内容进行核实的，行政机关依照本法第三十四条第三款的规定办理。

第五十七条 有数量限制的行政许可，两个或者两个以上申请人的申请均符合法定条件、标准的，行政机关应当根据受理行政许可申请的先后顺序作出准予行政许可的决定。但是，法律、行政法规另有规定的，依照其规定。

第五章 行政许可的费用

第五十八条 行政机关实施行政许可和对行政许可事项进行监督检查，不得收取任何费用。但是，法律、行政法规另有规定的，依照其规定。

行政机关提供行政许可申请书格式文本，不得收费。

行政机关实施行政许可所需经费应当列入本行政机关的预算，由本级财政予以保障，按照批准的预算予以核拨。

第五十九条 行政机关实施行政许可，依照法律、行政法规收取费用的，应当按照公布的法定项目和标准收费；所收取的费用必须全部上缴国库，任何机关或者个人不得以任何形式截留、挪用、私分或者变相私分。财政部门不得以任何形式向行政机关返还或者变相返还实施行政许可所收取的费用。

第六章 监督检查

第六十条 上级行政机关应当加强对下级行政机关实施行政许可的监督检查，及时纠正行政许可实施中的违法行为。

第六十一条 行政机关应当建立健全监督制度，通过核查反映被许可人从事行政许可事项活动情况的有关材料，履行监督责任。

行政机关依法对被许可人从事行政许可事项的活动进行监督检查时，应当将监督检查的情况和处理结果予以记录，由监督检查人员签字后归档。公众有权查阅行政机关监督检查记录。

行政机关应当创造条件，实现与被许可人、其他有关行政机关的计算机档案系统互联，核查被许可人从事行政许可事项活动情况。

第六十二条 行政机关可以对被许可人生产经营的产品依法进行抽样检查、检验、检测，对其生产经营场所依法进行实地检查。检查时，行政机关可以依法查阅或者要求被许可人报送有关材料；被许可人应当如实提供有关情况和材料。

行政机关根据法律、行政法规的规定，对直接关系公共安全、人身健康、生命财产安全的重要设备、设施进行定期检验。对检验合格的，行政机关应当发给相应的证明文件。

第六十三条 行政机关实施监督检查，不得妨碍被许可人正常的生产经营活动，不得索取或者收受被许可人的财物，不得谋取其他利益。

第六十四条 被许可人在作出行政许可决定的行政机关管辖区域外违法从事行政许可事项活动的，违法行为发生地的行政机关应当依法将被许可人的违法事实、处理结果抄告作出行政许可决定的行政机关。

第六十五条 个人和组织发现违法从事行政许可事项的活动，有权向行政机关举报，行政机关应当及时核实、处理。

第六十六条 被许可人未依法履行开发利用自然资源义务或者未依法履行利用公共资源义务的，行政机关应当责令限期改正；被许可人在规定期限内不改正的，行政机关应当依照有关法律、行政法规的规定予以处理。

第六十七条 取得直接关系公共利益的特定行业的市场准入行政许可的被许可人，应当按照国家规定的服务标准、资费标准和行政机关依法规定的条件，向用户提供安全、方便、稳定和价格合理的服务，并履行普遍服务的义务；未经作出行政许可决定的行政机关批准，不得擅自停业、歇业。

被许可人不履行前款规定的义务的，行政机关应当责令限期改正，或者依法采取有效措施督促其履行义务。

第六十八条 对直接关系公共安全、人身健康、生命财产安全的重要设备、设施，行政机关应当督促设计、建造、安装和使用单位建立相应的自检制度。

行政机关在监督检查时，发现直接关系公共安全、人身健康、生命财产安全的重要设备、设施存在安全隐患的，应当责令停止建造、安装和使用，并责令设计、建造、安装和使用单位立即改正。

第六十九条 有下列情形之一的，作出行政许可决定的行政机关或者其上级行政机关，根据利害关系人的请求或者依据职权，可以撤销行政许可：

（一）行政机关工作人员滥用职权、玩忽职守作出准予行政许可决定的；

（二）超越法定职权作出准予行政许可决定的；

（三）违反法定程序作出准予行政许可决定的；

（四）对不具备申请资格或者不符合法定条件的申请人准予行政许可的；

（五）依法可以撤销行政许可的其他情形。

被许可人以欺骗、贿赂等不正当手段取得行政许可的，应当予以撤销。

依照前两款的规定撤销行政许可，可能对公共利益造成重大损害的，不予撤销。

依照本条第一款的规定撤销行政许可，被许可人的合法权益受到损害的，行政机关应当依法给予赔偿。依照本条第二款的规定撤销行政许可的，被许可人基于行政许可取得的利益不受保护。

第七十条 有下列情形之一的，行政机关应当依法办理有关行政许可的注销手续：

（一）行政许可有效期届满未延续的；

（二）赋予公民特定资格的行政许可，该公民死亡或者丧失行为能力的；

（三）法人或者其他组织依法终止的；

（四）行政许可依法被撤销、撤回，或者行政许可证件依法被吊销的；

（五）因不可抗力导致行政许可事项无法实施的；

（六）法律、法规规定的应当注销行政许可的其他情形。

第七章 法律责任

第七十一条 违反本法第十七条规定设定的行政许可，有关机关应当责令设定该行政许可的机关改正，或者依法予以撤销。

第七十二条 行政机关及其工作人员违反本法的规定，有下列情形之一的，由其上级行政机关或者监察机关责令改正；情节严重的，对直接负责的主管人员和其他直接责任人员依法给予行政处分：

（一）对符合法定条件的行政许可申请不予受理的；

（二）不在办公场所公示依法应当公示的材料的；

（三）在受理、审查、决定行政许可过程中，未向申请人、利害关系人履行法定告知义务的；

（四）申请人提交的申请材料不齐全、不符合法定形式，不一次告知申请人必须补正的全部内容的；

（五）未依法说明不受理行政许可申请或者不予行政许可的理由的；

（六）依法应当举行听证而不举行听证的。

第七十三条 行政机关工作人员办理行政许可、实施监督检查，索取或者收受他人财物或者谋取其他利益，构成犯罪的，依法追究刑事责任；尚不构成犯罪的，依法给予行政处分。

第七十四条　行政机关实施行政许可，有下列情形之一的，由其上级行政机关或者监察机关责令改正，对直接负责的主管人员和其他直接责任人员依法给予行政处分；构成犯罪的，依法追究刑事责任：

（一）对不符合法定条件的申请人准予行政许可或者超越法定职权作出准予行政许可决定的；

（二）对符合法定条件的申请人不予行政许可或者不在法定期限内作出准予行政许可决定的；

（三）依法应当根据招标、拍卖结果或者考试成绩择优作出准予行政许可决定，未经招标、拍卖或者考试，或者不根据招标、拍卖结果或者考试成绩择优作出准予行政许可决定的。

第七十五条　行政机关实施行政许可，擅自收费或者不按照法定项目和标准收费的，由其上级行政机关或者监察机关责令退还非法收取的费用；对直接负责的主管人员和其他直接责任人员依法给予行政处分。

截留、挪用、私分或者变相私分实施行政许可依法收取的费用的，予以追缴；对直接负责的主管人员和其他直接责任人员依法给予行政处分；构成犯罪的，依法追究刑事责任。

第七十六条　行政机关违法实施行政许可，给当事人的合法权益造成损害的，应当依照国家赔偿法的规定给予赔偿。

第七十七条　行政机关不依法履行监督职责或者监督不力，造成严重后果的，由其上级行政机关或者监察机关责令改正，对直接负责的主管人员和其他直接责任人员依法给予行政处分；构成犯罪的，依法追究刑事责任。

第七十八条　行政许可申请人隐瞒有关情况或者提供虚假材料申请行政许可的，行政机关不予受理或者不予行政许可，并给予警告；行政许可申请属于直接关系公共安全、人身健康、生命财产安全事项的，申请人在一年内不得再次申请该行政许可。

第七十九条　被许可人以欺骗、贿赂等不正当手段取得行政许可的，行政机关应当依法给予行政处罚；取得的行政许可属于直接关系公共安全、人身健康、生命财产安全事项的，申请人在三年内不得再次申请该行政许可；构成犯罪的，依法追究刑事责任。

第八十条　被许可人有下列行为之一的，行政机关应当依法给予行政处罚；构成犯罪的，依法追究刑事责任：

（一）涂改、倒卖、出租、出借行政许可证件，或者以其他形式非法转让行政许可的；

（二）超越行政许可范围进行活动的；

（三）向负责监督检查的行政机关隐瞒有关情况、提供虚假材料或者拒绝提供反映其活动情况的真实材料的；

（四）法律、法规、规章规定的其他违法行为。

第八十一条　公民、法人或者其他组织未经行政许可，擅自从事依法应当取得行政许可的活动的，行政机关应当依法采取措施予以制止，并依法给予行政处罚；构成犯罪的，依法追究刑事责任。

第八章　附　　则

第八十二条　本法规定的行政机关实施行政许可的期限以工作日计算，不含法定节假日。

第八十三条　本法自 2004 年 7 月 1 日起施行。

本法施行前有关行政许可的规定，制定机关应当依照本法规定予以清理；不符合本法规定的，自本法施行之日起停止执行。

中华人民共和国行政处罚法

（2017 年 9 月 1 日中华人民共和国主席令第 76 号公布）

第一章 总 则

第一条 为了规范行政处罚的设定和实施，保障和监督行政机关有效实施行政管理，维护公共利益和社会秩序，保护公民、法人或者其他组织的合法权益，根据宪法，制定本法。

第二条 行政处罚的设定和实施，适用本法。

第三条 公民、法人或者其他组织违反行政管理秩序的行为，应当给予行政处罚的，依照本法由法律、法规或者规章规定，并由行政机关依照本法规定的程序实施。

没有法定依据或者不遵守法定程序的，行政处罚无效。

第四条 行政处罚遵循公正、公开的原则。

设定和实施行政处罚必须以事实为依据，与违法行为的事实、性质、情节以及社会危害程度相当。

对违法行为给予行政处罚的规定必须公布；未经公布的，不得作为行政处罚的依据。

第五条 实施行政处罚，纠正违法行为，应当坚持处罚与教育相结合，教育公民、法人或者其他组织自觉守法。

第六条 公民、法人或者其他组织对行政机关所给予的行政处罚，享有陈述权、申辩权；对行政处罚不服的，有权依法申请行政复议或者提起行政诉讼。

公民、法人或者其他组织因行政机关违法给予行政处罚受到损害的，有权依法提出赔偿要求。

第七条 公民、法人或者其他组织因违法受到行政处罚，其违法行为对他人造成损害的，应当依法承担民事责任。

违法行为构成犯罪，应当依法追究刑事责任，不得以行政处罚代替刑事处罚。

第二章 行政处罚的种类和设定

第八条 行政处罚的种类：

（一）警告；

（二）罚款；

（三）没收违法所得、没收非法财物；

（四）责令停产停业；

（五）暂扣或者吊销许可证、暂扣或者吊销执照；

（六）行政拘留；

（七）法律、行政法规规定的其他行政处罚。

第九条　法律可以设定各种行政处罚。

限制人身自由的行政处罚，只能由法律设定。

第十条　行政法规可以设定除限制人身自由以外的行政处罚。

法律对违法行为已经作出行政处罚规定，行政法规需要作出具体规定的，必须在法律规定的给予行政处罚的行为、种类和幅度的范围内规定。

第十一条　地方性法规可以设定除限制人身自由、吊销企业营业执照以外的行政处罚。

法律、行政法规对违法行为已经作出行政处罚规定，地方性法规需要作出具体规定的，必须在法律、行政法规规定的给予行政处罚的行为、种类和幅度的范围内规定。

第十二条　国务院部、委员会制定的规章可以在法律、行政法规规定的给予行政处罚的行为、种类和幅度的范围内作出具体规定。

尚未制定法律、行政法规的，前款规定的国务院部、委员会制定的规章对违反行政管理秩序的行为，可以设定警告或者一定数量罚款的行政处罚。罚款的限额由国务院规定。

国务院可以授权具有行政处罚权的直属机构依照本条第一款、第二款的规定，规定行政处罚。

第十三条　省、自治区、直辖市人民政府和省、自治区人民政府所在地的市人民政府以及经国务院批准的较大的市人民政府制定的规章可以在法律、法规规定的给予行政处罚的行为、种类和幅度的范围内作出具体规定。

尚未制定法律、法规的，前款规定的人民政府制定的规章对违反行政管理秩序的行为，可以设定警告或者一定数量罚款的行政处罚。罚款的限额由省、自治区、直辖市人民代表大会常务委员会规定。

第十四条　除本法第九条、第十条、第十一条、第十二条以及第十三条的规定外，其他规范性文件不得设定行政处罚。

第三章　行政处罚的实施机关

第十五条　行政处罚由具有行政处罚权的行政机关在法定职权范围内实施。

第十六条　国务院或者经国务院授权的省、自治区、直辖市人民政府可以决定一个行政机关行使有关行政机关的行政处罚权，但限制人身自由的行政处罚权只能由公安机关行使。

第十七条　法律、法规授权的具有管理公共事务职能的组织可以在法定授权范围内实施行政处罚。

第十八条　行政机关依照法律、法规或者规章的规定，可以在其法定权限内委托符合本法第十九条规定条件的组织实施行政处罚。行政机关不得委托其他组织或者个人实施行政处罚。

委托行政机关对受委托的组织实施行政处罚的行为应当负责监督，并对该行为的后果承担法律责任。

受委托组织在委托范围内，以委托行政机关名义实施行政处罚；不得再委托其他任何组织或者个人实施行政处罚。

第十九条　受委托组织必须符合以下条件：

（一）依法成立的管理公共事务的事业组织；

（二）具有熟悉有关法律、法规、规章和业务的工作人员；

（三）对违法行为需要进行技术检查或者技术鉴定的，应当有条件组织进行相应的技术检查或者技术鉴定。

第四章　行政处罚的管辖和适用

第二十条　行政处罚由违法行为发生地的县级以上地方人民政府具有行政处罚权的行政机关管辖。法律、行政法规另有规定的除外。

第二十一条　对管辖发生争议的，报请共同的上一级行政机关指定管辖。

第二十二条　违法行为构成犯罪的，行政机关必须将案件移送司法机关，依法追究刑事责任。

第二十三条　行政机关实施行政处罚时，应当责令当事人改正或者限期改正违法行为。

第二十四条　对当事人的同一个违法行为，不得给予两次以上罚款的行政处罚。

第二十五条　不满十四周岁的人有违法行为的，不予行政处罚，责令监护人加以管教；已满十四周岁不满十八周岁的人有违法行为的，从轻或者减轻行政处罚。

第二十六条　精神病人在不能辨认或者不能控制自己行为时有违法行为的，不予行政处罚，但应当责令其监护人严加看管和治疗。间歇性精神病人在精神正常时有违法行为的，应当给予行政处罚。

第二十七条　当事人有下列情形之一的，应当依法从轻或者减轻行政处罚：

（一）主动消除或者减轻违法行为危害后果的；

（二）受他人胁迫有违法行为的；

（三）配合行政机关查处违法行为有立功表现的；

（四）其他依法从轻或者减轻行政处罚的。

违法行为轻微并及时纠正，没有造成危害后果的，不予行政处罚。

第二十八条　违法行为构成犯罪，人民法院判处拘役或者有期徒刑时，行政机关已经给予当事人行政拘留的，应当依法折抵相应刑期。

违法行为构成犯罪，人民法院判处罚金时，行政机关已经给予当事人罚款的，应当折抵相应罚金。

第二十九条　违法行为在二年内未被发现的，不再给予行政处罚。法律另有规定的除外。

前款规定的期限，从违法行为发生之日起计算；违法行为有连续或者继续状态的，从行为终了之日起计算。

第五章　行政处罚的决定

第三十条　公民、法人或者其他组织违反行政管理秩序的行为，依法应当给予行政处罚的，行政机关必须查明事实；违法事实不清的，不得给予行政处罚。

第三十一条　行政机关在作出行政处罚决定之前，应当告知当事人作出行政处罚决定的事实、理由及依据，并告知当事人依法享有的权利。

第三十二条　当事人有权进行陈述和申辩。行政机关必须充分听取当事人的意见，对当事人提出的事实、理由和证据，应当进行复核；当事人提出的事实、理由或者证据成立的，行政机关应当采纳。

行政机关不得因当事人申辩而加重处罚。

第一节　简易程序

第三十三条　违法事实确凿并有法定依据，对公民处以五十元以下、对法人或者其他组织处以一千元以下罚款或者警告的行政处罚的，可以当场作出行政处罚决定。当事人应当依照本法第四十六条、第四十七条、第四十八条的规定履行行政处罚决定。

第三十四条　执法人员当场作出行政处罚决定的，应当向当事人出示执法身份证件，填写预定格式、编有号码的行政处罚决定书。行政处罚决定书应当当场交付当事人。

前款规定的行政处罚决定书应当载明当事人的违法行为、行政处罚依据、罚款数额、时间、地点以及行政机关名称，并由执法人员签名或者盖章。

执法人员当场作出的行政处罚决定，必须报所属行政机关备案。

第三十五条　当事人对当场作出的行政处罚决定不服的，可以依法申请行政复议或者提起行政诉讼。

第二节　一般程序

第三十六条　除本法第三十三条规定的可以当场作出的行政处罚外，行政机关发现公民、法人或者其他组织有依法应当给予行政处罚的行为的，必须全面、客观、公正地调查，收集有关证据；必要时，依照法律、法规的规定，可以进行检查。

第三十七条　行政机关在调查或者进行检查时，执法人员不得少于两人，并应当向当事人或者有关人员出示证件。当事人或者有关人员应如实回答询问，并协助调查或者检查，不得阻挠。询问或者检查应当制作笔录。

行政机关在收集证据时，可以采取抽样取证的方法；在证据可能灭失或者以后难以取得的情况下，经行政机关负责人批准，可以先行登记保存，并应当在七日内及时作出处理决定，在此期间，当事人或者有关人员不得销毁或者转移证据。

执法人员与当事人有直接利害关系的，应当回避。

第三十八条　调查终结，行政机关负责人应当对调查结果进行审查，根据不同情况，分别作出如下决定：

（一）确有应受行政处罚的违法行为的，根据情节轻重及具体情况，作出行政处罚决定；

（二）违法行为轻微，依法可以不予行政处罚的，不予行政处罚；

（三）违法事实不能成立的，不得给予行政处罚；

（四）违法行为已构成犯罪的，移送司法机关。

对情节复杂或者重大违法行为给予较重的行政处罚，行政机关的负责人应当集体讨论决定。

在行政机关负责人作出决定之前，应当由从事行政处罚决定审核的人员进行审核。行政机关中初次从事行政处罚决定审核的人员，应当通过国家统一法律职业资格考试取得法律职业资格。

第三十九条　行政机关依照本法第三十八条的规定给予行政处罚，应当制作行政处罚决定书。行政处罚决定书应当载明下列事项：

（一）当事人的姓名或者名称、地址；

（二）违反法律、法规或者规章的事实和证据；

（三）行政处罚的种类和依据；

（四）行政处罚的履行方式和期限；

（五）不服行政处罚决定，申请行政复议或者提起行政诉讼的途径和期限；

（六）作出行政处罚决定的行政机关名称和作出决定的日期。

行政处罚决定书必须盖有作出行政处罚决定的行政机关的印章。

第四十条　行政处罚决定书应当在宣告后当场交付当事人；当事人不在场的，行政机关应当在七日内依照民事诉讼法的有关规定，将行政处罚决定书送达当事人。

第四十一条　行政机关及其执法人员在作出行政处罚决定之前，不依照本法第三十一条、第三十二条的规定向当事人告知给予行政处罚的事实、理由和依据，或者拒绝听取当事人的陈述、申辩，行政处罚决定不能成立；当事人放弃陈述或者申辩权利的除外。

第三节　听证程序

第四十二条　行政机关作出责令停产停业、吊销许可证或者执照、较大数额罚款等行政处罚决定之前，应当告知当事人有要求举行听证的权利；当事人要求听证的，行政机关应当组织听证。当事人不承担行政机关组织听证的费用。听证依照以下程序组织：

（一）当事人要求听证的，应当在行政机关告知后三日内提出；

（二）行政机关应当在听证的七日前，通知当事人举行听证的时间、地点；

（三）除涉及国家秘密、商业秘密或者个人隐私外，听证公开举行；

（四）听证由行政机关指定的非本案调查人员主持；当事人认为主持人与本案有直接利害关系的，有权申请回避；

（五）当事人可以亲自参加听证，也可以委托一至二人代理；

（六）举行听证时，调查人员提出当事人违法的事实、证据和行政处罚建议；当事人进行申辩和质证；

（七）听证应当制作笔录；笔录应当交当事人审核无误后签字或者盖章。

当事人对限制人身自由的行政处罚有异议的，依照治安管理处罚法有关规定执行。

第四十三条　听证结束后，行政机关依照本法第三十八条的规定，作出决定。

第六章　行政处罚的执行

第四十四条　行政处罚决定依法作出后，当事人应当在行政处罚决定的期限内，予以履行。

第四十五条　当事人对行政处罚决定不服申请行政复议或者提起行政诉讼的，行政处罚不停止执行，法律另有规定的除外。

第四十六条　作出罚款决定的行政机关应当与收缴罚款的机构分离。

除依照本法第四十七条、第四十八条的规定当场收缴的罚款外，作出行政处罚决定的行政机关及其执法人员不得自行收缴罚款。

当事人应当自收到行政处罚决定书之日起十五日内，到指定的银行缴纳罚款。银行应当收受罚款，并将罚款直接上缴国库。

第四十七条 依照本法第三十三条的规定当场作出行政处罚决定，有下列情形之一的，执法人员可以当场收缴罚款：

（一）依法给予二十元以下的罚款的；

（二）不当场收缴事后难以执行的。

第四十八条 在边远、水上、交通不便地区，行政机关及其执法人员依照本法第三十三条、第三十八条的规定作出罚款决定后，当事人向指定的银行缴纳罚款确有困难，经当事人提出，行政机关及其执法人员可以当场收缴罚款。

第四十九条 行政机关及其执法人员当场收缴罚款的，必须向当事人出具省、自治区、直辖市财政部门统一制发的罚款收据；不出具财政部门统一制发的罚款收据的，当事人有权拒绝缴纳罚款。

第五十条 执法人员当场收缴的罚款，应当自收缴罚款之日起二日内，交至行政机关；在水上当场收缴的罚款，应当自抵岸之日起二日内交至行政机关；行政机关应当在二日内将罚款缴付指定的银行。

第五十一条 当事人逾期不履行行政处罚决定的，作出行政处罚决定的行政机关可以采取下列措施：

（一）到期不缴纳罚款的，每日按罚款数额的百分之三加处罚款；

（二）根据法律规定，将查封、扣押的财物拍卖或者将冻结的存款划拨抵缴罚款；

（三）申请人民法院强制执行。

第五十二条 当事人确有经济困难，需要延期或者分期缴纳罚款的，经当事人申请和行政机关批准，可以暂缓或者分期缴纳。

第五十三条 除依法应当予以销毁的物品外，依法没收的非法财物必须按照国家规定公开拍卖或者按照国家有关规定处理。

罚款、没收违法所得或者没收非法财物拍卖的款项，必须全部上缴国库，任何行政机关或者个人不得以任何形式截留、私分或者变相私分；财政部门不得以任何形式向作出行政处罚决定的行政机关返还罚款、没收的违法所得或者返还没收非法财物的拍卖款项。

第五十四条 行政机关应当建立健全对行政处罚的监督制度。县级以上人民政府应当加强对行政处罚的监督检查。

公民、法人或者其他组织对行政机关作出的行政处罚，有权申诉或者检举；行政机关应当认真审查，发现行政处罚有错误的，应当主动改正。

第七章　法律责任

第五十五条 行政机关实施行政处罚，有下列情形之一的，由上级行政机关或者有关部门责令改正，可以对直接负责的主管人员和其他直接责任人员依法给予行政处分：

（一）没有法定的行政处罚依据的；

（二）擅自改变行政处罚种类、幅度的；

（三）违反法定的行政处罚程序的；

（四）违反本法第十八条关于委托处罚的规定的。

第五十六条　行政机关对当事人进行处罚不使用罚款、没收财物单据或者使用非法定部门制发的罚款、没收财物单据的，当事人有权拒绝处罚，并有权予以检举。上级行政机关或者有关部门对使用的非法单据予以收缴销毁，对直接负责的主管人员和其他直接责任人员依法给予行政处分。

第五十七条　行政机关违反本法第四十六条的规定自行收缴罚款的，财政部门违反本法第五十三条的规定向行政机关返还罚款或者拍卖款项的，由上级行政机关或者有关部门责令改正，对直接负责的主管人员和其他直接责任人员依法给予行政处分。

第五十八条　行政机关将罚款、没收的违法所得或者财物截留、私分或者变相私分的，由财政部门或者有关部门予以追缴，对直接负责的主管人员和其他直接责任人员依法给予行政处分；情节严重构成犯罪的，依法追究刑事责任。

执法人员利用职务上的便利，索取或者收受他人财物、收缴罚款据为己有，构成犯罪的，依法追究刑事责任；情节轻微不构成犯罪的，依法给予行政处分。

第五十九条　行政机关使用或者损毁扣押的财物，对当事人造成损失的，应当依法予以赔偿，对直接负责的主管人员和其他直接责任人员依法给予行政处分。

第六十条　行政机关违法实行检查措施或者执行措施，给公民人身或者财产造成损害、给法人或者其他组织造成损失的，应当依法予以赔偿，对直接负责的主管人员和其他直接责任人员依法给予行政处分；情节严重构成犯罪的，依法追究刑事责任。

第六十一条　行政机关为牟取本单位私利，对应当依法移交司法机关追究刑事责任的不移交，以行政处罚代替刑罚，由上级行政机关或者有关部门责令纠正；拒不纠正的，对直接负责的主管人员给予行政处分；徇私舞弊、包庇纵容违法行为的，依照刑法有关规定追究刑事责任。

第六十二条　执法人员玩忽职守，对应当予以制止和处罚的违法行为不予制止、处罚，致使公民、法人或者其他组织的合法权益、公共利益和社会秩序遭受损害的，对直接负责的主管人员和其他直接责任人员依法给予行政处分；情节严重构成犯罪的，依法追究刑事责任。

第八章　附　则

第六十三条　本法第四十六条罚款决定与罚款收缴分离的规定，由国务院制定具体实施办法。

第六十四条　本法自 1996 年 10 月 1 日起施行。

本法公布前制定的法规和规章关于行政处罚的规定与本法不符合的，应当自本法公布之日起，依照本法规定予以修订，在 1997 年 12 月 31 日前修订完毕。

修改说明

2017 年 9 月 1 日中华人民共和国主席令第七十六号第一次修改，修改内容如下：

在第三十八条中增加一款，作为第三款："在行政机关负责人作出决定之前，应当由从事行政处罚决定审核的人员进行审核。行政机关中初次从事行政处罚决定审核的人员，应当通过国家统一法律职业资格考试取得法律职业资格。"

中华人民共和国行政强制法

（2011 年 6 月 30 日中华人民共和国主席令第 49 号公布）

第一章 总 则

第一条 为了规范行政强制的设定和实施，保障和监督行政机关依法履行职责，维护公共利益和社会秩序，保护公民、法人和其他组织的合法权益，根据宪法，制定本法。

第二条 本法所称行政强制，包括行政强制措施和行政强制执行。行政强制措施，是指行政机关在行政管理过程中，为制止违法行为、防止证据损毁、避免危害发生、控制危险扩大等情形，依法对公民的人身自由实施暂时性限制，或者对公民、法人或者其他组织的财物实施暂时性控制的行为。

行政强制执行，是指行政机关或者行政机关申请人民法院，对不履行行政决定的公民、法人或者其他组织，依法强制履行义务的行为。

第三条 行政强制的设定和实施，适用本法。

发生或者即将发生自然灾害、事故灾难、公共卫生事件或者社会安全事件等突发事件，行政机关采取应急措施或者临时措施，依照有关法律、行政法规的规定执行。

行政机关采取金融业审慎监管措施、进出境货物强制性技术监控措施，依照有关法律、行政法规的规定执行。

第四条 行政强制的设定和实施，应当依照法定的权限、范围、条件和程序。

第五条 行政强制的设定和实施，应当适当。采用非强制手段可以达到行政管理目的的，不得设定和实施行政强制。

第六条 实施行政强制，应当坚持教育与强制相结合。

第七条 行政机关及其工作人员不得利用行政强制权为单位或者个人谋取利益。

第八条 公民、法人或者其他组织对行政机关实施行政强制，享有陈述权、申辩权；有权依法申请行政复议或者提起行政诉讼；因行政机关违法实施行政强制受到损害的，有权依法要求赔偿。

公民、法人或者其他组织因人民法院在强制执行中有违法行为或者扩大强制执行范围受到损害的，有权依法要求赔偿。

第二章 行政强制的种类和设定

第九条 行政强制措施的种类：

（一）限制公民人身自由；

（二）查封场所、设施或者财物；

（三）扣押财物；

（四）冻结存款、汇款；

（五）其他行政强制措施。

第十条 行政强制措施由法律设定。

尚未制定法律，且属于国务院行政管理职权事项的，行政法规可以设定除本法第九条第一项、第四项和应当由法律规定的行政强制措施以外的其他行政强制措施。

尚未制定法律、行政法规，且属于地方性事务的，地方性法规可以设定本法第九条第二项、第三项的行政强制措施。

法律、法规以外的其他规范性文件不得设定行政强制措施。

第十一条 法律对行政强制措施的对象、条件、种类作了规定的，行政法规、地方性法规不得作出扩大规定。

法律中未设定行政强制措施的，行政法规、地方性法规不得设定行政强制措施。但是，法律规定特定事项由行政法规规定具体管理措施的，行政法规可以设定除本法第九条第一项、第四项和应当由法律规定的行政强制措施以外的其他行政强制措施。

第十二条 行政强制执行的方式：

（一）加处罚款或者滞纳金；

（二）划拨存款、汇款；

（三）拍卖或者依法处理查封、扣押的场所、设施或者财物；

（四）排除妨碍、恢复原状；

（五）代履行；

（六）其他强制执行方式。

第十三条 行政强制执行由法律设定。法律没有规定行政机关强制执行的，作出行政决定的行政机关应当申请人民法院强制执行。

第十四条 起草法律草案、法规草案，拟设定行政强制的，起草单位应当采取听证会、论证会等形式听取意见，并向制定机关说明设定该行政强制的必要性、可能产生的影响以及听取和采纳意见的情况。

第十五条 行政强制的设定机关应当定期对其设定的行政强制进行评价，并对不适当的行政强制及时予以修改或者废止。

行政强制的实施机关可以对已设定的行政强制的实施情况及存在的必要性适时进行评价，并将意见报告该行政强制的设定机关。

公民、法人或者其他组织可以向行政强制的设定机关和实施机关就行政强制的设定和实施提出意见和建议。有关机关应当认真研究论证，并以适当方式予以反馈。

第三章 行政强制措施实施程序

第一节 一般规定

第十六条 行政机关履行行政管理职责，依照法律、法规的规定，实施行政强制措施。

违法行为情节显著轻微或者没有明显社会危害的，可以不采取行政强制措施。

第十七条 行政强制措施由法律、法规规定的行政机关在法定职权范围内实施。行政强制措施权不得委托。

依据《中华人民共和国行政处罚法》的规定行使相对集中行政处罚权的行政机关，可以实施法律、法规规定的与行政处罚权有关的行政强制措施。

行政强制措施应当由行政机关具备资格的行政执法人员实施，其他人员不得实施。

第十八条 行政机关实施行政强制措施应当遵守下列规定：

（一）实施前须向行政机关负责人报告并经批准；

（二）由两名以上行政执法人员实施；

（三）出示执法身份证件；

（四）通知当事人到场；

（五）当场告知当事人采取行政强制措施的理由、依据以及当事人依法享有的权利、救济途径；

（六）听取当事人的陈述和申辩；

（七）制作现场笔录；

（八）现场笔录由当事人和行政执法人员签名或者盖章，当事人拒绝的，在笔录中予以注明；

（九）当事人不到场的，邀请见证人到场，由见证人和行政执法人员在现场笔录上签名或者盖章；

（十）法律、法规规定的其他程序。

第十九条 情况紧急，需要当场实施行政强制措施的，行政执法人员应当在二十四小时内向行政机关负责人报告，并补办批准手续。行政机关负责人认为不应当采取行政强制措施的，应当立即解除。

第二十条 依照法律规定实施限制公民人身自由的行政强制措施，除应当履行本法第十八条规定的程序外，还应当遵守下列规定：

（一）当场告知或者实施行政强制措施后立即通知当事人家属实施行政强制措施的行政机关、地点和期限；

（二）在紧急情况下当场实施行政强制措施的，在返回行政机关后，立即向行政机关负责人报告并补办批准手续；

（三）法律规定的其他程序。

实施限制人身自由的行政强制措施不得超过法定期限。实施行政强制措施的目的已经达到或者条件已经消失，应当立即解除。

第二十一条 违法行为涉嫌犯罪应当移送司法机关的，行政机关应当将查封、扣押、冻结的财物一并移送，并书面告知当事人。

第二节　查封、扣押

第二十二条 查封、扣押应当由法律、法规规定的行政机关实施，其他任何行政机关或者组织不得实施。

第二十三条 查封、扣押限于涉案的场所、设施或者财物，不得查封、扣押与违法行为无关的场所、设施或者财物；不得查封、扣押公民个人及其所扶养家属的生活必需品。

当事人的场所、设施或者财物已被其他国家机关依法查封的，不得重复查封。

第二十四条 行政机关决定实施查封、扣押的，应当履行本法第十八条规定的程序，制作并当场交付查封、扣押决定书和清单。

查封、扣押决定书应当载明下列事项：

（一）当事人的姓名或者名称、地址；

（二）查封、扣押的理由、依据和期限；

（三）查封、扣押场所、设施或者财物的名称、数量等；

（四）申请行政复议或者提起行政诉讼的途径和期限；

（五）行政机关的名称、印章和日期。查封、扣押清单一式二份，由当事人和行政机关分别保存。

第二十五条 查封、扣押的期限不得超过三十日；情况复杂的，经行政机关负责人批准，可以延长，但是延长期限不得超过三十日。法律、行政法规另有规定的除外。

延长查封、扣押的决定应当及时书面告知当事人，并说明理由。

对物品需要进行检测、检验、检疫或者技术鉴定的，查封、扣押的期间不包括检测、检验、检疫或者技术鉴定的期间。检测、检验、检疫或者技术鉴定的期间应当明确，并书面告知当事人。检测、检验、检疫或者技术鉴定的费用由行政机关承担。

第二十六条 对查封、扣押的场所、设施或者财物，行政机关应当妥善保管，不得使用或者损毁；造成损失的，应当承担赔偿责任。

对查封的场所、设施或者财物，行政机关可以委托第三人保管，第三人不得损毁或者擅自转移、处置。因第三人的原因造成的损失，行政机关先行赔付后，有权向第三人追偿。

因查封、扣押发生的保管费用由行政机关承担。

第二十七条 行政机关采取查封、扣押措施后，应当及时查清事实，在本法第二十五条规定的期限内作出处理决定。对违法事实清楚，依法应当没收的非法财物予以没收；法律、行政法规规定应当销毁的，依法销毁；应当解除查封、扣押的，作出解除查封、扣押的决定。

第二十八条 有下列情形之一的，行政机关应当及时作出解除查封、扣押决定：

（一）当事人没有违法行为；

（二）查封、扣押的场所、设施或者财物与违法行为无关；

（三）行政机关对违法行为已经作出处理决定，不再需要查封、扣押；

（四）查封、扣押期限已经届满；

（五）其他不再需要采取查封、扣押措施的情形。

解除查封、扣押应当立即退还财物；已将鲜活物品或者其他不易保管的财物拍卖或者变卖的，退还拍卖或者变卖所得款项。变卖价格明显低于市场价格，给当事人造成损失的，应当给予补偿。

第三节 冻 结

第二十九条 冻结存款、汇款应当由法律规定的行政机关实施，不得委托给其他行政机关或者组织；其他任何行政机关或者组织不得冻结存款、汇款。

冻结存款、汇款的数额应当与违法行为涉及的金额相当；已被其他国家机关依法冻结的，不得重复冻结。

第三十条 行政机关依照法律规定决定实施冻结存款、汇款的，应当履行本法第十八条第一项、第二项、第三项、第七项规定的程序，并向金融机构交付冻结通知书。

金融机构接到行政机关依法作出的冻结通知书后，应当立即予以冻结，不得拖延，不得在冻结前向当事人泄露信息。

法律规定以外的行政机关或者组织要求冻结当事人存款、汇款的，金融机构应当拒绝。

第三十一条 依照法律规定冻结存款、汇款的，作出决定的行政机关应当在三日内向当事人交付冻结决定书。冻结决定书应当载明下列事项：

（一）当事人的姓名或者名称、地址；

（二）冻结的理由、依据和期限；

（三）冻结的账号和数额；

（四）申请行政复议或者提起行政诉讼的途径和期限；

（五）行政机关的名称、印章和日期。

第三十二条 自冻结存款、汇款之日起三十日内，行政机关应当作出处理决定或者作出解除冻结决定；情况复杂的，经行政机关负责人批准，可以延长，但是延长期限不得超过三十日。法律另有规定的除外。

延长冻结的决定应当及时书面告知当事人，并说明理由。

第三十三条 有下列情形之一的，行政机关应当及时作出解除冻结决定：

（一）当事人没有违法行为；

（二）冻结的存款、汇款与违法行为无关；

（三）行政机关对违法行为已经作出处理决定，不再需要冻结；

（四）冻结期限已经届满；

（五）其他不再需要采取冻结措施的情形。

行政机关作出解除冻结决定的，应当及时通知金融机构和当事人。金融机构接到通知后，应当立即解除冻结。

行政机关逾期未作出处理决定或者解除冻结决定的，金融机构应当自冻结期满之日起解除冻结。

第四章　行政机关强制执行程序

第一节　一般规定

第三十四条 行政机关依法作出行政决定后，当事人在行政机关决定的期限内不履行义务的，具有行政强制执行权的行政机关依照本章规定强制执行。

第三十五条 行政机关作出强制执行决定前，应当事先催告当事人履行义务。催告应当以书面形式作出，并载明下列事项：

（一）履行义务的期限；

（二）履行义务的方式；

（三）涉及金钱给付的，应当有明确的金额和给付方式；

（四）当事人依法享有的陈述权和申辩权。

第三十六条　当事人收到催告书后有权进行陈述和申辩。行政机关应当充分听取当事人的意见，对当事人提出的事实、理由和证据，应当进行记录、复核。当事人提出的事实、理由或者证据成立的，行政机关应当采纳。

第三十七条　经催告，当事人逾期仍不履行行政决定，且无正当理由的，行政机关可以作出强制执行决定。

强制执行决定应当以书面形式作出，并载明下列事项：

（一）当事人的姓名或者名称、地址；

（二）强制执行的理由和依据；

（三）强制执行的方式和时间；

（四）申请行政复议或者提起行政诉讼的途径和期限；

（五）行政机关的名称、印章和日期。

在催告期间，对有证据证明有转移或者隐匿财物迹象的，行政机关可以作出立即强制执行决定。

第三十八条　催告书、行政强制执行决定书应当直接送达当事人。当事人拒绝接收或者无法直接送达当事人的，应当依照《中华人民共和国民事诉讼法》的有关规定送达。

第三十九条　有下列情形之一的，中止执行：

（一）当事人履行行政决定确有困难或者暂无履行能力的；

（二）第三人对执行标的主张权利，确有理由的；

（三）执行可能造成难以弥补的损失，且中止执行不损害公共利益的；

（四）行政机关认为需要中止执行的其他情形。

中止执行的情形消失后，行政机关应当恢复执行。对没有明显社会危害，当事人确无能力履行，中止执行满三年未恢复执行的，行政机关不再执行。

第四十条　有下列情形之一的，终结执行：

（一）公民死亡，无遗产可供执行，又无义务承受人的；

（二）法人或者其他组织终止，无财产可供执行，又无义务承受人的；

（三）执行标的灭失的；

（四）据以执行的行政决定被撤销的；

（五）行政机关认为需要终结执行的其他情形。

第四十一条　在执行中或者执行完毕后，据以执行的行政决定被撤销、变更，或者执行错误的，应当恢复原状或者退还财物；不能恢复原状或者退还财物的，依法给予赔偿。

第四十二条　实施行政强制执行，行政机关可以在不损害公共利益和他人合法权益的情况下，与当事人达成执行协议。执行协议可以约定分阶段履行；当事人采取补救措施的，可以减免加处的罚款或者滞纳金。

执行协议应当履行。当事人不履行执行协议的，行政机关应当恢复强制执行。

第四十三条　行政机关不得在夜间或者法定节假日实施行政强制执行。但是，情况紧急的除外。

行政机关不得对居民生活采取停止供水、供电、供热、供燃气等方式迫使当事人履行相关行政决定。

第四十四条　对违法的建筑物、构筑物、设施等需要强制拆除的，应当由行政机关予以公告，限期当事人自行拆除。当事人在法定期限内不申请行政复议或者提起行政诉讼，又不拆除的，行政机关可以依法强制拆除。

第二节　金钱给付义务的执行

第四十五条　行政机关依法作出金钱给付义务的行政决定，当事人逾期不履行的，行政机关可以依法加处罚款或者滞纳金。加处罚款或者滞纳金的标准应当告知当事人。

加处罚款或者滞纳金的数额不得超出金钱给付义务的数额。

第四十六条　行政机关依照本法第四十五条规定实施加处罚款或者滞纳金超过三十日，经催告当事人仍不履行的，具有行政强制执行权的行政机关可以强制执行。

行政机关实施强制执行前，需要采取查封、扣押、冻结措施的，依照本法第三章规定办理。

没有行政强制执行权的行政机关应当申请人民法院强制执行。但是，当事人在法定期限内不申请行政复议或者提起行政诉讼，经催告仍不履行的，在实施行政管理过程中已经采取查封、扣押措施的行政机关，可以将查封、扣押的财物依法拍卖抵缴罚款。

第四十七条　划拨存款、汇款应当由法律规定的行政机关决定，并书面通知金融机构。金融机构接到行政机关依法作出划拨存款、汇款的决定后，应当立即划拨。

法律规定以外的行政机关或者组织要求划拨当事人存款、汇款的，金融机构应当拒绝。

第四十八条　依法拍卖财物，由行政机关委托拍卖机构依照《中华人民共和国拍卖法》的规定办理。

第四十九条　划拨的存款、汇款以及拍卖和依法处理所得的款项应当上缴国库或者划入财政专户。任何行政机关或者个人不得以任何形式截留、私分或者变相私分。

第三节　代　履　行

第五十条　行政机关依法作出要求当事人履行排除妨碍、恢复原状等义务的行政决定，当事人逾期不履行，经催告仍不履行，其后果已经或者将危害交通安全、造成环境污染或者破坏自然资源的，行政机关可以代履行，或者委托没有利害关系的第三人代履行。

第五十一条　代履行应当遵守下列规定：

（一）代履行前送达决定书，代履行决定书应当载明当事人的姓名或者名称、地址、代履行的理由和依据、方式和时间、标的、费用预算以及代履行人；

（二）代履行三日前，催告当事人履行，当事人履行的，停止代履行；

（三）代履行时，作出决定的行政机关应当派员到场监督；

（四）代履行完毕，行政机关到场监督的工作人员、代履行人和当事人或者见证人应当在执行文书上签名或者盖章。

代履行的费用按照成本合理确定，由当事人承担。但是，法律另有规定的除外。

代履行不得采用暴力、胁迫以及其他非法方式。

第五十二条　需要立即清除道路、河道、航道或者公共场所的遗洒物、障碍物或者污染物，当事人不能清除的，行政机关可以决定立即实施代履行；当事人不在场的，行政机关应当在事后立即通知当事人，并依法作出处理。

第五章　申请人民法院强制执行

第五十三条　当事人在法定期限内不申请行政复议或者提起行政诉讼，又不履行行政决定的，没有行政强制执行权的行政机关可以自期限届满之日起三个月内，依照本章规定申请人民法院强制执行。

第五十四条　行政机关申请人民法院强制执行前，应当催告当事人履行义务。催告书送达十日后当事人仍未履行义务的，行政机关可以向所在地有管辖权的人民法院申请强制执行；执行对象是不动产的，向不动产所在地有管辖权的人民法院申请强制执行。

第五十五条　行政机关向人民法院申请强制执行，应当提供下列材料：

（一）强制执行申请书；

（二）行政决定书及作出决定的事实、理由和依据；

（三）当事人的意见及行政机关催告情况；

（四）申请强制执行标的情况；

（五）法律、行政法规规定的其他材料。强制执行申请书应当由行政机关负责人签名，加盖行政机关的印章，并注明日期。

第五十六条　人民法院接到行政机关强制执行的申请，应当在五日内受理。

行政机关对人民法院不予受理的裁定有异议的，可以在十五日内向上一级人民法院申请复议，上一级人民法院应当自收到复议申请之日起十五日内作出是否受理的裁定。

第五十七条　人民法院对行政机关强制执行的申请进行书面审查，对符合本法第五十五条规定，且行政决定具备法定执行效力的，除本法第五十八条规定的情形外，人民法院应当自受理之日起七日内作出执行裁定。

第五十八条　人民法院发现有下列情形之一的，在作出裁定前可以听取被执行人和行政机关的意见：

（一）明显缺乏事实根据的；

（二）明显缺乏法律、法规依据的；

（三）其他明显违法并损害被执行人合法权益的。

人民法院应当自受理之日起三十日内作出是否执行的裁定。裁定不予执行的，应当说明理由，并在五日内将不予执行的裁定送达行政机关。

行政机关对人民法院不予执行的裁定有异议的，可以自收到裁定之日起十五日内向上一级人民法院申请复议，上一级人民法院应当自收到复议申请之日起三十日内作出是否执行的裁定。

第五十九条　因情况紧急，为保障公共安全，行政机关可以申请人民法院立即执行。经人民法院院长批准，人民法院应当自作出执行裁定之日起五日内执行。

第六十条　行政机关申请人民法院强制执行，不缴纳申请费。强制执行的费用由被执行人承担。

人民法院以划拨、拍卖方式强制执行的，可以在划拨、拍卖后将强制执行的费用扣除。

依法拍卖财物，由人民法院委托拍卖机构依照《中华人民共和国拍卖法》的规定办理。

划拨的存款、汇款以及拍卖和依法处理所得的款项应当上缴国库或者划入财政专户，不得以任何形式截留、私分或者变相私分。

第六章　法律责任

第六十一条　行政机关实施行政强制，有下列情形之一的，由上级行政机关或者有关部门责令改正，对直接负责的主管人员和其他直接责任人员依法给予处分：

（一）没有法律、法规依据的；

（二）改变行政强制对象、条件、方式的；

（三）违反法定程序实施行政强制的；

（四）违反本法规定，在夜间或者法定节假日实施行政强制执行的；

（五）对居民生活采取停止供水、供电、供热、供燃气等方式迫使当事人履行相关行政决定的；

（六）有其他违法实施行政强制情形的。

第六十二条　违反本法规定，行政机关有下列情形之一的，由上级行政机关或者有关部门责令改正，对直接负责的主管人员和其他直接责任人员依法给予处分：

（一）扩大查封、扣押、冻结范围的；

（二）使用或者损毁查封、扣押场所、设施或者财物的；

（三）在查封、扣押法定期间不作出处理决定或者未依法及时解除查封、扣押的；

（四）在冻结存款、汇款法定期间不作出处理决定或者未依法及时解除冻结的。

第六十三条　行政机关将查封、扣押的财物或者划拨的存款、汇款以及拍卖和依法处理所得的款项，截留、私分或者变相私分的，由财政部门或者有关部门予以追缴；对直接负责的主管人员和其他直接责任人员依法给予记大过、降级、撤职或者开除的处分。

行政机关工作人员利用职务上的便利，将查封、扣押的场所、设施或者财物据为己有的，由上级行政机关或者有关部门责令改正，依法给予记大过、降级、撤职或者开除的处分。

第六十四条　行政机关及其工作人员利用行政强制权为单位或者个人谋取利益的，由上级行政机关或者有关部门责令改正，对直接负责的主管人员和其他直接责任人员依法给予处分。

第六十五条　违反本法规定，金融机构有下列行为之一的，由金融业监督管理机构责令改正，对直接负责的主管人员和其他直接责任人员依法给予处分：

（一）在冻结前向当事人泄露信息的；

（二）对应当立即冻结、划拨的存款、汇款不冻结或者不划拨，致使存款、汇款转移的；

（三）将不应当冻结、划拨的存款、汇款予以冻结或者划拨的；

（四）未及时解除冻结存款、汇款的。

第六十六条　违反本法规定，金融机构将款项划入国库或者财政专户以外的其他账户的，由金融业监督管理机构责令改正，并处以违法划拨款项二倍的罚款；对直接负责的主管人员和其他直接责任人员依法给予处分。

违反本法规定，行政机关、人民法院指令金融机构将款项划入国库或者财政专户以外的其他账户的，对直接负责的主管人员和其他直接责任人员依法给予处分。

第六十七条 人民法院及其工作人员在强制执行中有违法行为或者扩大强制执行范围的，对直接负责的主管人员和其他直接责任人员依法给予处分。

第六十八条 违反本法规定，给公民、法人或者其他组织造成损失的，依法给予赔偿。

违反本法规定，构成犯罪的，依法追究刑事责任。

第七章　附　　则

第六十九条 本法中十日以内期限的规定是指工作日，不含法定节假日。

第七十条 法律、行政法规授权的具有管理公共事务职能的组织在法定授权范围内，以自己的名义实施行政强制，适用本法有关行政机关的规定。

第七十一条 本法自 2012 年 1 月 1 日起施行。

中华人民共和国食品安全法

（2015 年 4 月 24 日中华人民共和国主席令第 21 号公布）

第一章 总 则

第一条 为了保证食品安全，保障公众身体健康和生命安全，制定本法。

第二条 在中华人民共和国境内从事下列活动，应当遵守本法：

（一）食品生产和加工（以下称食品生产），食品销售和餐饮服务（以下称食品经营）；

（二）食品添加剂的生产经营；

（三）用于食品的包装材料、容器、洗涤剂、消毒剂和用于食品生产经营的工具、设备（以下称食品相关产品）的生产经营；

（四）食品生产经营者使用食品添加剂、食品相关产品；

（五）食品的贮存和运输；

（六）对食品、食品添加剂、食品相关产品的安全管理。

供食用的源于农业的初级产品（以下称食用农产品）的质量安全管理，遵守《中华人民共和国农产品质量安全法》的规定。但是，食用农产品的市场销售、有关质量安全标准的制定、有关安全信息的公布和本法对农业投入品作出规定的，应当遵守本法的规定。

第三条 食品安全工作实行预防为主、风险管理、全程控制、社会共治，建立科学、严格的监督管理制度。

第四条 食品生产经营者对其生产经营食品的安全负责。

食品生产经营者应当依照法律、法规和食品安全标准从事生产经营活动，保证食品安全、诚信自律，对社会和公众负责，接受社会监督，承担社会责任。

第五条 国务院设立食品安全委员会，其职责由国务院规定。

国务院食品药品监督管理部门依照本法和国务院规定的职责，对食品生产经营活动实施监督管理。

国务院卫生行政部门依照本法和国务院规定的职责，组织开展食品安全风险监测和风险评估，会同国务院食品药品监督管理部门制定并公布食品安全国家标准。

国务院其他有关部门依照本法和国务院规定的职责，承担有关食品安全工作。

第六条 县级以上地方人民政府对本行政区域的食品安全监督管理工作负责，统一领导、组织、协调本行政区域的食品安全监督管理工作以及食品安全突发事件应对工作，建立健全食品安全全程监督管理工作机制和信息共享机制。

县级以上地方人民政府依照本法和国务院的规定，确定本级食品药品监督管理、卫生行政部门和其他有关部门的职责。有关部门在各自职责范围内负责本行政区域的食品安全监督管理工作。

县级人民政府食品药品监督管理部门可以在乡镇或者特定区域设立派出机构。

第七条　县级以上地方人民政府实行食品安全监督管理责任制。上级人民政府负责对下一级人民政府的食品安全监督管理工作进行评议、考核。县级以上地方人民政府负责对本级食品药品监督管理部门和其他有关部门的食品安全监督管理工作进行评议、考核。

第八条　县级以上人民政府应当将食品安全工作纳入本级国民经济和社会发展规划，将食品安全工作经费列入本级政府财政预算，加强食品安全监督管理能力建设，为食品安全工作提供保障。

县级以上人民政府食品药品监督管理部门和其他有关部门应当加强沟通、密切配合，按照各自职责分工，依法行使职权，承担责任。

第九条　食品行业协会应当加强行业自律，按照章程建立健全行业规范和奖惩机制，提供食品安全信息、技术等服务，引导和督促食品生产经营者依法生产经营，推动行业诚信建设，宣传、普及食品安全知识。

消费者协会和其他消费者组织对违反本法规定，损害消费者合法权益的行为，依法进行社会监督。

第十条　各级人民政府应当加强食品安全的宣传教育，普及食品安全知识，鼓励社会组织、基层群众性自治组织、食品生产经营者开展食品安全法律、法规以及食品安全标准和知识的普及工作，倡导健康的饮食方式，增强消费者食品安全意识和自我保护能力。

新闻媒体应当开展食品安全法律、法规以及食品安全标准和知识的公益宣传，并对食品安全违法行为进行舆论监督。有关食品安全的宣传报道应当真实、公正。

第十一条　国家鼓励和支持开展与食品安全有关的基础研究、应用研究，鼓励和支持食品生产经营者为提高食品安全水平采用先进技术和先进管理规范。

国家对农药的使用实行严格的管理制度，加快淘汰剧毒、高毒、高残留农药，推动替代产品的研发和应用，鼓励使用高效低毒低残留农药。

第十二条　任何组织或者个人有权举报食品安全违法行为，依法向有关部门了解食品安全信息，对食品安全监督管理工作提出意见和建议。

第十三条　对在食品安全工作中作出突出贡献的单位和个人，按照国家有关规定给予表彰、奖励。

第二章　食品安全风险监测和评估

第十四条　国家建立食品安全风险监测制度，对食源性疾病、食品污染以及食品中的有害因素进行监测。

国务院卫生行政部门会同国务院食品药品监督管理、质量监督等部门，制定、实施国家食品安全风险监测计划。

国务院食品药品监督管理部门和其他有关部门获知有关食品安全风险信息后，应当立即核实并向国务院卫生行政部门通报。对有关部门通报的食品安全风险信息以及医疗机构报告的食源性疾病等有关疾病信息，国务院卫生行政部门应当会同国务院有关部门分析研究，认为必要的，及时调整国家食品安全风险监测计划。

省、自治区、直辖市人民政府卫生行政部门会同同级食品药品监督管理、质量监督等部门，根据国家食品安全风险监测计划，结合本行政区域的具体情况，制订、调整本行政区域的食品安全风险监测方案，报国务院卫生行政部门备案并实施。

　　第十五条　承担食品安全风险监测工作的技术机构应当根据食品安全风险监测计划和监测方案开展监测工作，保证监测数据真实、准确，并按照食品安全风险监测计划和监测方案的要求报送监测数据和分析结果。

　　食品安全风险监测工作人员有权进入相关食用农产品种植养殖、食品生产经营场所采集样品、收集相关数据。采集样品应当按照市场价格支付费用。

　　第十六条　食品安全风险监测结果表明可能存在食品安全隐患的，县级以上人民政府卫生行政部门应当及时将相关信息通报同级食品药品监督管理等部门，并报告本级人民政府和上级人民政府卫生行政部门。食品药品监督管理等部门应当组织开展进一步调查。

　　第十七条　国家建立食品安全风险评估制度，运用科学方法，根据食品安全风险监测信息、科学数据以及有关信息，对食品、食品添加剂、食品相关产品中生物性、化学性和物理性危害因素进行风险评估。

　　国务院卫生行政部门负责组织食品安全风险评估工作，成立由医学、农业、食品、营养、生物、环境等方面的专家组成的食品安全风险评估专家委员会进行食品安全风险评估。食品安全风险评估结果由国务院卫生行政部门公布。

　　对农药、肥料、兽药、饲料和饲料添加剂等的安全性评估，应当有食品安全风险评估专家委员会的专家参加。

　　食品安全风险评估不得向生产经营者收取费用，采集样品应当按照市场价格支付费用。

　　第十八条　有下列情形之一的，应当进行食品安全风险评估：

　　（一）通过食品安全风险监测或者接到举报发现食品、食品添加剂、食品相关产品可能存在安全隐患的；

　　（二）为制定或者修订食品安全国家标准提供科学依据需要进行风险评估的；

　　（三）为确定监督管理的重点领域、重点品种需要进行风险评估的；

　　（四）发现新的可能危害食品安全因素的；

　　（五）需要判断某一因素是否构成食品安全隐患的；

　　（六）国务院卫生行政部门认为需要进行风险评估的其他情形。

　　第十九条　国务院食品药品监督管理、质量监督、农业行政等部门在监督管理工作中发现需要进行食品安全风险评估的，应当向国务院卫生行政部门提出食品安全风险评估的建议，并提供风险来源、相关检验数据和结论等信息、资料。属于本法第十八条规定情形的，国务院卫生行政部门应当及时进行食品安全风险评估，并向国务院有关部门通报评估结果。

　　第二十条　省级以上人民政府卫生行政、农业行政部门应当及时相互通报食品、食用农产品安全风险监测信息。

　　国务院卫生行政、农业行政部门应当及时相互通报食品、食用农产品安全风险评估结果等信息。

　　第二十一条　食品安全风险评估结果是制定、修订食品安全标准和实施食品安全监督管理的科学依据。

　　经食品安全风险评估，得出食品、食品添加剂、食品相关产品不安全结论的，国务院食品药品监督管理、质量监督等部门应当依据各自职责立即向社会公告，告知消费者停止食用或者使用，并采取相应措施，确保该食品、食品添加剂、食品相关产品停止生产经营；需要制定、修订相关食品安全国家标准的，国务院卫生行政部门应当会同国务院食品药品监督管理部门立即制定、修订。

第二十二条 国务院食品药品监督管理部门应当会同国务院有关部门，根据食品安全风险评估结果、食品安全监督管理信息，对食品安全状况进行综合分析。对经综合分析表明可能具有较高程度安全风险的食品，国务院食品药品监督管理部门应当及时提出食品安全风险警示，并向社会公布。

第二十三条 县级以上人民政府食品药品监督管理部门和其他有关部门、食品安全风险评估专家委员会及其技术机构，应当按照科学、客观、及时、公开的原则，组织食品生产经营者、食品检验机构、认证机构、食品行业协会、消费者协会以及新闻媒体等，就食品安全风险评估信息和食品安全监督管理信息进行交流沟通。

第三章 食品安全标准

第二十四条 制定食品安全标准，应当以保障公众身体健康为宗旨，做到科学合理、安全可靠。

第二十五条 食品安全标准是强制执行的标准。除食品安全标准外，不得制定其他食品强制性标准。

第二十六条 食品安全标准应当包括下列内容：

（一）食品、食品添加剂、食品相关产品中的致病性微生物，农药残留、兽药残留、生物毒素、重金属等污染物质以及其他危害人体健康物质的限量规定；

（二）食品添加剂的品种、使用范围、用量；

（三）专供婴幼儿和其他特定人群的主辅食品的营养成分要求；

（四）对与卫生、营养等食品安全要求有关的标签、标志、说明书的要求；

（五）食品生产经营过程的卫生要求；

（六）与食品安全有关的质量要求；

（七）与食品安全有关的食品检验方法与规程；

（八）其他需要制定为食品安全标准的内容。

第二十七条 食品安全国家标准由国务院卫生行政部门会同国务院食品药品监督管理部门制定、公布，国务院标准化行政部门提供国家标准编号。

食品中农药残留、兽药残留的限量规定及其检验方法与规程由国务院卫生行政部门、国务院农业行政部门会同国务院食品药品监督管理部门制定。

屠宰畜、禽的检验规程由国务院农业行政部门会同国务院卫生行政部门制定。

第二十八条 制定食品安全国家标准，应当依据食品安全风险评估结果并充分考虑食用农产品安全风险评估结果，参照相关的国际标准和国际食品安全风险评估结果，并将食品安全国家标准草案向社会公布，广泛听取食品生产经营者、消费者、有关部门等方面的意见。

食品安全国家标准应当经国务院卫生行政部门组织的食品安全国家标准审评委员会审查通过。食品安全国家标准审评委员会由医学、农业、食品、营养、生物、环境等方面的专家以及国务院有关部门、食品行业协会、消费者协会的代表组成，对食品安全国家标准草案的科学性和实用性等进行审查。

第二十九条 对地方特色食品，没有食品安全国家标准的，省、自治区、直辖市人民政府卫生行政部门可以制定并公布食品安全地方标准，报国务院卫生行政部门备案。食品安全国家标准制定后，该地方标准即行废止。

第三十条 国家鼓励食品生产企业制定严于食品安全国家标准或者地方标准的企业标准，在本企业适用，并报省、自治区、直辖市人民政府卫生行政部门备案。

第三十一条 省级以上人民政府卫生行政部门应当在其网站上公布制定和备案的食品安全国家标准、地方标准和企业标准，供公众免费查阅、下载。

对食品安全标准执行过程中的问题，县级以上人民政府卫生行政部门应当会同有关部门及时给予指导、解答。

第三十二条 省级以上人民政府卫生行政部门应当会同同级食品药品监督管理、质量监督、农业行政等部门，分别对食品安全国家标准和地方标准的执行情况进行跟踪评价，并根据评价结果及时修订食品安全标准。

省级以上人民政府食品药品监督管理、质量监督、农业行政等部门应当对食品安全标准执行中存在的问题进行收集、汇总，并及时向同级卫生行政部门通报。

食品生产经营者、食品行业协会发现食品安全标准在执行中存在问题的，应当立即向卫生行政部门报告。

第四章 食品生产经营

第一节 一般规定

第三十三条 食品生产经营应当符合食品安全标准，并符合下列要求：

（一）具有与生产经营的食品品种、数量相适应的食品原料处理和食品加工、包装、储存等场所，保持该场所环境整洁，并与有毒、有害场所以及其他污染源保持规定的距离；

（二）具有与生产经营的食品品种、数量相适应的生产经营设备或者设施，有相应的消毒、更衣、盥洗、采光、照明、通风、防腐、防尘、防蝇、防鼠、防虫、洗涤以及处理废水、存放垃圾和废弃物的设备或者设施；

（三）有专职或者兼职的食品安全专业技术人员、食品安全管理人员和保证食品安全的规章制度；

（四）具有合理的设备布局和工艺流程，防止待加工食品与直接入口食品、原料与成品交叉污染，避免食品接触有毒物、不洁物；

（五）餐具、饮具和盛放直接入口食品的容器，使用前应当洗净、消毒，炊具、用具用后应当洗净，保持清洁；

（六）储存、运输和装卸食品的容器、工具和设备应当安全、无害，保持清洁，防止食品污染，并符合保证食品安全所需的温度、湿度等特殊要求，不得将食品与有毒、有害物品一同储存、运输；

（七）直接入口的食品应当使用无毒、清洁的包装材料、餐具、饮具和容器；

（八）食品生产经营人员应当保持个人卫生，生产经营食品时，应当将手洗净，穿戴清洁的工作衣、帽等；销售无包装的直接入口食品时，应当使用无毒、清洁的容器、售货工具和设备；

（九）用水应当符合国家规定的生活饮用水卫生标准；

（十）使用的洗涤剂、消毒剂应当对人体安全、无害；

（十一）法律、法规规定的其他要求。

非食品生产经营者从事食品储存、运输和装卸的，应当符合前款第六项的规定。

第三十四条 禁止生产经营下列食品、食品添加剂、食品相关产品：

（一）用非食品原料生产的食品或者添加食品添加剂以外的化学物质和其他可能危害人体健康物质的食品，或者用回收食品作为原料生产的食品；

（二）致病性微生物，农药残留、兽药残留、生物毒素、重金属等污染物质以及其他危害人体健康的物质含量超过食品安全标准限量的食品、食品添加剂、食品相关产品；

（三）用超过保质期的食品原料、食品添加剂生产的食品、食品添加剂；

（四）超范围、超限量使用食品添加剂的食品；

（五）营养成分不符合食品安全标准的专供婴幼儿和其他特定人群的主辅食品；

（六）腐败变质、油脂酸败、霉变生虫、污秽不洁、混有异物、掺假掺杂或者感官性状异常的食品、食品添加剂；

（七）病死、毒死或者死因不明的禽、畜、兽、水产动物肉类及其制品；

（八）未按规定进行检疫或者检疫不合格的肉类，或者未经检验或者检验不合格的肉类制品；

（九）被包装材料、容器、运输工具等污染的食品、食品添加剂；

（十）标注虚假生产日期、保质期或者超过保质期的食品、食品添加剂；

（十一）无标签的预包装食品、食品添加剂；

（十二）国家为防病等特殊需要明令禁止生产经营的食品；

（十三）其他不符合法律、法规或者食品安全标准的食品、食品添加剂、食品相关产品。

第三十五条 国家对食品生产经营实行许可制度。从事食品生产、食品销售、餐饮服务，应当依法取得许可。但是，销售食用农产品，不需要取得许可。

县级以上地方人民政府食品药品监督管理部门应当依照《中华人民共和国行政许可法》的规定，审核申请人提交的本法第三十三条第一款第一项至第四项规定要求的相关资料，必要时对申请人的生产经营场所进行现场核查；对符合规定条件的，准予许可；对不符合规定条件的，不予许可并书面说明理由。

第三十六条 食品生产加工小作坊和食品摊贩等从事食品生产经营活动，应当符合本法规定的与其生产经营规模、条件相适应的食品安全要求，保证所生产经营的食品卫生、无毒、无害，食品药品监督管理部门应当对其加强监督管理。

县级以上地方人民政府应当对食品生产加工小作坊、食品摊贩等进行综合治理，加强服务和统一规划，改善其生产经营环境，鼓励和支持其改进生产经营条件，进入集中交易市场、店铺等固定场所经营，或者在指定的临时经营区域、时段经营。

食品生产加工小作坊和食品摊贩等的具体管理办法由省、自治区、直辖市制定。

第三十七条 利用新的食品原料生产食品，或者生产食品添加剂新品种、食品相关产品新品种，应当向国务院卫生行政部门提交相关产品的安全性评估材料。国务院卫生行政部门应当自收到申请之日起六十日内组织审查；对符合食品安全要求的，准予许可并公布；对不符合食品安全要求的，不予许可并书面说明理由。

第三十八条　生产经营的食品中不得添加药品，但是可以添加按照传统既是食品又是中药材的物质。按照传统既是食品又是中药材的物质目录由国务院卫生行政部门会同国务院食品药品监督管理部门制定、公布。

第三十九条　国家对食品添加剂生产实行许可制度。从事食品添加剂生产，应当具有与所生产食品添加剂品种相适应的场所、生产设备或者设施、专业技术人员和管理制度，并依照本法第三十五条第二款规定的程序，取得食品添加剂生产许可。

生产食品添加剂应当符合法律、法规和食品安全国家标准。

第四十条　食品添加剂应当在技术上确有必要且经过风险评估证明安全可靠，方可列入允许使用的范围；有关食品安全国家标准应当根据技术必要性和食品安全风险评估结果及时修订。

食品生产经营者应当按照食品安全国家标准使用食品添加剂。

第四十一条　生产食品相关产品应当符合法律、法规和食品安全国家标准。对直接接触食品的包装材料等具有较高风险的食品相关产品，按照国家有关工业产品生产许可证管理的规定实施生产许可。质量监督部门应当加强对食品相关产品生产活动的监督管理。

第四十二条　国家建立食品安全全程追溯制度。

食品生产经营者应当依照本法的规定，建立食品安全追溯体系，保证食品可追溯。国家鼓励食品生产经营者采用信息化手段采集、留存生产经营信息，建立食品安全追溯体系。

国务院食品药品监督管理部门会同国务院农业行政等有关部门建立食品安全全程追溯协作机制。

第四十三条　地方各级人民政府应当采取措施鼓励食品规模化生产和连锁经营、配送。

国家鼓励食品生产经营企业参加食品安全责任保险。

第二节　生产经营过程控制

第四十四条　食品生产经营企业应当建立健全食品安全管理制度，对职工进行食品安全知识培训，加强食品检验工作，依法从事生产经营活动。

食品生产经营企业的主要负责人应当落实企业食品安全管理制度，对本企业的食品安全工作全面负责。

食品生产经营企业应当配备食品安全管理人员，加强对其培训和考核。经考核不具备食品安全管理能力的，不得上岗。食品药品监督管理部门应当对企业食品安全管理人员随机进行监督抽查考核并公布考核情况。监督抽查考核不得收取费用。

第四十五条　食品生产经营者应当建立并执行从业人员健康管理制度。患有国务院卫生行政部门规定的有碍食品安全疾病的人员，不得从事接触直接入口食品的工作。

从事接触直接入口食品工作的食品生产经营人员应当每年进行健康检查，取得健康证明后方可上岗工作。

第四十六条　食品生产企业应当就下列事项制定并实施控制要求，保证所生产的食品符合食品安全标准：

（一）原料采购、原料验收、投料等原料控制；

（二）生产工序、设备、储存、包装等生产关键环节控制；

（三）原料检验、半成品检验、成品出厂检验等检验控制；

（四）运输和交付控制。

第四十七条　食品生产经营者应当建立食品安全自查制度，定期对食品安全状况进行检查评价。生产经营条件发生变化，不再符合食品安全要求的，食品生产经营者应当立即采取整改措施；有发生食品安全事故潜在风险的，应当立即停止食品生产经营活动，并向所在地县级人民政府食品药品监督管理部门报告。

第四十八条　国家鼓励食品生产经营企业符合良好生产规范要求，实施危害分析与关键控制点体系，提高食品安全管理水平。

对通过良好生产规范、危害分析与关键控制点体系认证的食品生产经营企业，认证机构应当依法实施跟踪调查；对不再符合认证要求的企业，应当依法撤销认证，及时向县级以上人民政府食品药品监督管理部门通报，并向社会公布。认证机构实施跟踪调查不得收取费用。

第四十九条　食用农产品生产者应当按照食品安全标准和国家有关规定使用农药、肥料、兽药、饲料和饲料添加剂等农业投入品，严格执行农业投入品使用安全间隔期或者休药期的规定，不得使用国家明令禁止的农业投入品。禁止将剧毒、高毒农药用于蔬菜、瓜果、茶叶和中草药材等国家规定的农作物。

食用农产品的生产企业和农民专业合作经济组织应当建立农业投入品使用记录制度。

县级以上人民政府农业行政部门应当加强对农业投入品使用的监督管理和指导，建立健全农业投入品安全使用制度。

第五十条　食品生产者采购食品原料、食品添加剂、食品相关产品，应当查验供货者的许可证和产品合格证明；对无法提供合格证明的食品原料，应当按照食品安全标准进行检验；不得采购或者使用不符合食品安全标准的食品原料、食品添加剂、食品相关产品。

食品生产企业应当建立食品原料、食品添加剂、食品相关产品进货查验记录制度，如实记录食品原料、食品添加剂、食品相关产品的名称、规格、数量、生产日期或者生产批号、保质期、进货日期以及供货者名称、地址、联系方式等内容，并保存相关凭证。记录和凭证保存期限不得少于产品保质期满后六个月；没有明确保质期的，保存期限不得少于二年。

第五十一条　食品生产企业应当建立食品出厂检验记录制度，查验出厂食品的检验合格证和安全状况，如实记录食品的名称、规格、数量、生产日期或者生产批号、保质期、检验合格证号、销售日期以及购货者名称、地址、联系方式等内容，并保存相关凭证。记录和凭证保存期限应当符合本法第五十条第二款的规定。

第五十二条　食品、食品添加剂、食品相关产品的生产者，应当按照食品安全标准对所生产的食品、食品添加剂、食品相关产品进行检验，检验合格后方可出厂或者销售。

第五十三条　食品经营者采购食品，应当查验供货者的许可证和食品出厂检验合格证或者其他合格证明（以下称合格证明文件）。

食品经营企业应当建立食品进货查验记录制度，如实记录食品的名称、规格、数量、生产日期或者生产批号、保质期、进货日期以及供货者名称、地址、联系方式等内容，并保存相关凭证。记录和凭证保存期限应当符合本法第五十条第二款的规定。

实行统一配送经营方式的食品经营企业，可以由企业总部统一查验供货者的许可证和食品合格证明文件，进行食品进货查验记录。

从事食品批发业务的经营企业应当建立食品销售记录制度，如实记录批发食品的名称、规格、数量、生产日期或者生产批号、保质期、销售日期以及购货者名称、地址、联系方式等内容，并保存相关凭证。记录和凭证保存期限应当符合本法第五十条第二款的规定。

第五十四条　食品经营者应当按照保证食品安全的要求贮存食品，定期检查库存食品，及时清理变质或者超过保质期的食品。

食品经营者储存散装食品，应当在储存位置标明食品的名称、生产日期或者生产批号、保质期、生产者名称及联系方式等内容。

第五十五条　餐饮服务提供者应当制定并实施原料控制要求，不得采购不符合食品安全标准的食品原料。倡导餐饮服务提供者公开加工过程，公示食品原料及其来源等信息。

餐饮服务提供者在加工过程中应当检查待加工的食品及原料，发现有本法第三十四条第六项规定情形的，不得加工或者使用。

第五十六条　餐饮服务提供者应当定期维护食品加工、储存、陈列等设施、设备；定期清洗、校验保温设施及冷藏、冷冻设施。

餐饮服务提供者应当按照要求对餐具、饮具进行清洗消毒，不得使用未经清洗消毒的餐具、饮具；餐饮服务提供者委托清洗消毒餐具、饮具的，应当委托符合本法规定条件的餐具、饮具集中消毒服务单位。

第五十七条　学校、托幼机构、养老机构、建筑工地等集中用餐单位的食堂应当严格遵守法律、法规和食品安全标准；从供餐单位订餐的，应当从取得食品生产经营许可的企业订购，并按照要求对订购的食品进行查验。供餐单位应当严格遵守法律、法规和食品安全标准，当餐加工，确保食品安全。

学校、托幼机构、养老机构、建筑工地等集中用餐单位的主管部门应当加强对集中用餐单位的食品安全教育和日常管理，降低食品安全风险，及时消除食品安全隐患。

第五十八条　餐具、饮具集中消毒服务单位应当具备相应的作业场所、清洗消毒设备或者设施，用水和使用的洗涤剂、消毒剂应当符合相关食品安全国家标准和其他国家标准、卫生规范。

餐具、饮具集中消毒服务单位应当对消毒餐具、饮具进行逐批检验，检验合格后方可出厂，并应当随附消毒合格证明。消毒后的餐具、饮具应当在独立包装上标注单位名称、地址、联系方式、消毒日期以及使用期限等内容。

第五十九条　食品添加剂生产者应当建立食品添加剂出厂检验记录制度，查验出厂产品的检验合格证和安全状况，如实记录食品添加剂的名称、规格、数量、生产日期或者生产批号、保质期、检验合格证号、销售日期以及购货者名称、地址、联系方式等相关内容，并保存相关凭证。记录和凭证保存期限应当符合本法第五十条第二款的规定。

第六十条　食品添加剂经营者采购食品添加剂，应当依法查验供货者的许可证和产品合格证明文件，如实记录食品添加剂的名称、规格、数量、生产日期或者生产批号、保质期、进货日期以及供货者名称、地址、联系方式等内容，并保存相关凭证。记录和凭证保存期限应当符合本法第五十条第二款的规定。

第六十一条 集中交易市场的开办者、柜台出租者和展销会举办者，应当依法审查入场食品经营者的许可证，明确其食品安全管理责任，定期对其经营环境和条件进行检查，发现其有违反本法规定行为的，应当及时制止并立即报告所在地县级人民政府食品药品监督管理部门。

第六十二条 网络食品交易第三方平台提供者应当对入网食品经营者进行实名登记，明确其食品安全管理责任；依法应当取得许可证的，还应当审查其许可证。

网络食品交易第三方平台提供者发现入网食品经营者有违反本法规定行为的，应当及时制止并立即报告所在地县级人民政府食品药品监督管理部门；发现严重违法行为的，应当立即停止提供网络交易平台服务。

第六十三条 国家建立食品召回制度。食品生产者发现其生产的食品不符合食品安全标准或者有证据证明可能危害人体健康的，应当立即停止生产，召回已经上市销售的食品，通知相关生产经营者和消费者，并记录召回和通知情况。

食品经营者发现其经营的食品有前款规定情形的，应当立即停止经营，通知相关生产经营者和消费者，并记录停止经营和通知情况。食品生产者认为应当召回的，应当立即召回。由于食品经营者的原因造成其经营的食品有前款规定情形的，食品经营者应当召回。

食品生产经营者应当对召回的食品采取无害化处理、销毁等措施，防止其再次流入市场。但是，对因标签、标志或者说明书不符合食品安全标准而被召回的食品，食品生产者在采取补救措施且能保证食品安全的情况下可以继续销售；销售时应当向消费者明示补救措施。

食品生产经营者应当将食品召回和处理情况向所在地县级人民政府食品药品监督管理部门报告；需要对召回的食品进行无害化处理、销毁的，应当提前报告时间、地点。食品药品监督管理部门认为必要的，可以实施现场监督。

食品生产经营者未依照本条规定召回或者停止经营的，县级以上人民政府食品药品监督管理部门可以责令其召回或者停止经营。

第六十四条 食用农产品批发市场应当配备检验设备和检验人员或者委托符合本法规定的食品检验机构，对进入该批发市场销售的食用农产品进行抽样检验；发现不符合食品安全标准的，应当要求销售者立即停止销售，并向食品药品监督管理部门报告。

第六十五条 食用农产品销售者应当建立食用农产品进货查验记录制度，如实记录食用农产品的名称、数量、进货日期以及供货者名称、地址、联系方式等内容，并保存相关凭证。记录和凭证保存期限不得少于六个月。

第六十六条 进入市场销售的食用农产品在包装、保鲜、储存、运输中使用保鲜剂、防腐剂等食品添加剂和包装材料等食品相关产品，应当符合食品安全国家标准。

第三节 标签、说明书和广告

第六十七条 预包装食品的包装上应当有标签。标签应当标明下列事项：

（一）名称、规格、净含量、生产日期；

（二）成分或者配料表；

（三）生产者的名称、地址、联系方式；

（四）保质期；

（五）产品标准代号；

（六）储存条件；

（七）所使用的食品添加剂在国家标准中的通用名称；

（八）生产许可证编号；

（九）法律、法规或者食品安全标准规定应当标明的其他事项。

专供婴幼儿和其他特定人群的主辅食品，其标签还应当标明主要营养成分及其含量。

食品安全国家标准对标签标注事项另有规定的，从其规定。

第六十八条　食品经营者销售散装食品，应当在散装食品的容器、外包装上标明食品的名称、生产日期或者生产批号、保质期以及生产经营者名称、地址、联系方式等内容。

第六十九条　生产经营转基因食品应当按照规定显著标示。

第七十条　食品添加剂应当有标签、说明书和包装。标签、说明书应当载明本法第六十七条第一款第一项至第六项、第八项、第九项规定的事项，以及食品添加剂的使用范围、用量、使用方法，并在标签上载明"食品添加剂"字样。

第七十一条　食品和食品添加剂的标签、说明书，不得含有虚假内容，不得涉及疾病预防、治疗功能。生产经营者对其提供的标签、说明书的内容负责。

食品和食品添加剂的标签、说明书应当清楚、明显，生产日期、保质期等事项应当显著标注，容易辨识。

食品和食品添加剂与其标签、说明书的内容不符的，不得上市销售。

第七十二条　食品经营者应当按照食品标签标示的警示标志、警示说明或者注意事项的要求销售食品。

第七十三条　食品广告的内容应当真实合法，不得含有虚假内容，不得涉及疾病预防、治疗功能。食品生产经营者对食品广告内容的真实性、合法性负责。

县级以上人民政府食品药品监督管理部门和其他有关部门以及食品检验机构、食品行业协会不得以广告或者其他形式向消费者推荐食品。消费者组织不得以收取费用或者其他牟取利益的方式向消费者推荐食品。

第四节　特殊食品

第七十四条　国家对保健食品、特殊医学用途配方食品和婴幼儿配方食品等特殊食品实行严格监督管理。

第七十五条　保健食品声称保健功能，应当具有科学依据，不得对人体产生急性、亚急性或者慢性危害。

保健食品原料目录和允许保健食品声称的保健功能目录，由国务院食品药品监督管理部门会同国务院卫生行政部门、国家中医药管理部门制定、调整并公布。

保健食品原料目录应当包括原料名称、用量及其对应的功效；列入保健食品原料目录的原料只能用于保健食品生产，不得用于其他食品生产。

第七十六条 使用保健食品原料目录以外原料的保健食品和首次进口的保健食品应当经国务院食品药品监督管理部门注册。但是，首次进口的保健食品中属于补充维生素、矿物质等营养物质的，应当报国务院食品药品监督管理部门备案。其他保健食品应当报省、自治区、直辖市人民政府食品药品监督管理部门备案。

进口的保健食品应当是出口国（地区）主管部门准许上市销售的产品。

第七十七条 依法应当注册的保健食品，注册时应当提交保健食品的研发报告、产品配方、生产工艺、安全性和保健功能评价、标签、说明书等材料及样品，并提供相关证明文件。国务院食品药品监督管理部门经组织技术审评，对符合安全和功能声称要求的，准予注册；对不符合要求的，不予注册并书面说明理由。对使用保健食品原料目录以外原料的保健食品作出准予注册决定的，应当及时将该原料纳入保健食品原料目录。

依法应当备案的保健食品，备案时应当提交产品配方、生产工艺、标签、说明书以及表明产品安全性和保健功能的材料。

第七十八条 保健食品的标签、说明书不得涉及疾病预防、治疗功能，内容应当真实，与注册或者备案的内容相一致，载明适宜人群、不适宜人群、功效成分或者标志性成分及其含量等，并声明"本品不能代替药物"。保健食品的功能和成分应当与标签、说明书相一致。

第七十九条 保健食品广告除应当符合本法第七十三条第一款的规定外，还应当声明"本品不能代替药物"；其内容应当经生产企业所在地省、自治区、直辖市人民政府食品药品监督管理部门审查批准，取得保健食品广告批准文件。省、自治区、直辖市人民政府食品药品监督管理部门应当公布并及时更新已经批准的保健食品广告目录以及批准的广告内容。

第八十条 特殊医学用途配方食品应当经国务院食品药品监督管理部门注册。注册时，应当提交产品配方、生产工艺、标签、说明书以及表明产品安全性、营养充足性和特殊医学用途临床效果的材料。

特殊医学用途配方食品广告适用《中华人民共和国广告法》和其他法律、行政法规关于药品广告管理的规定。

第八十一条 婴幼儿配方食品生产企业应当实施从原料进厂到成品出厂的全过程质量控制，对出厂的婴幼儿配方食品实施逐批检验，保证食品安全。

生产婴幼儿配方食品使用的生鲜乳、辅料等食品原料、食品添加剂等，应当符合法律、行政法规的规定和食品安全国家标准，保证婴幼儿生长发育所需的营养成分。

婴幼儿配方食品生产企业应当将食品原料、食品添加剂、产品配方及标签等事项向省、自治区、直辖市人民政府食品药品监督管理部门备案。

婴幼儿配方乳粉的产品配方应当经国务院食品药品监督管理部门注册。注册时，应当提交配方研发报告和其他表明配方科学性、安全性的材料。

不得以分装方式生产婴幼儿配方乳粉，同一企业不得用同一配方生产不同品牌的婴幼儿配方乳粉。

第八十二条 保健食品、特殊医学用途配方食品、婴幼儿配方乳粉的注册人或者备案人应当对其提交材料的真实性负责。

省级以上人民政府食品药品监督管理部门应当及时公布注册或者备案的保健食品、特殊医学用途配方食品、婴幼儿配方乳粉目录，并对注册或者备案中获知的企业商业秘密予以保密。

保健食品、特殊医学用途配方食品、婴幼儿配方乳粉生产企业应当按照注册或者备案的产品配方、生产工艺等技术要求组织生产。

第八十三条　生产保健食品，特殊医学用途配方食品、婴幼儿配方食品和其他专供特定人群的主辅食品的企业，应当按照良好生产规范的要求建立与所生产食品相适应的生产质量管理体系，定期对该体系的运行情况进行自查，保证其有效运行，并向所在地县级人民政府食品药品监督管理部门提交自查报告。

第五章　食品检验

第八十四条　食品检验机构按照国家有关认证认可的规定取得资质认定后，方可从事食品检验活动。但是，法律另有规定的除外。

食品检验机构的资质认定条件和检验规范，由国务院食品药品监督管理部门规定。

符合本法规定的食品检验机构出具的检验报告具有同等效力。

县级以上人民政府应当整合食品检验资源，实现资源共享。

第八十五条　食品检验由食品检验机构指定的检验人独立进行。

检验人应当依照有关法律、法规的规定，并按照食品安全标准和检验规范对食品进行检验，尊重科学，恪守职业道德，保证出具的检验数据和结论客观、公正，不得出具虚假检验报告。

第八十六条　食品检验实行食品检验机构与检验人负责制。食品检验报告应当加盖食品检验机构公章，并有检验人的签名或者盖章。食品检验机构和检验人对出具的食品检验报告负责。

第八十七条　县级以上人民政府食品药品监督管理部门应当对食品进行定期或者不定期的抽样检验，并依据有关规定公布检验结果，不得免检。进行抽样检验，应当购买抽取的样品，委托符合本法规定的食品检验机构进行检验，并支付相关费用；不得向食品生产经营者收取检验费和其他费用。

第八十八条　对依照本法规定实施的检验结论有异议的，食品生产经营者可以自收到检验结论之日起七个工作日内向实施抽样检验的食品药品监督管理部门或者其上一级食品药品监督管理部门提出复检申请，由受理复检申请的食品药品监督管理部门在公布的复检机构名录中随机确定复检机构进行复检。复检机构出具的复检结论为最终检验结论。复检机构与初检机构不得为同一机构。复检机构名录由国务院认证认可监督管理、食品药品监督管理、卫生行政、农业行政等部门共同公布。

采用国家规定的快速检测方法对食用农产品进行抽查检测，被抽查人对检测结果有异议的，可以自收到检测结果时起四小时内申请复检。复检不得采用快速检测方法。

第八十九条　食品生产企业可以自行对所生产的食品进行检验，也可以委托符合本法规定的食品检验机构进行检验。

食品行业协会和消费者协会等组织、消费者需要委托食品检验机构对食品进行检验的，应当委托符合本法规定的食品检验机构进行。

第九十条　食品添加剂的检验，适用本法有关食品检验的规定。

第六章　食品进出口

第九十一条　国家出入境检验检疫部门对进出口食品安全实施监督管理。

第九十二条　进口的食品、食品添加剂、食品相关产品应当符合我国食品安全国家标准。

进口的食品、食品添加剂应当经出入境检验检疫机构依照进出口商品检验相关法律、行政法规的规定检验合格。

进口的食品、食品添加剂应当按照国家出入境检验检疫部门的要求随附合格证明材料。

第九十三条　进口尚无食品安全国家标准的食品，由境外出口商、境外生产企业或者其委托的进口商向国务院卫生行政部门提交所执行的相关国家（地区）标准或者国际标准。国务院卫生行政部门对相关标准进行审查，认为符合食品安全要求的，决定暂予适用，并及时制定相应的食品安全国家标准。进口利用新的食品原料生产的食品或者进口食品添加剂新品种、食品相关产品新品种，依照本法第三十七条的规定办理。

出入境检验检疫机构按照国务院卫生行政部门的要求，对前款规定的食品、食品添加剂、食品相关产品进行检验。检验结果应当公开。

第九十四条　境外出口商、境外生产企业应当保证向我国出口的食品、食品添加剂、食品相关产品符合本法以及我国其他有关法律、行政法规的规定和食品安全国家标准的要求，并对标签、说明书的内容负责。

进口商应当建立境外出口商、境外生产企业审核制度，重点审核前款规定的内容；审核不合格的，不得进口。

发现进口食品不符合我国食品安全国家标准或者有证据证明可能危害人体健康的，进口商应当立即停止进口，并依照本法第六十三条的规定召回。

第九十五条　境外发生的食品安全事件可能对我国境内造成影响，或者在进口食品、食品添加剂、食品相关产品中发现严重食品安全问题的，国家出入境检验检疫部门应当及时采取风险预警或者控制措施，并向国务院食品药品监督管理、卫生行政、农业行政部门通报。接到通报的部门应当及时采取相应措施。

县级以上人民政府食品药品监督管理部门对国内市场上销售的进口食品、食品添加剂实施监督管理。发现存在严重食品安全问题的，国务院食品药品监督管理部门应当及时向国家出入境检验检疫部门通报。国家出入境检验检疫部门应当及时采取相应措施。

第九十六条　向我国境内出口食品的境外出口商或者代理商、进口食品的进口商应当向国家出入境检验检疫部门备案。向我国境内出口食品的境外食品生产企业应当经国家出入境检验检疫部门注册。已经注册的境外食品生产企业提供虚假材料，或者因其自身的原因致使进口食品发生重大食品安全事故的，国家出入境检验检疫部门应当撤销注册并公告。

国家出入境检验检疫部门应当定期公布已经备案的境外出口商、代理商、进口商和已经注册的境外食品生产企业名单。

第九十七条　进口的预包装食品、食品添加剂应当有中文标签；依法应当有说明书的，还应当有中文说明书。标签、说明书应当符合本法以及我国其他有关法律、行政法规的规定和食品安全国家标准的要求，并载明食品的原产地以及境内代理商的名称、地址、联系方式。预包装食品没有中文标签、中文说明书或者标签、说明书不符合本条规定的，不得进口。

第九十八条　进口商应当建立食品、食品添加剂进口和销售记录制度，如实记录食品、食品添加剂的名称、规格、数量、生产日期、生产或者进口批号、保质期、境外出口商和购货者名称、地址及联系方式、交货日期等内容，并保存相关凭证。记录和凭证保存期限应当符合本法第五十条第二款的规定。

第九十九条　出口食品生产企业应当保证其出口食品符合进口国（地区）的标准或者合同要求。

出口食品生产企业和出口食品原料种植、养殖场应当向国家出入境检验检疫部门备案。

第一百条　国家出入境检验检疫部门应当收集、汇总下列进出口食品安全信息，并及时通报相关部门、机构和企业：

（一）出入境检验检疫机构对进出口食品实施检验检疫发现的食品安全信息；

（二）食品行业协会和消费者协会等组织、消费者反映的进口食品安全信息；

（三）国际组织、境外政府机构发布的风险预警信息及其他食品安全信息，以及境外食品行业协会等组织、消费者反映的食品安全信息；

（四）其他食品安全信息。

国家出入境检验检疫部门应当对进出口食品的进口商、出口商和出口食品生产企业实施信用管理，建立信用记录，并依法向社会公布。对有不良记录的进口商、出口商和出口食品生产企业，应当加强对其进出口食品的检验检疫。

第一百零一条　国家出入境检验检疫部门可以对向我国境内出口食品的国家（地区）的食品安全管理体系和食品安全状况进行评估和审查，并根据评估和审查结果，确定相应检验检疫要求。

第七章　食品安全事故处置

第一百零二条　国务院组织制定国家食品安全事故应急预案。

县级以上地方人民政府应当根据有关法律、法规的规定和上级人民政府的食品安全事故应急预案以及本行政区域的实际情况，制定本行政区域的食品安全事故应急预案，并报上一级人民政府备案。

食品安全事故应急预案应当对食品安全事故分级、事故处置组织指挥体系与职责、预防预警机制、处置程序、应急保障措施等作出规定。

食品生产经营企业应当制订食品安全事故处置方案，定期检查本企业各项食品安全防范措施的落实情况，及时消除事故隐患。

第一百零三条　发生食品安全事故的单位应当立即采取措施，防止事故扩大。事故单位和接收病人进行治疗的单位应当及时向事故发生地县级人民政府食品药品监督管理、卫生行政部门报告。

县级以上人民政府质量监督、农业行政等部门在日常监督管理中发现食品安全事故或者接到事故举报，应当立即向同级食品药品监督管理部门通报。

发生食品安全事故，接到报告的县级人民政府食品药品监督管理部门应当按照应急预案的规定向本级人民政府和上级人民政府食品药品监督管理部门报告。县级人民政府和上级人民政府食品药品监督管理部门应当按照应急预案的规定上报。

任何单位和个人不得对食品安全事故隐瞒、谎报、缓报，不得隐匿、伪造、毁灭有关证据。

第一百零四条 医疗机构发现其接收的病人属于食源性疾病病人或者疑似病人的，应当按照规定及时将相关信息向所在地县级人民政府卫生行政部门报告。县级人民政府卫生行政部门认为与食品安全有关的，应当及时通报同级食品药品监督管理部门。

县级以上人民政府卫生行政部门在调查处理传染病或者其他突发公共卫生事件中发现与食品安全相关的信息，应当及时通报同级食品药品监督管理部门。

第一百零五条 县级以上人民政府食品药品监督管理部门接到食品安全事故的报告后，应当立即会同同级卫生行政、质量监督、农业行政等部门进行调查处理，并采取下列措施，防止或者减轻社会危害：

（一）开展应急救援工作，组织救治因食品安全事故导致人身伤害的人员；

（二）封存可能导致食品安全事故的食品及其原料，并立即进行检验；对确认属于被污染的食品及其原料，责令食品生产经营者依照本法第六十三条的规定召回或者停止经营；

（三）封存被污染的食品相关产品，并责令进行清洗消毒；

（四）做好信息发布工作，依法对食品安全事故及其处理情况进行发布，并对可能产生的危害加以解释、说明。

发生食品安全事故需要启动应急预案的，县级以上人民政府应当立即成立事故处置指挥机构，启动应急预案，依照前款和应急预案的规定进行处置。

发生食品安全事故，县级以上疾病预防控制机构应当对事故现场进行卫生处理，并对与事故有关的因素开展流行病学调查，有关部门应当予以协助。县级以上疾病预防控制机构应当向同级食品药品监督管理、卫生行政部门提交流行病学调查报告。

第一百零六条 发生食品安全事故，设区的市级以上人民政府食品药品监督管理部门应当立即会同有关部门进行事故责任调查，督促有关部门履行职责，向本级人民政府和上一级人民政府食品药品监督管理部门提出事故责任调查处理报告。

涉及两个以上省、自治区、直辖市的重大食品安全事故由国务院食品药品监督管理部门依照前款规定组织事故责任调查。

第一百零七条 调查食品安全事故，应当坚持实事求是、尊重科学的原则，及时、准确查清事故性质和原因，认定事故责任，提出整改措施。

调查食品安全事故，除了查明事故单位的责任，还应当查明有关监督管理部门、食品检验机构、认证机构及其工作人员的责任。

第一百零八条 食品安全事故调查部门有权向有关单位和个人了解与事故有关的情况，并要求提供相关资料和样品。有关单位和个人应当予以配合，按照要求提供相关资料和样品，不得拒绝。

任何单位和个人不得阻挠、干涉食品安全事故的调查处理。

第八章 监督管理

第一百零九条 县级以上人民政府食品药品监督管理、质量监督部门根据食品安全风险监测、风险评估结果和食品安全状况等，确定监督管理的重点、方式和频次，实施风险分级管理。

县级以上地方人民政府组织本级食品药品监督管理、质量监督、农业行政等部门制定本行政区域的食品安全年度监督管理计划，向社会公布并组织实施。

食品安全年度监督管理计划应当将下列事项作为监督管理的重点：

（一）专供婴幼儿和其他特定人群的主辅食品；

（二）保健食品生产过程中的添加行为和按照注册或者备案的技术要求组织生产的情况，保健食品标签、说明书以及宣传材料中有关功能宣传的情况；

（三）发生食品安全事故风险较高的食品生产经营者；

（四）食品安全风险监测结果表明可能存在食品安全隐患的事项。

第一百一十条　县级以上人民政府食品药品监督管理、质量监督部门履行各自食品安全监督管理职责，有权采取下列措施，对生产经营者遵守本法的情况进行监督检查：

（一）进入生产经营场所实施现场检查；

（二）对生产经营的食品、食品添加剂、食品相关产品进行抽样检验；

（三）查阅、复制有关合同、票据、账簿以及其他有关资料；

（四）查封、扣押有证据证明不符合食品安全标准或者有证据证明存在安全隐患以及用于违法生产经营的食品、食品添加剂、食品相关产品；

（五）查封违法从事生产经营活动的场所。

第一百一十一条　对食品安全风险评估结果证明食品存在安全隐患，需要制定、修订食品安全标准的，在制定、修订食品安全标准前，国务院卫生行政部门应当及时会同国务院有关部门规定食品中有害物质的临时限量值和临时检验方法，作为生产经营和监督管理的依据。

第一百一十二条　县级以上人民政府食品药品监督管理部门在食品安全监督管理工作中可以采用国家规定的快速检测方法对食品进行抽查检测。

对抽查检测结果表明可能不符合食品安全标准的食品，应当依照本法第八十七条的规定进行检验。抽查检测结果确定有关食品不符合食品安全标准的，可以作为行政处罚的依据。

第一百一十三条　县级以上人民政府食品药品监督管理部门应当建立食品生产经营者食品安全信用档案，记录许可颁发、日常监督检查结果、违法行为查处等情况，依法向社会公布并实时更新；对有不良信用记录的食品生产经营者增加监督检查频次，对违法行为情节严重的食品生产经营者，可以通报投资主管部门、证券监督管理机构和有关的金融机构。

第一百一十四条　食品生产经营过程中存在食品安全隐患，未及时采取措施消除的，县级以上人民政府食品药品监督管理部门可以对食品生产经营者的法定代表人或者主要负责人进行责任约谈。食品生产经营者应当立即采取措施，进行整改，消除隐患。责任约谈情况和整改情况应纳入食品生产经营者食品安全信用档案。

第一百一十五条　县级以上人民政府食品药品监督管理、质量监督等部门应当公布本部门的电子邮件地址或者电话，接受咨询、投诉、举报。接到咨询、投诉、举报，对属于本部门职责的，应当受理并在法定期限内及时答复、核实、处理；对不属于本部门职责的，应当移交有权处理的部门并书面通知咨询、投诉、举报人。有权处理的部门应当在法定期限内及时处理，不得推诿。对查证属实的举报，给予举报人奖励。

有关部门应当对举报人的信息予以保密，保护举报人的合法权益。举报人举报所在企业的，该企业不得以解除、变更劳动合同或者其他方式对举报人进行打击报复。

第一百一十六条 县级以上人民政府食品药品监督管理、质量监督等部门应当加强对执法人员食品安全法律、法规、标准和专业知识与执法能力等的培训，并组织考核。不具备相应知识和能力的，不得从事食品安全执法工作。

食品生产经营者、食品行业协会、消费者协会等发现食品安全执法人员在执法过程中有违反法律、法规规定的行为以及不规范执法行为的，可以向本级或者上级人民政府食品药品监督管理、质量监督等部门或者监察机关投诉、举报。接到投诉、举报的部门或者机关应当进行核实，并将经核实的情况向食品安全执法人员所在部门通报；涉嫌违法违纪的，按照本法和有关规定处理。

第一百一十七条 县级以上人民政府食品药品监督管理等部门未及时发现食品安全系统性风险，未及时消除监督管理区域内的食品安全隐患的，本级人民政府可以对其主要负责人进行责任约谈。

地方人民政府未履行食品安全职责，未及时消除区域性重大食品安全隐患的，上级人民政府可以对其主要负责人进行责任约谈。

被约谈的食品药品监督管理等部门、地方人民政府应当立即采取措施，对食品安全监督管理工作进行整改。

责任约谈情况和整改情况应当纳入地方人民政府和有关部门食品安全监督管理工作评议、考核记录。

第一百一十八条 国家建立统一的食品安全信息平台，实行食品安全信息统一公布制度。国家食品安全总体情况、食品安全风险警示信息、重大食品安全事故及其调查处理信息和国务院确定需要统一公布的其他信息由国务院食品药品监督管理部门统一公布。食品安全风险警示信息和重大食品安全事故及其调查处理信息的影响限于特定区域的，也可以由有关省、自治区、直辖市人民政府食品药品监督管理部门公布。未经授权不得发布上述信息。

县级以上人民政府食品药品监督管理、质量监督、农业行政部门依据各自职责公布食品安全日常监督管理信息。

公布食品安全信息，应当做到准确、及时，并进行必要的解释说明，避免误导消费者和社会舆论。

第一百一十九条 县级以上地方人民政府食品药品监督管理、卫生行政、质量监督、农业行政部门获知本法规定需要统一公布的信息，应当向上级主管部门报告，由上级主管部门立即报告国务院食品药品监督管理部门；必要时，可以直接向国务院食品药品监督管理部门报告。

县级以上人民政府食品药品监督管理、卫生行政、质量监督、农业行政部门应当相互通报获知的食品安全信息。

第一百二十条 任何单位和个人不得编造、散布虚假食品安全信息。

县级以上人民政府食品药品监督管理部门发现可能误导消费者和社会舆论的食品安全

信息，应当立即组织有关部门、专业机构、相关食品生产经营者等进行核实、分析，并及时公布结果。

第一百二十一条　县级以上人民政府食品药品监督管理、质量监督等部门发现涉嫌食品安全犯罪的，应当按照有关规定及时将案件移送公安机关。对移送的案件，公安机关应当及时审查；认为有犯罪事实需要追究刑事责任的，应当立案侦查。

公安机关在食品安全犯罪案件侦查过程中认为没有犯罪事实，或者犯罪事实显著轻微，不需要追究刑事责任，但依法应当追究行政责任的，应当及时将案件移送食品药品监督管理、质量监督等部门和监察机关，有关部门应当依法处理。

公安机关商请食品药品监督管理、质量监督、环境保护等部门提供检验结论、认定意见以及对涉案物品进行无害化处理等协助的，有关部门应当及时提供，予以协助。

第九章　法律责任

第一百二十二条　违反本法规定，未取得食品生产经营许可从事食品生产经营活动，或者未取得食品添加剂生产许可从事食品添加剂生产活动的，由县级以上人民政府食品药品监督管理部门没收违法所得和违法生产经营的食品、食品添加剂以及用于违法生产经营的工具、设备、原料等物品；违法生产经营的食品、食品添加剂货值金额不足一万元的，并处五万元以上十万元以下罚款；货值金额一万元以上的，并处货值金额十倍以上二十倍以下罚款。

明知从事前款规定的违法行为，仍为其提供生产经营场所或者其他条件的，由县级以上人民政府食品药品监督管理部门责令停止违法行为，没收违法所得，并处五万元以上十万元以下罚款；使消费者的合法权益受到损害的，应当与食品、食品添加剂生产经营者承担连带责任。

第一百二十三条　违反本法规定，有下列情形之一，尚不构成犯罪的，由县级以上人民政府食品药品监督管理部门没收违法所得和违法生产经营的食品，并可以没收用于违法生产经营的工具、设备、原料等物品；违法生产经营的食品货值金额不足一万元的，并处十万元以上十五万元以下罚款；货值金额一万元以上的，并处货值金额十五倍以上三十倍以下罚款；情节严重的，吊销许可证，并可以由公安机关对其直接负责的主管人员和其他直接责任人员处五日以上十五日以下拘留：

（一）用非食品原料生产食品、在食品中添加食品添加剂以外的化学物质和其他可能危害人体健康的物质，或者用回收食品作为原料生产食品，或者经营上述食品；

（二）生产经营营养成分不符合食品安全标准的专供婴幼儿和其他特定人群的主辅食品；

（三）经营病死、毒死或者死因不明的禽、畜、兽、水产动物肉类，或者生产经营其制品；

（四）经营未按规定进行检疫或者检疫不合格的肉类，或者生产经营未经检验或者检验不合格的肉类制品；

（五）生产经营国家为防病等特殊需要明令禁止生产经营的食品；

（六）生产经营添加药品的食品。

明知从事前款规定的违法行为，仍为其提供生产经营场所或者其他条件的，由县级以上人民政府食品药品监督管理部门责令停止违法行为，没收违法所得，并处十万元以上二十万元以下罚款；使消费者的合法权益受到损害的，应当与食品生产经营者承担连带责任。

违法使用剧毒、高毒农药的，除依照有关法律、法规规定给予处罚外，可以由公安机关依照第一款规定给予拘留。

第一百二十四条 违反本法规定，有下列情形之一，尚不构成犯罪的，由县级以上人民政府食品药品监督管理部门没收违法所得和违法生产经营的食品、食品添加剂，并可以没收用于违法生产经营的工具、设备、原料等物品；违法生产经营的食品、食品添加剂货值金额不足一万元的，并处五万元以上十万元以下罚款；货值金额一万元以上的，并处货值金额十倍以上二十倍以下罚款；情节严重的，吊销许可证：

（一）生产经营致病性微生物，农药残留、兽药残留、生物毒素、重金属等污染物质以及其他危害人体健康的物质含量超过食品安全标准限量的食品、食品添加剂；

（二）用超过保质期的食品原料、食品添加剂生产食品、食品添加剂，或者经营上述食品、食品添加剂；

（三）生产经营超范围、超限量使用食品添加剂的食品；

（四）生产经营腐败变质、油脂酸败、霉变生虫、污秽不洁、混有异物、掺假掺杂或者感官性状异常的食品、食品添加剂；

（五）生产经营标注虚假生产日期、保质期或者超过保质期的食品、食品添加剂；

（六）生产经营未按规定注册的保健食品、特殊医学用途配方食品、婴幼儿配方乳粉，或者未按注册的产品配方、生产工艺等技术要求组织生产；

（七）以分装方式生产婴幼儿配方乳粉，或者同一企业以同一配方生产不同品牌的婴幼儿配方乳粉；

（八）利用新的食品原料生产食品，或者生产食品添加剂新品种，未通过安全性评估；

（九）食品生产经营者在食品药品监督管理部门责令其召回或者停止经营后，仍拒不召回或者停止经营。

除前款和本法第一百二十三条、第一百二十五条规定的情形外，生产经营不符合法律、法规或者食品安全标准的食品、食品添加剂的，依照前款规定给予处罚。

生产食品相关产品新品种，未通过安全性评估，或者生产不符合食品安全标准的食品相关产品的，由县级以上人民政府质量监督部门依照第一款规定给予处罚。

第一百二十五条 违反本法规定，有下列情形之一的，由县级以上人民政府食品药品监督管理部门没收违法所得和违法生产经营的食品、食品添加剂，并可以没收用于违法生产经营的工具、设备、原料等物品；违法生产经营的食品、食品添加剂货值金额不足一万元的，并处五千元以上五万元以下罚款；货值金额一万元以上的，并处货值金额五倍以上十倍以下罚款；情节严重的，责令停产停业，直至吊销许可证：

（一）生产经营被包装材料、容器、运输工具等污染的食品、食品添加剂；

（二）生产经营无标签的预包装食品、食品添加剂或者标签、说明书不符合本法规定的食品、食品添加剂；

（三）生产经营转基因食品未按规定进行标示；

（四）食品生产经营者采购或者使用不符合食品安全标准的食品原料、食品添加剂、食品相关产品。

生产经营的食品、食品添加剂的标签、说明书存在瑕疵但不影响食品安全且不会对消费者造成误导的，由县级以上人民政府食品药品监督管理部门责令改正；拒不改正的，处二千元以下罚款。

第一百二十六条 违反本法规定，有下列情形之一的，由县级以上人民政府食品药品监督管理部门责令改正，给予警告；拒不改正的，处五千元以上五万元以下罚款；情节严重的，责令停产停业，直至吊销许可证：

（一）食品、食品添加剂生产者未按规定对采购的食品原料和生产的食品、食品添加剂进行检验；

（二）食品生产经营企业未按规定建立食品安全管理制度，或者未按规定配备或者培训、考核食品安全管理人员；

（三）食品、食品添加剂生产经营者进货时未查验许可证和相关证明文件，或者未按规定建立并遵守进货查验记录、出厂检验记录和销售记录制度；

（四）食品生产经营企业未制订食品安全事故处置方案；

（五）餐具、饮具和盛放直接入口食品的容器，使用前未经洗净、消毒或者清洗消毒不合格，或者餐饮服务设施、设备未按规定定期维护、清洗、校验；

（六）食品生产经营者安排未取得健康证明或者患有国务院卫生行政部门规定的有碍食品安全疾病的人员从事接触直接入口食品的工作；

（七）食品经营者未按规定要求销售食品；

（八）保健食品生产企业未按规定向食品药品监督管理部门备案，或者未按备案的产品配方、生产工艺等技术要求组织生产；

（九）婴幼儿配方食品生产企业未将食品原料、食品添加剂、产品配方、标签等向食品药品监督管理部门备案；

（十）特殊食品生产企业未按规定建立生产质量管理体系并有效运行，或者未定期提交自查报告；

（十一）食品生产经营者未定期对食品安全状况进行检查评价，或者生产经营条件发生变化，未按规定处理；

（十二）学校、托幼机构、养老机构、建筑工地等集中用餐单位未按规定履行食品安全管理责任；

（十三）食品生产企业、餐饮服务提供者未按规定制定、实施生产经营过程控制要求。

餐具、饮具集中消毒服务单位违反本法规定用水，使用洗涤剂、消毒剂，或者出厂的餐具、饮具未按规定检验合格并随附消毒合格证明，或者未按规定在独立包装上标注相关内容的，由县级以上人民政府卫生行政部门依照前款规定给予处罚。

食品相关产品生产者未按规定对生产的食品相关产品进行检验的，由县级以上人民政府质量监督部门依照第一款规定给予处罚。

食用农产品销售者违反本法第六十五条规定的，由县级以上人民政府食品药品监督管理部门依照第一款规定给予处罚。

第一百二十七条 对食品生产加工小作坊、食品摊贩等的违法行为的处罚，依照省、自治区、直辖市制定的具体管理办法执行。

第一百二十八条 违反本法规定，事故单位在发生食品安全事故后未进行处置、报告的，由有关主管部门按照各自职责分工责令改正，给予警告；隐匿、伪造、毁灭有关证据的，责令停产停业，没收违法所得，并处十万元以上五十万元以下罚款；造成严重后果的，吊销许可证。

第一百二十九条 违反本法规定，有下列情形之一的，由出入境检验检疫机构依照本法第一百二十四条的规定给予处罚：

（一）提供虚假材料，进口不符合我国食品安全国家标准的食品、食品添加剂、食品相关产品；

（二）进口尚无食品安全国家标准的食品，未提交所执行的标准并经国务院卫生行政部门审查，或者进口利用新的食品原料生产的食品或者进口食品添加剂新品种、食品相关产品新品种，未通过安全性评估；

（三）未遵守本法的规定出口食品；

（四）进口商在有关主管部门责令其依照本法规定召回进口的食品后，仍拒不召回。

违反本法规定，进口商未建立并遵守食品、食品添加剂进口和销售记录制度、境外出口商或者生产企业审核制度的，由出入境检验检疫机构依照本法第一百二十六条的规定给予处罚。

第一百三十条 违反本法规定，集中交易市场的开办者、柜台出租者、展销会的举办者允许未依法取得许可的食品经营者进入市场销售食品，或者未履行检查、报告等义务的，由县级以上人民政府食品药品监督管理部门责令改正，没收违法所得，并处五万元以上二十万元以下罚款；造成严重后果的，责令停业，直至由原发证部门吊销许可证；使消费者的合法权益受到损害的，应当与食品经营者承担连带责任。

食用农产品批发市场违反本法第六十四条规定的，依照前款规定承担责任。

第一百三十一条 违反本法规定，网络食品交易第三方平台提供者未对入网食品经营者进行实名登记、审查许可证，或者未履行报告、停止提供网络交易平台服务等义务的，由县级以上人民政府食品药品监督管理部门责令改正，没收违法所得，并处五万元以上二十万元以下罚款；造成严重后果的，责令停业，直至由原发证部门吊销许可证；使消费者的合法权益受到损害的，应当与食品经营者承担连带责任。

消费者通过网络食品交易第三方平台购买食品，其合法权益受到损害的，可以向入网食品经营者或者食品生产者要求赔偿。网络食品交易第三方平台提供者不能提供入网食品经营者的真实名称、地址和有效联系方式的，由网络食品交易第三方平台提供者赔偿。网络食品交易第三方平台提供者赔偿后，有权向入网食品经营者或者食品生产者追偿。网络食品交易第三方平台提供者作出更有利于消费者承诺的，应当履行其承诺。

第一百三十二条 违反本法规定，未按要求进行食品贮存、运输和装卸的，由县级以上人民政府食品药品监督管理等部门按照各自职责分工责令改正，给予警告；拒不改正的，责令停产停业，并处一万元以上五万元以下罚款；情节严重的，吊销许可证。

第一百三十三条 违反本法规定，拒绝、阻挠、干涉有关部门、机构及其工作人员依法开展食品安全监督检查、事故调查处理、风险监测和风险评估的，由有关主管部门按照各自职责分工责令停产停业，并处二千元以上五万元以下罚款；情节严重的，吊销许可证；构成违反治安管理行为的，由公安机关依法给予治安管理处罚。

违反本法规定，对举报人以解除、变更劳动合同或者其他方式打击报复的，应当依照有关法律的规定承担责任。

第一百三十四条　食品生产经营者在一年内累计三次因违反本法规定受到责令停产停业、吊销许可证以外处罚的，由食品药品监督管理部门责令停产停业，直至吊销许可证。

第一百三十五条　被吊销许可证的食品生产经营者及其法定代表人、直接负责的主管人员和其他直接责任人员自处罚决定作出之日起五年内不得申请食品生产经营许可，或者从事食品生产经营管理工作、担任食品生产经营企业食品安全管理人员。

因食品安全犯罪被判处有期徒刑以上刑罚的，终身不得从事食品生产经营管理工作，也不得担任食品生产经营企业食品安全管理人员。

食品生产经营者聘用人员违反前两款规定的，由县级以上人民政府食品药品监督管理部门吊销许可证。

第一百三十六条　食品经营者履行了本法规定的进货查验等义务，有充分证据证明其不知道所采购的食品不符合食品安全标准，并能如实说明其进货来源的，可以免予处罚，但应当依法没收其不符合食品安全标准的食品；造成人身、财产或者其他损害的，依法承担赔偿责任。

第一百三十七条　违反本法规定，承担食品安全风险监测、风险评估工作的技术机构、技术人员提供虚假监测、评估信息的，依法对技术机构直接负责的主管人员和技术人员给予撤职、开除处分；有执业资格的，由授予其资格的主管部门吊销执业证书。

第一百三十八条　违反本法规定，食品检验机构、食品检验人员出具虚假检验报告的，由授予其资质的主管部门或者机构撤销该食品检验机构的检验资质，没收所收取的检验费用，并处检验费用五倍以上十倍以下罚款，检验费用不足一万元的，并处五万元以上十万元以下罚款；依法对食品检验机构直接负责的主管人员和食品检验人员给予撤职或者开除处分；导致发生重大食品安全事故的，对直接负责的主管人员和食品检验人员给予开除处分。

违反本法规定，受到开除处分的食品检验机构人员，自处分决定作出之日起十年内不得从事食品检验工作；因食品安全违法行为受到刑事处罚或者因出具虚假检验报告导致发生重大食品安全事故受到开除处分的食品检验机构人员，终身不得从事食品检验工作。食品检验机构聘用不得从事食品检验工作的人员的，由授予其资质的主管部门或者机构撤销该食品检验机构的检验资质。

食品检验机构出具虚假检验报告，使消费者的合法权益受到损害的，应当与食品生产经营者承担连带责任。

第一百三十九条　违反本法规定，认证机构出具虚假认证结论，由认证认可监督管理部门没收所收取的认证费用，并处认证费用五倍以上十倍以下罚款，认证费用不足一万元的，并处五万元以上十万元以下罚款；情节严重的，责令停业，直至撤销认证机构批准文件，并向社会公布；对直接负责的主管人员和负有直接责任的认证人员，撤销其执业资格。

认证机构出具虚假认证结论，使消费者的合法权益受到损害的，应当与食品生产经营者承担连带责任。

第一百四十条　违反本法规定，在广告中对食品作虚假宣传，欺骗消费者，或者发布未取得批准文件、广告内容与批准文件不一致的保健食品广告的，依照《中华人民共和国广告法》的规定给予处罚。

广告经营者、发布者设计、制作、发布虚假食品广告，使消费者的合法权益受到损害的，应当与食品生产经营者承担连带责任。

社会团体或者其他组织、个人在虚假广告或者其他虚假宣传中向消费者推荐食品，使消费者的合法权益受到损害的，应当与食品生产经营者承担连带责任。

违反本法规定，食品药品监督管理等部门、食品检验机构、食品行业协会以广告或者其他形式向消费者推荐食品，消费者组织以收取费用或者其他牟取利益的方式向消费者推荐食品的，由有关主管部门没收违法所得，依法对直接负责的主管人员和其他直接责任人员给予记大过、降级或者撤职处分；情节严重的，给予开除处分。

对食品作虚假宣传且情节严重的，由省级以上人民政府食品药品监督管理部门决定暂停销售该食品，并向社会公布；仍然销售该食品的，由县级以上人民政府食品药品监督管理部门没收违法所得和违法销售的食品，并处二万元以上五万元以下罚款。

第一百四十一条 违反本法规定，编造、散布虚假食品安全信息，构成违反治安管理行为的，由公安机关依法给予治安管理处罚。

媒体编造、散布虚假食品安全信息的，由有关主管部门依法给予处罚，并对直接负责的主管人员和其他直接责任人员给予处分；使公民、法人或者其他组织的合法权益受到损害的，依法承担消除影响、恢复名誉、赔偿损失、赔礼道歉等民事责任。

第一百四十二条 违反本法规定，县级以上地方人民政府有下列行为之一的，对直接负责的主管人员和其他直接责任人员给予记大过处分；情节较重的，给予降级或者撤职处分；情节严重的，给予开除处分；造成严重后果的，其主要负责人还应当引咎辞职：

（一）对发生在本行政区域内的食品安全事故，未及时组织协调有关部门开展有效处置，造成不良影响或者损失；

（二）对本行政区域内涉及多环节的区域性食品安全问题，未及时组织整治，造成不良影响或者损失；

（三）隐瞒、谎报、缓报食品安全事故；

（四）本行政区域内发生特别重大食品安全事故，或者连续发生重大食品安全事故。

第一百四十三条 违反本法规定，县级以上地方人民政府有下列行为之一的，对直接负责的主管人员和其他直接责任人员给予警告、记过或者记大过处分；造成严重后果的，给予降级或者撤职处分：

（一）未确定有关部门的食品安全监督管理职责，未建立健全食品安全全程监督管理工作机制和信息共享机制，未落实食品安全监督管理责任制；

（二）未制定本行政区域的食品安全事故应急预案，或者发生食品安全事故后未按规定立即成立事故处置指挥机构、启动应急预案。

第一百四十四条 违反本法规定，县级以上人民政府食品药品监督管理、卫生行政、质量监督、农业行政等部门有下列行为之一的，对直接负责的主管人员和其他直接责任人员给予记大过处分；情节较重的，给予降级或者撤职处分；情节严重的，给予开除处分；造成严重后果的，其主要负责人还应当引咎辞职：

（一）隐瞒、谎报、缓报食品安全事故；

（二）未按规定查处食品安全事故，或者接到食品安全事故报告未及时处理，造成事故扩大或者蔓延；

（三）经食品安全风险评估得出食品、食品添加剂、食品相关产品不安全结论后，未及时采取相应措施，造成食品安全事故或者不良社会影响；

（四）对不符合条件的申请人准予许可，或者超越法定职权准予许可；

（五）不履行食品安全监督管理职责，导致发生食品安全事故。

第一百四十五条 违反本法规定，县级以上人民政府食品药品监督管理、卫生行政、质量监督、农业行政等部门有下列行为之一，造成不良后果的，对直接负责的主管人员和其他直接责任人员给予警告、记过或者记大过处分；情节较重的，给予降级或者撤职处分；情节严重的，给予开除处分：

（一）在获知有关食品安全信息后，未按规定向上级主管部门和本级人民政府报告，或者未按规定相互通报；

（二）未按规定公布食品安全信息；

（三）不履行法定职责，对查处食品安全违法行为不配合，或者滥用职权、玩忽职守、徇私舞弊。

第一百四十六条 食品药品监督管理、质量监督等部门在履行食品安全监督管理职责过程中，违法实施检查、强制等执法措施，给生产经营者造成损失的，应当依法予以赔偿，对直接负责的主管人员和其他直接责任人员依法给予处分。

第一百四十七条 违反本法规定，造成人身、财产或者其他损害的，依法承担赔偿责任。生产经营者财产不足以同时承担民事赔偿责任和缴纳罚款、罚金时，先承担民事赔偿责任。

第一百四十八条 消费者因不符合食品安全标准的食品受到损害的，可以向经营者要求赔偿损失，也可以向生产者要求赔偿损失。接到消费者赔偿要求的生产经营者，应当实行首负责任制，先行赔付，不得推诿；属于生产者责任的，经营者赔偿后有权向生产者追偿；属于经营者责任的，生产者赔偿后有权向经营者追偿。

生产不符合食品安全标准的食品或者经营明知是不符合食品安全标准的食品，消费者除要求赔偿损失外，还可以向生产者或者经营者要求支付价款十倍或者损失三倍的赔偿金；增加赔偿的金额不足一千元的，为一千元。但是，食品的标签、说明书存在不影响食品安全且不会对消费者造成误导的瑕疵的除外。

第一百四十九条 违反本法规定，构成犯罪的，依法追究刑事责任。

第十章 附 则

第一百五十条 本法下列用语的含义：

食品，指各种供人食用或者饮用的成品和原料以及按照传统既是食品又是中药材的物品，但是不包括以治疗为目的的物品。

食品安全，指食品无毒、无害，符合应当有的营养要求，对人体健康不造成任何急性、亚急性或者慢性危害。

预包装食品，指预先定量包装或者制作在包装材料、容器中的食品。

食品添加剂，指为改善食品品质和色、香、味以及为防腐、保鲜和加工工艺的需要而加入食品中的人工合成或者天然物质，包括营养强化剂。

用于食品的包装材料和容器，指包装、盛放食品或者食品添加剂用的纸、竹、木、金属、搪瓷、陶瓷、塑料、橡胶、天然纤维、化学纤维、玻璃等制品和直接接触食品或者食品添加剂的涂料。

用于食品生产经营的工具、设备，指在食品或者食品添加剂生产、销售、使用过程中直接接触食品或者食品添加剂的机械、管道、传送带、容器、用具、餐具等。

用于食品的洗涤剂、消毒剂，指直接用于洗涤或者消毒食品、餐具、饮具以及直接接触食品的工具、设备或者食品包装材料和容器的物质。

食品保质期，指食品在标明的储存条件下保持品质的期限。

食源性疾病，指食品中致病因素进入人体引起的感染性、中毒性等疾病，包括食物中毒。

食品安全事故，指食源性疾病、食品污染等源于食品，对人体健康有危害或者可能有危害的事故。

第一百五十一条 转基因食品和食盐的食品安全管理，本法未作规定的，适用其他法律、行政法规的规定。

第一百五十二条 铁路、民航运营中食品安全的管理办法由国务院食品药品监督管理部门会同国务院有关部门依照本法制定。

保健食品的具体管理办法由国务院食品药品监督管理部门依照本法制定。

食品相关产品生产活动的具体管理办法由国务院质量监督部门依照本法制定。

国境口岸食品的监督管理由出入境检验检疫机构依照本法以及有关法律、行政法规的规定实施。

军队专用食品和自供食品的食品安全管理办法由中央军事委员会依照本法制定。

第一百五十三条 国务院根据实际需要，可以对食品安全监督管理体制作出调整。

第一百五十四条 本法自 2015 年 10 月 1 日起施行。

中华人民共和国农产品质量安全法

（2006 年 4 月 29 日中华人民共和国主席令第 49 号公布）

第一章 总 则

第一条 为保障农产品质量安全，维护公众健康，促进农业和农村经济发展，制定本法。

第二条 本法所称农产品，是指来源于农业的初级产品，即在农业活动中获得的植物、动物、微生物及其产品。

本法所称农产品质量安全，是指农产品质量符合保障人的健康、安全的要求。

第三条 县级以上人民政府农业行政主管部门负责农产品质量安全的监督管理工作；县级以上人民政府有关部门按照职责分工，负责农产品质量安全的有关工作。

第四条 县级以上人民政府应当将农产品质量安全管理工作纳入本级国民经济和社会发展规划，并安排农产品质量安全经费，用于开展农产品质量安全工作。

第五条 县级以上地方人民政府统一领导、协调本行政区域内的农产品质量安全工作，并采取措施，建立健全农产品质量安全服务体系，提高农产品质量安全水平。

第六条 国务院农业行政主管部门应当设立由有关方面专家组成的农产品质量安全风险评估专家委员会，对可能影响农产品质量安全的潜在危害进行风险分析和评估。

国务院农业行政主管部门应当根据农产品质量安全风险评估结果采取相应的管理措施，并将农产品质量安全风险评估结果及时通报国务院有关部门。

第七条 国务院农业行政主管部门和省、自治区、直辖市人民政府农业行政主管部门应当按照职责权限，发布有关农产品质量安全状况信息。

第八条 国家引导、推广农产品标准化生产，鼓励和支持生产优质农产品，禁止生产、销售不符合国家规定的农产品质量安全标准的农产品。

第九条 国家支持农产品质量安全科学技术研究，推行科学的质量安全管理方法，推广先进安全的生产技术。

第十条 各级人民政府及有关部门应当加强农产品质量安全知识的宣传，提高公众的农产品质量安全意识，引导农产品生产者、销售者加强质量安全管理，保障农产品消费安全。

第二章 农产品质量安全标准

第十一条 国家建立健全农产品质量安全标准体系。农产品质量安全标准是强制性的技术规范。

农产品质量安全标准的制定和发布，依照有关法律、行政法规的规定执行。

第十二条 制定农产品质量安全标准应当充分考虑农产品质量安全风险评估结果，并听取农产品生产者、销售者和消费者的意见，保障消费安全。

第十三条 农产品质量安全标准应当根据科学技术发展水平以及农产品质量安全的需要，及时修订。

第十四条 农产品质量安全标准由农业行政主管部门商有关部门组织实施。

第三章　农产品产地

第十五条 县级以上地方人民政府农业行政主管部门按照保障农产品质量安全的要求，根据农产品品种特性和生产区域大气、土壤、水体中有毒有害物质状况等因素，认为不适宜特定农产品生产的，提出禁止生产的区域，报本级人民政府批准后公布。具体办法由国务院农业行政主管部门商国务院环境保护行政主管部门制定。

农产品禁止生产区域的调整，依照前款规定的程序办理。

第十六条 县级以上人民政府应当采取措施，加强农产品基地建设，改善农产品的生产条件。

县级以上人民政府农业行政主管部门应当采取措施，推进保障农产品质量安全的标准化生产综合示范区、示范农场、养殖小区和无规定动植物疫病区的建设。

第十七条 禁止在有毒有害物质超过规定标准的区域生产、捕捞、采集食用农产品和建立农产品生产基地。

第十八条 禁止违反法律、法规的规定向农产品产地排放或者倾倒废水、废气、固体废物或者其他有毒有害物质。

农业生产用水和用作肥料的固体废物，应当符合国家规定的标准。

第十九条 农产品生产者应当合理使用化肥、农药、兽药、农用薄膜等化工产品，防止对农产品产地造成污染。

第四章　农产品生产

第二十条 国务院农业行政主管部门和省、自治区、直辖市人民政府农业行政主管部门应当制定保障农产品质量安全的生产技术要求和操作规程。县级以上人民政府农业行政主管部门应当加强对农产品生产的指导。

第二十一条 对可能影响农产品质量安全的农药、兽药、饲料和饲料添加剂、肥料、兽医器械，依照有关法律、行政法规的规定实行许可制度。

国务院农业行政主管部门和省、自治区、直辖市人民政府农业行政主管部门应当定期对可能危及农产品质量安全的农药、兽药、饲料和饲料添加剂、肥料等农业投入品进行监督抽查，并公布抽查结果。

第二十二条 县级以上人民政府农业行政主管部门应当加强对农业投入品使用的管理和指导，建立健全农业投入品的安全使用制度。

第二十三条 农业科研教育机构和农业技术推广机构应当加强对农产品生产者质量安全知识和技能的培训。

第二十四条 农产品生产企业和农民专业合作经济组织应当建立农产品生产记录，如实记载下列事项：

（一）使用农业投入品的名称、来源、用法、用量和使用、停用的日期；

（二）动物疫病、植物病虫草害的发生和防治情况；

（三）收获、屠宰或者捕捞的日期。

农产品生产记录应当保存二年。禁止伪造农产品生产记录。

国家鼓励其他农产品生产者建立农产品生产记录。

第二十五条　农产品生产者应当按照法律、行政法规和国务院农业行政主管部门的规定，合理使用农业投入品，严格执行农业投入品使用安全间隔期或者休药期的规定，防止危及农产品质量安全。

禁止在农产品生产过程中使用国家明令禁止使用的农业投入品。

第二十六条　农产品生产企业和农民专业合作经济组织，应当自行或者委托检测机构对农产品质量安全状况进行检测；经检测不符合农产品质量安全标准的农产品，不得销售。

第二十七条　农民专业合作经济组织和农产品行业协会对其成员应当及时提供生产技术服务，建立农产品质量安全管理制度，健全农产品质量安全控制体系，加强自律管理。

第五章　农产品包装和标识

第二十八条　农产品生产企业、农民专业合作经济组织以及从事农产品收购的单位或者个人销售的农产品，按照规定应当包装或者附加标识的，须经包装或者附加标识后方可销售。包装物或者标识上应当按照规定标明产品的品名、产地、生产者、生产日期、保质期、产品质量等级等内容；使用添加剂的，还应当按照规定标明添加剂的名称。具体办法由国务院农业行政主管部门制定。

第二十九条　农产品在包装、保鲜、储存、运输中所使用的保鲜剂、防腐剂、添加剂等材料，应当符合国家有关强制性的技术规范。

第三十条　属于农业转基因生物的农产品，应当按照农业转基因生物安全管理的有关规定进行标识。

第三十一条　依法需要实施检疫的动植物及其产品，应当附具检疫合格标志、检疫合格证明。

第三十二条　销售的农产品必须符合农产品质量安全标准，生产者可以申请使用无公害农产品标志。农产品质量符合国家规定的有关优质农产品标准的，生产者可以申请使用相应的农产品质量标志。

禁止冒用前款规定的农产品质量标志。

第六章　监督检查

第三十三条　有下列情形之一的农产品，不得销售：

（一）含有国家禁止使用的农药、兽药或者其他化学物质的；

（二）农药、兽药等化学物质残留或者含有的重金属等有毒有害物质不符合农产品质量安全标准的；

（三）含有的致病性寄生虫、微生物或者生物毒素不符合农产品质量安全标准的；

（四）使用的保鲜剂、防腐剂、添加剂等材料不符合国家有关强制性的技术规范的；

（五）其他不符合农产品质量安全标准的。

第三十四条　国家建立农产品质量安全监测制度。县级以上人民政府农业行政主管部门应当按照保障农产品质量安全的要求，制定并组织实施农产品质量安全监测计划，对生产中或者市场上销售的农产品进行监督抽查。监督抽查结果由国务院农业行政主管部门或者省、自治区、直辖市人民政府农业行政主管部门按照权限予以公布。

监督抽查检测应当委托符合本法第三十五条规定条件的农产品质量安全检测机构进行，不得向被抽查人收取费用，抽取的样品不得超过国务院农业行政主管部门规定的数量。上级农业行政主管部门监督抽查的农产品，下级农业行政主管部门不得另行重复抽查。

第三十五条　农产品质量安全检测应当充分利用现有的符合条件的检测机构。从事农产品质量安全检测的机构，必须具备相应的检测条件和能力，由省级以上人民政府农业行政主管部门或者其授权的部门考核合格。具体办法由国务院农业行政主管部门制定。

农产品质量安全检测机构应当依法经计量认证合格。

第三十六条　农产品生产者、销售者对监督抽查检测结果有异议的，可以自收到检测结果之日起五日内，向组织实施农产品质量安全监督抽查的农业行政主管部门或者其上级农业行政主管部门申请复检。

采用国务院农业行政主管部门会同有关部门认定的快速检测方法进行农产品质量安全监督抽查检测，被抽查人对检测结果有异议的，可以自收到检测结果时起四小时内申请复检。复检不得采用快速检测方法。

因检测结果错误给当事人造成损害的，依法承担赔偿责任。

第三十七条　农产品批发市场应当设立或者委托农产品质量安全检测机构，对进场销售的农产品质量安全状况进行抽查检测；发现不符合农产品质量安全标准的，应当要求销售者立即停止销售，并向农业行政主管部门报告。

农产品销售企业对其销售的农产品，应当建立健全进货检查验收制度；经查验不符合农产品质量安全标准的，不得销售。

第三十八条　国家鼓励单位和个人对农产品质量安全进行社会监督。任何单位和个人都有权对违反本法的行为进行检举、揭发和控告。有关部门收到相关的检举、揭发和控告后，应当及时处理。

第三十九条　县级以上人民政府农业行政主管部门在农产品质量安全监督检查中，可以对生产、销售的农产品进行现场检查，调查了解农产品质量安全的有关情况，查阅、复制与农产品质量安全有关的记录和其他资料；对经检测不符合农产品质量安全标准的农产品，有权查封、扣押。

第四十条　发生农产品质量安全事故时，有关单位和个人应当采取控制措施，及时向所在地乡级人民政府和县级人民政府农业行政主管部门报告；收到报告的机关应当及时处理并报上一级人民政府和有关部门。发生重大农产品质量安全事故时，农业行政主管部门应当及时通报同级食品药品监督管理部门。

第四十一条　县级以上人民政府农业行政主管部门在农产品质量安全监督管理中，发现有本法第三十三条所列情形之一的农产品，应当按照农产品质量安全责任追究制度的要求，查明责任人，依法予以处理或者提出处理建议。

第四十二条　进口的农产品必须按照国家规定的农产品质量安全标准进行检验；尚未

制定有关农产品质量安全标准的，应当依法及时制定，未制定之前，可以参照国家有关部门指定的国外有关标准进行检验。

第七章　法律责任

第四十三条　农产品质量安全监督管理人员不依法履行监督职责，或者滥用职权的，依法给予行政处分。

第四十四条　农产品质量安全检测机构伪造检测结果的，责令改正，没收违法所得，并处五万元以上十万元以下罚款，对直接负责的主管人员和其他直接责任人员处一万元以上五万元以下罚款；情节严重的，撤销其检测资格；造成损害的，依法承担赔偿责任。

农产品质量安全检测机构出具检测结果不实，造成损害的，依法承担赔偿责任；造成重大损害的，并撤销其检测资格。

第四十五条　违反法律、法规规定，向农产品产地排放或者倾倒废水、废气、固体废物或者其他有毒有害物质的，依照有关环境保护法律、法规的规定处罚；造成损害的，依法承担赔偿责任。

第四十六条　使用农业投入品违反法律、行政法规和国务院农业行政主管部门的规定的，依照有关法律、行政法规的规定处罚。

第四十七条　农产品生产企业、农民专业合作经济组织未建立或者未按照规定保存农产品生产记录的，或者伪造农产品生产记录的，责令限期改正；逾期不改正的，可以处二千元以下罚款。

第四十八条　违反本法第二十八条规定，销售的农产品未按照规定进行包装、标识的，责令限期改正；逾期不改正的，可以处二千元以下罚款。

第四十九条　有本法第三十三条第四项规定情形，使用的保鲜剂、防腐剂、添加剂等材料不符合国家有关强制性的技术规范的，责令停止销售，对被污染的农产品进行无害化处理，对不能进行无害化处理的予以监督销毁；没收违法所得，并处二千元以上二万元以下罚款。

第五十条　农产品生产企业、农民专业合作经济组织销售的农产品有本法第三十三条第一项至第三项或者第五项所列情形之一的，责令停止销售，追回已经销售的农产品，对违法销售的农产品进行无害化处理或者予以监督销毁；没收违法所得，并处二千元以上二万元以下罚款。

农产品销售企业销售的农产品有前款所列情形的，依照前款规定处理、处罚。

农产品批发市场中销售的农产品有第一款所列情形的，对违法销售的农产品依照第一款规定处理，对农产品销售者依照第一款规定处罚。

农产品批发市场违反本法第三十七条第一款规定的，责令改正，处二千元以上二万元以下罚款。

第五十一条　违反本法第三十二条规定，冒用农产品质量标志的，责令改正，没收违法所得，并处二千元以上二万元以下罚款。

第五十二条　本法第四十四条、第四十七条至第四十九条、第五十条第一款、第四款和第五十一条规定的处理、处罚，由县级以上人民政府农业行政主管部门决定；第五十条第二款、第三款规定的处理、处罚，由工商行政管理部门决定。

法律对行政处罚及处罚机关有其他规定的，从其规定。但是，对同一违法行为不得重复处罚。

第五十三条　违反本法规定，构成犯罪的，依法追究刑事责任。

第五十四条　生产、销售本法第三十三条所列农产品，给消费者造成损害的，依法承担赔偿责任。

农产品批发市场中销售的农产品有前款规定情形的，消费者可以向农产品批发市场要求赔偿；属于生产者、销售者责任的，农产品批发市场有权追偿。消费者也可以直接向农产品生产者、销售者要求赔偿。

第八章　附　　则

第五十五条　生猪屠宰的管理按照国家有关规定执行。

第五十六条　本法自 2006 年 11 月 1 日起施行。

中华人民共和国种子法

(2015 年 11 月 4 日中华人民共和国主席令第 35 号公布)

第一章 总 则

第一条 为了保护和合理利用种质资源，规范品种选育、种子生产经营和管理行为，保护植物新品种权，维护种子生产经营者、使用者的合法权益，提高种子质量，推动种子产业化，发展现代种业，保障国家粮食安全，促进农业和林业的发展，制定本法。

第二条 在中华人民共和国境内从事品种选育、种子生产经营和管理等活动，适用本法。

本法所称种子，是指农作物和林木的种植材料或者繁殖材料，包括籽粒、果实、根、茎、苗、芽、叶、花等。

第三条 国务院农业、林业主管部门分别主管全国农作物种子和林木种子工作；县级以上地方人民政府农业、林业主管部门分别主管本行政区域内农作物种子和林木种子工作。

各级人民政府及其有关部门应当采取措施，加强种子执法和监督，依法惩处侵害农民权益的种子违法行为。

第四条 国家扶持种质资源保护工作和选育、生产、更新、推广使用良种，鼓励品种选育和种子生产经营相结合，奖励在种质资源保护工作和良种选育、推广等工作中成绩显著的单位和个人。

第五条 省级以上人民政府应当根据科教兴农方针和农业、林业发展的需要制定种业发展规划并组织实施。

第六条 省级以上人民政府建立种子储备制度，主要用于发生灾害时的生产需要及余缺调剂，保障农业和林业生产安全。对储备的种子应当定期检验和更新。种子储备的具体办法由国务院规定。

第七条 转基因植物品种的选育、试验、审定和推广应当进行安全性评价，并采取严格的安全控制措施。国务院农业、林业主管部门应当加强跟踪监管并及时公告有关转基因植物品种审定和推广的信息。具体办法由国务院规定。

第二章 种质资源保护

第八条 国家依法保护种质资源，任何单位和个人不得侵占和破坏种质资源。

禁止采集或者采伐国家重点保护的天然种质资源。因科研等特殊情况需要采集或者采伐的，应当经国务院或者省、自治区、直辖市人民政府的农业、林业主管部门批准。

第九条 国家有计划地普查、收集、整理、鉴定、登记、保存、交流和利用种质资源，定期公布可供利用的种质资源目录。具体办法由国务院农业、林业主管部门规定。

第十条　国务院农业、林业主管部门应当建立种质资源库、种质资源保护区或者种质资源保护地。省、自治区、直辖市人民政府农业、林业主管部门可以根据需要建立种质资源库、种质资源保护区、种质资源保护地。种质资源库、种质资源保护区、种质资源保护地的种质资源属公共资源，依法开放利用。

占用种质资源库、种质资源保护区或者种质资源保护地的，需经原设立机关同意。

第十一条　国家对种质资源享有主权，任何单位和个人向境外提供种质资源，或者与境外机构、个人开展合作研究利用种质资源的，应当向省、自治区、直辖市人民政府农业、林业主管部门提出申请，并提交国家共享惠益的方案；受理申请的农业、林业主管部门经审核，报国务院农业、林业主管部门批准。

从境外引进种质资源的，依照国务院农业、林业主管部门的有关规定办理。

第三章　品种选育、审定与登记

第十二条　国家支持科研院所及高等院校重点开展育种的基础性、前沿性和应用技术研究，以及常规作物、主要造林树种育种和无性繁殖材料选育等公益性研究。

国家鼓励种子企业充分利用公益性研究成果，培育具有自主知识产权的优良品种；鼓励种子企业与科研院所及高等院校构建技术研发平台，建立以市场为导向、资本为纽带、利益共享、风险共担的产学研相结合的种业技术创新体系。

国家加强种业科技创新能力建设，促进种业科技成果转化，维护种业科技人员的合法权益。

第十三条　由财政资金支持形成的育种发明专利权和植物新品种权，除涉及国家安全、国家利益和重大社会公共利益的外，授权项目承担者依法取得。

由财政资金支持为主形成的育种成果的转让、许可等应当依法公开进行，禁止私自交易。

第十四条　单位和个人因林业主管部门为选育林木良种建立测定林、试验林、优树收集区、基因库等而减少经济收入的，批准建立的林业主管部门应当按照国家有关规定给予经济补偿。

第十五条　国家对主要农作物和主要林木实行品种审定制度。主要农作物品种和主要林木品种在推广前应当通过国家级或者省级审定。由省、自治区、直辖市人民政府林业主管部门确定的主要林木品种实行省级审定。

申请审定的品种应当符合特异性、一致性、稳定性要求。

主要农作物品种和主要林木品种的审定办法由国务院农业、林业主管部门规定。审定办法应当体现公正、公开、科学、效率的原则，有利于产量、品质、抗性等的提高与协调，有利于适应市场和生活消费需要的品种的推广。在制定、修改审定办法时，应当充分听取育种者、种子使用者、生产经营者和相关行业代表意见。

第十六条　国务院和省、自治区、直辖市人民政府的农业、林业主管部门分别设立由专业人员组成的农作物品种和林木品种审定委员会。品种审定委员会承担主要农作物品种和主要林木品种的审定工作，建立包括申请文件、品种审定试验数据、种子样品、审定意见和审定结论等内容的审定档案，保证可追溯。在审定通过的品种依法公布的相关信息中应当包括审定意见情况，接受监督。

品种审定实行回避制度。品种审定委员会委员、工作人员及相关测试、试验人员应当忠于职守，公正廉洁。对单位和个人举报或者监督检查发现的上述人员的违法行为，省级以上人民政府农业、林业主管部门和有关机关应当及时依法处理。

第十七条 实行选育生产经营相结合，符合国务院农业、林业主管部门规定条件的种子企业，对其自主研发的主要农作物品种、主要林木品种可以按照审定办法自行完成试验，达到审定标准的，品种审定委员会应当颁发审定证书。种子企业对试验数据的真实性负责，保证可追溯，接受省级以上人民政府农业、林业主管部门和社会的监督。

第十八条 审定未通过的农作物品种和林木品种，申请人有异议的，可以向原审定委员会或者国家级审定委员会申请复审。

第十九条 通过国家级审定的农作物品种和林木良种由国务院农业、林业主管部门公告，可以在全国适宜的生态区域推广。通过省级审定的农作物品种和林木良种由省、自治区、直辖市人民政府农业、林业主管部门公告，可以在本行政区域内适宜的生态区域推广；其他省、自治区、直辖市属于同一适宜生态区的地域引种农作物品种、林木良种的，引种者应当将引种的品种和区域报所在省、自治区、直辖市人民政府农业、林业主管部门备案。

引种本地区没有自然分布的林木品种，应当按照国家引种标准通过试验。

第二十条 省、自治区、直辖市人民政府农业、林业主管部门应当完善品种选育、审定工作的区域协作机制，促进优良品种的选育和推广。

第二十一条 审定通过的农作物品种和林木良种出现不可克服的严重缺陷等情形不宜继续推广、销售的，经原审定委员会审核确认后，撤销审定，由原公告部门发布公告，停止推广、销售。

第二十二条 国家对部分非主要农作物实行品种登记制度。列入非主要农作物登记目录的品种在推广前应当登记。

实行品种登记的农作物范围应当严格控制，并根据保护生物多样性、保证消费安全和用种安全的原则确定。登记目录由国务院农业主管部门制定和调整。

申请者申请品种登记应当向省、自治区、直辖市人民政府农业主管部门提交申请文件和种子样品，并对其真实性负责，保证可追溯，接受监督检查。申请文件包括品种的种类、名称、来源、特性、育种过程以及特异性、一致性、稳定性测试报告等。

省、自治区、直辖市人民政府农业主管部门自受理品种登记申请之日起二十个工作日内，对申请者提交的申请文件进行书面审查，符合要求的，报国务院农业主管部门予以登记公告。

对已登记品种存在申请文件、种子样品不实的，由国务院农业主管部门撤销该品种登记，并将该申请者的违法信息记入社会诚信档案，向社会公布；给种子使用者和其他种子生产经营者造成损失的，依法承担赔偿责任。

对已登记品种出现不可克服的严重缺陷等情形的，由国务院农业主管部门撤销登记，并发布公告，停止推广。

非主要农作物品种登记办法由国务院农业主管部门规定。

第二十三条 应当审定的农作物品种未经审定的，不得发布广告、推广、销售。

应当审定的林木品种未经审定通过的，不得作为良种推广、销售，但生产确需使用的，应当经林木品种审定委员会认定。

应当登记的农作物品种未经登记的，不得发布广告、推广，不得以登记品种的名义销售。

第二十四条　在中国境内没有经常居所或者营业场所的境外机构、个人在境内申请品种审定或者登记的，应当委托具有法人资格的境内种子企业代理。

第四章　新品种保护

第二十五条　国家实行植物新品种保护制度。对国家植物品种保护名录内经过人工选育或者发现的野生植物加以改良，具备新颖性、特异性、一致性、稳定性和适当命名的植物品种，由国务院农业、林业主管部门授予植物新品种权，保护植物新品种权所有人的合法权益。植物新品种权的内容和归属、授予条件、申请和受理、审查与批准，以及期限、终止和无效等依照本法、有关法律和行政法规规定执行。

国家鼓励和支持种业科技创新、植物新品种培育及成果转化。取得植物新品种权的品种得到推广应用的，育种者依法获得相应的经济利益。

第二十六条　一个植物新品种只能授予一项植物新品种权。两个以上的申请人分别就同一个品种申请植物新品种权的，植物新品种权授予最先申请的人；同时申请的，植物新品种权授予最先完成该品种育种的人。

对违反法律，危害社会公共利益、生态环境的植物新品种，不授予植物新品种权。

第二十七条　授予植物新品种权的植物新品种名称，应当与相同或者相近的植物属或者种中已知品种的名称相区别。该名称经授权后即为该植物新品种的通用名称。

下列名称不得用于授权品种的命名：

（一）仅以数字表示的；

（二）违反社会公德的；

（三）对植物新品种的特征、特性或者育种者身份等容易引起误解的。

同一植物品种在申请新品种保护、品种审定、品种登记、推广、销售时只能使用同一个名称。生产推广、销售的种子应当与申请植物新品种保护、品种审定、品种登记时提供的样品相符。

第二十八条　完成育种的单位或者个人对其授权品种，享有排他的独占权。任何单位或者个人未经植物新品种权所有人许可，不得生产、繁殖或者销售该授权品种的繁殖材料，不得为商业目的将该授权品种的繁殖材料重复使用于生产另一品种的繁殖材料；但是本法、有关法律、行政法规另有规定的除外。

第二十九条　在下列情况下使用授权品种的，可以不经植物新品种权所有人许可，不向其支付使用费，但不得侵犯植物新品种权所有人依照本法、有关法律、行政法规享有的其他权利：

（一）利用授权品种进行育种及其他科研活动；

（二）农民自繁自用授权品种的繁殖材料。

第三十条　为了国家利益或者社会公共利益，国务院农业、林业主管部门可以作出实施植物新品种权强制许可的决定，并予以登记和公告。

取得实施强制许可的单位或者个人不享有独占的实施权，并且无权允许他人实施。

第五章 种子生产经营

第三十一条 从事种子进出口业务的种子生产经营许可证，由省、自治区、直辖市人民政府农业、林业主管部门审核，国务院农业、林业主管部门核发。

从事主要农作物杂交种子及其亲本种子、林木良种种子的生产经营以及实行选育生产经营相结合，符合国务院农业、林业主管部门规定条件的种子企业的种子生产经营许可证，由生产经营者所在地县级人民政府农业、林业主管部门审核，省、自治区、直辖市人民政府农业、林业主管部门核发。

前两款规定以外的其他种子的生产经营许可证，由生产经营者所在地县级以上地方人民政府农业、林业主管部门核发。

只从事非主要农作物种子和非主要林木种子生产的，不需要办理种子生产经营许可证。

第三十二条 申请取得种子生产经营许可证的，应当具有与种子生产经营相适应的生产经营设施、设备及专业技术人员，以及法规和国务院农业、林业主管部门规定的其他条件。

从事种子生产的，还应当同时具有繁殖种子的隔离和培育条件，具有无检疫性有害生物的种子生产地点或者县级以上人民政府林业主管部门确定的采种林。

申请领取具有植物新品种权的种子生产经营许可证的，应当征得植物新品种权所有人的书面同意。

第三十三条 种子生产经营许可证应当载明生产经营者名称、地址、法定代表人、生产种子的品种、地点和种子经营的范围、有效期限、有效区域等事项。

前款事项发生变更的，应当自变更之日起三十日内，向原核发许可证机关申请变更登记。

除本法另有规定外，禁止任何单位和个人无种子生产经营许可证或者违反种子生产经营许可证的规定生产、经营种子。禁止伪造、变造、买卖、租借种子生产经营许可证。

第三十四条 种子生产应当执行种子生产技术规程和种子检验、检疫规程。

第三十五条 在林木种子生产基地内采集种子的，由种子生产基地的经营者组织进行，采集种子应当按照国家有关标准进行。

禁止抢采掠青、损坏母树，禁止在劣质林内、劣质母树上采集种子。

第三十六条 种子生产经营者应当建立和保存包括种子来源、产地、数量、质量、销售去向、销售日期和有关责任人员等内容的生产经营档案，保证可追溯。种子生产经营档案的具体载明事项，种子生产经营档案及种子样品的保存期限由国务院农业、林业主管部门规定。

第三十七条 农民个人自繁自用的常规种子有剩余的，可以在当地集贸市场上出售、串换，不需要办理种子生产经营许可证。

第三十八条 种子生产经营许可证的有效区域由发证机关在其管辖范围内确定。种子生产经营者在种子生产经营许可证载明的有效区域设立分支机构的，专门经营不再分装的包装种子的，或者受具有种子生产经营许可证的种子生产经营者以书面委托生产、代销其种子的，不需要办理种子生产经营许可证，但应当向当地农业、林业主管部门备案。

实行选育生产经营相结合，符合国务院农业、林业主管部门规定条件的种子企业的生产经营许可证的有效区域为全国。

第三十九条 未经省、自治区、直辖市人民政府林业主管部门批准，不得收购珍贵树木种子和本级人民政府规定限制收购的林木种子。

第四十条 销售的种子应当加工、分级、包装。但是不能加工、包装的除外。

大包装或者进口种子可以分装；实行分装的，应当标注分装单位，并对种子质量负责。

第四十一条 销售的种子应当符合国家或者行业标准，附有标签和使用说明。标签和使用说明标注的内容应当与销售的种子相符。种子生产经营者对标注内容的真实性和种子质量负责。

标签应当标注种子类别、品种名称、品种审定或者登记编号、品种适宜种植区域及季节、生产经营者及注册地、质量指标、检疫证明编号、种子生产经营许可证编号和信息代码，以及国务院农业、林业主管部门规定的其他事项。

销售授权品种种子的，应当标注品种权号。

销售进口种子的，应当附有进口审批文号和中文标签。

销售转基因植物品种种子的，必须用明显的文字标注，并应当提示使用时的安全控制措施。

种子生产经营者应当遵守有关法律、法规的规定，诚实守信，向种子使用者提供种子生产者信息、种子的主要性状、主要栽培措施、适应性等使用条件的说明、风险提示与有关咨询服务，不得作虚假或者引人误解的宣传。

任何单位和个人不得非法干预种子生产经营者的生产经营自主权。

第四十二条 种子广告的内容应当符合本法和有关广告的法律、法规的规定，主要性状描述等应当与审定、登记公告一致。

第四十三条 运输或者邮寄种子应当依照有关法律、行政法规的规定进行检疫。

第四十四条 种子使用者有权按照自己的意愿购买种子，任何单位和个人不得非法干预。

第四十五条 国家对推广使用林木良种造林给予扶持。国家投资或者国家投资为主的造林项目和国有林业单位造林，应当根据林业主管部门制定的计划使用林木良种。

第四十六条 种子使用者因种子质量问题或者因种子的标签和使用说明标注的内容不真实，遭受损失的，种子使用者可以向出售种子的经营者要求赔偿，也可以向种子生产者或者其他经营者要求赔偿。赔偿额包括购种价款、可得利益损失和其他损失。属于种子生产者或者其他经营者责任的，出售种子的经营者赔偿后，有权向种子生产者或者其他经营者追偿；属于出售种子的经营者责任的，种子生产者或者其他经营者赔偿后，有权向出售种子的经营者追偿。

第六章　种子监督管理

第四十七条 农业、林业主管部门应当加强对种子质量的监督检查。种子质量管理办法、行业标准和检验方法，由国务院农业、林业主管部门制定。

农业、林业主管部门可以采用国家规定的快速检测方法对生产经营的种子品种进行检测，检测结果可以作为行政处罚依据。被检查人对检测结果有异议的，可以申请复检，复检不得采用同一检测方法。因检测结果错误给当事人造成损失的，依法承担赔偿责任。

第四十八条　农业、林业主管部门可以委托种子质量检验机构对种子质量进行检验。

承担种子质量检验的机构应当具备相应的检测条件、能力，并经省级以上人民政府有关主管部门考核合格。

种子质量检验机构应当配备种子检验员。种子检验员应当具有中专以上有关专业学历，具备相应的种子检验技术能力和水平。

第四十九条　禁止生产经营假、劣种子。农业、林业主管部门和有关部门依法打击生产经营假、劣种子的违法行为，保护农民合法权益，维护公平竞争的市场秩序。

下列种子为假种子：

（一）以非种子冒充种子或者以此种品种种子冒充其他品种种子的；

（二）种子种类、品种与标签标注的内容不符或者没有标签的。

下列种子为劣种子：

（一）质量低于国家规定标准的；

（二）质量低于标签标注指标的；

（三）带有国家规定的检疫性有害生物的。

第五十条　农业、林业主管部门是种子行政执法机关。种子执法人员依法执行公务时应当出示行政执法证件。农业、林业主管部门依法履行种子监督检查职责时，有权采取下列措施：

（一）进入生产经营场所进行现场检查；

（二）对种子进行取样测试、试验或者检验；

（三）查阅、复制有关合同、票据、账簿、生产经营档案及其他有关资料；

（四）查封、扣押有证据证明违法生产经营的种子，以及用于违法生产经营的工具、设备及运输工具等；

（五）查封违法从事种子生产经营活动的场所。

农业、林业主管部门依照本法规定行使职权，当事人应当协助、配合，不得拒绝、阻挠。

农业、林业主管部门所属的综合执法机构或者受其委托的种子管理机构，可以开展种子执法相关工作。

第五十一条　种子生产经营者依法自愿成立种子行业协会，加强行业自律管理，维护成员合法权益，为成员和行业发展提供信息交流、技术培训、信用建设、市场营销和咨询等服务。

第五十二条　种子生产经营者可自愿向具有资质的认证机构申请种子质量认证。经认证合格的，可以在包装上使用认证标识。

第五十三条　由于不可抗力原因，为生产需要必须使用低于国家或者地方规定标准的农作物种子的，应当经用种地县级以上地方人民政府批准；林木种子应当经用种地省、自治区、直辖市人民政府批准。

第五十四条　从事品种选育和种子生产经营以及管理的单位和个人应当遵守有关植物检疫法律、行政法规的规定，防止植物危险性病、虫、杂草及其他有害生物的传播和蔓延。

禁止任何单位和个人在种子生产基地从事检疫性有害生物接种试验。

第五十五条 省级以上人民政府农业、林业主管部门应当在统一的政府信息发布平台上发布品种审定、品种登记、新品种保护、种子生产经营许可、监督管理等信息。

国务院农业、林业主管部门建立植物品种标准样品库，为种子监督管理提供依据。

第五十六条 农业、林业主管部门及其工作人员，不得参与和从事种子生产经营活动。

第七章　种子进出口和对外合作

第五十七条 进口种子和出口种子必须实施检疫，防止植物危险性病、虫、杂草及其他有害生物传入境内和传出境外，具体检疫工作按照有关植物进出境检疫法律、行政法规的规定执行。

第五十八条 从事种子进出口业务的，除具备种子生产经营许可证外，还应当依照国家有关规定取得种子进出口许可。

从境外引进农作物、林木种子的审定权限，农作物、林木种子的进口审批办法，引进转基因植物品种的管理办法，由国务院规定。

第五十九条 进口种子的质量，应当达到国家标准或者行业标准。没有国家标准或者行业标准的，可以按照合同约定的标准执行。

第六十条 为境外制种进口种子的，可以不受本法第五十八条第一款的限制，但应当具有对外制种合同，进口的种子只能用于制种，其产品不得在境内销售。

从境外引进农作物或者林木试验用种，应当隔离栽培，收获物也不得作为种子销售。

第六十一条 禁止进出口假、劣种子以及属于国家规定不得进出口的种子。

第六十二条 国家建立种业国家安全审查机制。境外机构、个人投资、并购境内种子企业，或者与境内科研院所、种子企业开展技术合作，从事品种研发、种子生产经营的审批管理依照有关法律、行政法规的规定执行。

第八章　扶持措施

第六十三条 国家加大对种业发展的支持。对品种选育、生产、示范推广、种质资源保护、种子储备以及制种大县给予扶持。

国家鼓励推广使用高效、安全制种采种技术和先进适用的制种采种机械，将先进适用的制种采种机械纳入农机具购置补贴范围。

国家积极引导社会资金投资种业。

第六十四条 国家加强种业公益性基础设施建设。

对优势种子繁育基地内的耕地，划入基本农田保护区，实行永久保护。优势种子繁育基地由国务院农业主管部门商所在省、自治区、直辖市人民政府确定。

第六十五条 对从事农作物和林木品种选育、生产的种子企业，按照国家有关规定给予扶持。

第六十六条 国家鼓励和引导金融机构为种子生产经营和收储提供信贷支持。

第六十七条 国家支持保险机构开展种子生产保险。省级以上人民政府可以采取保险费补贴等措施，支持发展种业生产保险。

第六十八条 国家鼓励科研院所及高等院校与种子企业开展育种科技人员交流，支持本单位的科技人员到种子企业从事育种成果转化活动；鼓励育种科研人才创新创业。

第六十九条 国务院农业、林业主管部门和异地繁育种子所在地的省、自治区、直辖市人民政府应当加强对异地繁育种子工作的管理和协调，交通运输部门应当优先保证种子的运输。

第九章 法律责任

第七十条 农业、林业主管部门不依法作出行政许可决定，发现违法行为或者接到对违法行为的举报不予查处，或者有其他未依照本法规定履行职责的行为的，由本级人民政府或者上级人民政府有关部门责令改正，对负有责任的主管人员和其他直接责任人员依法给予处分。

违反本法第五十六条规定，农业、林业主管部门工作人员从事种子生产经营活动的，依法给予处分。

第七十一条 违反本法第十六条规定，品种审定委员会委员和工作人员不依法履行职责，弄虚作假、徇私舞弊的，依法给予处分；自处分决定作出之日起五年内不得从事品种审定工作。

第七十二条 品种测试、试验和种子质量检验机构伪造测试、试验、检验数据或者出具虚假证明的，由县级以上人民政府农业、林业主管部门责令改正，对单位处五万元以上十万元以下罚款，对直接负责的主管人员和其他直接责任人员处一万元以上五万元以下罚款；有违法所得的，并处没收违法所得；给种子使用者和其他种子生产经营者造成损失的，与种子生产经营者承担连带责任；情节严重的，由省级以上人民政府有关主管部门取消种子质量检验资格。

第七十三条 违反本法第二十八条规定，有侵犯植物新品种权行为的，由当事人协商解决，不愿协商或者协商不成的，植物新品种权所有人或者利害关系人可以请求县级以上人民政府农业、林业主管部门进行处理，也可以直接向人民法院提起诉讼。

县级以上人民政府农业、林业主管部门，根据当事人自愿的原则，对侵犯植物新品种权所造成的损害赔偿可以进行调解。调解达成协议的，当事人应当履行；当事人不履行协议或者调解未达成协议的，植物新品种权所有人或者利害关系人可以依法向人民法院提起诉讼。

侵犯植物新品种权的赔偿数额按照权利人因被侵权所受到的实际损失确定；实际损失难以确定的，可以按照侵权人因侵权所获得的利益确定。权利人的损失或者侵权人获得的利益难以确定的，可以参照该植物新品种权许可使用费的倍数合理确定。赔偿数额应当包括权利人为制止侵权行为所支付的合理开支。侵犯植物新品种权，情节严重的，可以在按照上述方法确定数额的一倍以上三倍以下确定赔偿数额。

权利人的损失、侵权人获得的利益和植物新品种权许可使用费均难以确定的，人民法院可以根据植物新品种权的类型、侵权行为的性质和情节等因素，确定给予三百万元以下的赔偿。

县级以上人民政府农业、林业主管部门处理侵犯植物新品种权案件时，为了维护社会公共利益，责令侵权人停止侵权行为，没收违法所得和种子；货值金额不足五万元的，并处一万元以上二十五万元以下罚款；货值金额五万元以上的，并处货值金额五倍以上十倍以下罚款。

假冒授权品种的，由县级以上人民政府农业、林业主管部门责令停止假冒行为，没收违法所得和种子；货值金额不足五万元的，并处一万元以上二十五万元以下罚款；货值金额五万元以上的，并处货值金额五倍以上十倍以下罚款。

第七十四条 当事人就植物新品种的申请权和植物新品种权的权属发生争议的，可以向人民法院提起诉讼。

第七十五条 违反本法第四十九条规定，生产经营假种子的，由县级以上人民政府农业、林业主管部门责令停止生产经营，没收违法所得和种子，吊销种子生产经营许可证；违法生产经营的货值金额不足一万元的，并处一万元以上十万元以下罚款；货值金额一万元以上的，并处货值金额十倍以上二十倍以下罚款。

因生产经营假种子犯罪被判处有期徒刑以上刑罚的，种子企业或者其他单位的法定代表人、直接负责的主管人员自刑罚执行完毕之日起五年内不得担任种子企业的法定代表人、高级管理人员。

第七十六条 违反本法第四十九条规定，生产经营劣种子的，由县级以上人民政府农业、林业主管部门责令停止生产经营，没收违法所得和种子；违法生产经营的货值金额不足一万元的，并处五千元以上五万元以下罚款；货值金额一万元以上的，并处货值金额五倍以上十倍以下罚款；情节严重的，吊销种子生产经营许可证。

因生产经营劣种子犯罪被判处有期徒刑以上刑罚的，种子企业或者其他单位的法定代表人、直接负责的主管人员自刑罚执行完毕之日起五年内不得担任种子企业的法定代表人、高级管理人员。

第七十七条 违反本法第三十二条、第三十三条规定，有下列行为之一的，由县级以上人民政府农业、林业主管部门责令改正，没收违法所得和种子；违法生产经营的货值金额不足一万元的，并处三千元以上三万元以下罚款；货值金额一万元以上的，并处货值金额三倍以上五倍以下罚款；可以吊销种子生产经营许可证：

（一）未取得种子生产经营许可证生产经营种子的；

（二）以欺骗、贿赂等不正当手段取得种子生产经营许可证的；

（三）未按照种子生产经营许可证的规定生产经营种子的；

（四）伪造、变造、买卖、租借种子生产经营许可证的。

被吊销种子生产经营许可证的单位，其法定代表人、直接负责的主管人员自处罚决定作出之日起五年内不得担任种子企业的法定代表人、高级管理人员。

第七十八条 违反本法第二十一条、第二十二条、第二十三条规定，有下列行为之一的，由县级以上人民政府农业、林业主管部门责令停止违法行为，没收违法所得和种子，并处二万元以上二十万元以下罚款：

（一）对应当审定未经审定的农作物品种进行推广、销售的；

（二）作为良种推广、销售应当审定未经审定的林木品种的；

（三）推广、销售应当停止推广、销售的农作物品种或者林木良种的；

（四）对应当登记未经登记的农作物品种进行推广，或者以登记品种的名义进行销售的；

（五）对已撤销登记的农作物品种进行推广，或者以登记品种的名义进行销售的。

违反本法第二十三条、第四十二条规定，对应当审定未经审定或者应当登记未经登记的农作物品种发布广告，或者广告中有关品种的主要性状描述的内容与审定、登记公告不一致的，依照《中华人民共和国广告法》的有关规定追究法律责任。

第七十九条　违反本法第五十八条、第六十条、第六十一条规定，有下列行为之一的，由县级以上人民政府农业、林业主管部门责令改正，没收违法所得和种子；违法生产经营的货值金额不足一万元的，并处三千元以上三万元以下罚款；货值金额一万元以上的，并处货值金额三倍以上五倍以下罚款；情节严重的，吊销种子生产经营许可证：

（一）未经许可进出口种子的；

（二）为境外制种的种子在境内销售的；

（三）从境外引进农作物或者林木种子进行引种试验的收获物作为种子在境内销售的；

（四）进出口假、劣种子或者属于国家规定不得进出口的种子的。

第八十条　违反本法第三十六条、第三十八条、第四十条、第四十一条规定，有下列行为之一的，由县级以上人民政府农业、林业主管部门责令改正，处二千元以上二万元以下罚款：

（一）销售的种子应当包装而没有包装的；

（二）销售的种子没有使用说明或者标签内容不符合规定的；

（三）涂改标签的；

（四）未按规定建立、保存种子生产经营档案的；

（五）种子生产经营者在异地设立分支机构、专门经营不再分装的包装种子或者受委托生产、代销种子，未按规定备案的。

第八十一条　违反本法第八条规定，侵占、破坏种质资源，私自采集或者采伐国家重点保护的天然种质资源的，由县级以上人民政府农业、林业主管部门责令停止违法行为，没收种质资源和违法所得，并处五千元以上五万元以下罚款；造成损失的，依法承担赔偿责任。

第八十二条　违反本法第十一条规定，向境外提供或者从境外引进种质资源，或者与境外机构、个人开展合作研究利用种质资源的，由国务院或者省、自治区、直辖市人民政府的农业、林业主管部门没收种质资源和违法所得，并处二万元以上二十万元以下罚款。

未取得农业、林业主管部门的批准文件携带、运输种质资源出境的，海关应当将该种质资源扣留，并移送省、自治区、直辖市人民政府农业、林业主管部门处理。

第八十三条　违反本法第三十五条规定，抢采掠青、损坏母树或者在劣质林内、劣质母树上采种的，由县级以上人民政府林业主管部门责令停止采种行为，没收所采种子，并处所采种子货值金额二倍以上五倍以下罚款。

第八十四条　违反本法第三十九条规定，收购珍贵树木种子或者限制收购的林木种子的，由县级以上人民政府林业主管部门没收所收购的种子，并处收购种子货值金额二倍以上五倍以下罚款。

第八十五条 违反本法第十七条规定，种子企业有造假行为的，由省级以上人民政府农业、林业主管部门处一百万元以上五百万元以下罚款；不得再依照本法第十七条的规定申请品种审定；给种子使用者和其他种子生产经营者造成损失的，依法承担赔偿责任。

第八十六条 违反本法第四十五条规定，未根据林业主管部门制定的计划使用林木良种的，由同级人民政府林业主管部门责令限期改正；逾期未改正的，处三千元以上三万元以下罚款。

第八十七条 违反本法第五十四条规定，在种子生产基地进行检疫性有害生物接种试验的，由县级以上人民政府农业、林业主管部门责令停止试验，处五千元以上五万元以下罚款。

第八十八条 违反本法第五十条规定，拒绝、阻挠农业、林业主管部门依法实施监督检查的，处二千元以上五万元以下罚款，可以责令停产停业整顿；构成违反治安管理行为的，由公安机关依法给予治安管理处罚。

第八十九条 违反本法第十三条规定，私自交易育种成果，给本单位造成经济损失的，依法承担赔偿责任。

第九十条 违反本法第四十四条规定，强迫种子使用者违背自己的意愿购买、使用种子，给使用者造成损失的，应当承担赔偿责任。

第九十一条 违反本法规定，构成犯罪的，依法追究刑事责任。

第十章 附 则

第九十二条 本法下列用语的含义是：

（一）种质资源是指选育植物新品种的基础材料，包括各种植物的栽培种、野生种的繁殖材料以及利用上述繁殖材料人工创造的各种植物的遗传材料。

（二）品种是指经过人工选育或者发现并经过改良，形态特征和生物学特性一致，遗传性状相对稳定的植物群体。

（三）主要农作物是指稻、小麦、玉米、棉花、大豆。

（四）主要林木由国务院林业主管部门确定并公布；省、自治区、直辖市人民政府林业主管部门可以在国务院林业主管部门确定的主要林木之外确定其他八种以下的主要林木。

（五）林木良种是指通过审定的主要林木品种，在一定的区域内，其产量、适应性、抗性等方面明显优于当前主栽材料的繁殖材料和种植材料。

（六）新颖性是指申请植物新品种权的品种在申请日前，经申请权人自行或者同意销售、推广其种子，在中国境内未超过一年；在境外，木本或者藤本植物未超过六年，其他植物未超过四年。

本法施行后新列入国家植物品种保护名录的植物的属或者种，从名录公布之日起一年内提出植物新品种权申请的，在境内销售、推广该品种种子未超过四年的，具备新颖性。

除销售、推广行为丧失新颖性外，下列情形视为已丧失新颖性：

1. 品种经省、自治区、直辖市人民政府农业、林业主管部门依据播种面积确认已经形成事实扩散的；

2. 农作物品种已审定或者登记两年以上未申请植物新品种权的。

（七）特异性是指一个植物品种有一个以上性状明显区别于已知品种。

（八）一致性是指一个植物品种的特性除可预期的自然变异外，群体内个体间相关的特征或者特性表现一致。

（九）稳定性是指一个植物品种经过反复繁殖后或者在特定繁殖周期结束时，其主要性状保持不变。

（十）已知品种是指已受理申请或者已通过品种审定、品种登记、新品种保护，或者已经销售、推广的植物品种。

（十一）标签是指印制、粘贴、固定或者附着在种子、种子包装物表面的特定图案及文字说明。

第九十三条　草种、烟草种、中药材种、食用菌菌种的种质资源管理和选育、生产经营、管理等活动，参照本法执行。

第九十四条　本法自 2016 年 1 月 1 日起施行。

修改说明

1. 2004 年 8 月 28 日第十届全国人民代表大会常务委员会第十一次会议第一次修改，修改内容如下：

（1）第十七条第二款修改为："应当审定的林木品种未经审定通过的，不得作为良种经营、推广，但生产确需使用的，应当经林木品种审定委员会认定。"

（2）第三十三条修改为："未经省、自治区、直辖市人民政府林业行政主管部门批准，不得收购珍贵树木种子和本级人民政府规定限制收购的林木种子。"

2. 2013 年 6 月 29 日第十二届全国人民代表大会常务委员会第三次会议第二次修改，修改内容如下：

（1）删去第四十五条第三项。

（2）增加一款，作为第二款："农作物种子检验员应当经省级以上人民政府农业行政主管部门考核合格；林木种子检验员应当经省、自治区、直辖市人民政府林业行政主管部门考核合格。"

3. 2015 年 11 月 4 日第十二届全国人民代表大会常务委员会第十七次会议第三次修改，修改内容如下：

修 订 前	修 订 后
第一章　总　则	第一章　总　则
第一条　为了保护和合理利用种质资源，规范品种选育和种子生产、经营、使用行为，维护品种选育者和种子生产者、经营者、使用者的合法权益，提高种子质量水平，推动种子产业化，促进种植业和林业的发展，制定本法。	第一条　为了保护和合理利用种质资源，规范品种选育、种子生产经营和管理行为，保护植物新品种权，维护种子生产经营者、使用者的合法权益，提高种子质量，推动种子产业化，促进农业和林业的发展，制定本法。

（续）

修 订 前	修 订 后
第二条　在中华人民共和国境内从事品种选育和种子生产、经营、使用、管理等活动，适用本法。 本法所称种子，是指农作物和林木的种植材料或者繁殖材料，包括籽粒、果实和根、茎、苗、芽、叶等。	第二条　在中华人民共和国境内从事品种选育、种子生产经营和管理等活动，适用本法。 本法所称种子，是指农作物和林木的种植材料或者繁殖材料，包括籽粒、果实、根、茎、苗、芽、叶、花等。
第三条　国务院农业、林业行政主管部门分别主管全国农作物种子和林木种子工作；县级以上地方人民政府农业、林业行政主管部门分别主管本行政区域内农作物种子和林木种子工作。	第三条　国务院农业、林业行政主管部门分别主管全国农作物种子和林木种子工作；县级以上地方人民政府农业、林业行政主管部门分别主管本行政区域内农作物种子和林木种子工作。
第四条　国家扶持种质资源保护工作和选育、生产、更新、推广使用良种，鼓励品种选育和种子生产、经营相结合，奖励在种质资源保护工作和良种选育、推广等工作中成绩显著的单位和个人。	第四条　国家扶持种质资源保护工作和选育、生产、更新、推广使用良种，鼓励品种选育和种子生产经营相结合，奖励在种质资源保护工作和良种选育、推广等工作中成绩显著的单位和个人。
第五条　县级以上人民政府应当根据科教兴农方针和种植业、林业发展的需要制定种子发展规划，并按照国家有关规定在财政、信贷和税收等方面采取措施保证规划的实施。 （部分内容移至新条文第六十五条、第六十七条、第六十八条）	第五条　省级以上人民政府应当根据科教兴农方针和种业发展的需要制定种业发展规划并组织实施。
第七条　国家建立种子储备制度，主要用于发生灾害时的生产需要，保障农业生产安全。对储备的种子应当定期检验和更新。种子储备的具体办法由国务院规定。	第六条　省级以上人民政府建立种子储备制度，主要用于发生灾害时的生产需要及余缺调剂，保障农业和林业生产安全。对储备的种子应当定期检验和更新。种子储备的具体办法由国务院规定。
第十四条　转基因植物品种的选育、试验、审定和推广应当进行安全性评价，并采取严格的安全控制措施。具体办法由国务院规定。	第七条　转基因植物品种的选育、试验、审定和推广应当进行安全性评价，并采取严格的安全控制措施。国务院农业、林业行政主管部门应当加强跟踪监管并及时公告有关转基因植物品种审定和推广的信息。具体办法由国务院规定。
第二章　种质资源保护	第二章　种质资源保护
第八条　国家依法保护种质资源，任何单位和个人不得侵占和破坏种质资源。 禁止采集或者采伐国家重点保护的天然种质资源。因科研等特殊情况需要采集或者采伐的，应当经国务院或者省、自治区、直辖市人民政府的农业、林业行政主管部门批准。	第八条　国家依法保护种质资源，任何单位和个人不得侵占和破坏种质资源。 禁止采集或者采伐国家重点保护的天然种质资源。因科研等特殊情况需要采集或者采伐的，应当经国务院或者省、自治区、直辖市人民政府的农业、林业行政主管部门批准。

（续）

修订前	修订后
第九条　国家有计划地收集、整理、鉴定、登记、保存、交流和利用种质资源，定期公布可供利用的种质资源目录。具体办法由国务院农业、林业行政主管部门规定。	第九条　国家有计划地普查、收集、整理、鉴定、登记、保存、交流和利用种质资源，定期公布可供利用的种质资源目录。具体办法由国务院农业、林业行政主管部门规定。
国务院农业、林业行政主管部门应当建立国家种质资源库，省、自治区、直辖市人民政府农业、林业行政主管部门可以根据需要建立种质资源库、种质资源保护区或者种质资源保护地。	第十条　国务院农业、林业行政主管部门应当建立种质资源库、种质资源保护区或者种质资源保护地。省、自治区、直辖市人民政府农业、林业行政主管部门可以根据需要建立种质资源库、种质资源保护区或者种质资源保护地。种质资源库、种质资源保护区或者种质资源保护地的种质资源属公共资源，依法向社会开放。 占用种质资源库、种质资源保护区或者种质资源保护地的，需经原设立机关同意。
第十条　国家对种质资源享有主权，任何单位和个人向境外提供种质资源的，应当经国务院农业、林业行政主管部门批准；从境外引进种质资源的，依照国务院农业、林业行政主管部门的有关规定办理。	第十一条　国家对种质资源享有主权，任何单位和个人向境外提供种质资源，或者与外国人、外国企业、外国其他组织开展合作研究利用种质资源的，应当经国务院农业、林业行政主管部门批准；从境外引进种质资源的，依照国务院农业、林业行政主管部门的有关规定办理。
第三章　品种选育与审定	第三章　品种选育、审定与登记
第十一条　国务院农业、林业、科技、教育等行政主管部门和省、自治区、直辖市人民政府应当组织有关单位进行品种选育理论、技术和方法的研究。 国家鼓励和支持单位和个人从事良种选育和开发。 （修改）	第十二条　国家建立主要由市场决定种业技术创新项目和经费分配、成果评价的机制。 支持公益性科研院所及高等院校重点开展育种的基础性、前沿性和应用技术研究，以及常规作物、主要造林树种育种和无性繁殖材料选育等公益性研究。 鼓励种子企业充分利用公益性研究成果，培育具有自主知识产权的优良品种。鼓励种子企业与科研院所及高等院校构建技术研发平台，或者建立以市场为导向、资本为纽带、利益共享、风险共担的产学研相结合的种业技术创新体系。 完善品种选育区域协作机制，推进合作交流。
	第十三条　由财政资金支持形成的育种发明专利权和植物新品种权，除涉及国家安全、国家利益和重大社会公共利益的外，授权项目承担者依法取得。 由财政资金支持为主形成的育种成果的转让、许可等应当公开进行，禁止私自交易。

（续）

修 订 前	修 订 后
第十三条　单位和个人因林业行政主管部门为选育林木良种建立测定林、试验林、优树收集区、基因库而减少经济收入的，批准建立的林业行政主管部门应当按照国家有关规定给予经济补偿。	第十四条　单位和个人因林业行政主管部门为选育林木良种建立测定林、试验林、优树收集区、基因库等而减少经济收入的，批准建立的林业行政主管部门应当按照国家有关规定给予经济补偿。
第十五条　主要农作物品种和主要林木品种在推广应用前应当通过国家级或者省级审定，申请者可以直接申请省级审定或者国家级审定。由省、自治区、直辖市人民政府农业、林业行政主管部门确定的主要农作物品种和主要林木品种实行省级审定。 主要农作物品种和主要林木品种的审定办法应当体现公正、公开、科学、效率的原则，由国务院农业、林业行政主管部门规定。 国务院和省、自治区、直辖市人民政府的农业、林业行政主管部门分别设立由专业人员组成的农作物品种和林木品种审定委员会，承担主要农作物品种和主要林木品种的审定工作。	第十五条　国家对主要农作物品种和主要林木品种实行审定制度。主要农作物品种和主要林木品种在推广前应当通过国家级或者省级审定。由省、自治区、直辖市人民政府林业行政主管部门确定的主要林木品种实行省级审定。 申请审定的品种应当符合特异性、一致性、稳定性要求。 主要农作物品种和主要林木品种的审定办法应当体现公正、公开、科学、效率的原则，并充分听取育种者、用种者、生产经营者和相关行业代表意见。审定办法由国务院农业、林业行政主管部门规定。
在具有生态多样性的地区，省、自治区、直辖市人民政府农业、林业行政主管部门可以委托设区的市、自治州承担适宜于在特定生态区域内推广应用的主要农作物品种和主要林木品种的审定工作。	第十六条　国务院和省、自治区、直辖市人民政府农业、林业行政主管部门分别设立由专业人员组成的农作物品种和林木品种审定委员会，承担主要农作物品种和主要林木品种的审定工作，建立包括申请文件、审定试验数据、种子样品、审定专家个人审定意见和审定结论等内容的审定档案。
	第十七条　实行选育生产经营相结合，符合国务院农业行政主管部门规定条件的种子企业，对自主研发的品种需要审定的，可依照审定办法自行完成试验。种子企业建立试验数据可追溯制度并对真实性负责。
	第十八条　国家建立非主要农作物品种登记制度。 国务院农业行政主管部门发布非主要农作物登记目录，列入登记目录的品种在推广前应当申请登记。 国务院农业行政主管部门建立全国统一的非主要农作物品种登记平台，省、自治区、直辖市人民政府农业行政主管部门负责登记受理工作。凡符合特异性、一致性、稳定性要求的品种，予以登记并公告。 申请者对申请文件和提供种子样品的真实性负责。申请文件包括品种的种类、名称、来源、特性、育种过程以及特异性、一致性、稳定性测试结果等。 一个品种只能在一地申请登记。 具体登记办法由国务院农业行政主管部门规定。

（续）

修 订 前	修 订 后
第十六条　通过国家级审定的主要农作物品种和主要林木良种由国务院农业、林业行政主管部门公告，可以在全国适宜的生态区域推广。通过省级审定的主要农作物品种和主要林木良种由省、自治区、直辖市人民政府农业、林业行政主管部门公告，可以在本行政区域内适宜的生态区域推广；相邻省、自治区、直辖市属于同一适宜生态区的地域，经所在省、自治区、直辖市人民政府农业、林业行政主管部门同意后可以引种。	第十九条　通过国家级审定的主要农作物品种和主要林木品种由国务院农业、林业行政主管部门公告，可以在全国适宜的生态区域推广。通过省级审定的主要农作物品种和主要林木品种由省、自治区、直辖市人民政府农业、林业行政主管部门公告，可以在本行政区域内适宜的生态区域推广；相邻省、自治区、直辖市属于同一适宜生态区的地域，主要农作物品种经所在省、自治区、直辖市人民政府农业行政主管部门同意后可以引种；其他省、自治区、直辖市属于同一适宜生态区的地域，主要林木品种经所在省、自治区、直辖市人民政府林业行政主管部门同意后可以引种。 引种本地区没有自然分布的林木品种，必须按照国家引种标准通过试验。
第十七条　应当审定的农作物品种未经审定通过的，不得发布广告，不得经营、推广。 应当审定的林木品种未经审定通过的，不得作为良种经营、推广，但生产确需使用的，应当经林木品种审定委员会认定。	第二十条　应当审定的农作物品种未经审定通过的，不得发布广告，不得经营、推广。 应当审定的林木品种未经审定通过的，不得作为良种经营、推广，但生产确需使用的，应当经林木品种审定委员会认定。
第十八条　审定未通过的农作物品种和林木品种，申请人有异议的，可以向原审定委员会或者上一级审定委员会申请复审。	第二十一条　审定未通过的农作物品种和林木品种，申请人有异议的，可以向原审定委员会或者国家级审定委员会申请复审。
	第二十二条　审定通过的农作物品种和林木品种出现不可克服的严重缺陷不宜继续经营、推广的，经原审定委员会审核确认后，由原公告部门发布公告，停止经营、推广。
第十九条　在中国没有经常居所或者营业场所的外国人、外国企业或者外国其他组织在中国申请品种审定的，应当委托具有法人资格的中国种子科研、生产、经营机构代理。	第二十三条　在中国没有经常居所或者营业场所的外国人、外国企业或者外国其他组织在中国申请品种审定或者登记的，应当委托具有法人资格的中国种子科研、生产经营机构代理。
	第四章　新品种保护
第十二条　国家实行植物新品种保护制度，对经过人工培育的或者发现的野生植物加以开发的植物品种，具备新颖性、特异性、一致性和稳定性的，授予植物新品种权，保护植物新品种权所有人的合法权益。具体办法按照国家有关规定执行。选育的品种得到推广应用的，育种者依法获得相应的经济利益。	第二十四条　国家实行植物新品种保护制度。对国家植物品种保护名录内经过人工选育或者发现的野生植物加以改良，具备新颖性、特异性、一致性、稳定性和适当命名的植物品种，由国务院农业、林业行政主管部门授予植物新品种权，保护植物新品种权所有人的合法权益。具体办法按照国家有关法律、法规规定执行。 选育的品种得到推广应用的，育种者依法获得相应的经济利益。

（续）

修 订 前	修 订 后
	第二十五条　一个植物新品种只能授予一项植物新品种权。两个以上的申请人分别就同一个品种申请植物新品种权的，植物新品种权授予最先申请的人；同时申请的，植物新品种权授予最先完成该品种育种的人。 对违反法律、法规，危害公共利益、生态环境的植物新品种，不授予植物新品种权。
	第二十六条　授予植物新品种权的植物新品种名称，应当与相同或者相近的植物属或者种中已知品种的名称相区别。该名称经授权后即为该植物新品种的通用名称。 下列名称不得用于授权品种的命名： （一）仅以数字表示的； （二）违反社会公德的； （三）对植物新品种的特征、特性或者育种者身份等容易引起误解的。 同一植物品种在申请新品种保护、品种审定、品种登记、销售、推广时只能使用一个名称。生产销售、推广的种子必须与申请新品种保护、品种审定、品种登记时提供的样品相符。
	第二十七条　完成育种的单位或者个人对其授权品种，享有排他的独占权。任何单位或者个人未经植物新品种权所有人许可，不得生产、繁殖或者销售该授权品种的繁殖材料，不得为商业目的将该授权品种的繁殖材料重复使用于生产另一品种的繁殖材料；但是法律、法规另有规定的除外。
	第二十八条　实质性派生品种可以申请植物新品种权，并可以获得授权。但对其进行第二十七条所述行为的，应当征得原始植物新品种权所有人的同意。 实施实质性派生品种的植物种类、判定标准及起始时间，由国务院农业、林业行政主管部门分别确定。
	第二十九条　在下列情况下使用授权品种的，可以不经植物新品种权所有人许可，不向其支付使用费，但不得侵犯植物新品种权所有人依照法律、法规享有的其他权利： （一）利用授权品种进行育种、科研等非商业性活动； （二）农民自繁自用授权品种的繁殖材料。

（续）

修　订　前	修　订　后
	第三十条　为了国家利益或者公共利益，国务院农业、林业行政主管部门可以作出实施植物新品种权强制许可的决定，并予以登记和公告。 　　取得实施强制许可的单位或者个人不享有独占的实施权，并且无权允许他人实施。
第四章　种子生产 （与第五章种子经营、第六章种子使用 合并为新条文第五章）	第五章　种子生产经营
第二十条　主要农作物和主要林木的商品种子生产实行许可制度。 　　主要农作物杂交种子及其亲本种子、常规种原种种子、主要林木良种的种子生产许可证，由生产所在地县级人民政府农业、林业行政主管部门审核，省、自治区、直辖市人民政府农业、林业行政主管部门核发；其他种子的生产许可证，由生产所在地县级以上地方人民政府农业、林业行政主管部门核发。	第三十一条　种子生产经营实行许可制度，种子生产经营许可证分级审批发放。 　　从事种子进出口业务、转基因植物品种种子生产经营以及外商投资的种子企业的种子生产经营许可证，由省、自治区、直辖市人民政府农业、林业行政主管部门审核，国务院农业、林业行政主管部门核发。 　　从事主要农作物杂交种子及其亲本种子、林木良种种子的生产经营以及实行选育生产经营相结合的种子企业的种子生产经营许可证，由生产经营者所在地县级人民政府农业、林业行政主管部门审核，省、自治区、直辖市人民政府农业、林业行政主管部门核发。
第二十六条　种子经营实行许可制度。种子经营者必须先取得种子经营许可证后，方可凭种子经营许可证向工商行政管理机关申请办理或者变更营业执照。 　　种子经营许可证实行分级审批发放制度。种子经营许可证由种子经营者所在地县级以上地方人民政府农业、林业行政主管部门核发。主要农作物杂交种子及其亲本种子、常规种原种种子、主要林木良种的种子经营许可证，由种子经营者所在地县级人民政府农业、林业行政主管部门审核，省、自治区、直辖市人民政府农业、林业行政主管部门核发。实行选育、生产、经营相结合并达到国务院农业、林业行政主管部门规定的注册资本金额的种子公司和从事种子进出口业务的公司的种子经营许可证，由省、自治区、直辖市人民政府农业、林业行政主管部门审核，国务院农业、林业行政主管部门核发。	除二、三款规定以外的其他种子的生产经营许可证，由生产经营者所在地县级以上地方人民政府农业、林业行政主管部门核发。 　　只从事非主要农作物种子和非主要林木种子生产的，不需办理种子生产经营许可证。

（续）

修订前	修订后
第二十一条　申请领取种子生产许可证的单位和个人，应当具备下列条件： （一）具有繁殖种子的隔离和培育条件； （二）具有无检疫性病虫害的种子生产地点或者县级以上人民政府林业行政主管部门确定的采种林； （三）具有与种子生产相适应的资金和生产、检验设施； （四）具有相应的专业种子生产和检验技术人员； （五）法律、法规规定的其他条件。 申请领取具有植物新品种权的种子生产许可证的，应当征得品种权人的书面同意。 第二十九条第一款　申请领取种子经营许可证的单位和个人，应当具备下列条件： （一）具有与经营种子种类和数量相适应的资金及独立承担民事责任的能力； （二）具有能够正确识别所经营的种子、检验种子质量、掌握种子储藏、保管技术的人员； （三）具有与经营种子的种类、数量相适应的营业场所及加工、包装、储藏保管设施和检验种子质量的仪器设备； （四）法律、法规规定的其他条件。	第三十二条　申请取得种子生产经营许可证的单位和个人，应当具备下列条件： （一）具有与种子生产经营相适应的资金、生产经营设施、设备及专业技术人员； （二）具有独立承担民事责任的能力； （三）法律、法规和国务院农业、林业行政主管部门规定的其他条件。 从事种子生产的，还应当同时具备下列条件： （一）具有繁殖种子的隔离和培育条件； （二）具有无检疫性有害生物的种子生产地点或者县级以上人民政府林业行政主管部门确定的采种林； （三）申请领取具有植物新品种权的种子生产经营许可证的，应当征得植物新品种权所有人的书面同意。
第二十二条　种子生产许可证应当注明生产种子的品种、地点和有效期限等项目。 禁止伪造、变造、买卖、租借种子生产许可证；禁止任何单位和个人无证或者未按照许可证的规定生产种子。 第三十一条　种子经营许可证应当注明种子经营范围、经营方式及有效期限、有效区域等项目。 禁止伪造、变造、买卖、租借种子经营许可证；禁止任何单位和个人无证或者未按照许可证的规定经营种子。	第三十三条　种子生产经营许可证应当载明生产经营者名称、地址、法定代表人姓名、生产种子的品种和种子经营范围、有效期限、有效区域等事项。 前款事项发生变更的，应当自变更之日起三十日内，向原核发许可证机关申请变更登记。 禁止任何单位和个人无种子生产经营许可证或违反种子生产经营许可证的规定生产经营种子。禁止伪造、变造、转让、租借种子生产经营许可证。
第二十三条　商品种子生产应当执行种子生产技术规程和种子检验、检疫规程。	第三十四条　种子生产应当执行种子生产技术规程和种子检验、检疫规程。
第二十四条　在林木种子生产基地内采集种子的，由种子生产基地的经营者组织进行，采集种子应当按照国家有关标准进行。 禁止抢采掠青、损坏母树，禁止在劣质林内、劣质母树上采集种子。	第三十五条　在林木种子生产基地内采集种子的，由种子生产基地的经营者组织进行，采集种子应当按照国家有关标准进行。 禁止抢采掠青、损坏母树，禁止在劣质林内、劣质母树上采集种子。

（续）

修订前	修订后
第二十五条　商品种子生产者应当建立种子生产档案，载明生产地点、生产地块环境、前茬作物、亲本种子来源和质量、技术负责人、田间检验记录、产地气象记录、种子流向等内容。	第三十六条　种子生产经营者应当建立包括种子来源、产地、数量、质量、销售去向和销售日期等内容的生产经营档案。种子生产经营档案及种子样品的保存期限由国务院农业、林业行政主管部门规定。
第三十六条　种子经营者应当建立种子经营档案，载明种子来源、加工、储藏、运输和质量检测各环节的简要说明及责任人、销售去向等内容。 　一年生农作物种子的经营档案应当保存至种子销售后二年，多年生农作物和林木种子经营档案的保存期限由国务院农业、林业行政主管部门规定。	
第五章　种子经营 （与第四章种子生产、第六章种子使用合并为新条文第五章种子生产经营）	
第二十七条　农民个人自繁、自用的常规种子有剩余的，可以在集贸市场上出售、串换，不需要办理种子经营许可证，由省、自治区、直辖市人民政府制定管理办法。	第三十七条　农民个人自繁、自用的常规种子有剩余的，可以在集贸市场上串换，不需要办理种子生产经营许可证，由省、自治区、直辖市人民政府制定管理办法。
第三十条　种子经营许可证的有效区域由发证机关在其管辖范围内确定。种子经营者按照经营许可证规定的有效区域设立分支机构的，可以不再办理种子经营许可证，但应当在办理或者变更营业执照后十五日内，向当地农业、林业行政主管部门和原发证机关备案。	第三十八条　种子生产经营许可证的有效区域由发证机关在其管辖范围内确定。种子生产经营者在有效区域设立分支机构的，专门经营不再分装的包装种子的，或者受具有种子生产经营许可证的种子生产经营者以书面委托生产、代销其种子的，可以不办理种子生产经营许可证，但应当在办理、变更营业执照或者获得书面委托后十五日内，向当地农业、林业行政主管部门备案。
第二十九条第二款　种子经营者专门经营不再分装的包装种子的，或者受具有种子经营许可证的种子经营者以书面委托代销其种子的，可以不办理种子经营许可证。	实行选育生产经营相结合的种子企业的生产经营许可证的有效区域为全国。
第三十三条　未经省、自治区、直辖市人民政府林业行政主管部门批准，不得收购珍贵树木种子和本级人民政府规定限制收购的林木种子。	第三十九条　未经省、自治区、直辖市人民政府林业行政主管部门批准，不得收购珍贵树木种子和本级人民政府规定限制收购的林木种子。
第三十四条　销售的种子应当加工、分级、包装。但是，不能加工、包装的除外。 　大包装或者进口种子可以分装；实行分装的，应当注明分装单位，并对种子质量负责。	第四十条　销售的种子应当加工、分级、包装。但是不能加工、包装的除外。 　大包装或者进口种子可以分装；实行分装的，应当标注分装单位，并对种子质量负责。

（续）

修订前	修订后
第三十五条　销售的种子应当附有标签。标签应当标注种子类别、品种名称、产地、质量指标、检疫证明编号、种子生产及经营许可证编号或者进口审批文号等事项。标签标注的内容应当与销售的种子相符。 销售进口种子的，应当附有中文标签。 销售转基因植物品种种子的，必须用明显的文字标注，并应当提示使用时的安全控制措施。	第四十一条　销售的种子应当符合国家或者行业标准，附有标签和使用说明。标签和使用说明标注的内容应当与销售的种子相符。种子生产经营者对标注内容的真实性和种子质量负责。 标签应当标注种子类别、品种名称、品种审定或者登记编号、生产经营者及注册地、质量指标、检疫证明编号、种子生产经营许可证编号和信息代码，以及国务院农业、林业行政主管部门规定的其他事项。
第三十二条　种子经营者应当遵守有关法律、法规的规定，向种子使用者提供种子的简要性状、主要栽培措施、使用条件的说明与有关咨询服务，并对种子质量负责。 任何单位和个人不得非法干预种子经营者的自主经营权。	销售授权品种种子的，必须标注品种权号。 销售进口种子的，应当附有进口审批文号和中文标签。 销售转基因植物品种种子的，必须用明显的文字标注，并应当提示使用时的安全控制措施。 种子生产经营者应当遵守有关法律、法规的规定，向种子使用者提供种子的主要性状、主要栽培措施、使用条件的说明、风险提示与有关咨询服务。 任何单位和个人不得非法干预种子生产经营者的生产经营自主权。
第三十七条　种子广告的内容应当符合本法和有关广告的法律、法规的规定，主要性状描述应当与审定公告一致。	第四十二条　种子广告的内容应当符合本法和有关广告的法律、法规的规定，主要性状描述等应当与审定、登记公告一致。
第三十八条　调运或者邮寄出县的种子应当附有检疫证书。	第四十三条　调运或者邮寄出县的种子应当附有检疫证书。
第六章　种子使用 （与第四章种子生产、第五章种子经营合并为新条文第五章种子生产经营）	
第三十九条　种子使用者有权按照自己的意愿购买种子，任何单位和个人不得非法干预。	第四十四条　种子使用者有权按照自己的意愿购买种子，任何单位和个人不得非法干预。
第四十条　国家投资或者国家投资为主的造林项目和国有林业单位造林，应当根据林业行政主管部门制定的计划使用林木良种。 国家对推广使用林木良种营造防护林、特种用途林给予扶持。	第四十五条　国家对推广使用林木良种造林给予扶持。国家投资或者国家投资为主的造林项目和国有林业单位造林，应当根据林业行政主管部门制定的计划使用林木良种。

（续）

修 订 前	修 订 后
第四十一条　种子使用者因种子质量问题遭受损失的，出售种子的经营者应当予以赔偿，赔偿额包括购种价款、有关费用和可得利益损失。 经营者赔偿后，属于种子生产者或者其他经营者责任的，经营者有权向生产者或者其他经营者追偿。	第四十六条　种子使用者因种子质量问题遭受损失的，出售种子的经营者应当予以赔偿，赔偿额包括购种价款、有关费用和可得利益损失。 经营者赔偿后，属于种子生产者或者其他经营者责任的，经营者有权向生产者或者其他经营者追偿。
第四十二条　因使用种子发生民事纠纷的，当事人可以通过协商或者调解解决。当事人不愿通过协商、调解解决或者协商、调解不成的，可以根据当事人之间的协议向仲裁机构申请仲裁。当事人也可以直接向人民法院起诉。	第四十七条　因使用种子发生民事纠纷的，当事人可以通过协商或者调解解决。当事人不愿通过协商、调解解决或者协商、调解不成的，可以根据当事人之间的协议向仲裁机构申请仲裁。当事人也可以直接向人民法院提起诉讼。
第七章　种子质量 （与第九章种子行政管理合并为新条文第六章）	第六章　种子监督管理
第四十三条　种子的生产、加工、包装、检验、储藏等质量管理办法和行业标准，由国务院农业、林业行政主管部门制定。 农业、林业行政主管部门负责对种子质量的监督。	第四十八条　种子质量管理办法、行业标准和检验方法，由国务院农业、林业行政主管部门制定。 农业、林业行政主管部门负责对种子质量的监督。
第四十四条　农业、林业行政主管部门可以委托种子质量检验机构对种子质量进行检验。 承担种子质量检验的机构应当具备相应的检测条件和能力，并经省级以上人民政府有关主管部门考核合格。	第四十九条　农业、林业行政主管部门可以委托种子质量检验机构对种子质量进行检验。 承担种子质量检验的机构应当具备相应的检测条件和能力，并经省级以上人民政府有关主管部门考核合格。
第四十五条　种子质量检验机构应当配备种子检验员。种子检验员应当具备以下条件： （一）具有相关专业中等专业技术学校毕业以上文化水平； （二）从事种子检验技术工作三年以上； 农作物种子检验员应当经省级以上人民政府农业行政主管部门考核合格；林木种子检验员应当经省、自治区、直辖市人民政府林业行政主管部门考核合格。	第五十条　种子质量检验机构应当配备种子检验员。种子检验员应当具备以下条件： （一）具有相关专业中等专业技术学校毕业以上文化水平； （二）从事种子检验技术工作三年以上。 种子检验员应当经省、自治区、直辖市人民政府农业、林业行政主管部门考核合格。

（续）

修订前	修订后
第四十六条　禁止生产、经营假、劣种子。下列种子为假种子： （一）以非种子冒充种子或者以此种品种种子冒充他种品种种子的； （二）种子种类、品种、产地与标签标注的内容不符的。 下列种子为劣种子： （一）质量低于国家规定的种用标准的； （二）质量低于标签标注指标的； （三）因变质不能作种子使用的； （四）杂草种子的比率超过规定的； （五）带有国家规定检疫对象的有害生物的。	第五十一条　禁止生产经营假、劣种子。下列种子为假种子： （一）以非种子冒充种子或者以此种品种种子冒充他种品种种子的； （二）种子种类、品种与标签标注的内容不符或者没有标签的。 下列种子为劣种子： （一）质量低于国家规定标准的； （二）质量低于标签标注指标的； （三）带有国家规定的检疫性有害生物的。
第五十五条　农业、林业行政主管部门是种子行政执法机关。种子执法人员依法执行公务时应当出示行政执法证件。 农业、林业行政主管部门为实施本法，可以进行现场检查。	第五十二条　农业、林业行政主管部门所属的综合执法机构或者农业、林业行政主管部门委托的种子管理机构，有权开展种子执法相关工作。种子执法人员依法执行公务时应当出示行政执法证件。 农业、林业行政主管部门为实施本法，有权采取下列措施： （一）进入生产经营场所进行现场检查； （二）对种子进行取样测试、试验或者检验； （三）查阅、复制有关合同、票据、账簿、生产经营档案及其他有关资料； （四）查封、扣押有证据证明不符合本法或者有关法律、法规规定的种子，以及用于违法生产经营的工具、设备及运输工具等； （五）查封违法从事种子生产经营活动的场所。 查封、扣押的期限不得超过三十日；情况复杂的，经行政执法机构批准可以延长，但是延长期限不得超过三十日。 农业、林业行政主管部门依照本法规定行使职权，当事人应当协助、配合，不得拒绝、阻挠。
	第五十三条　种子生产经营者依法自愿成立种子行业协会，加强行业自律管理，维护成员合法权益，为成员和行业发展提供信息交流、技术培训、信用建设、市场营销和咨询等服务。

（续）

修　订　前	修　订　后
	第五十四条　国家建立种子质量认证制度。种子生产经营者可自愿向具有资质的认证机构申请种子质量认证。经认证合格的，可以在包装上使用认证标识。
第四十七条　由于不可抗力原因，为生产需要必须使用低于国家或者地方规定的种用标准的农作物种子的，应当经用种地县级以上地方人民政府批准；林木种子应当经用种地省、自治区、直辖市人民政府批准。	第五十五条　由于不可抗力原因，为生产需要必须使用低于国家或者地方规定标准的农作物种子的，应当经用种地县级以上地方人民政府批准；林木种子应当经用种地省、自治区、直辖市人民政府批准。
第四十八条　从事品种选育和种子生产、经营以及管理的单位和个人应当遵守有关植物检疫法律、行政法规的规定，防止植物危险性病、虫、杂草及其他有害生物的传播和蔓延。 禁止任何单位和个人在种子生产基地从事病虫害接种试验。	第五十六条　从事品种选育和种子生产经营以及管理的单位和个人应当遵守有关植物检疫法律、行政法规的规定，防止植物危险性病、虫、杂草及其他有害生物的传播和蔓延。 禁止任何单位和个人在种子生产基地从事检疫性有害生物接种试验。
	第五十七条　国务院农业、林业行政主管部门建立统一的种业信息发布平台、监管平台和植物品种标准样品库。省级以上人民政府农业、林业行政主管部门应当建立品种审定、品种登记、新品种保护、生产经营许可、市场监管等种业信息发布制度。
第五十六条　农业、林业行政主管部门及其工作人员不得参与和从事种子生产、经营活动；种子生产经营机构不得参与和从事种子行政管理工作。种子的行政主管部门与生产经营机构在人员和财务上必须分开。	第五十八条　农业、林业行政主管部门及其所属机构、工作人员，不得参与和从事种子生产经营活动；种子生产经营机构不得参与和从事种子行政管理工作。种子的行政主管部门与生产经营机构在人员和财务上必须分开。
第八章　种子进出口和对外合作	第七章　种子进出口和对外合作
第四十九条　进口种子和出口种子必须实施检疫，防止植物危险性病、虫、杂草及其他有害生物传入境内和传出境外，具体检疫工作按照有关植物进出境检疫法律、行政法规的规定执行。	第五十九条　进口种子和出口种子必须实施检疫，防止植物危险性病、虫、杂草及其他有害生物传入境内和传出境外，具体检疫工作按照有关植物进出境检疫法律、行政法规的规定执行。
第五十条　从事商品种子进出口业务的法人和其他组织，除具备种子经营许可证外，还应当依照有关对外贸易法律、行政法规的规定取得从事种子进出口贸易的许可。 从境外引进农作物、林木种子的审定权限，农作物、林木种子的进出口审批办法，引进转基因植物品种的管理办法，由国务院规定。	第六十条　从事种子进出口业务的法人和其他组织，除具备种子生产经营许可证外，还应当依照有关法律、行政法规的规定取得种子进出口许可。 从境外引进农作物、林木种子的审定权限，农作物、林木种子的进口审批办法，引进转基因植物品种的管理办法，由国务院规定。

（续）

修 订 前	修 订 后
第五十一条 进口商品种子的质量，应当达到国家标准或者行业标准。没有国家标准或者行业标准的，可以按照合同约定的标准执行。	第六十一条 进口种子的质量，应当达到国家标准或者行业标准。没有国家标准或者行业标准的，可以按照合同约定的标准执行。
第五十二条 为境外制种进口种子的，可以不受本法第五十条第一款的限制，但应当具有对外制种合同，进口的种子只能用于制种，其产品不得在国内销售。 从境外引进农作物试验用种，应当隔离栽培，收获物也不得作为商品种子销售。	第六十二条 为境外制种进口种子的，可以不受本法第六十条第一款的限制，但应当具有对外制种合同，进口的种子只能用于制种，其产品不得在国内销售。 从境外引进农作物或者林木试验用种，应当隔离栽培，收获物也不得作为种子销售。
第五十三条 禁止进出口假、劣种子以及属于国家规定不得进出口的种子。	第六十三条 禁止进出口假、劣种子以及属于国家规定不得进出口的种子。
第五十四条 境外企业、其他经济组织或者个人来我国投资种子生产、经营的，审批程序和管理办法由国务院有关部门依照有关法律、行政法规规定。	第六十四条 国家建立种业安全审查机制。外国人、外国企业或者外国其他组织投资、并购境内种子企业，或者与境内科研机构、种子企业开展技术合作，从事品种研发、种子生产经营的审批程序和管理办法由国务院有关部门依照有关法律、行政法规规定。
	第八章 扶持措施
第六条 国务院和省、自治区、直辖市人民政府设立专项资金，用于扶持良种选育和推广。具体办法由国务院规定。	第六十五条 国家加大对种业发展的支持，省级以上人民政府设立专项资金或者种业基金，用于扶持品种选育、生产、示范推广、种质资源保护和种子储备。对制种大县给予财力扶持。 鼓励推广使用高效、安全制（采）种技术和先进适用的制（采）种机械，将先进适用的制（采）种机械纳入农机具购置补贴范围。 积极引导社会资金进入种业。
	第六十六条 国家加强种业公益性基础设施建设。 对优势种子繁育基地内的耕地，划入基本农田保护区，实行永久保护。优势种子繁育基地由国务院农业行政主管部门商所在省、自治区、直辖市人民政府确定。
第五条 县级以上人民政府应当根据科教兴农方针和种植业、林业发展的需要制定种子发展规划，并按照国家有关规定在财政、信贷和税收等方面采取措施保证规划的实施。	第六十七条 对从事农作物和林木品种选育、生产的种子企业的生产经营所得，按照有关规定给予税收优惠。
	第六十八条 国家鼓励和引导金融机构为种子生产经营和收储提供信贷支持。

（续）

修　订　前	修　订　后
	第六十九条　国家支持保险机构开展种子生产保险。省级以上人民政府采取保险费补贴等措施，支持发展种业生产保险。
第二十八条　国家鼓励和支持科研单位、学校、科技人员研究开发和依法经营、推广农作物新品种和林木良种。	第七十条　支持科研院所和高等院校通过兼职、挂职、签订合同等方式，与种子企业开展人才合作。鼓励科研院所和高等院校科研人员到企业从事商业化育种工作。鼓励育种科研人才创新创业。
第九章　种子行政管理 （与第七章种子质量合并为 新条文第六章种子监督管理）	
第五十七条　国务院农业、林业行政主管部门和异地繁育种子所在地的省、自治区、直辖市人民政府应当加强对异地繁育种子工作的管理和协调，交通运输部门应当优先保证种子的运输。	第七十一条　国务院农业、林业行政主管部门和异地繁育种子所在地的省、自治区、直辖市人民政府应当加强对异地繁育种子工作的管理和协调，交通运输部门应当优先保证种子的运输。
第五十八条　农业、林业行政主管部门在依照本法实施有关证照的核发工作中，除收取所发证照的工本费外，不得收取其他费用。（删除）	
	第七十二条　国家鼓励和支持发展种业高新技术示范园区建设，发挥示范园区对种业发展的引领作用。
第十章　法律责任	第九章　法律责任
第五十九条　违反本法规定，生产、经营假、劣种子的，由县级以上人民政府农业、林业行政主管部门或者工商行政管理机关责令停止生产、经营，没收种子和违法所得，吊销种子生产许可证、种子经营许可证或者营业执照，并处以罚款；有违法所得的，处以违法所得五倍以上十倍以下罚款；没有违法所得的，处以二千元以上五万元以下罚款；构成犯罪的，依法追究刑事责任。	第七十三条　违反本法第二十七条规定，有侵犯植物新品种权行为的，植物新品种权所有人或者利害关系人可以请求县级以上人民政府农业、林业行政主管部门进行处理，当事人对处理决定不服的，可以向人民法院提起诉讼；当事人也可以直接向人民法院提起诉讼。 当事人就植物新品种的申请权和植物新品种权的权属发生争议的，可以向人民法院提起诉讼。 县级以上人民政府农业、林业行政主管部门，根据当事人自愿的原则，对侵权所造成的损害赔偿可以进行调解。调解达成协议的，当事人应当履行；当事人不履行协议或者调解未达成协议的，植物新品种权所有人或者利害关系人可以依法向人民法院提起诉讼。

（续）

修 订 前	修 订 后
	县级以上人民政府农业、林业行政主管部门处理植物新品种权侵权案件时，可以责令侵权人停止侵权行为，没收违法所得和种子；违法生产经营的货值金额不足一万元的，并处五千元以上五万元以下罚款；货值金额一万元以上的，并处货值金额五倍以上十倍以下罚款；情节严重的，吊销种子生产经营许可证。 第七十四条　违反本法规定，生产经营假种子或者假冒授权品种的，由县级以上人民政府农业、林业行政主管部门责令停止生产经营和假冒行为，没收违法所得和种子；违法生产经营的货值金额不足一万元的，并处五千元以上五万元以下罚款；货值金额一万元以上的，并处货值金额五倍以上十倍以下罚款；情节严重的，吊销种子生产经营许可证。 第七十五条　违反本法规定，生产经营劣种子的，由县级以上人民政府农业、林业行政主管部门责令停止生产经营，没收违法所得和种子；违法生产经营的货值金额不足一万元的，并处二千元以上二万元以下罚款；货值金额一万元以上的，并处货值金额二倍以上五倍以下罚款；情节严重的，吊销种子生产经营许可证。
第六十条　违反本法规定，有下列行为之一的，由县级以上人民政府农业、林业行政主管部门责令改正，没收种子和违法所得，并处以违法所得一倍以上三倍以下罚款；没有违法所得的，处以一千元以上三万元以下罚款；可以吊销违法行为人的种子生产许可证或者种子经营许可证；构成犯罪的，依法追究刑事责任： 　（一）未取得种子生产许可证或者伪造、变造、买卖、租借种子生产许可证，或者未按照种子生产许可证的规定生产种子的； 　（二）未取得种子经营许可证或者伪造、变造、买卖、租借种子经营许可证，或者未按照种子经营许可证的规定经营种子的。	第七十六条　违反本法规定，有下列行为之一的，由县级以上人民政府农业、林业行政主管部门责令改正，没收违法所得和种子；违法生产经营的货值金额不足一万元的，并处二千元以上三万元以下罚款；货值金额一万元以上的，并处货值金额二倍以上五倍以下罚款；情节严重的，可以吊销种子生产经营许可证： 　（一）未取得种子生产经营许可证生产经营种子的； 　（二）以欺骗、贿赂或者其他不正当手段等取得种子生产经营许可证的； 　（三）未按照种子生产经营许可证的规定生产经营种子的； 　（四）伪造、变造、转让、租借种子生产经营许可证的。 　有前款第（二）项情形的，五年内不得再次申请办理种子生产经营许可证。被吊销种子生产经营许可证的单位，其直接负责的主管人员自处罚决定作出之日起十年内不得从事种子生产经营。

（续）

修订前	修订后
第六十一条　违反本法规定，有下列行为之一的，由县级以上人民政府农业、林业行政主管部门责令改正，没收种子和违法所得，并处以违法所得一倍以上三倍以下罚款；没有违法所得的，处一千元以上二万元以下罚款；构成犯罪的，依法追究刑事责任： （一）为境外制种的种子在国内销售的； （二）从境外引进农作物种子进行引种试验的收获物在国内作商品种子销售的； （三）未经批准私自采集或者采伐国家重点保护的天然种质资源的。 （部分内容移至新条文第七十九条）	第七十七条　违反本法规定，有下列行为之一的，由县级以上人民政府农业、林业行政主管部门责令改正，没收违法所得和种子；违法生产经营的货值金额不足一万元的，并处二千元以上三万元以下罚款；货值金额一万元以上的，并处货值金额二倍以上五倍以下罚款；情节严重的，吊销种子生产经营许可证： （一）为境外制种的种子在国内销售的； （二）从境外引进农作物或者林木种子进行引种试验的收获物在国内销售的； （三）违反规定进出口种子的。
第六十二条　违反本法规定，有下列行为之一的，由县级以上人民政府农业、林业行政主管部门或者工商行政管理机关责令改正，处以一千元以上一万元以下罚款： （一）经营的种子应当包装而没有包装的； （二）经营的种子没有标签或者标签内容不符合本法规定的； （三）伪造、涂改标签或者试验、检验数据的； （四）未按规定制作、保存种子生产、经营档案的； （五）种子经营者在异地设立分支机构未按规定备案的。	第七十八条　违反本法规定，有下列行为之一的，由县级以上人民政府农业、林业行政主管部门责令改正，处二千元以上二万元以下罚款： （一）经营的种子应当包装而没有包装的； （二）经营的种子没有使用说明或者标签内容不符合规定的； （三）涂改标签或者伪造测试、试验、检验数据的； （四）未按规定建立、保存种子生产经营档案的； （五）未按规定备案的。
第六十一条　违反本法规定，有下列行为之一的，由县级以上人民政府农业、林业行政主管部门责令改正，没收种子和违法所得，并处以违法所得一倍以上三倍以下罚款；没有违法所得的，处一千元以上二万元以下罚款；构成犯罪的，依法追究刑事责任： （一）为境外制种的种子在国内销售的； （二）从境外引进农作物种子进行引种试验的收获物在国内作商品种子销售的； （三）未经批准私自采集或者采伐国家重点保护的天然种质资源的。	第七十九条　违反本法规定，有下列行为之一的，由县级以上人民政府农业、林业行政主管部门责令停止违法行为，处五千元以上五万元以下罚款；造成损失的，依法承担赔偿责任： （一）侵占、破坏种质资源的； （二）未经批准私自采集或者采伐国家重点保护的天然种质资源的。

（续）

修 订 前	修 订 后
第六十三条　违反本法规定，向境外提供或者从境外引进种质资源的，由国务院或者省、自治区、直辖市人民政府的农业、林业行政主管部门没收种质资源和违法所得，并处以一万元以上五万元以下罚款。 未取得农业、林业行政主管部门的批准文件携带、运输种质资源出境的，海关应当将该种质资源扣留，并移送省、自治区、直辖市人民政府农业、林业行政主管部门处理。	第八十条　违反本法规定，有下列行为之一的，由国务院或者省、自治区、直辖市人民政府农业、林业行政主管部门没收违法所得和种质资源，并处二万元以上十万元以下罚款： （一）未经审核批准，向境外提供或者从境外引进种质资源的； （二）未经审核批准，与外国人、外国企业或者外国其他组织开展合作研究利用种质资源的。 未取得农业、林业行政主管部门的批准文件携带、运输种质资源出境的，海关应当将该种质资源扣留，并移送省、自治区、直辖市人民政府农业、林业行政主管部门处理。
第六十四条　违反本法规定，经营、推广应当审定而未经审定通过的种子的，由县级以上人民政府农业、林业行政主管部门责令停止种子的经营、推广，没收种子和违法所得，并处以一万元以上五万元以下罚款。	第八十一条　违反本法规定，经营、推广应当审定未经审定通过、应当登记未登记、应当停止经营、推广的种子的，由县级以上人民政府农业、林业行政主管部门责令停止种子的经营、推广，没收违法所得和种子，并处二万元以上十万元以下罚款。
第六十五条　违反本法规定，抢采掠青、损坏母树或者在劣质林内和劣质母树上采种的，由县级以上人民政府林业行政主管部门责令停止采种行为，没收所采种子，并处以所采林木种子价值一倍以上三倍以下的罚款；构成犯罪的，依法追究刑事责任。	第八十二条　违反本法规定，抢采掠青、损坏母树或者在劣质林内和劣质母树上采种的，由县级以上人民政府林业行政主管部门责令停止采种行为，没收所采种子，并处所采林木种子货值金额二倍以上五倍以下罚款。
第六十六条　违反本法第三十三条规定收购林木种子的，由县级以上人民政府林业行政主管部门没收所收购的种子，并处以收购林木种子价款二倍以下的罚款。	第八十三条　违反本法第三十九条规定收购林木种子的，由县级以上人民政府林业行政主管部门没收所收购的种子，并处收购林木种子货值金额二倍以上五倍以下罚款。
	第八十四条　违反本法第十三条规定的，由县级以上人民政府农业、林业行政主管部门没收违法所得；并依法追究相关机构及有关责任人员的行政责任。
	第八十五条　违反本法第四十五条规定，未根据林业行政主管部门制定的计划使用林木良种的，由同级人民政府林业行政主管部门责令限期改正；逾期未改正的，对责任者可以处三万元以下罚款。

（续）

修 订 前	修 订 后
	第八十六条　违反本法规定，种子生产经营者拒绝、阻挠农业、林业行政主管部门依法实施监督检查的，责令限期改正；逾期未改正的，责令停产停业整顿，处一万元以上五万元以下罚款。
第六十七条　违反本法规定，在种子生产基地进行病虫害接种试验的，由县级以上人民政府农业、林业行政主管部门责令停止试验，处以五万元以下罚款。	第八十七条　违反本法规定，在种子生产基地进行检疫性有害生物接种试验的，由县级以上人民政府农业、林业行政主管部门责令停止试验，处三千元以上五万元以下罚款。
第六十八条　种子质量检验机构出具虚假检验证明的，与种子生产者、销售者承担连带责任；并依法追究种子质量检验机构及其有关责任人的行政责任；构成犯罪的，依法追究刑事责任。	第八十八条　品种测试、试验和种子质量检验机构出具虚假数据或者证明的，与种子生产经营者承担连带责任；并依法追究相关机构及有关责任人员的行政责任；情节严重的，取消测试、试验和检验资格。 违反本法第十七条规定，种子企业有造假行为的，取消其自行试验的资格，处一百万元以上三百万元以下罚款。
第六十九条　强迫种子使用者违背自己的意愿购买、使用种子给使用者造成损失的，应当承担赔偿责任。	第八十九条　强迫种子使用者违背自己的意愿购买、使用种子给使用者造成损失的，应当承担赔偿责任。
第七十条　农业、林业行政主管部门违反本法规定，对不具备条件的种子生产者、经营者核发种子生产许可证或者种子经营许可证的，对直接负责的主管人员和其他直接责任人员，依法给予行政处分；构成犯罪的，依法追究刑事责任。（删除）	
第七十一条　种子行政管理人员徇私舞弊、滥用职权、玩忽职守的，或者违反本法规定从事种子生产、经营活动的，依法给予行政处分；构成犯罪的，依法追究刑事责任。	第九十条　从事种子管理的国家工作人员徇私舞弊、滥用职权、玩忽职守、收受当事人财物、谋取不正当利益，或者违反本法规定从事种子生产经营活动的，依法给予处分。
第七十二条　当事人认为有关行政机关的具体行政行为侵犯其合法权益的，可以依法申请行政复议，也可以依法直接向人民法院提起诉讼。（删除）	
第七十三条　农业、林业行政主管部门依法吊销违法行为人的种子经营许可证后，应当通知工商行政管理机关依法注销或者变更违法行为人的营业执照。（删除）	
	第九十一条　违反本法规定，构成犯罪的，依法追究刑事责任。

（续）

修订前	修订后
第十一章 附 则	第十章 附 则
第七十四条 本法下列用语的含义是：	第九十二条 本法下列用语的含义是：
（一）种质资源是指选育新品种的基础材料，包括各种植物的栽培种、野生种的繁殖材料以及利用上述繁殖材料人工创造的各种植物的遗传材料。	（一）种质资源是指选育新品种的基础材料，包括各种植物的栽培种、野生种的繁殖材料以及利用上述繁殖材料人工创造的各种植物的遗传材料。
（二）品种是指经过人工选育或者发现并经过改良，形态特征和生物学特性一致，遗传性状相对稳定的植物群体。	（二）品种是指经过人工选育或者发现并经过改良，形态特征和生物学特性一致，遗传性状相对稳定的植物群体。
（三）主要农作物是指稻、小麦、玉米、棉花、大豆以及国务院农业行政主管部门和省、自治区、直辖市人民政府农业行政主管部门各自分别确定的其他一至二种农作物。	（三）主要农作物是指稻、小麦、玉米、棉花、大豆。
（四）林木良种是指通过审定的林木种子，在一定的区域内，其产量、适应性、抗性等方面明显优于当前主栽材料的繁殖材料和种植材料。	（四）主要林木由国务院林业行政主管部门确定并公布；省、自治区、直辖市人民政府林业行政主管部门可以在国务院林业行政主管部门确定的主要林木之外确定其他八种以下的主要林木。
（五）标签是指固定在种子包装物表面及内外的特定图案及文字说明。	（五）林木良种是指通过审定的主要林木品种，在一定的区域内，其产量、适应性、抗性等方面明显优于当前主栽材料的繁殖材料和种植材料。
	（六）新颖性是指申请植物新品种权的品种在申请日前，经申请权人自行或者同意销售、推广其种子，在中国境内未超过一年；在境外，木本或者藤本植物未超过六年，其他植物未超过四年。
第七十五条 本法所称主要林木由国务院林业行政主管部门确定并公布；省、自治区、直辖市人民政府林业行政主管部门可以在国务院林业行政主管部门确定的主要林木之外确定其他八种以下的主要林木。	本法施行后新列入国家植物品种保护名录的植物的属或者种，从名录公布之日起一年内提出植物新品种权申请的，在境内销售、推广该品种种子未超过四年的，具备新颖性。
	除销售、推广行为丧失新颖性外，下列情形视为已丧失新颖性：
	1. 品种经省、自治区、直辖市人民政府农业、林业行政主管部门依据播种面积确认已经形成事实扩散的；
	2. 农作物品种已审定或者登记两年以上未申请植物新品种权的。
	（七）特异性是指一个植物品种有一个以上性状明显区别于已知品种。
	（八）一致性是指一个植物品种的特性除可预期的自然变异外，群体内个体间相关的特征或者特性表现一致。
	（九）稳定性是指一个植物品种经过反复繁殖后或者在特定繁殖周期结束时，其主要性状保持不变。

（续）

修订前	修订后
	（十）实质性派生品种是指由原始品种实质性派生，或者由实质性派生品种再次派生出来的品种，与原始品种比较除了因派生行为导致的性状明显差异外，其余性状与原始品种的基因型或者基因型组合决定的性状保持一致的植物品种。 　　（十一）已知品种是指已受理申请或者已通过品种审定、品种登记、新品种保护，或者已经销售、推广的植物品种。 　　（十二）标签是指印制、粘贴、固定或者附着在种子、种子包装物表面的特定图案及文字说明。 　　（十三）苗木是指苗圃中用繁殖材料培育的植株。
第七十六条　草种、食用菌菌种的种质资源管理和选育、生产、经营、使用、管理等活动，参照本法执行。	第九十三条　草种、烟草种、中药材种、食用菌菌种的种质资源管理和选育、登记、生产经营管理等活动，参照本法执行。
第七十七条　中华人民共和国缔结或者参加的与种子有关的国际条约与本法有不同规定的，适用国际条约的规定；但是，中华人民共和国声明保留的条款除外。	第九十四条　中华人民共和国缔结或者参加的与种子有关的国际条约与本法有不同规定的，适用国际条约的规定；但是，中华人民共和国声明保留的条款除外。
第七十八条　本法自 2000 年 12 月 1 日起施行。1989 年 3 月 13 日国务院发布的《中华人民共和国种子管理条例》同时废止。	第九十五条　本法自 2016 年 1 月 1 日起施行。

中华人民共和国畜牧法

（2015 年 4 月 24 日中华人民共和国主席令第 26 号公布）

第一章 总 则

第一条 为了规范畜牧业生产经营行为，保障畜禽产品质量安全，保护和合理利用畜禽遗传资源，维护畜牧业生产经营者的合法权益，促进畜牧业持续健康发展，制定本法。

第二条 在中华人民共和国境内从事畜禽的遗传资源保护利用、繁育、饲养、经营、运输等活动，适用本法。

本法所称畜禽，是指列入依照本法第十一条规定公布的畜禽遗传资源目录的畜禽。

蜂、蚕的资源保护利用和生产经营，适用本法有关规定。

第三条 国家支持畜牧业发展，发挥畜牧业在发展农业、农村经济和增加农民收入中的作用。县级以上人民政府应当采取措施，加强畜牧业基础设施建设，鼓励和扶持发展规模化养殖，推进畜牧产业化经营，提高畜牧业综合生产能力，发展优质、高效、生态、安全的畜牧业。

国家帮助和扶持少数民族地区、贫困地区畜牧业的发展，保护和合理利用草原，改善畜牧业生产条件。

第四条 国家采取措施，培养畜牧兽医专业人才，发展畜牧兽医科学技术研究和推广事业，开展畜牧兽医科学技术知识的教育宣传工作和畜牧兽医信息服务，推进畜牧业科技进步。

第五条 畜牧业生产经营者可以依法自愿成立行业协会，为成员提供信息、技术、营销、培训等服务，加强行业自律，维护成员和行业利益。

第六条 畜牧业生产经营者应当依法履行动物防疫和环境保护义务，接受有关主管部门依法实施的监督检查。

第七条 国务院畜牧兽医行政主管部门负责全国畜牧业的监督管理工作。县级以上地方人民政府畜牧兽医行政主管部门负责本行政区域内的畜牧业监督管理工作。

县级以上人民政府有关主管部门在各自的职责范围内，负责有关促进畜牧业发展的工作。

第八条 国务院畜牧兽医行政主管部门应当指导畜牧业生产经营者改善畜禽繁育、饲养、运输的条件和环境。

第二章 畜禽遗传资源保护

第九条 国家建立畜禽遗传资源保护制度。各级人民政府应当采取措施，加强畜禽遗传资源保护，畜禽遗传资源保护经费列入财政预算。

畜禽遗传资源保护以国家为主，鼓励和支持有关单位、个人依法发展畜禽遗传资源保护事业。

第十条　国务院畜牧兽医行政主管部门设立由专业人员组成的国家畜禽遗传资源委员会，负责畜禽遗传资源的鉴定、评估和畜禽新品种、配套系的审定，承担畜禽遗传资源保护和利用规划论证及有关畜禽遗传资源保护的咨询工作。

第十一条　国务院畜牧兽医行政主管部门负责组织畜禽遗传资源的调查工作，发布国家畜禽遗传资源状况报告，公布经国务院批准的畜禽遗传资源目录。

第十二条　国务院畜牧兽医行政主管部门根据畜禽遗传资源分布状况，制定全国畜禽遗传资源保护和利用规划，制定并公布国家级畜禽遗传资源保护名录，对原产我国的珍贵、稀有、濒危的畜禽遗传资源实行重点保护。

省级人民政府畜牧兽医行政主管部门根据全国畜禽遗传资源保护和利用规划及本行政区域内畜禽遗传资源状况，制定和公布省级畜禽遗传资源保护名录，并报国务院畜牧兽医行政主管部门备案。

第十三条　国务院畜牧兽医行政主管部门根据全国畜禽遗传资源保护和利用规划及国家级畜禽遗传资源保护名录，省级人民政府畜牧兽医行政主管部门根据省级畜禽遗传资源保护名录，分别建立或者确定畜禽遗传资源保种场、保护区和基因库，承担畜禽遗传资源保护任务。

享受中央和省级财政资金支持的畜禽遗传资源保种场、保护区和基因库，未经国务院畜牧兽医行政主管部门或者省级人民政府畜牧兽医行政主管部门批准，不得擅自处理受保护的畜禽遗传资源。

畜禽遗传资源基因库应当按照国务院畜牧兽医行政主管部门或者省级人民政府畜牧兽医行政主管部门的规定，定期采集和更新畜禽遗传材料。有关单位、个人应当配合畜禽遗传资源基因库采集畜禽遗传材料，并有权获得适当的经济补偿。

畜禽遗传资源保种场、保护区和基因库的管理办法由国务院畜牧兽医行政主管部门制定。

第十四条　新发现的畜禽遗传资源在国家畜禽遗传资源委员会鉴定前，省级人民政府畜牧兽医行政主管部门应当制订保护方案，采取临时保护措施，并报国务院畜牧兽医行政主管部门备案。

第十五条　从境外引进畜禽遗传资源的，应当向省级人民政府畜牧兽医行政主管部门提出申请；受理申请的畜牧兽医行政主管部门经审核，报国务院畜牧兽医行政主管部门经评估论证后批准。经批准的，依照《中华人民共和国进出境动植物检疫法》的规定办理相关手续并实施检疫。

从境外引进的畜禽遗传资源被发现对境内畜禽遗传资源、生态环境有危害或者可能产生危害的，国务院畜牧兽医行政主管部门应当商有关主管部门，采取相应的安全控制措施。

第十六条　向境外输出或者在境内与境外机构、个人合作研究利用列入保护名录的畜禽遗传资源的，应当向省级人民政府畜牧兽医行政主管部门提出申请，同时提出国家共享惠益的方案；受理申请的畜牧兽医行政主管部门经审核，报国务院畜牧兽医行政主管部门批准。

向境外输出畜禽遗传资源的，还应当依照《中华人民共和国进出境动植物检疫法》的规定办理相关手续并实施检疫。

新发现的畜禽遗传资源在国家畜禽遗传资源委员会鉴定前，不得向境外输出，不得与境外机构、个人合作研究利用。

第十七条 畜禽遗传资源的进出境和对外合作研究利用的审批办法由国务院规定。

第三章 种畜禽品种选育与生产经营

第十八条 国家扶持畜禽品种的选育和优良品种的推广使用，支持企业、院校、科研机构和技术推广单位开展联合育种，建立畜禽良种繁育体系。

第十九条 培育的畜禽新品种、配套系和新发现的畜禽遗传资源在推广前，应当通过国家畜禽遗传资源委员会审定或者鉴定，并由国务院畜牧兽医行政主管部门公告。畜禽新品种、配套系的审定办法和畜禽遗传资源的鉴定办法，由国务院畜牧兽医行政主管部门制定。审定或者鉴定所需的试验、检测等费用由申请者承担，收费办法由国务院财政、价格部门会同国务院畜牧兽医行政主管部门制定。

培育新的畜禽品种、配套系进行中间试验，应当经试验所在地省级人民政府畜牧兽医行政主管部门批准。

畜禽新品种、配套系培育者的合法权益受法律保护。

第二十条 转基因畜禽品种的培育、试验、审定和推广，应当符合国家有关农业转基因生物管理的规定。

第二十一条 省级以上畜牧兽医技术推广机构可以组织开展种畜优良个体登记，向社会推荐优良种畜。优良种畜登记规则由国务院畜牧兽医行政主管部门制定。

第二十二条 从事种畜禽生产经营或者生产商品代仔畜、雏禽的单位、个人，应当取得种畜禽生产经营许可证。

申请取得种畜禽生产经营许可证，应当具备下列条件：

（一）生产经营的种畜禽必须是通过国家畜禽遗传资源委员会审定或者鉴定的品种、配套系，或者是经批准引进的境外品种、配套系；

（二）有与生产经营规模相适应的畜牧兽医技术人员；

（三）有与生产经营规模相适应的繁育设施设备；

（四）具备法律、行政法规和国务院畜牧兽医行政主管部门规定的种畜禽防疫条件；

（五）有完善的质量管理和育种记录制度；

（六）具备法律、行政法规规定的其他条件。

第二十三条 申请取得生产家畜卵子、冷冻精液、胚胎等遗传材料的生产经营许可证，除应当符合本法第二十二条第二款规定的条件外，还应当具备下列条件：

（一）符合国务院畜牧兽医行政主管部门规定的实验室、保存和运输条件；

（二）符合国务院畜牧兽医行政主管部门规定的种畜数量和质量要求；

（三）体外授精取得的胚胎、使用的卵子来源明确，供体畜符合国家规定的种畜健康标准和质量要求；

（四）符合国务院畜牧兽医行政主管部门规定的其他技术要求。

第二十四条 申请取得生产家畜卵子、冷冻精液、胚胎等遗传材料的生产经营许可证，应当向省级人民政府畜牧兽医行政主管部门提出申请。受理申请的畜牧兽医行政主管部门应当自收到申请之日起六十个工作日内依法决定是否发给生产经营许可证。

其他种畜禽的生产经营许可证由县级以上地方人民政府畜牧兽医行政主管部门审核发放，具体审核发放办法由省级人民政府规定。

种畜禽生产经营许可证样式由国务院畜牧兽医行政主管部门制定，许可证有效期为三年。发放种畜禽生产经营许可证可以收取工本费，具体收费管理办法由国务院财政、价格部门制定。

第二十五条　种畜禽生产经营许可证应当注明生产经营者名称、场（厂）址、生产经营范围及许可证有效期的起止日期等。

禁止任何单位、个人无种畜禽生产经营许可证或者违反种畜禽生产经营许可证的规定生产经营种畜禽。禁止伪造、变造、转让、租借种畜禽生产经营许可证。

第二十六条　农户饲养的种畜禽用于自繁自养和有少量剩余仔畜、雏禽出售的，农户饲养种公畜进行互助配种的，不需要办理种畜禽生产经营许可证。

第二十七条　专门从事家畜人工授精、胚胎移植等繁殖工作的人员，应当取得相应的国家职业资格证书。

第二十八条　发布种畜禽广告的，广告主应当提供种畜禽生产经营许可证和营业执照。广告内容应当符合有关法律、行政法规的规定，并注明种畜禽品种、配套系的审定或者鉴定名称；对主要性状的描述应当符合该品种、配套系的标准。

第二十九条　销售的种畜禽和家畜配种站（点）使用的种公畜，必须符合种用标准。销售种畜禽时，应当附具种畜禽场出具的种畜禽合格证明、动物防疫监督机构出具的检疫合格证明，销售的种畜还应当附具种畜禽场出具的家畜系谱。

生产家畜卵子、冷冻精液、胚胎等遗传材料，应当有完整的采集、销售、移植等记录，记录应当保存二年。

第三十条　销售种畜禽，不得有下列行为：

（一）以其他畜禽品种、配套系冒充所销售的种畜禽品种、配套系；

（二）以低代别种畜禽冒充高代别种畜禽；

（三）以不符合种用标准的畜禽冒充种畜禽；

（四）销售未经批准进口的种畜禽；

（五）销售未附具本法第二十九条规定的种畜禽合格证明、检疫合格证明的种畜禽或者未附具家畜系谱的种畜；

（六）销售未经审定或者鉴定的种畜禽品种、配套系。

第三十一条　申请进口种畜禽的，应当持有种畜禽生产经营许可证。进口种畜禽的批准文件有效期为六个月。

进口的种畜禽应当符合国务院畜牧兽医行政主管部门规定的技术要求。首次进口的种畜禽还应当由国家畜禽遗传资源委员会进行种用性能的评估。

种畜禽的进出口管理除适用前两款的规定外，还适用本法第十五条和第十六条的相关规定。

国家鼓励畜禽养殖者对进口的畜禽进行新品种、配套系的选育；选育的新品种、配套系在推广前，应当经国家畜禽遗传资源委员会审定。

第三十二条　种畜禽场和孵化场（厂）销售商品代仔畜、雏禽的，应当向购买者提供其销售的商品代仔畜、雏禽的主要生产性能指标、免疫情况、饲养技术要求和有关咨询服务，并附具动物防疫监督机构出具的检疫合格证明。

销售种畜禽和商品代仔畜、雏禽，因质量问题给畜禽养殖者造成损失的，应当依法赔偿损失。

第三十三条 县级以上人民政府畜牧兽医行政主管部门负责种畜禽质量安全的监督管理工作。种畜禽质量安全的监督检验应当委托具有法定资质的种畜禽质量检验机构进行；所需检验费用按照国务院规定列支，不得向被检验人收取。

第三十四条 蚕种的资源保护、新品种选育、生产经营和推广适用本法有关规定，具体管理办法由国务院农业行政主管部门制定。

第四章 畜禽养殖

第三十五条 县级以上人民政府畜牧兽医行政主管部门应当根据畜牧业发展规划和市场需求，引导和支持畜牧业结构调整，发展优势畜禽生产，提高畜禽产品市场竞争力。

国家支持草原牧区开展草原围栏、草原水利、草原改良、饲草饲料基地等草原基本建设，优化畜群结构，改良牲畜品种，转变生产方式，发展舍饲圈养、划区轮牧，逐步实现畜草平衡，改善草原生态环境。

第三十六条 国务院和省级人民政府应当在其财政预算内安排支持畜牧业发展的良种补贴、贴息补助等资金，并鼓励有关金融机构通过提供贷款、保险服务等形式，支持畜禽养殖者购买优良畜禽、繁育良种、改善生产设施、扩大养殖规模，提高养殖效益。

第三十七条 国家支持农村集体经济组织、农民和畜牧业合作经济组织建立畜禽养殖场、养殖小区，发展规模化、标准化养殖。乡（镇）土地利用总体规划应当根据本地实际情况安排畜禽养殖用地。农村集体经济组织、农民、畜牧业合作经济组织按照乡（镇）土地利用总体规划建立的畜禽养殖场、养殖小区用地按农业用地管理。畜禽养殖场、养殖小区用地使用权期限届满，需要恢复为原用途的，由畜禽养殖场、养殖小区土地使用权人负责恢复。在畜禽养殖场、养殖小区用地范围内需要兴建永久性建（构）筑物，涉及农用地转用的，依照《中华人民共和国土地管理法》的规定办理。

第三十八条 国家设立的畜牧兽医技术推广机构，应当向农民提供畜禽养殖技术培训、良种推广、疫病防治等服务。县级以上人民政府应当保障国家设立的畜牧兽医技术推广机构从事公益性技术服务的工作经费。

国家鼓励畜禽产品加工企业和其他相关生产经营者为畜禽养殖者提供所需的服务。

第三十九条 畜禽养殖场、养殖小区应当具备下列条件：

（一）有与其饲养规模相适应的生产场所和配套的生产设施；

（二）有为其服务的畜牧兽医技术人员；

（三）具备法律、行政法规和国务院畜牧兽医行政主管部门规定的防疫条件；

（四）有对畜禽粪便、废水和其他固体废弃物进行综合利用的沼气池等设施或者其他无害化处理设施；

（五）具备法律、行政法规规定的其他条件。

养殖场、养殖小区兴办者应当将养殖场、养殖小区的名称、养殖地址、畜禽品种和养殖规模，向养殖场、养殖小区所在地县级人民政府畜牧兽医行政主管部门备案，取得畜禽标识代码。

省级人民政府根据本行政区域畜牧业发展状况制定畜禽养殖场、养殖小区的规模标准和备案程序。

第四十条　禁止在下列区域内建设畜禽养殖场、养殖小区：

（一）生活饮用水的水源保护区，风景名胜区，以及自然保护区的核心区和缓冲区；

（二）城镇居民区、文化教育科学研究区等人口集中区域；

（三）法律、法规规定的其他禁养区域。

第四十一条　畜禽养殖场应当建立养殖档案，载明以下内容：

（一）畜禽的品种、数量、繁殖记录、标识情况、来源和进出场日期；

（二）饲料、饲料添加剂、兽药等投入品的来源、名称、使用对象、时间和用量；

（三）检疫、免疫、消毒情况；

（四）畜禽发病、死亡和无害化处理情况；

（五）国务院畜牧兽医行政主管部门规定的其他内容。

第四十二条　畜禽养殖场应当为其饲养的畜禽提供适当的繁殖条件和生存、生长环境。

第四十三条　从事畜禽养殖，不得有下列行为：

（一）违反法律、行政法规的规定和国家技术规范的强制性要求使用饲料、饲料添加剂、兽药；

（二）使用未经高温处理的餐馆、食堂的泔水饲喂家畜；

（三）在垃圾场或者使用垃圾场中的物质饲养畜禽；

（四）法律、行政法规和国务院畜牧兽医行政主管部门规定的危害人和畜禽健康的其他行为。

第四十四条　从事畜禽养殖，应当依照《中华人民共和国动物防疫法》的规定，做好畜禽疫病的防治工作。

第四十五条　畜禽养殖者应当按照国家关于畜禽标识管理的规定，在应当加施标识的畜禽的指定部位加施标识。畜牧兽医行政主管部门提供标识不得收费，所需费用列入省级人民政府财政预算。

畜禽标识不得重复使用。

第四十六条　畜禽养殖场、养殖小区应当保证畜禽粪便、废水及其他固体废弃物综合利用或者无害化处理设施的正常运转，保证污染物达标排放，防止污染环境。

畜禽养殖场、养殖小区违法排放畜禽粪便、废水及其他固体废弃物，造成环境污染危害的，应当排除危害，依法赔偿损失。

国家支持畜禽养殖场、养殖小区建设畜禽粪便、废水及其他固体废弃物的综合利用设施。

第四十七条　国家鼓励发展养蜂业，维护养蜂生产者的合法权益。

有关部门应当积极宣传和推广蜜蜂授粉农艺措施。

第四十八条　养蜂生产者在生产过程中，不得使用危害蜂产品质量安全的药品和容器，确保蜂产品质量。养蜂器具应当符合国家技术规范的强制性要求。

第四十九条　养蜂生产者在转地放蜂时，当地公安、交通运输、畜牧兽医等有关部门应当为其提供必要的便利。

养蜂生产者在国内转地放蜂，凭国务院畜牧兽医行政主管部门统一格式印制的检疫合格证明运输蜂群，在检疫合格证明有效期内不得重复检疫。

第五章　畜禽交易与运输

第五十条　县级以上人民政府应当促进开放统一、竞争有序的畜禽交易市场建设。

县级以上人民政府畜牧兽医行政主管部门和其他有关主管部门应当组织搜集、整理、发布畜禽产销信息，为生产者提供信息服务。

第五十一条　县级以上地方人民政府根据农产品批发市场发展规划，对在畜禽集散地建立畜禽批发市场给予扶持。

畜禽批发市场选址，应当符合法律、行政法规和国务院畜牧兽医行政主管部门规定的动物防疫条件，并距离种畜禽场和大型畜禽养殖场三公里以外。

第五十二条　进行交易的畜禽必须符合国家技术规范的强制性要求。

国务院畜牧兽医行政主管部门规定应当加施标识而没有标识的畜禽，不得销售和收购。

第五十三条　运输畜禽，必须符合法律、行政法规和国务院畜牧兽医行政主管部门规定的动物防疫条件，采取措施保护畜禽安全，并为运输的畜禽提供必要的空间和饲喂饮水条件。

有关部门对运输中的畜禽进行检查，应当有法律、行政法规的依据。

第六章　质量安全保障

第五十四条　县级以上人民政府应当组织畜牧兽医行政主管部门和其他有关主管部门，依照本法和有关法律、行政法规的规定，加强对畜禽饲养环境、种畜禽质量、饲料和兽药等投入品的使用以及畜禽交易与运输的监督管理。

第五十五条　国务院畜牧兽医行政主管部门应当制定畜禽标识和养殖档案管理办法，采取措施落实畜禽产品质量责任追究制度。

第五十六条　县级以上人民政府畜牧兽医行政主管部门应当制定畜禽质量安全监督检查计划，按计划开展监督抽查工作。

第五十七条　省级以上人民政府畜牧兽医行政主管部门应当组织制定畜禽生产规范，指导畜禽的安全生产。

第七章　法律责任

第五十八条　违反本法第十三条第二款规定，擅自处理受保护的畜禽遗传资源，造成畜禽遗传资源损失的，由省级以上人民政府畜牧兽医行政主管部门处五万元以上五十万元以下罚款。

第五十九条　违反本法有关规定，有下列行为之一的，由省级以上人民政府畜牧兽医行政主管部门责令停止违法行为，没收畜禽遗传资源和违法所得，并处一万元以上五万元以下罚款：

（一）未经审核批准，从境外引进畜禽遗传资源的；

（二）未经审核批准，在境内与境外机构、个人合作研究利用列入保护名录的畜禽遗传资源的；

（三）在境内与境外机构、个人合作研究利用未经国家畜禽遗传资源委员会鉴定的新发现的畜禽遗传资源的。

第六十条 未经国务院畜牧兽医行政主管部门批准，向境外输出畜禽遗传资源的，依照《中华人民共和国海关法》的有关规定追究法律责任。海关应当将扣留的畜禽遗传资源移送省级人民政府畜牧兽医行政主管部门处理。

第六十一条 违反本法有关规定，销售、推广未经审定或者鉴定的畜禽品种的，由县级以上人民政府畜牧兽医行政主管部门责令停止违法行为，没收畜禽和违法所得；违法所得在五万元以上的，并处违法所得一倍以上三倍以下罚款；没有违法所得或者违法所得不足五万元的，并处五千元以上五万元以下罚款。

第六十二条 违反本法有关规定，无种畜禽生产经营许可证或者违反种畜禽生产经营许可证的规定生产经营种畜禽的，转让、租借种畜禽生产经营许可证的，由县级以上人民政府畜牧兽医行政主管部门责令停止违法行为，没收违法所得；违法所得在三万元以上的，并处违法所得一倍以上三倍以下罚款；没有违法所得或者违法所得不足三万元的，并处三千元以上三万元以下罚款。违反种畜禽生产经营许可证的规定生产经营种畜禽或者转让、租借种畜禽生产经营许可证，情节严重的，并处吊销种畜禽生产经营许可证。

第六十三条 违反本法第二十八条规定的，依照《中华人民共和国广告法》的有关规定追究法律责任。

第六十四条 违反本法有关规定，使用的种畜禽不符合种用标准的，由县级以上地方人民政府畜牧兽医行政主管部门责令停止违法行为，没收违法所得；违法所得在五千元以上的，并处违法所得一倍以上二倍以下罚款；没有违法所得或者违法所得不足五千元的，并处一千元以上五千元以下罚款。

第六十五条 销售种畜禽有本法第三十条第一项至第四项违法行为之一的，由县级以上人民政府畜牧兽医行政主管部门或者工商行政管理部门责令停止销售，没收违法销售的畜禽和违法所得；违法所得在五万元以上的，并处违法所得一倍以上五倍以下罚款；没有违法所得或者违法所得不足五万元的，并处五千元以上五万元以下罚款；情节严重的，并处吊销种畜禽生产经营许可证或者营业执照。

第六十六条 违反本法第四十一条规定，畜禽养殖场未建立养殖档案的，或者未按照规定保存养殖档案的，由县级以上人民政府畜牧兽医行政主管部门责令限期改正，可以处一万元以下罚款。

第六十七条 违反本法第四十三条规定养殖畜禽的，依照有关法律、行政法规的规定处罚。

第六十八条 违反本法有关规定，销售的种畜禽未附具种畜禽合格证明、检疫合格证明、家畜系谱的，销售、收购国务院畜牧兽医行政主管部门规定应当加施标识而没有标识的畜禽的，或者重复使用畜禽标识的，由县级以上地方人民政府畜牧兽医行政主管部门或者工商行政管理部门责令改正，可以处二千元以下罚款。

违反本法有关规定，使用伪造、变造的畜禽标识的，由县级以上人民政府畜牧兽医行政主管部门没收伪造、变造的畜禽标识和违法所得，并处三千元以上三万元以下罚款。

第六十九条　销售不符合国家技术规范的强制性要求的畜禽的，由县级以上地方人民政府畜牧兽医行政主管部门或者工商行政管理部门责令停止违法行为，没收违法销售的畜禽和违法所得，并处违法所得一倍以上三倍以下罚款；情节严重的，由工商行政管理部门并处吊销营业执照。

第七十条　畜牧兽医行政主管部门的工作人员利用职务上的便利，收受他人财物或者谋取其他利益，对不符合法定条件的单位、个人核发许可证或者有关批准文件，不履行监督职责，或者发现违法行为不予查处的，依法给予行政处分。

第七十一条　违反本法规定，构成犯罪的，依法追究刑事责任。

第八章　附　　则

第七十二条　本法所称畜禽遗传资源，是指畜禽及其卵子（蛋）、胚胎、精液、基因物质等遗传材料。

本法所称种畜禽，是指经过选育、具有种用价值、适于繁殖后代的畜禽及其卵子（蛋）、胚胎、精液等。

第七十三条　本法自 2006 年 7 月 1 日起施行。

修改说明

2015 年 4 月 24 日第一次修改通过，中华人民共和国主席令第 26 号公布，修改内容如下：

（1）删去第二十二条第一款中的"申请人持种畜禽生产经营许可证依法办理工商登记，取得营业执照后，方可从事生产经营活动。"

（2）将第二十四条第一款修改为："申请取得生产家畜卵子、冷冻精液、胚胎等遗传材料的生产经营许可证，应当向省级人民政府畜牧兽医行政主管部门提出申请。受理申请的畜牧兽医行政主管部门应当自收到申请之日起六十个工作日内依法决定是否发给生产经营许可证。"

（3）删去第七十一条。

中华人民共和国进出境动植物检疫法

（1999 年 10 月 30 日中华人民共和国主席令第 53 号公布）

第一章 总 则

第一条 为防止动物传染病、寄生虫病和植物危险性病、虫、杂草以及其他有害生物（以下简称病虫害）传入、传出国境，保护农、林、牧、渔业生产和人体健康，促进对外经济贸易的发展，制定本法。

第二条 进出境的动植物、动植物产品和其他检疫物，装载动植物、动植物产品和其他检疫物的装载容器、包装物，以及来自动植物疫区的运输工具，依照本法规定实施检疫。

第三条 国务院设立动植物检疫机关（以下简称国家动植物检疫机关），统一管理全国进出境动植物检疫工作。国家动植物检疫机关在对外开放的口岸和进出境动植物检疫业务集中的地点设立的口岸动植物检疫机关，依照本法规定实施进出境动植物检疫。

贸易性动物产品出境的检疫机关，由国务院根据情况规定。

国务院农业行政主管部门主管全国进出境动植物检疫工作。

第四条 口岸动植物检疫机关在实施检疫时可以行使下列职权：

（一）依照本法规定登船、登车、登机实施检疫；

（二）进入港口、机场、车站、邮局以及检疫物的存放、加工、养殖、种植场所实施检疫，并依照规定采样；

（三）根据检疫需要，进入有关生产、仓库等场所，进行疫情监测、调查和检疫监督管理；

（四）查阅、复制、摘录与检疫物有关的运行日志、货运单、合同、发票及其他单证。

第五条 国家禁止下列各物进境：

（一）动植物病原体（包括菌种、毒种等）、害虫及其他有害生物；

（二）动植物疫情流行的国家和地区的有关动植物、动植物产品和其他检疫物；

（三）动物尸体；

（四）土壤。

口岸动植物检疫机关发现有前款规定的禁止进境物的，作退回或者销毁处理。

因科学研究等特殊需要引进本条第一款规定的禁止进境物的，必须事先提出申请，经国家动植物检疫机关批准。

本条第一款第二项规定的禁止进境物的名录，由国务院农业行政主管部门制定并公布。

第六条 国外发生重大动植物疫情并可能传入中国时，国务院应当采取紧急预防措施，必要时可以下令禁止来自动植物疫区的运输工具进境或者封锁有关口岸；受动植物疫情威胁地区的地方人民政府和有关口岸动植物检疫机关，应当立即采取紧急措施，同时向上级人民政府和国家动植物检疫机关报告。

邮电、运输部门对重大动植物疫情报告和送检材料应当优先传送。

第七条 国家动植物检疫机关和口岸动植物检疫机关对进出境动植物、动植物产品的生产、加工、存放过程，实行检疫监督制度。

第八条 口岸动植物检疫机关在港口、机场、车站、邮局执行检疫任务时，海关、交通、民航、铁路、邮电等有关部门应当配合。

第九条 动植物检疫机关检疫人员必须忠于职守，秉公执法。动植物检疫机关检疫人员依法执行公务，任何单位和个人不得阻挠。

第二章 进境检疫

第十条 输入动物、动物产品、植物种子、种苗及其他繁殖材料的，必须事先提出申请，办理检疫审批手续。

第十一条 通过贸易、科技合作、交换、赠送、援助等方式输入动植物、动植物产品和其他检疫物的，应当在合同或者协议中订明中国法定的检疫要求，并订明必须附有输出国家或者地区政府动植物检疫机关出具的检疫证书。

第十二条 货主或者其代理人应当在动植物、动植物产品和其他检疫物进境前或者进境时持输出国家或者地区的检疫证书、贸易合同等单证，向进境口岸动植物检疫机关报检。

第十三条 装载动物的运输工具抵达口岸时，口岸动植物检疫机关应当采取现场预防措施，对上下运输工具或者接近动物的人员、装载动物的运输工具和被污染的场地作防疫消毒处理。

第十四条 输入动植物、动植物产品和其他检疫物，应当在进境口岸实施检疫。未经口岸动植物检疫机关同意，不得卸离运输工具。

输入动植物，需隔离检疫的，在口岸动植物检疫机关指定的隔离场所检疫。

因口岸条件限制等原因，可以由国家动植物检疫机关决定将动植物、动植物产品和其他检疫物运往指定地点检疫。在运输、装卸过程中，货主或者其代理人应当采取防疫措施。指定的存放、加工和隔离饲养或者隔离种植的场所，应当符合动植物检疫和防疫的规定。

第十五条 输入动植物、动植物产品和其他检疫物，经检疫合格的，准予进境；海关凭口岸动植物检疫机关签发的检疫单证或者在报关单上加盖的印章验放。

输入动植物、动植物产品和其他检疫物，需调离海关监管区检疫的，海关凭口岸动植物检疫机关签发的《检疫调离通知单》验放。

第十六条 输入动物，经检疫不合格的，由口岸动植物检疫机关签发《检疫处理通知单》，通知货主或者其代理人作如下处理：

（一）检出一类传染病、寄生虫病的动物，连同其同群动物全群退回或者全群扑杀并销毁尸体；

（二）检出二类传染病、寄生虫病的动物，退回或者扑杀，同群其他动物在隔离场或者其他指定地点隔离观察。

输入动物产品和其他检疫物经检疫不合格的，由口岸动植物检疫机关签发《检疫处理通知单》，通知货主或者其代理人作除害、退回或者销毁处理。经除害处理合格的，准予进境。

第十七条 输入植物、植物产品和其他检疫物，经检疫发现有植物危险性病、虫、杂草的，由口岸动植物检疫机关签发《检疫处理通知单》，通知货主或者其代理人作除害、退回或者销毁处理。经除害处理合格的，准予进境。

第十八条 本法第十六条第一款第一项、第二项所称一类、二类动物传染病、寄生虫病的名录和本法第十七条所称植物危险性病、虫、杂草的名录，由国务院农业行政主管部门制定并公布。

第十九条 输入动植物、动植物产品和其他检疫物，经检疫发现有本法第十八条规定的名录之外，对农、林、牧、渔业有严重危害的其他病虫害的，由口岸动植物检疫机关依照国务院农业行政主管部门的规定，通知货主或者其代理人作除害、退回或者销毁处理。经除害处理合格的，准予进境。

第三章　出境检疫

第二十条 货主或者其代理人在动植物、动植物产品和其他检疫物出境前，向口岸动植物检疫机关报检。

出境前需经隔离检疫的动物，在口岸动植物检疫机关指定的隔离场所检疫。

第二十一条 输出动植物、动植物产品和其他检疫物，由口岸动植物检疫机关实施检疫，经检疫合格或者经除害处理合格的，准予出境；海关凭口岸动植物检疫机关签发的检疫证书或者在报关单上加盖的印章验放。检疫不合格又无有效方法作除害处理的，不准出境。

第二十二条 经检疫合格的动植物、动植物产品和其他检疫物，有下列情形之一的，货主或者其代理人应当重新报检：

（一）更改输入国家或者地区，更改后的输入国家或者地区又有不同检疫要求的；

（二）改换包装或者原未拼装后来拼装的；

（三）超过检疫规定有效期限的。

第四章　过境检疫

第二十三条 要求运输动物过境的，必须事先商得中国国家动植物检疫机关同意，并按照指定的口岸和路线过境。

装载过境动物的运输工具、装载容器、饲料和铺垫材料，必须符合中国动植物检疫的规定。

第二十四条 运输动植物、动植物产品和其他检疫物过境的，由承运人或者押运人持货运单和输出国家或者地区政府动植物检疫机关出具的检疫证书，在进境时向口岸动植物检疫机关报检，出境口岸不再检疫。

第二十五条 过境的动物经检疫合格的，准予过境；发现有本法第十八条规定的名录所列的动物传染病、寄生虫病的，全群动物不准过境。

过境动物的饲料受病虫害污染的，作除害、不准过境或者销毁处理。

过境的动物的尸体、排泄物、铺垫材料及其他废弃物，必须按照动植物检疫机关的规定处理，不得擅自抛弃。

第二十六条　对过境植物、动植物产品和其他检疫物，口岸动植物检疫机关检查运输工具或者包装，经检疫合格的，准予过境；发现有本法第十八条规定的名录所列的病虫害的，作除害处理或者不准过境。

第二十七条　动植物、动植物产品和其他检疫物过境期间，未经动植物检疫机关批准，不得开拆包装或者卸离运输工具。

第五章　携带、邮寄物检疫

第二十八条　携带、邮寄植物种子、种苗及其他繁殖材料进境的，必须事先提出申请，办理检疫审批手续。

第二十九条　禁止携带、邮寄进境的动植物、动植物产品和其他检疫物的名录，由国务院农业行政主管部门制定并公布。

携带、邮寄前款规定的名录所列的动植物、动植物产品和其他检疫物进境的，作退回或者销毁处理。

第三十条　携带本法第二十九条规定的名录以外的动植物、动植物产品和其他检疫物进境的，在进境时向海关申报并接受口岸动植物检疫机关检疫。

携带动物进境的，必须持有输出国家或者地区的检疫证书等证件。

第三十一条　邮寄本法第二十九条规定的名录以外的动植物、动植物产品和其他检疫物进境的，由口岸动植物检疫机关在国际邮件互换局实施检疫，必要时可以取回口岸动植物检疫机关检疫；未经检疫不得运递。

第三十二条　邮寄进境的动植物、动植物产品和其他检疫物，经检疫或者除害处理合格后放行；经检疫不合格又无有效方法作除害处理的，作退回或者销毁处理，并签发《检疫处理通知单》。

第三十三条　携带、邮寄出境的动植物、动植物产品和其他检疫物，物主有检疫要求的，由口岸动植物检疫机关实施检疫。

第六章　运输工具检疫

第三十四条　来自动植物疫区的船舶、飞机、火车抵达口岸时，由口岸动植物检疫机关实施检疫。发现有本法第十八条规定的名录所列的病虫害的，作不准带离运输工具、除害、封存或者销毁处理。

第三十五条　进境的车辆，由口岸动植物检疫机关作防疫消毒处理。

第三十六条　进出境运输工具上的泔水、动植物性废弃物，依照口岸动植物检疫机关的规定处理，不得擅自抛弃。

第三十七条　装载出境的动植物、动植物产品和其他检疫物的运输工具，应当符合动植物检疫和防疫的规定。

第三十八条　进境供拆船用的废旧船舶，由口岸动植物检疫机关实施检疫，发现有本法第十八条规定的名录所列的病虫害的，作除害处理。

第七章　法律责任

第三十九条　违反本法规定，有下列行为之一的，由口岸动植物检疫机关处以罚款：

（一）未报检或者未依法办理检疫审批手续的；

（二）未经口岸动植物检疫机关许可擅自将进境动植物、动植物产品或者其他检疫物卸离运输工具或者运递的；

（三）擅自调离或者处理在口岸动植物检疫机关指定的隔离场所中隔离检疫的动植物的。

第四十条　报检的动植物、动植物产品或者其他检疫物与实际不符的，由口岸动植物检疫机关处以罚款；已取得检疫单证的，予以吊销。

第四十一条　违反本法规定，擅自开拆过境动植物、动植物产品或者其他检疫物的包装的，擅自将过境动植物、动植物产品或者其他检疫物卸离运输工具的，擅自抛弃过境动物的尸体、排泄物、铺垫材料或者其他废弃物的，由动植物检疫机关处以罚款。

第四十二条　违反本法规定，引起重大动植物疫情的，比照刑法第一百七十八条的规定追究刑事责任。

第四十三条　伪造、变造检疫单证、印章、标志、封识，依照刑法第一百六十七条的规定追究刑事责任。

第四十四条　当事人对动植物检疫机关的处罚决定不服的，可以在接到处罚通知之日起十五日内向作出处罚决定的机关的上一级机关申请复议；当事人也可以在接到处罚通知之日起十五日内直接向人民法院起诉。

复议机关应当在接到复议申请之日起六十日内作出复议决定。当事人对复议决定不服的，可以在接到复议决定之日起十五日内向人民法院起诉。复议机关逾期不作出复议决定的，当事人可以在复议期满之日起十五日内向人民法院起诉。

当事人逾期不申请复议也不向人民法院起诉、又不履行处罚决定的，作出处罚决定的机关可以申请人民法院强制执行。

第四十五条　动植物检疫机关检疫人员滥用职权，徇私舞弊，伪造检疫结果，或者玩忽职守，延误检疫出证，构成犯罪的，依法追究刑事责任；不构成犯罪的，给予行政处分。

第八章　附　　则

第四十六条　本法下列用语的含义是：

（一）"动物"是指饲养、野生的活动物，如畜、禽、兽、蛇、龟、鱼、虾、蟹、贝、蚕、蜂等；

（二）"动物产品"是指来源于动物未经加工或者虽经加工但仍有可能传播疫病的产品，如生皮张、毛类、肉类、脏器、油脂、动物水产品、奶制品、蛋类、血液、精液、胚胎、骨、蹄、角等；

（三）"植物"是指栽培植物、野生植物及其种子、种苗及其他繁殖材料等；

（四）"植物产品"是指来源于植物未经加工或者虽经加工但仍有可能传播病虫害的产品，如粮食、豆、棉花、油、麻、烟草、籽仁、干果、鲜果、蔬菜、生药材、木材、饲料等；

（五）"其他检疫物"是指动物疫苗、血清、诊断液、动植物性废弃物等。

第四十七条　中华人民共和国缔结或者参加的有关动植物检疫的国际条约与本法有不同规定的，适用该国际条约的规定。但是，中华人民共和国声明保留的条款除外。

第四十八条　口岸动植物检疫机关实施检疫依照规定收费。收费办法由国务院农业行政主管部门会同国务院物价等有关主管部门制定。

第四十九条　国务院根据本法制定实施条例。

第五十条　本法自 1992 年 4 月 1 日起施行。1982 年 6 月 4 日国务院发布的《中华人民共和国进出口动植物检疫条例》同时废止。

中华人民共和国进出口商品检验法

（2013 年 6 月 29 日中华人民共和国主席令第 5 号公布）

第一章 总 则

第一条 为了加强进出口商品检验工作，规范进出口商品检验行为，维护社会公共利益和进出口贸易有关各方的合法权益，促进对外经济贸易关系的顺利发展，制定本法。

第二条 国务院设立进出口商品检验部门（以下简称国家商检部门），主管全国进出口商品检验工作。国家商检部门设在各地的进出口商品检验机构（以下简称商检机构）管理所辖地区的进出口商品检验工作。

第三条 商检机构和经国家商检部门许可的检验机构，依法对进出口商品实施检验。

第四条 进出口商品检验应当根据保护人类健康和安全、保护动物或者植物的生命和健康、保护环境、防止欺诈行为、维护国家安全的原则，由国家商检部门制定、调整必须实施检验的进出口商品目录（以下简称目录）并公布实施。

第五条 列入目录的进出口商品，由商检机构实施检验。

前款规定的进口商品未经检验的，不准销售、使用；前款规定的出口商品未经检验合格的，不准出口。

本条第一款规定的进出口商品，其中符合国家规定的免予检验条件的，由收货人或者发货人申请，经国家商检部门审查批准，可以免予检验。

第六条 必须实施的进出口商品检验，是指确定列入目录的进出口商品是否符合国家技术规范的强制性要求的合格评定活动。

合格评定程序包括：抽样、检验和检查；评估、验证和合格保证；注册、认可和批准以及各项的组合。

第七条 列入目录的进出口商品，按照国家技术规范的强制性要求进行检验；尚未制定国家技术规范的强制性要求的，应当依法及时制定，未制定之前，可以参照国家商检部门指定的国外有关标准进行检验。

第八条 经国家商检部门许可的检验机构，可以接受对外贸易关系人或者外国检验机构的委托，办理进出口商品检验鉴定业务。

第九条 法律、行政法规规定由其他检验机构实施检验的进出口商品或者检验项目，依照有关法律、行政法规的规定办理。

第十条 国家商检部门和商检机构应当及时收集和向有关方面提供进出口商品检验方面的信息。

国家商检部门和商检机构的工作人员在履行进出口商品检验的职责中，对所知悉的商业秘密负有保密义务。

第二章　进口商品的检验

第十一条　本法规定必须经商检机构检验的进口商品的收货人或者其代理人，应当向报关地的商检机构报检。海关凭商检机构签发的货物通关证明验放。

第十二条　本法规定必须经商检机构检验的进口商品的收货人或者其代理人，应当在商检机构规定的地点和期限内，接受商检机构对进口商品的检验。商检机构应当在国家商检部门统一规定的期限内检验完毕，并出具检验证单。

第十三条　本法规定必须经商检机构检验的进口商品以外的进口商品的收货人，发现进口商品质量不合格或者残损短缺，需要由商检机构出证索赔的，应当向商检机构申请检验出证。

第十四条　对重要的进口商品和大型的成套设备，收货人应当依据对外贸易合同约定在出口国装运前进行预检验、监造或者监装，主管部门应当加强监督；商检机构根据需要可以派出检验人员参加。

第三章　出口商品的检验

第十五条　本法规定必须经商检机构检验的出口商品的发货人或者其代理人，应当在商检机构规定的地点和期限内，向商检机构报检。商检机构应当在国家商检部门统一规定的期限内检验完毕，并出具检验证单。

对本法规定必须实施检验的出口商品，海关凭商检机构签发的货物通关证明验放。

第十六条　经商检机构检验合格发给检验证单的出口商品，应当在商检机构规定的期限内报关出口；超过期限的，应当重新报检。

第十七条　为出口危险货物生产包装容器的企业，必须申请商检机构进行包装容器的性能鉴定。生产出口危险货物的企业，必须申请商检机构进行包装容器的使用鉴定。使用未经鉴定合格的包装容器的危险货物，不准出口。

第十八条　对装运出口易腐烂变质食品的船舱和集装箱，承运人或者装箱单位必须在装货前申请检验。未经检验合格的，不准装运。

第四章　监督管理

第十九条　商检机构对本法规定必须经商检机构检验的进出口商品以外的进出口商品，根据国家规定实施抽查检验。

国家商检部门可以公布抽查检验结果或者向有关部门通报抽查检验情况。

第二十条　商检机构根据便利对外贸易的需要，可以按照国家规定对列入目录的出口商品进行出厂前的质量监督管理和检验。

第二十一条　为进出口货物的收发货人办理报检手续的代理人办理报检手续时应当向商检机构提交授权委托书。

第二十二条　国家商检部门可以按照国家有关规定，通过考核，许可符合条件的国内外检验机构承担委托的进出口商品检验鉴定业务。

第二十三条　国家商检部门和商检机构依法对经国家商检部门许可的检验机构的进出口商品检验鉴定业务活动进行监督，可以对其检验的商品抽查检验。

第二十四条 国家商检部门根据国家统一的认证制度，对有关的进出口商品实施认证管理。

第二十五条 商检机构可以根据国家商检部门同外国有关机构签订的协议或者接受外国有关机构的委托进行进出口商品质量认证工作，准许在认证合格的进出口商品上使用质量认证标志。

第二十六条 商检机构依照本法对实施许可制度的进出口商品实行验证管理，查验单证，核对证货是否相符。

第二十七条 商检机构根据需要，对检验合格的进出口商品，可以加施商检标志或者封识。

第二十八条 进出口商品的报检人对商检机构作出的检验结果有异议的，可以向原商检机构或者其上级商检机构以至国家商检部门申请复验，由受理复验的商检机构或者国家商检部门及时作出复验结论。

第二十九条 当事人对商检机构、国家商检部门作出的复验结论不服或者对商检机构作出的处罚决定不服的，可以依法申请行政复议，也可以依法向人民法院提起诉讼。

第三十条 国家商检部门和商检机构履行职责，必须遵守法律，维护国家利益，依照法定职权和法定程序严格执法，接受监督。

国家商检部门和商检机构应当根据依法履行职责的需要，加强队伍建设，使商检工作人员具有良好的政治、业务素质。商检工作人员应当定期接受业务培训和考核，经考核合格，方可上岗执行职务。

商检工作人员必须忠于职守，文明服务，遵守职业道德，不得滥用职权，谋取私利。

第三十一条 国家商检部门和商检机构应当建立健全内部监督制度，对其工作人员的执法活动进行监督检查。

商检机构内部负责受理报检、检验、出证放行等主要岗位的职责权限应当明确，并相互分离、相互制约。

第三十二条 任何单位和个人均有权对国家商检部门、商检机构及其工作人员的违法、违纪行为进行控告、检举。收到控告、检举的机关应当依法按照职责分工及时查处，并为控告人、检举人保密。

第五章 法律责任

第三十三条 违反本法规定，将必须经商检机构检验的进口商品未报经检验而擅自销售或者使用的，或者将必须经商检机构检验的出口商品未报经检验合格而擅自出口的，由商检机构没收违法所得，并处货值金额百分之五以上百分之二十以下的罚款；构成犯罪的，依法追究刑事责任。

第三十四条 违反本法规定，未经国家商检部门许可，擅自从事进出口商品检验鉴定业务的，由商检机构责令停止非法经营，没收违法所得，并处违法所得一倍以上三倍以下的罚款。

第三十五条 进口或者出口属于掺杂掺假、以假充真、以次充好的商品或者以不合格进出口商品冒充合格进出口商品的，由商检机构责令停止进口或者出口，没收违法所得，并处货值金额百分之五十以上三倍以下的罚款；构成犯罪的，依法追究刑事责任。

第三十六条　伪造、变造、买卖或者盗窃商检单证、印章、标志、封识、质量认证标志的，依法追究刑事责任；尚不够刑事处罚的，由商检机构责令改正，没收违法所得，并处货值金额等值以下的罚款。

第三十七条　国家商检部门、商检机构的工作人员违反本法规定，泄露所知悉的商业秘密的，依法给予行政处分，有违法所得的，没收违法所得；构成犯罪的，依法追究刑事责任。

第三十八条　国家商检部门、商检机构的工作人员滥用职权，故意刁难的，徇私舞弊，伪造检验结果的，或者玩忽职守，延误检验出证的，依法给予行政处分；构成犯罪的，依法追究刑事责任。

第六章　附　　则

第三十九条　商检机构和其他检验机构依照本法的规定实施检验和办理检验鉴定业务，依照国家有关规定收取费用。

第四十条　国务院根据本法制定实施条例。

第四十一条　本法自 2013 年 6 月 29 日起施行。

中华人民共和国政府信息公开条例

（2007 年 4 月 5 日中华人民共和国国务院令第 492 号发布）

第一章 总 则

第一条 为了保障公民、法人和其他组织依法获取政府信息，提高政府工作的透明度，促进依法行政，充分发挥政府信息对人民群众生产、生活和经济社会活动的服务作用，制定本条例。

第二条 本条例所称政府信息，是指行政机关在履行职责过程中制作或者获取的，以一定形式记录、保存的信息。

第三条 各级人民政府应当加强对政府信息公开工作的组织领导。国务院办公厅是全国政府信息公开工作的主管部门，负责推进、指导、协调、监督全国的政府信息公开工作。

县级以上地方人民政府办公厅（室）或者县级以上地方人民政府确定的其他政府信息公开工作主管部门负责推进、指导、协调、监督本行政区域的政府信息公开工作。

第四条 各级人民政府及县级以上人民政府部门应当建立健全本行政机关的政府信息公开工作制度，并指定机构（以下统称政府信息公开工作机构）负责本行政机关政府信息公开的日常工作。

政府信息公开工作机构的具体职责是：

（一）具体承办本行政机关的政府信息公开事宜；

（二）维护和更新本行政机关公开的政府信息；

（三）组织编制本行政机关的政府信息公开指南、政府信息公开目录和政府信息公开工作年度报告；

（四）对拟公开的政府信息进行保密审查；

（五）本行政机关规定的与政府信息公开有关的其他职责。

第五条 行政机关公开政府信息，应当遵循公正、公平、便民的原则。

第六条 行政机关应当及时、准确地公开政府信息。行政机关发现影响或者可能影响社会稳定、扰乱社会管理秩序的虚假或者不完整信息的，应当在其职责范围内发布准确的政府信息予以澄清。

第七条 行政机关应当建立健全政府信息发布协调机制。行政机关发布政府信息涉及其他行政机关的，应当与有关行政机关进行沟通、确认，保证行政机关发布的政府信息准确一致。

行政机关发布政府信息依照国家有关规定需要批准的，未经批准不得发布。

第八条 行政机关公开政府信息，不得危及国家安全、公共安全、经济安全和社会稳定。

第二章　公开的范围

第九条　行政机关对符合下列基本要求之一的政府信息应当主动公开：

（一）涉及公民、法人或者其他组织切身利益的；

（二）需要社会公众广泛知晓或者参与的；

（三）反映本行政机关机构设置、职能、办事程序等情况的；

（四）其他依照法律、法规和国家有关规定应当主动公开的。

第十条　县级以上各级人民政府及其部门应当依照本条例第九条的规定，在各自职责范围内确定主动公开的政府信息的具体内容，并重点公开下列政府信息：

（一）行政法规、规章和规范性文件；

（二）国民经济和社会发展规划、专项规划、区域规划及相关政策；

（三）国民经济和社会发展统计信息；

（四）财政预算、决算报告；

（五）行政事业性收费的项目、依据、标准；

（六）政府集中采购项目的目录、标准及实施情况；

（七）行政许可的事项、依据、条件、数量、程序、期限以及申请行政许可需要提交的全部材料目录及办理情况；

（八）重大建设项目的批准和实施情况；

（九）扶贫、教育、医疗、社会保障、促进就业等方面的政策、措施及其实施情况；

（十）突发公共事件的应急预案、预警信息及应对情况；

（十一）环境保护、公共卫生、安全生产、食品药品、产品质量的监督检查情况。

第十一条　设区的市级人民政府、县级人民政府及其部门重点公开的政府信息还应当包括下列内容：

（一）城乡建设和管理的重大事项；

（二）社会公益事业建设情况；

（三）征收或者征用土地、房屋拆迁及其补偿、补助费用的发放、使用情况；

（四）抢险救灾、优抚、救济、社会捐助等款物的管理、使用和分配情况。

第十二条　乡（镇）人民政府应当依照本条例第九条的规定，在其职责范围内确定主动公开的政府信息的具体内容，并重点公开下列政府信息：

（一）贯彻落实国家关于农村工作政策的情况；

（二）财政收支、各类专项资金的管理和使用情况；

（三）乡（镇）土地利用总体规划、宅基地使用的审核情况；

（四）征收或者征用土地、房屋拆迁及其补偿、补助费用的发放、使用情况；

（五）乡（镇）的债权债务、筹资筹劳情况；

（六）抢险救灾、优抚、救济、社会捐助等款物的发放情况；

（七）乡镇集体企业及其他乡镇经济实体承包、租赁、拍卖等情况；

（八）执行计划生育政策的情况。

第十三条　除本条例第九条、第十条、第十一条、第十二条规定的行政机关主动公开的政府信息外，公民、法人或者其他组织还可以根据自身生产、生活、科研等特殊需要，向国务院部门、地方各级人民政府及县级以上地方人民政府部门申请获取相关政府信息。

第十四条　行政机关应当建立健全政府信息发布保密审查机制，明确审查的程序和责任。

行政机关在公开政府信息前，应当依照《中华人民共和国保守国家秘密法》以及其他法律、法规和国家有关规定对拟公开的政府信息进行审查。

行政机关对政府信息不能确定是否可以公开时，应当依照法律、法规和国家有关规定报有关主管部门或者同级保密工作部门确定。

行政机关不得公开涉及国家秘密、商业秘密、个人隐私的政府信息。但是，经权利人同意公开或者行政机关认为不公开可能对公共利益造成重大影响的涉及商业秘密、个人隐私的政府信息，可以予以公开。

第三章　公开的方式和程序

第十五条　行政机关应当将主动公开的政府信息，通过政府公报、政府网站、新闻发布会以及报刊、广播、电视等便于公众知晓的方式公开。

第十六条　各级人民政府应当在国家档案馆、公共图书馆设置政府信息查阅场所，并配备相应的设施、设备，为公民、法人或者其他组织获取政府信息提供便利。

行政机关可以根据需要设立公共查阅室、资料索取点、信息公告栏、电子信息屏等场所、设施，公开政府信息。

行政机关应当及时向国家档案馆、公共图书馆提供主动公开的政府信息。

第十七条　行政机关制作的政府信息，由制作该政府信息的行政机关负责公开；行政机关从公民、法人或者其他组织获取的政府信息，由保存该政府信息的行政机关负责公开。法律、法规对政府信息公开的权限另有规定的，从其规定。

第十八条　属于主动公开范围的政府信息，应当自该政府信息形成或者变更之日起20个工作日内予以公开。法律、法规对政府信息公开的期限另有规定的，从其规定。

第十九条　行政机关应当编制、公布政府信息公开指南和政府信息公开目录，并及时更新。

政府信息公开指南，应当包括政府信息的分类、编排体系、获取方式，政府信息公开工作机构的名称、办公地址、办公时间、联系电话、传真号码、电子邮箱等内容。

政府信息公开目录，应当包括政府信息的索引、名称、内容概述、生成日期等内容。

第二十条　公民、法人或者其他组织依照本条例第十三条规定向行政机关申请获取政府信息的，应当采用书面形式（包括数据电文形式）；采用书面形式确有困难的，申请人可以口头提出，由受理该申请的行政机关代为填写政府信息公开申请。

政府信息公开申请应当包括下列内容：

（一）申请人的姓名或者名称、联系方式；

（二）申请公开的政府信息的内容描述；

（三）申请公开的政府信息的形式要求。

第二十一条　对申请公开的政府信息，行政机关根据下列情况分别作出答复：

（一）属于公开范围的，应当告知申请人获取该政府信息的方式和途径；

（二）属于不予公开范围的，应当告知申请人并说明理由；

（三）依法不属于本行政机关公开或者该政府信息不存在的，应当告知申请人，对能够确定该政府信息的公开机关的，应当告知申请人该行政机关的名称、联系方式；

（四）申请内容不明确的，应当告知申请人作出更改、补充。

第二十二条 申请公开的政府信息中含有不应当公开的内容，但是能够作区分处理的，行政机关应当向申请人提供可以公开的信息内容。

第二十三条 行政机关认为申请公开的政府信息涉及商业秘密、个人隐私，公开后可能损害第三方合法权益的，应当书面征求第三方的意见；第三方不同意公开的，不得公开。但是，行政机关认为不公开可能对公共利益造成重大影响的，应当予以公开，并将决定公开的政府信息内容和理由书面通知第三方。

第二十四条 行政机关收到政府信息公开申请，能够当场答复的，应当当场予以答复。

行政机关不能当场答复的，应当自收到申请之日起 15 个工作日内予以答复；如需延长答复期限的，应当经政府信息公开工作机构负责人同意，并告知申请人，延长答复的期限最长不得超过 15 个工作日。

申请公开的政府信息涉及第三方权益的，行政机关征求第三方意见所需时间不计算在本条第二款规定的期限内。

第二十五条 公民、法人或者其他组织向行政机关申请提供与其自身相关的税费缴纳、社会保障、医疗卫生等政府信息的，应当出示有效身份证件或者证明文件。

公民、法人或者其他组织有证据证明行政机关提供的与其自身相关的政府信息记录不准确的，有权要求该行政机关予以更正。该行政机关无权更正的，应当转送有权更正的行政机关处理，并告知申请人。

第二十六条 行政机关依申请公开政府信息，应当按照申请人要求的形式予以提供；无法按照申请人要求的形式提供的，可以通过安排申请人查阅相关资料、提供复制件或者其他适当形式提供。

第二十七条 行政机关依申请提供政府信息，除可以收取检索、复制、邮寄等成本费用外，不得收取其他费用。行政机关不得通过其他组织、个人以有偿服务方式提供政府信息。

行政机关收取检索、复制、邮寄等成本费用的标准由国务院价格主管部门会同国务院财政部门制定。

第二十八条 申请公开政府信息的公民确有经济困难的，经本人申请、政府信息公开工作机构负责人审核同意，可以减免相关费用。

申请公开政府信息的公民存在阅读困难或者视听障碍的，行政机关应当为其提供必要的帮助。

第四章 监督和保障

第二十九条 各级人民政府应当建立健全政府信息公开工作考核制度、社会评议制度和责任追究制度，定期对政府信息公开工作进行考核、评议。

第三十条 政府信息公开工作主管部门和监察机关负责对行政机关政府信息公开的实施情况进行监督检查。

第三十一条 各级行政机关应当在每年 3 月 31 日前公布本行政机关的政府信息公开工作年度报告。

第三十二条 政府信息公开工作年度报告应当包括下列内容：

（一）行政机关主动公开政府信息的情况；

（二）行政机关依申请公开政府信息和不予公开政府信息的情况；

（三）政府信息公开的收费及减免情况；

（四）因政府信息公开申请行政复议、提起行政诉讼的情况；

（五）政府信息公开工作存在的主要问题及改进情况；

（六）其他需要报告的事项。

第三十三条 公民、法人或者其他组织认为行政机关不依法履行政府信息公开义务的，可以向上级行政机关、监察机关或者政府信息公开工作主管部门举报。收到举报的机关应当予以调查处理。

公民、法人或者其他组织认为行政机关在政府信息公开工作中的具体行政行为侵犯其合法权益的，可以依法申请行政复议或者提起行政诉讼。

第三十四条 行政机关违反本条例的规定，未建立健全政府信息发布保密审查机制的，由监察机关、上一级行政机关责令改正；情节严重的，对行政机关主要负责人依法给予处分。

第三十五条 行政机关违反本条例的规定，有下列情形之一的，由监察机关、上一级行政机关责令改正；情节严重的，对行政机关直接负责的主管人员和其他直接责任人员依法给予处分；构成犯罪的，依法追究刑事责任：

（一）不依法履行政府信息公开义务的；

（二）不及时更新公开的政府信息内容、政府信息公开指南和政府信息公开目录的；

（三）违反规定收取费用的；

（四）通过其他组织、个人以有偿服务方式提供政府信息的；

（五）公开不应当公开的政府信息的；

（六）违反本条例规定的其他行为。

第五章 附 则

第三十六条 法律、法规授权的具有管理公共事务职能的组织公开政府信息的活动，适用本条例。

第三十七条 教育、医疗卫生、计划生育、供水、供电、供气、供热、环保、公共交通等与人民群众利益密切相关的公共企事业单位在提供社会公共服务过程中制作、获取的信息的公开，参照本条例执行，具体办法由国务院有关主管部门或者机构制定。

第三十八条 本条例自 2008 年 5 月 1 日起施行。

指导外商投资方向规定

（2002 年 2 月 11 日中华人民共和国国务院令第 346 号发布）

第一条 为了指导外商投资方向，使外商投资方向与我国国民经济和社会发展规划相适应；并有利于保护投资者的合法权益，根据国家有关外商投资的法律规定和产业政策要求，制定本规定。

第二条 本规定适用于在我国境内投资举办中外合资经营企业、中外合作经营企业和外资企业（以下简称外商投资企业）的项目以及其他形式的外商投资项目（以下简称外商投资项目）。

第三条 《外商投资产业指导目录》和《中西部地区外商投资优势产业目录》由国家发展计划委员会、国家经济贸易委员会、对外贸易经济合作部会同国务院有关部门制订，经国务院批准后公布；根据实际情况，需要对《外商投资产业指导目录》和《中西部地区外商投资优势产业目录》进行部分调整时，由国家经济贸易委员会、国家发展计划委员会、对外贸易经济合作部会同国务院有关部门适时修订并公布。

《外商投资产业指导目录》和《中西部地区外商投资优势产业目录》是指导审批外商投资项目和外商投资企业适用有关政策的依据。

第四条 外商投资项目分为鼓励、允许、限制和禁止四类。

鼓励类、限制类和禁止类的外商投资项目，列入《外商投资产业指导目录》。不属于鼓励类、限制类和禁止类的外商投资项目，为允许类外商投资项目。允许类外商投资项目不列入《外商投资产业指导目录》。

第五条 属于下列情形之一的，列为鼓励类外商投资项目：

（一）属于农业新技术、农业综合开发和能源、交通、重要原材料工业的；

（二）属于高新技术、先进适用技术，能够改进产品性能、提高企业技术经济效益或者生产国内生产能力不足的新设备、新材料的；

（三）适应市场需求，能够提高产品档次、开拓新兴市场或者增加产品国际竞争能力的；

（四）属于新技术、新设备，能够节约能源和原材料、综合利用资源和再生资源以及防治环境污染的；

（五）能够发挥中西部地区的人力和资源优势，并符合国家产业政策的；

（六）法律、行政法规规定的其他情形。

第六条 属于下列情形之一的，列为限制类外商投资项目：

（一）技术水平落后的；

（二）不利于节约资源和改善生态环境的；

（三）从事国家规定实行保护性开采的特定矿种勘探、开采的；

（四）属于国家逐步开放的产业的；

（五）法律、行政法规规定的其他情形。

第七条　属于下列情形之一的，列为禁止类外商投资项目：

（一）危害国家安全或者损害社会公共利益的；

（二）对环境造成污染损害，破坏自然资源或者损害人体健康的；

（三）占用大量耕地，不利于保护、开发土地资源的；

（四）危害军事设施安全和使用效能的；

（五）运用我国特有工艺或者技术生产产品的；

（六）法律、行政法规规定的其他情形。

第八条　《外商投资产业指导目录》可以对外商投资项目规定"限于合资、合作"、"中方控股"或者"中方相对控股"。

限于合资、合作，是指仅允许中外合资经营、中外合作经营；中方控股，是指中方投资者在外商投资项目中的投资比例之和为51％及以上；中方相对控股，是指中方投资者在外商投资项目中的投资比例之和大于任何一方外国投资者的投资比例。

第九条　鼓励类外商投资项目，除依照有关法律、行政法规的规定享受优惠待遇外，从事投资额大、回收期长的能源、交通、城市基础设施（煤炭、石油、天然气、电力、铁路、公路、港口、机场、城市道路、污水处理、垃圾处理等）建设、经营的，经批准，可以扩大与其相关的经营范围。

第十条　产品全部直接出口的允许类外商投资项目，视为鼓励类外商投资项目；产品出口销售额占其产品销售总额70％以上的限制类外商投资项目，经省、自治区、直辖市及计划单列市人民政府或者国务院主管部门批准，可以视为允许类外商投资项目。

第十一条　对于确能发挥中西部地区优势的允许类和限制类外商投资项目，可以适当放宽条件；其中，列入《中西部地区外商投资优势产业目录》的，可以享受鼓励类外商投资项目优惠政策。

第十二条　根据现行审批权限，外商投资项目按照项目性质分别由发展计划部门和经贸部门审批、备案；外商投资企业的合同、章程由外经贸部门审批、备案。其中，限制类限额以下的外商投资项目由省、自治区、直辖市及计划单列市人民政府的相应主管部门审批，同时报上级主管部门和行业主管部门备案，此类项目的审批权不得下放。属于服务贸易领域逐步开放的外商投资项目，按照国家有关规定审批。

涉及配额、许可证的外商投资项目，须先向外经贸部门申请配额、许可证。

法律、行政法规对外商投资项目的审批程序和办法另有规定的，依照其规定。

第十三条　对违反本规定审批的外商投资项目，上级审批机关应当自收到该项目的备案文件之日起30个工作日内予以撤销，其合同、章程无效，企业登记机关不予注册登记，海关不予办理进出口手续。

第十四条　外商投资项目申请人以欺骗等不正当手段，骗取项目批准的，根据情节轻重，依法追究法律责任；审批机关应当撤销对该项目的批准，并由有关主管机关依法作出相应的处理。

第十五条　审批机关工作人员滥用职权、玩忽职守的，依照刑法关于滥用职权罪、玩忽职守罪的规定，依法追究刑事责任；尚不够刑事处罚的，依法给予记大过以上的行政处分。

第十六条 华侨和香港特别行政区、澳门特别行政区、台湾地区的投资者举办的投资项目，比照本规定执行。

第十七条 本规定自 2002 年 4 月 1 日起施行。1995 年 6 月 7 日国务院批准，1995 年 6 月 20 日国家计划委员会、国家经济贸易委员会、对外贸易经济合作部发布的《指导外商投资方向暂行规定》同时废止。

外商投资产业指导目录（2017年修订）

（2017年7月28日国家发展和改革委员会、商务部令第4号发布）

鼓励外商投资产业目录

一、农、林、牧、渔业

1. 木本食用油料、调料和工业原料的种植及开发、生产
2. 绿色、有机蔬菜（含食用菌、西甜瓜）、干鲜果品、茶叶栽培技术开发及产品生产
3. 糖料、果树、牧草等农作物栽培新技术开发及产品生产
4. 花卉生产与苗圃基地的建设、经营
5. 橡胶、油棕、剑麻、咖啡种植
6. 中药材种植、养殖
7. 农作物秸秆还田及综合利用、有机肥料资源的开发生产
8. 水产苗种繁育（不含我国特有的珍贵优良品种）
9. 防治荒漠化及水土流失的植树种草等生态环境保护工程建设、经营
10. 水产品养殖、深水网箱养殖、工厂化水产养殖、生态型海洋增养殖

二、采矿业

11. 石油、天然气（含油页岩、油砂、页岩气、煤层气等非常规油气）的勘探、开发和矿井瓦斯利用（限于合资、合作）
12. 提高原油采收率（以工程服务形式）及相关新技术的开发应用
13. 物探、钻井、测井、录井、井下作业等石油勘探开发新技术的开发与应用
14. 提高矿山尾矿利用率的新技术开发和应用及矿山生态恢复技术的综合应用
15. 我国紧缺矿种（如钾盐、铬铁矿等）的勘探、开采和选矿

三、制造业

（一）农副食品加工业
16. 绿色无公害饲料及添加剂开发
17. 水产品加工、贝类净化及加工、海藻保健食品开发
18. 蔬菜、干鲜果品、禽畜产品加工

（二）食品制造业
19. 婴儿、老年食品及保健食品的开发、生产
20. 森林食品的开发、生产
21. 天然食品添加剂、天然香料新技术开发与生产

（三）酒、饮料和精制茶制造业

22. 果蔬饮料、蛋白饮料、茶饮料、咖啡饮料、植物饮料的开发、生产

（四）纺织业

23. 采用非织造、机织、针织及其复合工艺技术的轻质、高强、耐高/低温、耐化学物质、耐光等多功能化的产业用纺织品生产

24. 采用先进节能减排技术和装备的高档织物印染及后整理加工

25. 符合生态、资源综合利用与环保要求的特种天然纤维（包括山羊绒等特种动物纤维、竹纤维、麻纤维、蚕丝、彩色棉花等）产品加工

（五）纺织服装、服饰业

26. 采用计算机集成制造系统的服装生产

27. 功能性特种服装生产

（六）皮革、毛皮、羽毛及其制品和制鞋业

28. 皮革和毛皮清洁化技术加工

29. 皮革后整饰新技术加工

30. 皮革废弃物综合利用

（七）木材加工和木、竹、藤、棕、草制品业

31. 林业三剩物，"次、小、薪"材和竹材的综合利用新技术、新产品开发与生产

（八）文教、工美、体育和娱乐用品制造业

32. 高档地毯、刺绣、抽纱产品生产

（九）石油加工、炼焦和核燃料加工业

33. 酚油加工、洗油加工、煤沥青高端化利用（不含改质沥青）

（十）化学原料和化学制品制造业

34. 聚氯乙烯和有机硅新型下游产品开发与生产

35. 合成材料的配套原料：过氧化氢氧化丙烯法环氧丙烷、萘二甲酸二甲酯（NDC）、1，4-环己烷二甲醇（CHDM）、5万吨/年及以上丁二烯法己二腈、己二胺生产

36. 合成纤维原料：尼龙-66盐、1，3-丙二醇生产

37. 合成橡胶：异戊橡胶、聚氨酯橡胶、丙烯酸酯橡胶、氯醇橡胶，以及氟橡胶、硅橡胶等特种橡胶生产

38. 工程塑料及塑料合金：6万吨/年及以上非光气法聚碳酸酯（PC）、均聚法聚甲醛、聚苯硫醚、聚醚醚酮、聚酰亚胺、聚砜、聚醚砜、聚芳酯（PAR）、聚苯醚及其改性材料、液晶聚合物等产品生产

39. 精细化工：催化剂新产品、新技术，染（颜）料商品化加工技术，电子化学品和造纸化学品，皮革化学品（N-N-二甲基甲酰胺除外），油田助剂，表面活性剂，水处理剂，胶黏剂，无机纤维、无机纳米材料生产，颜料包膜处理深加工

40. 环保型印刷油墨、环保型芳烃油生产

41. 天然香料、合成香料、单离香料生产

42. 高性能涂料，高固体份、无溶剂涂料，水性工业涂料及配套水性树脂生产

43. 高性能氟树脂、氟膜材料，医用含氟中间体，环境友好型含氟制冷剂、和清洁剂、发泡剂生产

44. 从磷化工、铝冶炼中回收氟资源生产

45. 林业化学产品新技术、新产品开发与生产

46. 环保用无机、有机和生物膜开发与生产

47. 新型肥料开发与生产：高浓度钾肥、复合型微生物接种剂、复合微生物肥料、秸秆及垃圾腐熟剂、特殊功能微生物制剂

48. 高效、安全、环境友好的农药新品种、新剂型、专用中间体、助剂的开发与生产，以及相关清洁生产工艺的开发和应用（甲叉法乙草胺、水相法毒死蜱工艺、草甘膦回收氯甲烷工艺、定向合成法手性和立体结构农药生产、乙基氯化物合成技术）

49. 生物农药及生物防治产品开发与生产：微生物杀虫剂、微生物杀菌剂、农用抗生素、昆虫信息素、天敌昆虫、微生物除草剂

50. 废气、废液、废渣综合利用和处理、处置

51. 有机高分子材料生产：飞机蒙皮涂料、稀土硫化铈红色染料、无铅化电子封装材料、彩色等离子体显示屏专用系列光刻浆料、小直径大比表面积超细纤维、高精度燃油滤纸、锂离子电池隔膜、表面处理自我修复材料、超疏水纳米涂层材料

（十一）医药制造业

52. 新型化合物药物或活性成分药物的生产（包括原料药和制剂）

53. 氨基酸类：发酵法生产色氨酸、组氨酸、蛋氨酸等生产

54. 新型抗癌药物、新型心脑血管药及新型神经系统用药的开发及生产

55. 采用生物工程技术的新型药物生产

56. 艾滋病疫苗、丙肝疫苗、避孕疫苗及宫颈癌、疟疾、手足口病等新型疫苗生产

57. 海洋药物的开发及生产

58. 药品制剂：采用缓释、控释、靶向、透皮吸收等新技术的新剂型、新产品生产

59. 新型药用辅料的开发及生产

60. 动物专用抗菌原料药生产（包括抗生素、化学合成类）

61. 兽用抗菌药、驱虫药、杀虫药、抗球虫药新产品及新剂型生产

62. 新型诊断试剂的开发及生产

（十二）化学纤维制造业

63. 差别化化学纤维及芳纶、碳纤维、高强高模聚乙烯、聚苯硫醚（PPS）等高新技术化纤（黏胶纤维除外）生产

64. 纤维及非纤维用新型聚酯生产：聚对苯二甲酸丙二醇酯（PTT）、聚萘二甲酸乙二醇酯（PEN）、聚对苯二甲酸环己烷二甲醇酯（PCT）、二元醇改性聚对苯二甲酸乙二醇酯（PETG）

65. 利用新型可再生资源和绿色环保工艺生产生物质纤维，包括新溶剂法纤维素纤维（Lyocell）、以竹、麻等为原料的再生纤维素纤维、聚乳酸纤维（PLA）、甲壳素纤维、聚羟基脂肪酸酯纤维（PHA）、动植物蛋白纤维等

66. 尼龙 11、尼龙 1414、尼龙 46、长碳链尼龙、耐高温尼龙等新型聚酰胺开发与产

67. 子午胎用芳纶纤维及帘线生产

（十三）橡胶和塑料制品业

68. 新型光生态多功能宽幅农用薄膜开发与生产

69. 废旧塑料的回收和再利用

70. 塑料软包装新技术、新产品（高阻隔、多功能膜及原料）开发与生产

（十四）非金属矿物制品业

71. 节能、环保、利废、轻质高强、高性能、多功能建筑材料开发生产

72. 以塑代钢、以塑代木、节能高效的化学建材品生产

73. 年产1 000万平方米及以上弹性体、塑性体改性沥青防水卷材，宽幅（2米以上）三元乙丙橡胶防水卷材及配套材料，宽幅（2米以上）聚氯乙烯防水卷材，热塑性聚烯烃（TPO）防水卷材生产

74. 新技术功能玻璃开发生产：屏蔽电磁波玻璃、微电子用玻璃基板、透红外线无铅玻璃、电子级大规格石英玻璃制品（管、板、坩埚、仪器器皿等）、光学性能优异多功能风挡玻璃、信息技术用极端材料及制品（包括波导级高精密光纤预制棒石英玻璃套管和陶瓷基板）、高纯（≥99.998%）超纯（≥99.999%）水晶原料提纯加工

75. 薄膜电池导电玻璃、太阳能集光镜玻璃、建筑用导电玻璃生产

76. 玻璃纤维制品及特种玻璃纤维生产：低介电玻璃纤维、石英玻璃纤维、高硅氧玻璃纤维、高强高弹玻璃纤维、陶瓷纤维等及其制品

77. 光学纤维及制品生产：传像束及激光医疗光纤、超二代和三代微通道板、光学纤维面板、倒像器及玻璃光锥

78. 陶瓷原料的标准化精制、陶瓷用高档装饰材料生产

79. 水泥、电子玻璃、陶瓷、微孔炭砖等窑炉用环保（无铬化）耐火材料生产

80. 氮化铝（AlN）陶瓷基片、多孔陶瓷生产

81. 无机非金属新材料及制品生产：复合材料、特种陶瓷、特种密封材料（含高速油封材料）、特种摩擦材料（含高速摩擦制动制品）、特种胶凝材料、特种乳胶材料、水声橡胶制品、纳米材料

82. 有机-无机复合泡沫保温材料生产

83. 高技术复合材料生产：连续纤维增强热塑性复合材料和预浸料、耐温＞300℃树脂基复合材料成型用工艺辅助材料、树脂基复合材料（包括体育用品、轻质高强交通工具部件）、特种功能复合材料及制品（包括深水及潜水复合材料制品、医用及康复用复合材料制品）、碳/碳复合材料、高性能陶瓷基复合材料及制品、金属基和玻璃基复合材料及制品、金属层状复合材料及制品、压力≥320MPa超高压复合胶管、大型客机航空轮胎

84. 精密高性能陶瓷原料生产：碳化硅（SiC）超细粉体（纯度＞99%，平均粒径＜1微米）、氮化硅（Si_3N_4）超细粉体（纯度＞99%，平均粒径＜1微米）、高纯超细氧化铝微粉（纯度＞99.9%，平均粒径＜0.5微米）、低温烧结氧化锆（ZrO_2）粉体（烧结温度＜1 350℃）、高纯氮化铝（AlN）粉体（纯度＞99%，平均粒径＜1微米）、金红石型TiO_2粉体（纯度＞98.5%）、白炭黑（粒径＜100纳米）、钛酸钡（纯度＞99%，粒径＜1微米）

85. 高品质人工晶体及晶体薄膜制品开发生产：高品质人工合成水晶（压电晶体及透紫外光晶体）、超硬晶体（立方氮化硼晶体）、耐高温高绝缘人工合成绝缘晶体（人工合成云母）、新型电光晶体、大功率激光晶体及大规格闪烁晶体、金刚石膜工具、厚度0.3毫米及以下超薄人造金刚石锯片

86. 非金属矿精细加工（超细粉碎、高纯、精制、改性）

87. 超高功率石墨电极生产

88. 珠光云母生产（粒径 3～150 微米）

89. 多维多向整体编制织物及仿形织物生产

90. 利用新型干法水泥窑无害化处置固体废弃物

91. 建筑垃圾再生利用

92. 工业副产石膏综合利用

93. 非金属矿山尾矿综合利用的新技术开发和应用及矿山生态恢复

（十五）有色金属冶炼和压延加工业

94. 直径 200 毫米以上硅单晶及抛光片生产

95. 高新技术有色金属材料生产：化合物半导体材料（砷化镓、磷化镓、磷化铟、氮化镓），高温超导材料，记忆合金材料（钛镍、铜基及铁基记忆合金材料），超细（纳米）碳化钙及超细（纳米）晶硬质合金，超硬复合材料，贵金属复合材料，轻金属复合材料及异种材结合，散热器用铝箔，中高压阴极电容铝箔，特种大型铝合金型材，铝合金精密模锻件，电气化铁路架空导线，超薄铜带，耐蚀热交换器铜合金材，高性能铜镍、铜铁合金带，铍铜带、线、管及棒加工材，耐高温抗衰钨丝，镁合金铸件，无铅焊料，镁合金及其应用产品，泡沫铝，钛合金冶炼及加工，原子能级海绵锆，钨及钼深加工产品

（十六）金属制品业

96. 航空、航天、汽车、摩托车轻量化及环保型新材料研发与制造（专用铝板、铝镁合金材料、摩托车铝合金车架等）

97. 轻金属半固态快速成形材料研发与制造

98. 用于包装各类粮油食品、果蔬、饮料、日化产品等内容物的金属包装制品（厚度 0.3 毫米以下）的制造及加工（包括制品的内外壁印涂加工）

99. 节镍不锈钢制品的制造

（十七）通用设备制造业

100. 高档数控机床及关键零部件制造：五轴联动数控机床、数控坐标镗铣加工中心、数控坐标磨床、五轴联动数控系统及伺服装置、精密数控加工用高速超硬刀具

101. 1 000 吨及以上多工位镦锻成型机制造

102. 报废汽车拆解、破碎及后处理分选设备制造

103. FTL 柔性生产线制造

104. 垂直多关节工业机器人、焊接机器人及其焊接装置设备制造

105. 特种加工机械制造：激光切割和拼焊成套设备、激光精密加工设备、数控低速走丝电火花线切割机、亚微米级超细粉碎机

106. 400 吨及以上轮式、履带式起重机械制造

107. 工作压力≥35 兆帕高压柱塞泵及马达、工作压力≥35 兆帕低速大扭矩马达的设计与制造

108. 工作压力≥25MPa 的整体式液压多路阀，电液比例伺服元件制造

109. 阀岛、功率 0.35 瓦以下气动电磁阀、200 赫兹以上高频电控气阀设计与制造

110. 静液压驱动装置设计与制造

111. 压力 10 兆帕以上非接触式气膜密封、压力 10 兆帕以上干气密封（包括实验装置）的开发与制造

112. 汽车用高分子材料（摩擦片、改型酚醛活塞、非金属液压总分泵等）设备开发与制造

113. 第三代及以上轿车轮毂轴承、高中档数控机床和加工中心轴承、高速线材和板材轧机轴承、高速铁路轴承、振动值 Z4 以下低噪声轴承、各类轴承的 P4 和 P2 级轴承、风力发电机组轴承、航空轴承制造

114. 高密度、高精度、形状复杂的粉末冶金零件及汽车、工程机械等用链条的制造

115. 风电、高速列车用齿轮变速器，船用可变桨齿轮传动系统，大型、重载齿轮箱的制造

116. 耐高温绝缘材料（绝缘等级为 F、H 级）及绝缘成型件制造

117. 蓄能器胶囊、液压气动用橡塑密封件开发与制造

118. 高精度、高强度（12.9 级以上）、异形、组合类紧固件制造

119. 微型精密传动联结件（离合器）制造

120. 大型轧机连接轴制造

121. 机床、工程机械、铁路机车装备等机械设备再制造及汽车零部件再制造

122. 1 000 万像素以上数字照相机制造

123. 办公机械制造：多功能一体化办公设备（复印、打印、传真、扫描），彩色打印设备，精度 2 400dpi 及以上高分辨率彩色打印机头，感光鼓

124. 电影机械制造：2K、4K 数字电影放映机，数字电影摄像机，数字影像制作、编辑设备

（十八）专用设备制造业

125. 矿山无轨采、装、运设备制造：200 吨及以上机械传动矿用自卸车，移动式破碎机，5 000 立方米/小时及以上斗轮挖掘机，8 立方米及以上矿用装载机，2 500 千瓦以上电牵引采煤机设备等

126. 物探（不含重力、磁力测量）、测井设备制造：MEME 地震检波器，数字遥测地震仪，数字成像、数控测井系统，水平井、定向井、钻机装置及器具，MWD 随钻测井仪

127. 石油勘探、钻井、集输设备制造：工作水深大于 1 500 米的浮式钻井系统和浮式生产系统及配套海底采油、集输设备

128. 口径 2 米以上深度 30 米以上大口径旋挖钻机、直径 1.2 米以上顶管机、回拖力 300 吨以上大型非开挖铺设地下管线成套设备、地下连续墙施工钻机制造

129. 520 马力* 及以上大型推土机设计与制造

130. 100 立方米/小时及以上规格的清淤机、1 000 吨及以上挖泥船的挖泥装置设计与制造

131. 防汛堤坝用混凝土防渗墙施工装备设计与制造

132. 水下土石方施工机械制造：水深 9 米以下推土机、装载机、挖掘机等

---

* 马力为非法定计量单位。1 马力＝735.5 瓦。

133. 公路桥梁养护、自动检测设备制造

134. 公路隧道营运监控、通风、防灾和救助系统设备制造

135. 铁路大型施工、铁路线路、桥梁、隧道维修养护机械和检查、监测设备及其关键零部件的设计与制造

136. （沥青）油毡瓦设备、镀锌钢板等金属屋顶生产设备制造

137. 环保节能型现场喷涂聚氨酯防水保温系统设备、聚氨酯密封膏配制技术与设备、改性硅酮密封膏配制技术和生产设备制造

138. 高精度带材轧机（厚度精度 10 微米）设计与制造

139. 多元素、细颗粒、难选冶金属矿产的选矿装置制造

140. 100 万吨/年及以上乙烯成套设备中的关键设备制造：年处理能力 40 万吨以上混合造粒机，直径 1 000 毫米及以上螺旋卸料离心机，小流量高扬程离心泵

141. 金属制品模具（铜、铝、钛、锆的管、棒、型材挤压模具）设计、制造

142. 汽车车身外覆盖件冲压模具，汽车仪表板、保险杠等大型注塑模具，汽车及摩托车夹具、检具设计与制造

143. 汽车动力电池专用生产设备的设计与制造

144. 精密模具（冲压模具精度高于 0.02 毫米、型腔模具精度高于 0.05 毫米）设计与制造

145. 非金属制品模具设计与制造

146. 6 万瓶/小时及以上啤酒灌装设备、5 万瓶/小时及以上饮料中温及热灌装设备、3.6 万瓶/小时及以上无菌灌装设备制造

147. 氨基酸、酶制剂、食品添加剂等生产技术及关键设备制造

148. 10 吨/小时及以上的饲料加工成套设备及关键部件制造

149. 楞高 0.75 毫米及以下的轻型瓦楞纸板及纸箱设备制造

150. 单张纸多色胶印机（幅宽≥750 毫米，印刷速度：单面多色≥16 000 张/小时，双面多色≥13 000 张/小时）制造

151. 单幅单纸路卷筒纸平版印刷机印刷速度大于 75 000 对开张/小时（787×880 毫米）、双幅单纸路卷筒纸平版印刷机印刷速度大于 170 000 对开张/小时（787×880 毫米）、商业卷筒纸平版印刷机印刷速度大于 50 000 对开张/小时（787×880 毫米）制造

152. 多色宽幅柔性版印刷机（印刷宽度≥1 300 毫米，印刷速度≥350 米/秒），喷墨数字印刷机（出版用：印刷速度≥150 米/分，分辨率≥600dpi；包装用：印刷速度≥30 米/分，分辨率≥1 000dpi；可变数据用：印刷速度≥100 米/分，分辨率≥300dpi）制造

153. 计算机墨色预调、墨色遥控、水墨速度跟踪、印品质量自动检测和跟踪系统、无轴传动技术、速度在 75 000 张/小时的高速自动接纸机、给纸机和可以自动遥控调节的高速折页机、自动套印系统、冷却装置、加硅装置、调偏装置等制造

154. 电子枪自动镀膜机制造

155. 平板玻璃深加工技术及设备制造

156. 新型造纸机械（含纸浆）等成套设备制造

157. 皮革后整饰新技术设备制造

158. 农产品加工及储藏新设备开发与制造：粮食、油料、蔬菜、干鲜果品、肉食品、

水产品等产品的加工储藏、保鲜、分级、包装、干燥等新设备，农产品品质检测仪器设备，农产品品质无损伤检测仪器设备，流变仪，粉质仪，超微粉碎设备，高效脱水设备，五效以上高效果汁浓缩设备，粉体食品物料杀菌设备，固态及半固态食品无菌包装设备，碟片式分离离心机

159. 农业机械制造：农业设施设备（温室自动灌溉设备、营养液自动配置与施肥设备、高效蔬菜育苗设备、土壤养分分析仪器），配套发动机功率 120 千瓦以上拖拉机及配套农具，低油耗低噪声低排放柴油机，大型拖拉机配套的带有残余雾粒回收装置的喷雾机，高性能水稻插秧机，棉花采摘机及棉花采摘台，适应多种行距的自走式玉米联合收割机（液压驱动或机械驱动），花生收获机，油菜籽收获机，甘蔗收割机，甜菜收割机

160. 林业机具新技术设备制造

161. 农作物秸秆收集、打捆及综合利用设备制造

162. 农用废物的资源化利用及规模化畜禽养殖废物的资源化利用设备制造

163. 节肥、节（农）药、节水型农业技术设备制造

164. 机电井清洗设备及清洗药物生产设备制造

165. 电子内窥镜制造

166. 眼底摄影机制造

167. 医用成像设备（高场强超导型磁共振成像设备、X 线计算机断层成像设备、数字化彩色超声诊断设备等）关键部件的制造

168. 医用超声换能器（3D）制造

169. 硼中子俘获治疗设备制造

170. 图像引导适型调强放射治疗系统制造

171. 血液透析机、血液过滤机制造

172. 全自动生化监测设备、五分类血液细胞分析仪、全自动化学发光免疫分析仪、高通量基因测序系统制造

173. 药品质量控制新技术、新设备制造

174. 天然药物有效物质分析的新技术、提取的新工艺、新设备开发与制造

175. 非 PVC 医用输液袋多层共挤水冷式薄膜吹塑装备制造

176. 新型纺织机械、关键零部件及纺织检测、实验仪器开发与制造

177. 电脑提花人造毛皮机制造

178. 太阳能电池生产专用设备制造

179. 大气污染防治设备制造：耐高温及耐腐蚀滤料、低 NOx 燃烧装置、烟气脱氮催化剂及脱氮成套装置、工业有机废气净化设备、柴油车排气净化装置、含重金属废气处理装置

180. 水污染防治设备制造：卧式螺旋离心脱水机、膜及膜材料、50 千克/小时以上的臭氧发生器、10 千克/小时以上的二氧化氯发生器、紫外消毒装置、农村小型生活污水处理设备、含重金属废水处理装置

181. 固体废物处理处置设备制造：污水处理厂污泥处置及资源利用设备、日处理量 500 吨以上垃圾焚烧成套设备、垃圾填埋渗滤液处理技术装备、垃圾填埋场防渗土工膜、建筑垃圾处理和资源化利用装备、危险废物处理装置、垃圾填埋场沼气发电装置、废钢铁

处理设备、污染土壤修复设备

182. 铝工业赤泥综合利用设备开发与制造

183. 尾矿综合利用设备制造

184. 废旧塑料、电器、橡胶、电池回收处理再生利用设备制造

185. 废旧纺织品回收处理设备制造

186. 废旧机电产品再制造设备制造

187. 废旧轮胎综合利用装置制造

188. 水生生态系统的环境保护技术、设备制造

189. 移动式组合净水设备制造

190. 非常规水处理、重复利用设备与水质监测仪器

191. 工业水管网和设备（器具）的检漏设备和仪器

192. 日产 10 万立方米及以上海水淡化及循环冷却技术和成套设备开发与制造

193. 特种气象观测及分析设备制造

194. 地震台站、台网和流动地震观测技术系统开发及仪器设备制造

195. 四鼓及以上子午线轮胎成型机制造

196. 滚动阻力试验机、轮胎噪音试验室制造

197. 供热计量、温控装置新技术设备制造

198. 氢能制备与储运设备及检查系统制造

199. 新型重渣油气化雾化喷嘴、漏汽率 0.5% 及以下高效蒸汽疏水阀、1 000℃ 及以上高温陶瓷换热器制造

200. 海上溢油回收装置制造

201. 低浓度煤矿瓦斯和乏风利用设备制造

202. 洁净煤技术产品的开发利用及设备制造（煤炭气化、液化、水煤浆、工业型煤）

203. 大型公共建筑、高层建筑、石油化工设施、森林、山岳、水域和地下设施消防灭火救援技术开发与设备制造

（十九）汽车制造业

204. 汽车发动机制造及发动机研发机构建设：升功率不低于 70 千瓦的汽油发动机、升功率不低于 50 千瓦的排量 3 升以下柴油发动机、升功率不低于 40 千瓦的排量 3 升以上柴油发动机、燃料电池和混合燃料等新能源发动机

205. 汽车关键零部件制造及关键技术研发：双离合器变速器（DCT）、无级自动变速器（CVT）、电控机械变速器（AMT）、汽油发动机涡轮增压器、黏性连轴器（四轮驱动用）、自动变速器执行器（电磁阀）、液力缓速器、电涡流缓速器、汽车安全气囊用气体发生器、燃油共轨喷射技术（最大喷射压力大于 2 000 帕）、可变截面涡轮增压技术（VGT）、可变喷嘴涡轮增压技术（VNT）、达到中国 V 阶段污染物排放标准的发动机排放控制装置、智能扭矩管理系统（ITM）及耦合器总成、线控转向系统、柴油机颗粒捕捉器、低地板大型客车专用车桥、吸能式转向系统、大中型客车变频空调系统、汽车用特种橡胶配件，以及上述零部件的关键零件、部件

206. 汽车电子装置制造与研发：发动机和底盘电子控制系统及关键零部件，车载电子技术（汽车信息系统和导航系统），汽车电子总线网络技术（限于合资），电子控制系统

的输入（传感器和采样系统）输出（执行器）部件，电动助力转向系统电子控制器（限于合资），嵌入式电子集成系统、电控式空气弹簧，电子控制式悬挂系统，电子气门系统装置，电子组合仪表，ABS/TCS/ESP 系统，电路制动系统（BBW），变速器电控单元（TCU），轮胎气压监测系统（TPMS），车载故障诊断仪（OBD），发动机防盗系统，自动避撞系统，汽车、摩托车型试验及维修用检测系统

207. 新能源汽车关键零部件制造：能量型动力电池（能量密度≥110 瓦时/千克，循环寿命≥2 000 次，外资比例不超过 50%），电池正极材料（比容量≥150 毫安时/克，循环寿命 2 000 次不低于初始放电容量的 80%），电池隔膜（厚度 15～40 微米，孔隙率 40%～60%）；电池管理系统，电机管理系统，电动汽车电控集成；电动汽车驱动电机（峰值功率密度≥2.5 千瓦/千克，高效区：65%工作区效率≥80%），车用 DC/DC（输入电压 100～400 伏），大功率电子器件（IGBT，电压等级≥600 伏，电流≥300 安）；插电式混合动力机电耦合驱动系统

（二十）铁路、船舶、航空航天和其他运输设备制造业

208. 达到中国摩托车Ⅲ阶段污染物排放标准的大排量（排量＞250 毫升）摩托车发动机排放控制装置制造

209. 轨道交通运输设备（限于合资、合作）

210. 民用飞机设计、制造与维修：干线、支线飞机（中方控股），通用飞机（限于合资、合作）

211. 民用飞机零部件制造与维修

212. 民用直升机设计与制造（3 吨级及以上需中方控股）

213. 民用直升机零部件制造

214. 地面、水面效应飞机制造及无人机、浮空器设计与制造（中方控股）

215. 航空发动机及零部件、航空辅助动力系统设计、制造与维修

216. 民用航空机载设备设计与制造

217. 航空地面设备制造：民用机场设施、民用机场运行保障设备、飞行试验地面设备、飞行模拟与训练设备、航空测试与计量设备、航空地面试验设备、机载设备综合测试设备、航空制造专用设备、航空材料试制专用设备、民用航空器地面接收及应用设备、运载火箭地面测试设备、运载火箭力学及环境实验设备

218. 航天器光机电产品、航天器温控产品、星上产品检测设备、航天器结构与机构产品制造

219. 轻型燃气轮机制造

220. 豪华邮轮及深水（3 000 米以上）海洋工程装备的设计

221. 海洋工程装备（含模块）的制造与修理（中方控股）

222. 船舶低、中速柴油机及其零部件的设计

223. 船舶低、中速柴油机及曲轴的制造（中方控股）

224. 船舶舱室机械的设计与制造

225. 船舶通信导航设备的设计与制造：船舶通信系统设备、船舶电子导航设备、船用雷达、电罗经自动舵、船舶内部公共广播系统等

226. 游艇的设计与制造

（二十一）电气机械和器材制造业

227. 100 万千瓦超超临界火电机组用关键辅机设备制造：安全阀、调节阀

228. 燃煤电站、钢铁行业烧结机脱硝技术装备制造

229. 火电设备的密封件设计、制造

230. 燃煤电站、水电站设备用大型铸锻件制造

231. 水电机组用关键辅机设备制造

232. 输变电设备制造

233. 新能源发电成套设备或关键设备制造：光伏发电、地热发电、潮汐发电、波浪发电、垃圾发电、沼气发电、2.5 兆瓦及以上风力发电设备

234. 额定功率 350 兆瓦及以上大型抽水蓄能机组制造：水泵水轮机及调速器、大型变速可逆式水泵水轮机组、发电电动机及励磁、启动装置等附属设备

235. 斯特林发电机组制造

236. 直线和平面电机及其驱动系统开发与制造

237. 高技术绿色电池制造：动力镍氢电池、锌镍蓄电池、锌银蓄电池、锂离子电池、太阳能电池、燃料电池等（新能源汽车能量型动力电池除外）

238. 电动机采用直流调速技术的制冷空调用压缩机、采用 CO_2 自然工质制冷空调压缩机、应用可再生能源（空气源、水源、地源）制冷空调设备制造

239. 太阳能空调、采暖系统、太阳能干燥装置制造

240. 生物质干燥热解系统、生物质气化装置制造

241. 交流调频调压牵引装置制造

（二十二）计算机、通信和其他电子设备制造业

242. 高清数字摄录机、数字放声设备制造

243. TFT-LCD、PDP、OLED 等平板显示屏、显示屏材料制造（6 代及 6 代以下 TFT-LCD 玻璃基板除外）

244. 大屏幕彩色投影显示器用光学引擎、光源、投影屏、高清晰度投影管和微显投影设备模块等关键件制造

245. 数字音、视频编解码设备，数字广播电视演播室设备，数字有线电视系统设备，数字音频广播发射设备，数字电视上下变换器，数字电视地面广播单频网（SFN）设备，卫星数字电视上行站设备制造

246. 集成电路设计，线宽 28 纳米及以下大规模数字集成电路制造，0.11 微米及以下模拟、数模集成电路制造，MEMS 和化合物半导体集成电路制造及 BGA、PGA、CSP、MCM 等先进封装与测试

247. 大中型电子计算机、万万亿次高性能计算机、便携式微型计算机、大型模拟仿真系统、大型工业控制机及控制器制造

248. 计算机数字信号处理系统及板卡制造

249. 图形图像识别和处理系统制造

250. 大容量光、磁盘驱动器及其部件开发与制造

251. 高速、容量 100TB 及以上存储系统及智能化存储设备制造

252. 计算机辅助设计（三维 CAD）、电子设计自动化（EDA）、辅助测试（CAT）、

辅助制造（CAM）、辅助工程（CAE）系统及其他计算机应用系统制造

253. 软件产品开发、生产

254. 电子专用材料开发与制造（光纤预制棒开发与制造除外）

255. 电子专用设备、测试仪器、工模具制造

256. 新型电子元器件制造：片式元器件、敏感元器件及传感器、频率控制与选择元件、混合集成电路、电力电子器件、光电子器件、新型机电元件、高分子固体电容器、超级电容器、无源集成元件、高密度互连积层板、多层挠性板、刚挠印刷电路板及封装载板

257. 触控系统（触控屏幕、触控组件等）制造

258. 发光效率140流明/瓦以上高亮度发光二极管、发光效率140流明/瓦以上发光二极管外延片（蓝光）、发光效率140流明/瓦以上且功率200毫瓦以上白色发光管制造

259. 高密度数字光盘机用关键件开发与生产

260. 可录类光盘生产

261. 民用卫星设计与制造、民用卫星有效载荷制造（中方控股）

262. 民用卫星零部件制造

263. 卫星通信系统设备制造

264. 光通信测量仪表、速率40Gb/s及以上光收发器制造

265. 超宽带（UWB）通信设备制造

266. 无线局域网（含支持WAPI）、广域网设备制造

267. 100Gbps及以上速率时分复用设备（TDM）、密集波分复用设备（DWDM）、宽带无源网络设备（包括EPON、GPON、WDM-PON等）、下一代DSL芯片及设备、光交叉连接设备（OXC）、自动光交换网络设备（ASON）、40G/sSDH以上光纤通信传输设备制造

268. 基于IPv6的下一代互联网系统设备、终端设备、检测设备、软件、芯片开发与制造

269. 第三代及后续移动通信系统手机、基站、核心网设备以及网络检测设备开发与制造

270. 高端路由器、千兆比以上网络交换机开发与制造

271. 空中交通管制系统设备制造

272. 基于声、光、电、触控等计算机信息技术的中医药电子辅助教学设备，虚拟病理、生理模型人设备的开发与制造

（二十三）仪器仪表制造业

273. 工业过程自动控制系统与装置制造：现场总线控制系统，大型可编程控制器（PLC），两相流量计，固体流量计，新型传感器及现场测量仪表

274. 大型精密仪器开发与制造

275. 高精度数字电压表、电流表制造（显示量程七位半以上）

276. 无功功率自动补偿装置制造

277. 安全生产新仪器设备制造

278. VXI总线式自动测试系统（符合IEEE1155国际规范）制造

279. 煤矿井下监测及灾害预报系统、煤炭安全检测综合管理系统开发与制造

280. 工程测量和地球物理观测设备制造

281. 环境监测仪器制造

282. 水文数据采集、处理与传输和防洪预警仪器及设备制造

283. 海洋勘探监测仪器和设备制造

（二十四）废弃资源综合利用业

284. 煤炭洗选及粉煤灰（包括脱硫石膏）、煤矸石等综合利用

285. 全生物降解材料的生产

286. 废旧电器电子产品、汽车、机电设备、橡胶、金属、电池回收处理

四、电力、热力、燃气及水生产和供应业

287. 单机 60 万千瓦及以上超超临界机组电站的建设、经营

288. 采用背压（抽背）型热电联产、热电冷多联产、30 万千瓦及以上热电联产机组电站的建设、经营

289. 缺水地区单机 60 万千瓦及以上大型空冷机组电站的建设、经营

290. 整体煤气化联合循环发电等洁净煤发电项目的建设、经营

291. 单机 30 万千瓦及以上采用流化床锅炉并利用煤矸石、中煤、煤泥等发电项目的建设、经营

292. 发电为主水电站的建设、经营

293. 核电站的建设、经营（中方控股）

294. 新能源电站（包括太阳能、风能、地热能、潮汐能、潮流能、波浪能、生物质能等）建设、经营

295. 电网的建设、经营（中方控股）

296. 海水利用（海水直接利用、海水淡化）

297. 供水厂建设、经营

298. 再生水厂建设、经营

299. 污水处理厂建设、经营

300. 机动车充电站、电池更换站建设、经营

五、交通运输、仓储和邮政业

301. 铁路干线路网的建设、经营（中方控股）

302. 城际铁路、市域（郊）铁路、资源型开发铁路和支线铁路及其桥梁、隧道、轮渡和站场设施的建设、经营

303. 高速铁路、铁路客运专线、城际铁路基础设施综合维修

304. 公路、独立桥梁和隧道的建设、经营

305. 公路货物运输公司

306. 港口公用码头设施的建设、经营

307. 民用机场的建设、经营（中方相对控股）

308. 航空运输公司（中方控股，且一家外商及其关联企业投资比例不得超过 25%）

309. 农、林、渔业通用航空公司（限于合资、合作）

310. 定期、不定期国际海上运输业务（限于合资、合作）

311. 国际集装箱多式联运业务

312. 输油（气）管道、油（气）库的建设、经营

313. 煤炭管道运输设施的建设、经营

314. 自动化高架立体仓储设施，包装、加工、配送业务相关的仓储一体化设施建设、经营

六、批发和零售业

315. 一般商品的共同配送、鲜活农产品和特殊药品低温配送等物流及相关技术服务

316. 农村连锁配送

317. 托盘及集装单元共用系统建设、经营

七、租赁和商务服务业

318. 会计、审计（首席合伙人需具有中国国籍）

319. 国际经济、科技、环保、物流信息咨询服务

320. 以承接服务外包方式从事系统应用管理和维护、信息技术支持管理、银行后台服务、财务结算、软件开发、离岸呼叫中心、数据处理等信息技术和业务流程外包服务

321. 创业投资企业

322. 知识产权服务

323. 家庭服务业

八、科学研究和技术服务业

324. 生物工程与生物医学工程技术、生物质能源开发技术

325. 同位素、辐射及激光技术

326. 海洋开发及海洋能开发技术、海洋化学资源综合利用技术、相关产品开发和精深加工技术、海洋医药与生化制品开发技术

327. 海洋监测技术（海洋浪潮、气象、环境监测）、海底探测与大洋资源勘查评价技术

328. 综合利用海水淡化后的浓海水制盐、提取钾、溴、镁、锂及其深加工等海水化学资源高附加值利用技术

329. 海上石油污染清理与生态修复技术及相关产品开发，海水富营养化防治技术，海洋生物爆发性生长灾害防治技术，海岸带生态环境修复技术

330. 节能环保技术开发与服务

331. 资源再生及综合利用技术、企业生产排放物的再利用技术开发及其应用

332. 环境污染治理及监测技术

333. 化纤生产及印染加工的节能降耗、三废治理新技术

334. 防沙漠化及沙漠治理技术

335. 草畜平衡综合管理技术

336. 民用卫星应用技术

337. 研究开发中心
338. 高新技术、新产品开发与企业孵化中心
339. 物联网技术开发与应用
340. 工业设计、建筑设计、服装设计等创意产业

九、水利、环境和公共设施管理业

341. 综合水利枢纽的建设、经营（中方控股）
342. 城市封闭型道路建设、经营
343. 城市地铁、轻轨等轨道交通的建设、经营
344. 垃圾处理厂，危险废物处理处置厂（焚烧厂、填埋场）及环境污染治理设施的建设、经营

十、教育

345. 非学制类职业培训机构

十一、卫生和社会工作

346. 老年人、残疾人和儿童服务机构
347. 养老机构

十二、文化、体育和娱乐业

348. 演出场所经营
349. 体育场馆经营、健身、竞赛表演及体育培训和中介服务

限制外商投资产业目录

一、农、林、牧、渔业

1. 农作物新品种选育和种子生产（中方控股）

二、采矿业

2. 特殊和稀缺煤类勘查、开采（中方控股）
3. 贵金属（金、银、铂族）勘查、开采
4. 石墨勘查、开采
5. 锂矿开采、选矿

三、制造业

6. 豆油、菜籽油、花生油、棉籽油、茶籽油、葵花籽油、棕榈油等食用油脂加工（中方控股），大米、面粉、原糖加工，玉米深加工
7. 生物液体燃料（燃料乙醇、生物柴油）生产（中方控股）
8. 出版物印刷（中方控股）

9. 钨、钼、锡（锡化合物除外）、锑（含氧化锑和硫化锑）等稀有金属冶炼

10. 稀土冶炼、分离（限于合资、合作）

11. 汽车整车、专用汽车和摩托车制造：中方股比不低于50%，同一家外商可在国内建立两家（含两家）以下生产同类（乘用车类、商用车类、摩托车类）整车产品的合资企业，如与中方合资伙伴联合兼并国内其他汽车生产企业可不受两家的限制

12. 船舶（含分段）的修理、设计与制造（中方控股）

13. 卫星电视广播地面接收设施及关键件生产

四、电力、热力、燃气及水生产和供应业

14. 小电网范围内，单机容量30万千瓦及以下燃煤凝汽火电站、单机容量10万千瓦及以下燃煤凝汽抽汽两用机组热电联产电站的建设、经营

15. 城市人口50万以上的城市燃气、热力和供排水管网的建设、经营（中方控股）

五、交通运输、仓储和邮政业

16. 铁路旅客运输公司（中方控股）

17. 公路旅客运输公司

18. 水上运输公司（中方控股）

19. 公务飞行、空中游览、摄影、探矿、工业等通用航空公司（中方控股）

六、信息传输、软件和信息技术服务业

20. 电信公司：增值电信业务（外资比例不超过50%，电子商务除外），基础电信业务（外资比例不超过49%）

七、批发和零售业

21. 粮食收购，粮食、棉花批发，大型农产品批发市场建设、经营

22. 船舶代理（中方控股）、外轮理货（限于合资、合作）

23. 加油站（同一外国投资者设立超过30家分店、销售来自多个供应商的不同种类和品牌成品油的连锁加油站，由中方控股）建设、经营

八、金融业

24. 银行（单个境外金融机构及被其控制或共同控制的关联方作为发起人或战略投资者向单个中资商业银行投资入股比例不得超过20%，多个境外金融机构及被其控制或共同控制的关联方作为发起人或战略投资者投资入股比例合计不得超过25%，投资农村中小金融机构的境外金融机构必须是银行类金融机构）

25. 保险公司（寿险公司外资比例不超过50%）

26. 证券公司（设立时限于从事人民币普通股、外资股和政府债券、公司债券的承销与保荐，外资股的经纪，政府债券、公司债券的经纪和自营；设立满2年后符合条件的公司可申请扩大业务范围；外资比例不超过49%）、证券投资基金管理公司（外资比例不超过49%）

27. 期货公司（中方控股）

九、租赁和商务服务业

28. 市场调查（限于合资、合作，其中广播电视收听、收视调查要求中方控股）
29. 资信调查与评级服务公司

十、科学研究和技术服务业

30. 测绘公司（中方控股）

十一、教育

31. 高等教育机构（限于合作、中方主导）
32. 普通高中教育机构（限于合作、中方主导）
33. 学前教育机构（限于合作、中方主导）

十二、卫生和社会工作

34. 医疗机构（限于合资、合作）

十三、文化、体育和娱乐业

中方主导是指校长或者主要行政负责人应当具有中国国籍，中外合作办学机构的理事会、董事会或者联合管理委员会的中方组成人员不得少于1/2（下同）。

35. 广播电视节目、电影的制作业务（限于合作）
36. 电影院的建设、经营（中方控股）
37. 大型主题公园的建设、经营
38. 演出经纪机构（中方控股）

十四、国家法律法规和我国缔结或者参加的国际条约规定限制的其他产业

禁止外商投资产业目录

一、农、林、牧、渔业

1. 我国稀有和特有的珍贵优良品种的研发、养殖、种植以及相关繁殖材料的生产（包括种植业、畜牧业、水产业的优良基因）
2. 农作物、种畜禽、水产苗种转基因品种选育及其转基因种子（苗）生产
3. 我国管辖海域及内陆水域水产品捕捞

二、采矿业

4. 钨、钼、锡、锑、萤石勘查、开采
5. 稀土勘查、开采、选矿
6. 放射性矿产的勘查、开采、选矿

三、制造业

（一）医药制造业

7. 列入《野生药材资源保护管理条例》和《中国稀有濒危保护植物名录》的中药材加工

8. 中药饮片的蒸、炒、炙、煅等炮制技术的应用及中成药保密处方产品的生产

（二）石油加工、炼焦和核燃料加工业

9. 放射性矿产冶炼、加工，核燃料生产

（三）专用设备制造业

10. 武器弹药制造

（四）其他制造业

11. 象牙雕刻

12. 虎骨加工

13. 宣纸、墨锭生产

四、电力、热力、燃气及水生产和供应业

14. 大电网范围内，单机容量 30 万千瓦及以下燃煤凝汽火电站、单机容量 20 万千瓦及以下燃煤凝汽抽汽两用热电联产电站的建设、经营

五、交通运输、仓储和邮政业

15. 空中交通管制

16. 邮政公司、信件的国内快递业务

六、批发和零售业

七、租赁和商务服务业

17. 烟叶、卷烟、复烤烟叶及其他烟草制品的批发、零售

18. 社会调查

19. 中国法律事务咨询（提供有关中国法律环境影响的信息除外）

八、科学研究和技术服务业

20. 人体干细胞、基因诊断与治疗技术开发和应用

21. 大地测量、海洋测绘、测绘航空摄影、行政区域界线测绘、地形图、世界政区地图、全国政区地图、省级及以下政区地图、全国性教学地图、地方性教学地图和真三维地图编制、导航电子地图编制，区域性的地质填图、矿产地质、地球物理、地球化学、水文地质、环境地质、地质灾害、遥感地质等调查

九、水利、环境和公共设施管理业

22. 自然保护区和国际重要湿地的建设、经营

23. 国家保护的原产于我国的野生动、植物资源开发

十、教育

24. 义务教育机构，军事、警察、政治和党校等特殊领域教育机构

十一、文化、体育和娱乐业

25. 新闻机构

26. 图书、报纸、期刊的出版业务

27. 音像制品和电子出版物的出版、制作业务

28. 各级广播电台（站）、电视台（站）、广播电视频道（率）、广播电视传输覆盖网（发射台、转播台、广播电视卫星、卫星上行站、卫星收转站、微波站、监测台、有线广播电视传输覆盖网）

29. 广播电视节目制作经营公司

30. 电影制作公司、发行公司、院线公司

31. 新闻网站、网络出版服务、网络视听节目服务、互联网上网服务营业场所、互联网文化经营（音乐除外）

32. 经营文物拍卖的拍卖企业、文物商店

33. 高尔夫球场、别墅的建设

十二、其他行业

34. 危害军事设施安全和使用效能的项目

35. 博彩业（含赌博类跑马场）

36. 色情业

十三、国家法律法规和我国缔结或者参加的国际条约规定禁止的其他产业

注：《内地与香港关于建立更紧密经贸关系的安排》及其补充协议、《内地与澳门关于建立更紧密经贸关系的安排》及其补充协议、《海峡两岸经济合作框架协议》及其后续协议、我国与有关国家签订的自由贸易区协议、投资协定另有规定的，从其规定。

农药管理条例

（2017 年 3 月 16 日中华人民共和国国务院令第 677 号修订）

第一章 总 则

第一条 为了加强农药管理，保证农药质量，保障农产品质量安全和人畜安全，保护农业、林业生产和生态环境，制定本条例。

第二条 本条例所称农药，是指用于预防、控制危害农业、林业的病、虫、草、鼠和其他有害生物以及有目的地调节植物、昆虫生长的化学合成或者来源于生物、其他天然物质的一种物质或者几种物质的混合物及其制剂。

前款规定的农药包括用于不同目的、场所的下列各类：

（一）预防、控制危害农业、林业的病、虫（包括昆虫、蜱、螨）、草、鼠、软体动物和其他有害生物；

（二）预防、控制仓储以及加工场所的病、虫、鼠和其他有害生物；

（三）调节植物、昆虫生长；

（四）农业、林业产品防腐或者保鲜；

（五）预防、控制蚊、蝇、蜚蠊、鼠和其他有害生物；

（六）预防、控制危害河流堤坝、铁路、码头、机场、建筑物和其他场所的有害生物。

第三条 国务院农业主管部门负责全国的农药监督管理工作。

县级以上地方人民政府农业主管部门负责本行政区域的农药监督管理工作。

县级以上人民政府其他有关部门在各自职责范围内负责有关的农药监督管理工作。

第四条 县级以上地方人民政府应当加强对农药监督管理工作的组织领导，将农药监督管理经费列入本级政府预算，保障农药监督管理工作的开展。

第五条 农药生产企业、农药经营者应当对其生产、经营的农药的安全性、有效性负责，自觉接受政府监管和社会监督。

农药生产企业、农药经营者应当加强行业自律，规范生产、经营行为。

第六条 国家鼓励和支持研制、生产、使用安全、高效、经济的农药，推进农药专业化使用，促进农药产业升级。

对在农药研制、推广和监督管理等工作中作出突出贡献的单位和个人，按照国家有关规定予以表彰或者奖励。

第二章 农药登记

第七条 国家实行农药登记制度。农药生产企业、向中国出口农药的企业应当依照本条例的规定申请农药登记，新农药研制者可以依照本条例的规定申请农药登记。

国务院农业主管部门所属的负责农药检定工作的机构负责农药登记具体工作。省、自治区、直辖市人民政府农业主管部门所属的负责农药检定工作的机构协助做好本行政区域的农药登记具体工作。

第八条 国务院农业主管部门组织成立农药登记评审委员会，负责农药登记评审。

农药登记评审委员会由下列人员组成：

（一）国务院农业、林业、卫生、环境保护、粮食、工业行业管理、安全生产监督管理等有关部门和供销合作总社等单位推荐的农药产品化学、药效、毒理、残留、环境、质量标准和检测等方面的专家；

（二）国家食品安全风险评估专家委员会的有关专家；

（三）国务院农业、林业、卫生、环境保护、粮食、工业行业管理、安全生产监督管理等有关部门和供销合作总社等单位的代表。

农药登记评审规则由国务院农业主管部门制定。

第九条 申请农药登记的，应当进行登记试验。

农药的登记试验应当报所在地省、自治区、直辖市人民政府农业主管部门备案。

新农药的登记试验应当向国务院农业主管部门提出申请。国务院农业主管部门应当自受理申请之日起40个工作日内对试验的安全风险及其防范措施进行审查，符合条件的，准予登记试验；不符合条件的，书面通知申请人并说明理由。

第十条 登记试验应当由国务院农业主管部门认定的登记试验单位按照国务院农业主管部门的规定进行。

与已取得中国农药登记的农药组成成分、使用范围和使用方法相同的农药，免予残留、环境试验，但已取得中国农药登记的农药依照本条例第十五条的规定在登记资料保护期内的，应当经农药登记证持有人授权同意。

登记试验单位应当对登记试验报告的真实性负责。

第十一条 登记试验结束后，申请人应当向所在地省、自治区、直辖市人民政府农业主管部门提出农药登记申请，并提交登记试验报告、标签样张和农药产品质量标准及其检验方法等申请资料；申请新农药登记的，还应当提供农药标准品。

省、自治区、直辖市人民政府农业主管部门应当自受理申请之日起20个工作日内提出初审意见，并报送国务院农业主管部门。

向中国出口农药的企业申请农药登记的，应当持本条第一款规定的资料、农药标准品以及在有关国家（地区）登记、使用的证明材料，向国务院农业主管部门提出申请。

第十二条 国务院农业主管部门受理申请或者收到省、自治区、直辖市人民政府农业主管部门报送的申请资料后，应当组织审查和登记评审，并自收到评审意见之日起20个工作日内作出审批决定，符合条件的，核发农药登记证；不符合条件的，书面通知申请人并说明理由。

第十三条 农药登记证应当载明农药名称、剂型、有效成分及其含量、毒性、使用范围、使用方法和剂量、登记证持有人、登记证号以及有效期等事项。

农药登记证有效期为5年。有效期届满，需要继续生产农药或者向中国出口农药的，农药登记证持有人应当在有效期届满90日前向国务院农业主管部门申请延续。

农药登记证载明事项发生变化的，农药登记证持有人应当按照国务院农业主管部门的规定申请变更农药登记证。

国务院农业主管部门应当及时公告农药登记证核发、延续、变更情况以及有关的农药产品质量标准号、残留限量规定、检验方法、经核准的标签等信息。

第十四条 新农药研制者可以转让其已取得登记的新农药的登记资料；农药生产企业可以向具有相应生产能力的农药生产企业转让其已取得登记的农药的登记资料。

第十五条 国家对取得首次登记的、含有新化合物的农药的申请人提交的其自己所取得且未披露的试验数据和其他数据实施保护。

自登记之日起 6 年内，对其他申请人未经已取得登记的申请人同意，使用前款规定的数据申请农药登记的，登记机关不予登记；但是，其他申请人提交其自己所取得的数据的除外。

除下列情况外，登记机关不得披露本条第一款规定的数据：

（一）公共利益需要；

（二）已采取措施确保该类信息不会被不正当地进行商业使用。

第三章　农药生产

第十六条 农药生产应当符合国家产业政策。国家鼓励和支持农药生产企业采用先进技术和先进管理规范，提高农药的安全性、有效性。

第十七条 国家实行农药生产许可制度。农药生产企业应当具备下列条件，并按照国务院农业主管部门的规定向省、自治区、直辖市人民政府农业主管部门申请农药生产许可证：

（一）有与所申请生产农药相适应的技术人员；

（二）有与所申请生产农药相适应的厂房、设施；

（三）有对所申请生产农药进行质量管理和质量检验的人员、仪器和设备；

（四）有保证所申请生产农药质量的规章制度。

省、自治区、直辖市人民政府农业主管部门应当自受理申请之日起 20 个工作日内作出审批决定，必要时应当进行实地核查。符合条件的，核发农药生产许可证；不符合条件的，书面通知申请人并说明理由。

安全生产、环境保护等法律、行政法规对企业生产条件有其他规定的，农药生产企业还应当遵守其规定。

第十八条 农药生产许可证应当载明农药生产企业名称、住所、法定代表人（负责人）、生产范围、生产地址以及有效期等事项。

农药生产许可证有效期为 5 年。有效期届满，需要继续生产农药的，农药生产企业应当在有效期届满 90 日前向省、自治区、直辖市人民政府农业主管部门申请延续。

农药生产许可证载明事项发生变化的，农药生产企业应当按照国务院农业主管部门的规定申请变更农药生产许可证。

第十九条 委托加工、分装农药的，委托人应当取得相应的农药登记证，受托人应当取得农药生产许可证。

委托人应当对委托加工、分装的农药质量负责。

第二十条 农药生产企业采购原材料，应当查验产品质量检验合格证和有关许可证明文件，不得采购、使用未依法附具产品质量检验合格证、未依法取得有关许可证明文件的原材料。

农药生产企业应当建立原材料进货记录制度，如实记录原材料的名称、有关许可证明文件编号、规格、数量、供货人名称及其联系方式、进货日期等内容。原材料进货记录应当保存 2 年以上。

第二十一条 农药生产企业应当严格按照产品质量标准进行生产，确保农药产品与登记农药一致。农药出厂销售，应当经质量检验合格并附具产品质量检验合格证。

农药生产企业应当建立农药出厂销售记录制度，如实记录农药的名称、规格、数量、生产日期和批号、产品质量检验信息、购货人名称及其联系方式、销售日期等内容。农药出厂销售记录应当保存 2 年以上。

第二十二条 农药包装应当符合国家有关规定，并印制或者贴有标签。国家鼓励农药生产企业使用可回收的农药包装材料。

农药标签应当按照国务院农业主管部门的规定，以中文标注农药的名称、剂型、有效成分及其含量、毒性及其标识、使用范围、使用方法和剂量、使用技术要求和注意事项、生产日期、可追溯电子信息码等内容。

剧毒、高毒农药以及使用技术要求严格的其他农药等限制使用农药的标签还应当标注"限制使用"字样，并注明使用的特别限制和特殊要求。用于食用农产品的农药的标签还应当标注安全间隔期。

第二十三条 农药生产企业不得擅自改变经核准的农药的标签内容，不得在农药的标签中标注虚假、误导使用者的内容。

农药包装过小，标签不能标注全部内容的，应当同时附具说明书，说明书的内容应当与经核准的标签内容一致。

第四章 农药经营

第二十四条 国家实行农药经营许可制度，但经营卫生用农药的除外。农药经营者应当具备下列条件，并按照国务院农业主管部门的规定向县级以上地方人民政府农业主管部门申请农药经营许可证：

（一）有具备农药和病虫害防治专业知识，熟悉农药管理规定，能够指导安全合理使用农药的经营人员；

（二）有与其他商品以及饮用水水源、生活区域等有效隔离的营业场所和仓储场所，并配备与所申请经营农药相适应的防护设施；

（三）有与所申请经营农药相适应的质量管理、台账记录、安全防护、应急处置、仓储管理等制度。

经营限制使用农药的，还应当配备相应的用药指导和病虫害防治专业技术人员，并按照所在地省、自治区、直辖市人民政府农业主管部门的规定实行定点经营。

县级以上地方人民政府农业主管部门应当自受理申请之日起 20 个工作日内作出审批决定。符合条件的，核发农药经营许可证；不符合条件的，书面通知申请人并说明理由。

第二十五条 农药经营许可证应当载明农药经营者名称、住所、负责人、经营范围以及有效期等事项。

农药经营许可证有效期为 5 年。有效期届满，需要继续经营农药的，农药经营者应当在有效期届满 90 日前向发证机关申请延续。

农药经营许可证载明事项发生变化的，农药经营者应当按照国务院农业主管部门的规定申请变更农药经营许可证。

取得农药经营许可证的农药经营者设立分支机构的，应当依法申请变更农药经营许可证，并向分支机构所在地县级以上地方人民政府农业主管部门备案，其分支机构免予办理农药经营许可证。农药经营者应当对其分支机构的经营活动负责。

第二十六条 农药经营者采购农药应当查验产品包装、标签、产品质量检验合格证以及有关许可证明文件，不得向未取得农药生产许可证的农药生产企业或者未取得农药经营许可证的其他农药经营者采购农药。

农药经营者应当建立采购台账，如实记录农药的名称、有关许可证明文件编号、规格、数量、生产企业和供货人名称及其联系方式、进货日期等内容。采购台账应当保存 2 年以上。

第二十七条 农药经营者应当建立销售台账，如实记录销售农药的名称、规格、数量、生产企业、购买人、销售日期等内容。销售台账应当保存 2 年以上。

农药经营者应当向购买人询问病虫害发生情况并科学推荐农药，必要时应当实地查看病虫害发生情况，并正确说明农药的使用范围、使用方法和剂量、使用技术要求和注意事项，不得误导购买人。

经营卫生用农药的，不适用本条第一款、第二款的规定。

第二十八条 农药经营者不得加工、分装农药，不得在农药中添加任何物质，不得采购、销售包装和标签不符合规定，未附具产品质量检验合格证，未取得有关许可证明文件的农药。

经营卫生用农药的，应当将卫生用农药与其他商品分柜销售；经营其他农药的，不得在农药经营场所内经营食品、食用农产品、饲料等。

第二十九条 境外企业不得直接在中国销售农药。境外企业在中国销售农药的，应当依法在中国设立销售机构或者委托符合条件的中国代理机构销售。

向中国出口的农药应当附具中文标签、说明书，符合产品质量标准，并经出入境检验检疫部门依法检验合格。禁止进口未取得农药登记证的农药。

办理农药进出口海关申报手续，应当按照海关总署的规定出示相关证明文件。

第五章　农药使用

第三十条 县级以上人民政府农业主管部门应当加强农药使用指导、服务工作，建立健全农药安全、合理使用制度，并按照预防为主、综合防治的要求，组织推广农药科学使用技术，规范农药使用行为。林业、粮食、卫生等部门应当加强对林业、储粮、卫生用农药安全、合理使用的技术指导，环境保护主管部门应当加强对农药使用过程中环境保护和污染防治的技术指导。

第三十一条 县级人民政府农业主管部门应当组织植物保护、农业技术推广等机构向农药使用者提供免费技术培训，提高农药安全、合理使用水平。

国家鼓励农业科研单位、有关学校、农民专业合作社、供销合作社、农业社会化服务组织和专业人员为农药使用者提供技术服务。

第三十二条　国家通过推广生物防治、物理防治、先进施药器械等措施，逐步减少农药使用量。

县级人民政府应当制定并组织实施本行政区域的农药减量计划；对实施农药减量计划、自愿减少农药使用量的农药使用者，给予鼓励和扶持。

县级人民政府农业主管部门应当鼓励和扶持设立专业化病虫害防治服务组织，并对专业化病虫害防治和限制使用农药的配药、用药进行指导、规范和管理，提高病虫害防治水平。

县级人民政府农业主管部门应当指导农药使用者有计划地轮换使用农药，减缓危害农业、林业的病、虫、草、鼠和其他有害生物的抗药性。

乡、镇人民政府应当协助开展农药使用指导、服务工作。

第三十三条　农药使用者应当遵守国家有关农药安全、合理使用制度，妥善保管农药，并在配药、用药过程中采取必要的防护措施，避免发生农药使用事故。

限制使用农药的经营者应当为农药使用者提供用药指导，并逐步提供统一用药服务。

第三十四条　农药使用者应当严格按照农药的标签标注的使用范围、使用方法和剂量、使用技术要求和注意事项使用农药，不得扩大使用范围、加大用药剂量或者改变使用方法。

农药使用者不得使用禁用的农药。

标签标注安全间隔期的农药，在农产品收获前应当按照安全间隔期的要求停止使用。

剧毒、高毒农药不得用于防治卫生害虫，不得用于蔬菜、瓜果、茶叶、菌类、中草药材的生产，不得用于水生植物的病虫害防治。

第三十五条　农药使用者应当保护环境，保护有益生物和珍稀物种，不得在饮用水水源保护区、河道内丢弃农药、农药包装物或者清洗施药器械。

严禁在饮用水水源保护区内使用农药，严禁使用农药毒鱼、虾、鸟、兽等。

第三十六条　农产品生产企业、食品和食用农产品仓储企业、专业化病虫害防治服务组织和从事农产品生产的农民专业合作社等应当建立农药使用记录，如实记录使用农药的时间、地点、对象以及农药名称、用量、生产企业等。农药使用记录应当保存2年以上。

国家鼓励其他农药使用者建立农药使用记录。

第三十七条　国家鼓励农药使用者妥善收集农药包装物等废弃物；农药生产企业、农药经营者应当回收农药废弃物，防止农药污染环境和农药中毒事故的发生。具体办法由国务院环境保护主管部门会同国务院农业主管部门、国务院财政部门等部门制定。

第三十八条　发生农药使用事故，农药使用者、农药生产企业、农药经营者和其他有关人员应当及时报告当地农业主管部门。

接到报告的农业主管部门应当立即采取措施，防止事故扩大，同时通知有关部门采取相应措施。造成农药中毒事故的，由农业主管部门和公安机关依照职责权限组织调查处理，卫生主管部门应当按照国家有关规定立即对受到伤害的人员组织医疗救治；造成环境污染事故的，由环境保护等有关部门依法组织调查处理；造成储粮药剂使用事故和农作物药害事故的，分别由粮食、农业等部门组织技术鉴定和调查处理。

第三十九条　因防治突发重大病虫害等紧急需要，国务院农业主管部门可以决定临时生产、使用规定数量的未取得登记或者禁用、限制使用的农药，必要时应当会同国务院对外贸易主管部门决定临时限制出口或者临时进口规定数量、品种的农药。

前款规定的农药，应当在使用地县级人民政府农业主管部门的监督和指导下使用。

第六章　监督管理

第四十条　县级以上人民政府农业主管部门应当定期调查统计农药生产、销售、使用情况，并及时通报本级人民政府有关部门。

县级以上地方人民政府农业主管部门应当建立农药生产、经营诚信档案并予以公布；发现违法生产、经营农药的行为涉嫌犯罪的，应当依法移送公安机关查处。

第四十一条　县级以上人民政府农业主管部门履行农药监督管理职责，可以依法采取下列措施：

（一）进入农药生产、经营、使用场所实施现场检查；

（二）对生产、经营、使用的农药实施抽查检测；

（三）向有关人员调查了解有关情况；

（四）查阅、复制合同、票据、账簿以及其他有关资料；

（五）查封、扣押违法生产、经营、使用的农药，以及用于违法生产、经营、使用农药的工具、设备、原材料等；

（六）查封违法生产、经营、使用农药的场所。

第四十二条　国家建立农药召回制度。农药生产企业发现其生产的农药对农业、林业、人畜安全、农产品质量安全、生态环境等有严重危害或者较大风险的，应当立即停止生产，通知有关经营者和使用者，向所在地农业主管部门报告，主动召回产品，并记录通知和召回情况。

农药经营者发现其经营的农药有前款规定的情形的，应当立即停止销售，通知有关生产企业、供货人和购买人，向所在地农业主管部门报告，并记录停止销售和通知情况。

农药使用者发现其使用的农药有本条第一款规定的情形的，应当立即停止使用，通知经营者，并向所在地农业主管部门报告。

第四十三条　国务院农业主管部门和省、自治区、直辖市人民政府农业主管部门应当组织负责农药检定工作的机构、植物保护机构对已登记农药的安全性和有效性进行监测。

发现已登记农药对农业、林业、人畜安全、农产品质量安全、生态环境等有严重危害或者较大风险的，国务院农业主管部门应当组织农药登记评审委员会进行评审，根据评审结果撤销、变更相应的农药登记证，必要时应当决定禁用或者限制使用并予以公告。

第四十四条　有下列情形之一的，认定为假农药：

（一）以非农药冒充农药；

（二）以此种农药冒充他种农药；

（三）农药所含有效成分种类与农药的标签、说明书标注的有效成分不符。

禁用的农药，未依法取得农药登记证而生产、进口的农药，以及未附具标签的农药，按照假农药处理。

第四十五条　有下列情形之一的，认定为劣质农药：

（一）不符合农药产品质量标准；

（二）混有导致药害等有害成分。

超过农药质量保证期的农药，按照劣质农药处理。

第四十六条　假农药、劣质农药和回收的农药废弃物等应当交由具有危险废物经营资质的单位集中处置，处置费用由相应的农药生产企业、农药经营者承担；农药生产企业、农药经营者不明确的，处置费用由所在地县级人民政府财政列支。

第四十七条　禁止伪造、变造、转让、出租、出借农药登记证、农药生产许可证、农药经营许可证等许可证明文件。

第四十八条　县级以上人民政府农业主管部门及其工作人员和负责农药检定工作的机构及其工作人员，不得参与农药生产、经营活动。

第七章　法律责任

第四十九条　县级以上人民政府农业主管部门及其工作人员有下列行为之一的，由本级人民政府责令改正；对负有责任的领导人员和直接责任人员，依法给予处分；负有责任的领导人员和直接责任人员构成犯罪的，依法追究刑事责任：

（一）不履行监督管理职责，所辖行政区域的违法农药生产、经营活动造成重大损失或者恶劣社会影响；

（二）对不符合条件的申请人准予许可或者对符合条件的申请人拒不准予许可；

（三）参与农药生产、经营活动；

（四）有其他徇私舞弊、滥用职权、玩忽职守行为。

第五十条　农药登记评审委员会组成人员在农药登记评审中谋取不正当利益的，由国务院农业主管部门从农药登记评审委员会除名；属于国家工作人员的，依法给予处分；构成犯罪的，依法追究刑事责任。

第五十一条　登记试验单位出具虚假登记试验报告的，由省、自治区、直辖市人民政府农业主管部门没收违法所得，并处 5 万元以上 10 万元以下罚款；由国务院农业主管部门从登记试验单位中除名，5 年内不再受理其登记试验单位认定申请；构成犯罪的，依法追究刑事责任。

第五十二条　未取得农药生产许可证生产农药或者生产假农药的，由县级以上地方人民政府农业主管部门责令停止生产，没收违法所得、违法生产的产品和用于违法生产的工具、设备、原材料等，违法生产的产品货值金额不足 1 万元的，并处 5 万元以上 10 万元以下罚款，货值金额 1 万元以上的，并处货值金额 10 倍以上 20 倍以下罚款，由发证机关吊销农药生产许可证和相应的农药登记证；构成犯罪的，依法追究刑事责任。

取得农药生产许可证的农药生产企业不再符合规定条件继续生产农药的，由县级以上地方人民政府农业主管部门责令限期整改；逾期拒不整改或者整改后仍不符合规定条件的，由发证机关吊销农药生产许可证。

农药生产企业生产劣质农药的，由县级以上地方人民政府农业主管部门责令停止生产，没收违法所得、违法生产的产品和用于违法生产的工具、设备、原材料等，违法生产的产品货值金额不足 1 万元的，并处 1 万元以上 5 万元以下罚款，货值金额 1 万元以上的，并处货值金额 5 倍以上 10 倍以下罚款；情节严重的，由发证机关吊销农药生产许可证和相应的农药登记证；构成犯罪的，依法追究刑事责任。

委托未取得农药生产许可证的受托人加工、分装农药，或者委托加工、分装假农药、劣质农药的，对委托人和受托人均依照本条第一款、第三款的规定处罚。

第五十三条 农药生产企业有下列行为之一的，由县级以上地方人民政府农业主管部门责令改正，没收违法所得、违法生产的产品和用于违法生产的原材料等，违法生产的产品货值金额不足1万元的，并处1万元以上2万元以下罚款，货值金额1万元以上的，并处货值金额2倍以上5倍以下罚款；拒不改正或者情节严重的，由发证机关吊销农药生产许可证和相应的农药登记证：

（一）采购、使用未依法附具产品质量检验合格证、未依法取得有关许可证明文件的原材料；

（二）出厂销售未经质量检验合格并附具产品质量检验合格证的农药；

（三）生产的农药包装、标签、说明书不符合规定；

（四）不召回依法应当召回的农药。

第五十四条 农药生产企业不执行原材料进货、农药出厂销售记录制度，或者不履行农药废弃物回收义务的，由县级以上地方人民政府农业主管部门责令改正，处1万元以上5万元以下罚款；拒不改正或者情节严重的，由发证机关吊销农药生产许可证和相应的农药登记证。

第五十五条 农药经营者有下列行为之一的，由县级以上地方人民政府农业主管部门责令停止经营，没收违法所得、违法经营的农药和用于违法经营的工具、设备等，违法经营的农药货值金额不足1万元的，并处5000元以上5万元以下罚款，货值金额1万元以上的，并处货值金额5倍以上10倍以下罚款；构成犯罪的，依法追究刑事责任：

（一）违反本条例规定，未取得农药经营许可证经营农药；

（二）经营假农药；

（三）在农药中添加物质。

有前款第二项、第三项规定的行为，情节严重的，还应当由发证机关吊销农药经营许可证。

取得农药经营许可证的农药经营者不再符合规定条件继续经营农药的，由县级以上地方人民政府农业主管部门责令限期整改；逾期拒不整改或者整改后仍不符合规定条件的，由发证机关吊销农药经营许可证。

第五十六条 农药经营者经营劣质农药的，由县级以上地方人民政府农业主管部门责令停止经营，没收违法所得、违法经营的农药和用于违法经营的工具、设备等，违法经营的农药货值金额不足1万元的，并处2000元以上2万元以下罚款，货值金额1万元以上的，并处货值金额2倍以上5倍以下罚款；情节严重的，由发证机关吊销农药经营许可证；构成犯罪的，依法追究刑事责任。

第五十七条 农药经营者有下列行为之一的，由县级以上地方人民政府农业主管部门责令改正，没收违法所得和违法经营的农药，并处5000元以上5万元以下罚款；拒不改正或者情节严重的，由发证机关吊销农药经营许可证：

（一）设立分支机构未依法变更农药经营许可证，或者未向分支机构所在地县级以上地方人民政府农业主管部门备案；

（二）向未取得农药生产许可证的农药生产企业或者未取得农药经营许可证的其他农药经营者采购农药；

（三）采购、销售未附具产品质量检验合格证或者包装、标签不符合规定的农药；

（四）不停止销售依法应当召回的农药。

第五十八条　农药经营者有下列行为之一的，由县级以上地方人民政府农业主管部门责令改正；拒不改正或者情节严重的，处 2 000 元以上 2 万元以下罚款，并由发证机关吊销农药经营许可证：

（一）不执行农药采购台账、销售台账制度；

（二）在卫生用农药以外的农药经营场所内经营食品、食用农产品、饲料等；

（三）未将卫生用农药与其他商品分柜销售；

（四）不履行农药废弃物回收义务。

第五十九条　境外企业直接在中国销售农药的，由县级以上地方人民政府农业主管部门责令停止销售，没收违法所得、违法经营的农药和用于违法经营的工具、设备等，违法经营的农药货值金额不足 5 万元的，并处 5 万元以上 50 万元以下罚款，货值金额 5 万元以上的，并处货值金额 10 倍以上 20 倍以下罚款，由发证机关吊销农药登记证。

取得农药登记证的境外企业向中国出口劣质农药情节严重或者出口假农药的，由国务院农业主管部门吊销相应的农药登记证。

第六十条　农药使用者有下列行为之一的，由县级人民政府农业主管部门责令改正，农药使用者为农产品生产企业、食品和食用农产品仓储企业、专业化病虫害防治服务组织和从事农产品生产的农民专业合作社等单位的，处 5 万元以上 10 万元以下罚款，农药使用者为个人的，处 1 万元以下罚款；构成犯罪的，依法追究刑事责任：

（一）不按照农药的标签标注的使用范围、使用方法和剂量、使用技术要求和注意事项、安全间隔期使用农药；

（二）使用禁用的农药；

（三）将剧毒、高毒农药用于防治卫生害虫，用于蔬菜、瓜果、茶叶、菌类、中草药材生产或者用于水生植物的病虫害防治；

（四）在饮用水水源保护区内使用农药；

（五）使用农药毒鱼、虾、鸟、兽等；

（六）在饮用水水源保护区、河道内丢弃农药、农药包装物或者清洗施药器械。

有前款第二项规定的行为的，县级人民政府农业主管部门还应当没收禁用的农药。

第六十一条　农产品生产企业、食品和食用农产品仓储企业、专业化病虫害防治服务组织和从事农产品生产的农民专业合作社等不执行农药使用记录制度的，由县级人民政府农业主管部门责令改正；拒不改正或者情节严重的，处 2 000 元以上 2 万元以下罚款。

第六十二条　伪造、变造、转让、出租、出借农药登记证、农药生产许可证、农药经营许可证等许可证明文件的，由发证机关收缴或者予以吊销，没收违法所得，并处 1 万元以上 5 万元以下罚款；构成犯罪的，依法追究刑事责任。

第六十三条　未取得农药生产许可证生产农药，未取得农药经营许可证经营农药，或者被吊销农药登记证、农药生产许可证、农药经营许可证的，其直接负责的主管人员 10 年内不得从事农药生产、经营活动。

农药生产企业、农药经营者招用前款规定的人员从事农药生产、经营活动的，由发证机关吊销农药生产许可证、农药经营许可证。

被吊销农药登记证的，国务院农业主管部门5年内不再受理其农药登记申请。

第六十四条 生产、经营的农药造成农药使用者人身、财产损害的，农药使用者可以向农药生产企业要求赔偿，也可以向农药经营者要求赔偿。属于农药生产企业责任的，农药经营者赔偿后有权向农药生产企业追偿；属于农药经营者责任的，农药生产企业赔偿后有权向农药经营者追偿。

第八章 附 则

第六十五条 申请农药登记的，申请人应当按照自愿有偿的原则，与登记试验单位协商确定登记试验费用。

第六十六条 本条例自2017年6月1日起施行。

修改说明

2001年11月29日《国务院关于修改〈农药管理条例〉的决定》第一次修改，修改内容如下：

（1）增加一条，作为第十条："国家对获得首次登记的、含有新化合物的农药的申请人提交的其自己所取得且未披露的试验数据和其他数据实施保护。

"自登记之日起6年内，对其他申请人未经已获得登记的申请人同意，使用前款数据申请农药登记的，登记机关不予登记；但是，其他申请人提交其自己所取得的数据的除外。

"除下列情况外，登记机关不得披露第一款规定的数据：

（一）公共利益需要；

（二）已采取措施确保该类信息不会被不正当地进行商业使用。"

（2）第三十六条修改为第三十七条："县级以上各级人民政府有关部门应当做好农副产品中农药残留量的检测工作，并公布检测结果。"

（3）第三十九条修改为第四十条："有下列行为之一的，依照刑法关于非法经营罪或者危险物品肇事罪的规定，依法追究刑事责任；尚不够刑事处罚的，由农业行政主管部门按照以下规定给予处罚：

（一）未取得农药登记证或者农药临时登记证，擅自生产、经营农药的，或者生产、经营已撤销登记的农药的，责令停止生产、经营，没收违法所得，并处违法所得1倍以上10倍以下的罚款；没有违法所得的，并处10万元以下的罚款；

（二）农药登记证或者农药临时登记证有效期限届满未办理续展登记，擅自继续生产该农药的，责令限期补办续展手续，没收违法所得，可以并处违法所得5倍以下的罚款；没有违法所得的，可以并处5万元以下的罚款；逾期不补办的，由原发证机关责令停止生产、经营，吊销农药登记证或者农药临时登记证；

（三）生产、经营产品包装上未附标签、标签残缺不清或者擅自修改标签内容的农药产品的，给予警告，没收违法所得，可以并处违法所得3倍以下的罚款；没有违法所得的，可以并处3万元以下的罚款；

（四）不按照国家有关农药安全使用的规定使用农药的，根据所造成的危害后果，给予警告，可以并处 3 万元以下的罚款。"

（4）第四十一条修改为第四十二条："假冒、伪造或者转让农药登记证或者农药临时登记证、农药登记证号或者农药临时登记证号、农药生产许可证或者农药生产批准文件、农药生产许可证号或者农药生产批准文件号的，依照刑法关于非法经营罪或者伪造、变造、买卖国家机关公文、证件、印章罪的规定，依法追究刑事责任；尚不够刑事处罚的，由农业行政主管部门收缴或者吊销农药登记证或者农药临时登记证，由工业产品许可管理部门收缴或者吊销农药生产许可证或者农药生产批准文件，由农业行政主管部门或者工业产品许可管理部门没收违法所得，可以并处违法所得 10 倍以下的罚款；没有违法所得的，可以并处 10 万元以下的罚款。"

（5）第四十二条修改为第四十三条："生产、经营假农药、劣质农药的，依照刑法关于生产、销售伪劣产品罪或者生产、销售伪劣农药罪的规定，依法追究刑事责任；尚不够刑事处罚的，由农业行政主管部门或者法律、行政法规规定的其他有关部门没收假农药、劣质农药和违法所得，并处违法所得 1 倍以上 10 倍以下的罚款；没有违法所得的，并处 10 万元以下的罚款；情节严重的，由农业行政主管部门吊销农药登记证或者农药临时登记证，由工业产品许可管理部门吊销农药生产许可证或者农药生产批准文件。"

（6）第四十三条修改为第四十四条："违反工商行政管理法律、法规，生产、经营农药的，或者违反农药广告管理规定的，依照刑法关于非法经营罪或者虚假广告罪的规定，依法追究刑事责任；尚不够刑事处罚的，由工商行政管理机关依照有关法律、法规的规定给予处罚。"

（7）第四十五条修改为第四十六条："违反本条例规定，在生产、储存、运输、使用农药过程中发生重大事故的，对直接负责的主管人员和其他直接责任人员，依照刑法关于危险物品肇事罪的规定，依法追究刑事责任；尚不够刑事处罚的，依法给予行政处分。"

（8）第四十六条修改为第四十七条："农药管理工作人员滥用职权、玩忽职守、徇私舞弊、索贿受贿的，依照刑法关于滥用职权罪、玩忽职守罪或者受贿罪的规定，依法追究刑事责任；尚不够刑事处罚的，依法给予行政处分。"

（9）删去第五条第二款"国务院化学工业行政管理部门负责全国农药生产的统筹规划、协调指导、监督管理工作。省、自治区、直辖市人民政府化学工业行政管理部门负责本行政区域内农药生产的监督管理工作"。

（10）将第九条中的"化学工业"修改为"工业产品许可管理"，将第十二条第一款、第十三条第二款和第三款以及第四十条中的"化学工业行政管理部门"修改为"工业产品许可管理部门"。

（11）此外，对条文的顺序作相应调整。

兽药管理条例

（2016年2月6日中华人民共和国国务院令第666号修订）

第一章 总 则

第一条 为了加强兽药管理，保证兽药质量，防治动物疾病，促进养殖业的发展，维护人体健康，制定本条例。

第二条 在中华人民共和国境内从事兽药的研制、生产、经营、进出口、使用和监督管理，应当遵守本条例。

第三条 国务院兽医行政管理部门负责全国的兽药监督管理工作。

县级以上地方人民政府兽医行政管理部门负责本行政区域内的兽药监督管理工作。

第四条 国家实行兽用处方药和非处方药分类管理制度。兽用处方药和非处方药分类管理的办法和具体实施步骤，由国务院兽医行政管理部门规定。

第五条 国家实行兽药储备制度。

发生重大动物疫情、灾情或者其他突发事件时，国务院兽医行政管理部门可以紧急调用国家储备的兽药；必要时，也可以调用国家储备以外的兽药。

第二章 新兽药研制

第六条 国家鼓励研制新兽药，依法保护研制者的合法权益。

第七条 研制新兽药，应当具有与研制相适应的场所、仪器设备、专业技术人员、安全管理规范和措施。

研制新兽药，应当进行安全性评价。从事兽药安全性评价的单位应当遵守国务院兽医行政管理部门制定的兽药非临床研究质量管理规范和兽药临床试验质量管理规范。

省级以上人民政府兽医行政管理部门应当对兽药安全性评价单位是否符合兽药非临床研究质量管理规范和兽药临床试验质量管理规范的要求进行监督检查，并公布监督检查结果。

第八条 研制新兽药，应当在临床试验前向省、自治区、直辖市人民政府兽医行政管理部门提出申请，并附具该新兽药实验室阶段安全性评价报告及其他临床前研究资料；省、自治区、直辖市人民政府兽医行政管理部门应当自收到申请之日起60个工作日内将审查结果书面通知申请人。

研制的新兽药属于生物制品的，应当在临床试验前向国务院兽医行政管理部门提出申请，国务院兽医行政管理部门应当自收到申请之日起60个工作日内将审查结果书面通知申请人。

研制新兽药需要使用一类病原微生物的，还应当具备国务院兽医行政管理部门规定的条件，并在实验室阶段前报国务院兽医行政管理部门批准。

第九条　临床试验完成后，新兽药研制者向国务院兽医行政管理部门提出新兽药注册申请时，应当提交该新兽药的样品和下列资料：

（一）名称、主要成分、理化性质；

（二）研制方法、生产工艺、质量标准和检测方法；

（三）药理和毒理试验结果、临床试验报告和稳定性试验报告；

（四）环境影响报告和污染防治措施。

研制的新兽药属于生物制品的，还应当提供菌（毒、虫）种、细胞等有关材料和资料。菌（毒、虫）种、细胞由国务院兽医行政管理部门指定的机构保藏。

研制用于食用动物的新兽药，还应当按照国务院兽医行政管理部门的规定进行兽药残留试验并提供休药期、最高残留限量标准、残留检测方法及其制定依据等资料。

国务院兽医行政管理部门应当自收到申请之日起 10 个工作日内，将决定受理的新兽药资料送其设立的兽药评审机构进行评审，将新兽药样品送其指定的检验机构复核检验，并自收到评审和复核检验结论之日起 60 个工作日内完成审查。审查合格的，发给新兽药注册证书，并发布该兽药的质量标准；不合格的，应当书面通知申请人。

第十条　国家对依法获得注册的、含有新化合物的兽药的申请人提交的其自己所取得且未披露的试验数据和其他数据实施保护。

自注册之日起 6 年内，对其他申请人未经已获得注册兽药的申请人同意，使用前款规定的数据申请兽药注册的，兽药注册机关不予注册；但是，其他申请人提交其自己所取得的数据的除外。

除下列情况外，兽药注册机关不得披露本条第一款规定的数据：

（一）公共利益需要；

（二）已采取措施确保该类信息不会被不正当地进行商业使用。

第三章　兽药生产

第十一条　从事兽药生产的企业，应当符合国家兽药行业发展规划和产业政策，并具备下列条件：

（一）与所生产的兽药相适应的兽医学、药学或者相关专业的技术人员；

（二）与所生产的兽药相适应的厂房、设施；

（三）与所生产的兽药相适应的兽药质量管理和质量检验的机构、人员、仪器设备；

（四）符合安全、卫生要求的生产环境；

（五）兽药生产质量管理规范规定的其他生产条件。

符合前款规定条件的，申请人方可向省、自治区、直辖市人民政府兽医行政管理部门提出申请，并附具符合前款规定条件的证明材料；省、自治区、直辖市人民政府兽医行政管理部门应当自收到申请之日起 40 个工作日内完成审查。经审查合格的，发给兽药生产许可证；不合格的，应当书面通知申请人。

第十二条　兽药生产许可证应当载明生产范围、生产地点、有效期和法定代表人姓名、住址等事项。

兽药生产许可证有效期为 5 年。有效期届满，需要继续生产兽药的，应当在许可证有效期届满前 6 个月到发证机关申请换发兽药生产许可证。

第十三条 兽药生产企业变更生产范围、生产地点的，应当依照本条例第十一条的规定申请换发兽药生产许可证；变更企业名称、法定代表人的，应当在办理工商变更登记手续后 15 个工作日内，到发证机关申请换发兽药生产许可证。

第十四条 兽药生产企业应当按照国务院兽医行政管理部门制定的兽药生产质量管理规范组织生产。

省级以上人民政府兽医行政管理部门，应当对兽药生产企业是否符合兽药生产质量管理规范的要求进行监督检查，并公布检查结果。

第十五条 兽药生产企业生产兽药，应当取得国务院兽医行政管理部门核发的产品批准文号，产品批准文号的有效期为 5 年。兽药产品批准文号的核发办法由国务院兽医行政管理部门制定。

第十六条 兽药生产企业应当按照兽药国家标准和国务院兽医行政管理部门批准的生产工艺进行生产。兽药生产企业改变影响兽药质量的生产工艺的，应当报原批准部门审核批准。

兽药生产企业应当建立生产记录，生产记录应当完整、准确。

第十七条 生产兽药所需的原料、辅料，应当符合国家标准或者所生产兽药的质量要求。

直接接触兽药的包装材料和容器应当符合药用要求。

第十八条 兽药出厂前应当经过质量检验，不符合质量标准的不得出厂。

兽药出厂应当附有产品质量合格证。

禁止生产假、劣兽药。

第十九条 兽药生产企业生产的每批兽用生物制品，在出厂前应当由国务院兽医行政管理部门指定的检验机构审查核对，并在必要时进行抽查检验；未经审查核对或者抽查检验不合格的，不得销售。

强制免疫所需兽用生物制品，由国务院兽医行政管理部门指定的企业生产。

第二十条 兽药包装应当按照规定印有或者贴有标签，附具说明书，并在显著位置注明"兽用"字样。

兽药的标签和说明书经国务院兽医行政管理部门批准并公布后，方可使用。

兽药的标签或者说明书，应当以中文注明兽药的通用名称、成分及其含量、规格、生产企业、产品批准文号（进口兽药注册证号）、产品批号、生产日期、有效期、适应证或者功能主治、用法、用量、休药期、禁忌、不良反应、注意事项、运输贮存保管条件及其他应当说明的内容。有商品名称的，还应当注明商品名称。

除前款规定的内容外，兽用处方药的标签或者说明书还应当印有国务院兽医行政管理部门规定的警示内容，其中兽用麻醉药品、精神药品、毒性药品和放射性药品还应当印有国务院兽医行政管理部门规定的特殊标志；兽用非处方药的标签或者说明书还应当印有国务院兽医行政管理部门规定的非处方药标志。

第二十一条 国务院兽医行政管理部门，根据保证动物产品质量安全和人体健康的需要，可以对新兽药设立不超过 5 年的监测期；在监测期内，不得批准其他企业生产或者进口该新兽药。生产企业应当在监测期内收集该新兽药的疗效、不良反应等资料，并及时报送国务院兽医行政管理部门。

第四章　兽药经营

第二十二条　经营兽药的企业，应当具备下列条件：

（一）与所经营的兽药相适应的兽药技术人员；

（二）与所经营的兽药相适应的营业场所、设备、仓库设施；

（三）与所经营的兽药相适应的质量管理机构或者人员；

（四）兽药经营质量管理规范规定的其他经营条件。

符合前款规定条件的，申请人方可向市、县人民政府兽医行政管理部门提出申请，并附具符合前款规定条件的证明材料；经营兽用生物制品的，应当向省、自治区、直辖市人民政府兽医行政管理部门提出申请，并附具符合前款规定条件的证明材料。

县级以上地方人民政府兽医行政管理部门，应当自收到申请之日起 30 个工作日内完成审查。审查合格的，发给兽药经营许可证；不合格的，应当书面通知申请人。

第二十三条　兽药经营许可证应当载明经营范围、经营地点、有效期和法定代表人姓名、住址等事项。

兽药经营许可证有效期为 5 年。有效期届满，需要继续经营兽药的，应当在许可证有效期届满前 6 个月到发证机关申请换发兽药经营许可证。

第二十四条　兽药经营企业变更经营范围、经营地点的，应当依照本条例第二十二条的规定申请换发兽药经营许可证；变更企业名称、法定代表人的，应当在办理工商变更登记手续后 15 个工作日内，到发证机关申请换发兽药经营许可证。

第二十五条　兽药经营企业，应当遵守国务院兽医行政管理部门制定的兽药经营质量管理规范。

县级以上地方人民政府兽医行政管理部门，应当对兽药经营企业是否符合兽药经营质量管理规范的要求进行监督检查，并公布检查结果。

第二十六条　兽药经营企业购进兽药，应当将兽药产品与产品标签或者说明书、产品质量合格证核对无误。

第二十七条　兽药经营企业，应当向购买者说明兽药的功能主治、用法、用量和注意事项。销售兽用处方药的，应当遵守兽用处方药管理办法。

兽药经营企业销售兽用中药材的，应当注明产地。

禁止兽药经营企业经营人用药品和假、劣兽药。

第二十八条　兽药经营企业购销兽药，应当建立购销记录。购销记录应当载明兽药的商品名称、通用名称、剂型、规格、批号、有效期、生产厂商、购销单位、购销数量、购销日期和国务院兽医行政管理部门规定的其他事项。

第二十九条　兽药经营企业，应当建立兽药保管制度，采取必要的冷藏、防冻、防潮、防虫、防鼠等措施，保持所经营兽药的质量。

兽药入库、出库，应当执行检查验收制度，并有准确记录。

第三十条　强制免疫所需兽用生物制品的经营，应当符合国务院兽医行政管理部门的规定。

第三十一条　兽药广告的内容应当与兽药说明书内容相一致，在全国重点媒体发布兽药广告的，应当经国务院兽医行政管理部门审查批准，取得兽药广告审查批准文号。在地方媒体发布兽药广告的，应当经省、自治区、直辖市人民政府兽医行政管理部门审查批准，取得兽药广告审查批准文号；未经批准的，不得发布。

第五章　兽药进出口

第三十二条　首次向中国出口的兽药，由出口方驻中国境内的办事机构或者其委托的中国境内代理机构向国务院兽医行政管理部门申请注册，并提交下列资料和物品：

（一）生产企业所在国家（地区）兽药管理部门批准生产、销售的证明文件。

（二）生产企业所在国家（地区）兽药管理部门颁发的符合兽药生产质量管理规范的证明文件。

（三）兽药的制造方法、生产工艺、质量标准、检测方法、药理和毒理试验结果、临床试验报告、稳定性试验报告及其他相关资料；用于食用动物的兽药的休药期、最高残留限量标准、残留检测方法及其制定依据等资料。

（四）兽药的标签和说明书样本。

（五）兽药的样品、对照品、标准品。

（六）环境影响报告和污染防治措施。

（七）涉及兽药安全性的其他资料。

申请向中国出口兽用生物制品的，还应当提供菌（毒、虫）种、细胞等有关材料和资料。

第三十三条　国务院兽医行政管理部门，应当自收到申请之日起 10 个工作日内组织初步审查。经初步审查合格的，应当将决定受理的兽药资料送其设立的兽药评审机构进行评审，将该兽药样品送其指定的检验机构复核检验，并自收到评审和复核检验结论之日起 60 个工作日内完成审查。经审查合格的，发给进口兽药注册证书，并发布该兽药的质量标准；不合格的，应当书面通知申请人。

在审查过程中，国务院兽医行政管理部门可以对向中国出口兽药的企业是否符合兽药生产质量管理规范的要求进行考查，并有权要求该企业在国务院兽医行政管理部门指定的机构进行该兽药的安全性和有效性试验。

国内急需兽药、少量科研用兽药或者注册兽药的样品、对照品、标准品的进口，按照国务院兽医行政管理部门的规定办理。

第三十四条　进口兽药注册证书的有效期为 5 年。有效期届满，需要继续向中国出口兽药的，应当在有效期届满前 6 个月到发证机关申请再注册。

第三十五条　境外企业不得在中国直接销售兽药。境外企业在中国销售兽药，应当依法在中国境内设立销售机构或者委托符合条件的中国境内代理机构。

进口在中国已取得进口兽药注册证书的兽用生物制品的，中国境内代理机构应当向国务院兽医行政管理部门申请允许进口兽用生物制品证明文件，凭允许进口兽用生物制品证明文件到口岸所在地人民政府兽医行政管理部门办理进口兽药通关单；进口在中国已取得进口兽药注册证书的其他兽药的，凭进口兽药注册证书到口岸所在地人民政府兽医行政管理部门办理进口兽药通关单。海关凭进口兽药通关单放行。兽药进口管理办法由国务院兽医行政管理部门会同海关总署制定。

兽用生物制品进口后，应当依照本条例第十九条的规定进行审查核对和抽查检验。其他兽药进口后，由当地兽医行政管理部门通知兽药检验机构进行抽查检验。

第三十六条　禁止进口下列兽药：

（一）药效不确定、不良反应大以及可能对养殖业、人体健康造成危害或者存在潜在风险的；

（二）来自疫区可能造成疫病在中国境内传播的兽用生物制品；

（三）经考查生产条件不符合规定的；

（四）国务院兽医行政管理部门禁止生产、经营和使用的。

第三十七条　向中国境外出口兽药，进口方要求提供兽药出口证明文件的，国务院兽医行政管理部门或者企业所在地的省、自治区、直辖市人民政府兽医行政管理部门可以出具出口兽药证明文件。

国内防疫急需的疫苗，国务院兽医行政管理部门可以限制或者禁止出口。

第六章　兽药使用

第三十八条　兽药使用单位，应当遵守国务院兽医行政管理部门制定的兽药安全使用规定，并建立用药记录。

第三十九条　禁止使用假、劣兽药以及国务院兽医行政管理部门规定禁止使用的药品和其他化合物。禁止使用的药品和其他化合物目录由国务院兽医行政管理部门制定公布。

第四十条　有休药期规定的兽药用于食用动物时，饲养者应当向购买者或者屠宰者提供准确、真实的用药记录；购买者或者屠宰者应当确保动物及其产品在用药期、休药期内不被用于食品消费。

第四十一条　国务院兽医行政管理部门，负责制定公布在饲料中允许添加的药物饲料添加剂品种目录。

禁止在饲料和动物饮用水中添加激素类药品和国务院兽医行政管理部门规定的其他禁用药品。

经批准可以在饲料中添加的兽药，应当由兽药生产企业制成药物饲料添加剂后方可添加。禁止将原料药直接添加到饲料及动物饮用水中或者直接饲喂动物。

禁止将人用药品用于动物。

第四十二条　国务院兽医行政管理部门，应当制定并组织实施国家动物及动物产品兽药残留监控计划。

县级以上人民政府兽医行政管理部门，负责组织对动物产品中兽药残留量的检测。兽药残留检测结果，由国务院兽医行政管理部门或省、自治区、直辖市人民政府兽医行政管理部门按照权限予以公布。

动物产品的生产者、销售者对检测结果有异议的，可以自收到检测结果之日起7个工作日内向组织实施兽药残留检测的兽医行政管理部门或者其上级兽医行政管理部门提出申请，由受理申请的兽医行政管理部门指定检验机构进行复检。

兽药残留限量标准和残留检测方法，由国务院兽医行政管理部门制定发布。

第四十三条　禁止销售含有违禁药物或者兽药残留量超过标准的食用动物产品。

第七章　兽药监督管理

第四十四条　县级以上人民政府兽医行政管理部门行使兽药监督管理权。

兽药检验工作由国务院兽医行政管理部门和省、自治区、直辖市人民政府兽医行政管理部门设立的兽药检验机构承担。国务院兽医行政管理部门，可以根据需要认定其他检验机构承担兽药检验工作。

当事人对兽药检验结果有异议的，可以自收到检验结果之日起 7 个工作日内向实施检验的机构或者上级兽医行政管理部门设立的检验机构申请复检。

第四十五条　兽药应当符合兽药国家标准。

国家兽药典委员会拟定的、国务院兽医行政管理部门发布的《中华人民共和国兽药典》和国务院兽医行政管理部门发布的其他兽药质量标准为兽药国家标准。

兽药国家标准的标准品和对照品的标定工作由国务院兽医行政管理部门设立的兽药检验机构负责。

第四十六条　兽医行政管理部门依法进行监督检查时，对有证据证明可能是假、劣兽药的，应当采取查封、扣押的行政强制措施，并自采取行政强制措施之日起 7 个工作日内作出是否立案的决定；需要检验的，应当自检验报告书发出之日起 15 个工作日内作出是否立案的决定；不符合立案条件的，应当解除行政强制措施；需要暂停生产的，由国务院兽医行政管理部门或者省、自治区、直辖市人民政府兽医行政管理部门按照权限作出决定；需要暂停经营、使用的，由县级以上人民政府兽医行政管理部门按照权限作出决定。

未经行政强制措施决定机关或者其上级机关批准，不得擅自转移、使用、销毁、销售被查封或者扣押的兽药及有关材料。

第四十七条　有下列情形之一的，为假兽药：

（一）以非兽药冒充兽药或者以他种兽药冒充此种兽药的；

（二）兽药所含成分的种类、名称与兽药国家标准不符合的。

有下列情形之一的，按照假兽药处理：

（一）国务院兽医行政管理部门规定禁止使用的；

（二）依照本条例规定应当经审查批准而未经审查批准即生产、进口的，或者依照本条例规定应当经抽查检验、审查核对而未经抽查检验、审查核对即销售、进口的；

（三）变质的；

（四）被污染的；

（五）所标明的适应证或者功能主治超出规定范围的。

第四十八条　有下列情形之一的，为劣兽药：

（一）成分含量不符合兽药国家标准或者不标明有效成分的；

（二）不标明或者更改有效期或者超过有效期的；

（三）不标明或者更改产品批号的；

（四）其他不符合兽药国家标准，但不属于假兽药的。

第四十九条　禁止将兽用原料药拆零销售或者销售给兽药生产企业以外的单位和个人。

禁止未经兽医开具处方销售、购买、使用国务院兽医行政管理部门规定实行处方药管理的兽药。

第五十条　国家实行兽药不良反应报告制度。

兽药生产企业、经营企业、兽药使用单位和开具处方的兽医人员发现可能与兽药使用有关的严重不良反应，应当立即向所在地人民政府兽医行政管理部门报告。

第五十一条　兽药生产企业、经营企业停止生产、经营超过 6 个月或者关闭的，由发证机关责令其交回兽药生产许可证、兽药经营许可证。

第五十二条　禁止买卖、出租、出借兽药生产许可证、兽药经营许可证和兽药批准证明文件。

第五十三条　兽药评审检验的收费项目和标准，由国务院财政部门会同国务院价格主管部门制定，并予以公告。

第五十四条　各级兽医行政管理部门、兽药检验机构及其工作人员，不得参与兽药生产、经营活动，不得以其名义推荐或者监制、监销兽药。

第八章　法律责任

第五十五条　兽医行政管理部门及其工作人员利用职务上的便利收取他人财物或者谋取其他利益，对不符合法定条件的单位和个人核发许可证、签署审查同意意见，不履行监督职责，或者发现违法行为不予查处，造成严重后果，构成犯罪的，依法追究刑事责任；尚不构成犯罪的，依法给予行政处分。

第五十六条　违反本条例规定，无兽药生产许可证、兽药经营许可证生产、经营兽药的，或者虽有兽药生产许可证、兽药经营许可证，生产、经营假、劣兽药的，或者兽药经营企业经营人用药品的，责令其停止生产、经营，没收用于违法生产的原料、辅料、包装材料及生产、经营的兽药和违法所得，并处违法生产、经营的兽药（包括已出售的和未出售的兽药，下同）货值金额 2 倍以上 5 倍以下罚款，货值金额无法查证核实的，处 10 万元以上 20 万元以下罚款；无兽药生产许可证生产兽药，情节严重的，没收其生产设备；生产、经营假、劣兽药，情节严重的，吊销兽药生产许可证、兽药经营许可证；构成犯罪的，依法追究刑事责任；给他人造成损失的，依法承担赔偿责任。生产、经营企业的主要负责人和直接负责的主管人员终身不得从事兽药的生产、经营活动。

擅自生产强制免疫所需兽用生物制品的，按照无兽药生产许可证生产兽药处罚。

第五十七条　违反本条例规定，提供虚假的资料、样品或者采取其他欺骗手段取得兽药生产许可证、兽药经营许可证或者兽药批准证明文件的，吊销兽药生产许可证、兽药经营许可证或者撤销兽药批准证明文件，并处 5 万元以上 10 万元以下罚款；给他人造成损失的，依法承担赔偿责任。其主要负责人和直接负责的主管人员终身不得从事兽药的生产、经营和进出口活动。

第五十八条　买卖、出租、出借兽药生产许可证、兽药经营许可证和兽药批准证明文件的，没收违法所得，并处 1 万元以上 10 万元以下罚款；情节严重的，吊销兽药生产许可证、兽药经营许可证或者撤销兽药批准证明文件；构成犯罪的，依法追究刑事责任；给他人造成损失的，依法承担赔偿责任。

第五十九条　违反本条例规定，兽药安全性评价单位、临床试验单位、生产和经营企业未按照规定实施兽药研究试验、生产、经营质量管理规范的，给予警告，责令其限期改正；逾期不改正的，责令停止兽药研究试验、生产、经营活动，并处 5 万元以下罚款；情节严重的，吊销兽药生产许可证、兽药经营许可证；给他人造成损失的，依法承担赔偿责任。

违反本条例规定，研制新兽药不具备规定的条件擅自使用一类病原微生物或者在实验室阶段前未经批准的，责令其停止实验，并处 5 万元以上 10 万元以下罚款；构成犯罪的，依法追究刑事责任；给他人造成损失的，依法承担赔偿责任。

第六十条　违反本条例规定，兽药的标签和说明书未经批准的，责令其限期改正；逾期不改正的，按照生产、经营假兽药处罚；有兽药产品批准文号的，撤销兽药产品批准文号；给他人造成损失的，依法承担赔偿责任。

兽药包装上未附有标签和说明书，或者标签和说明书与批准的内容不一致的，责令其限期改正；情节严重的，依照前款规定处罚。

第六十一条　违反本条例规定，境外企业在中国直接销售兽药的，责令其限期改正，没收直接销售的兽药和违法所得，并处 5 万元以上 10 万元以下罚款；情节严重的，吊销进口兽药注册证书；给他人造成损失的，依法承担赔偿责任。

第六十二条　违反本条例规定，未按照国家有关兽药安全使用规定使用兽药的、未建立用药记录或者记录不完整真实的，或者使用禁止使用的药品和其他化合物的，或者将人用药品用于动物的，责令其立即改正，并对饲喂了违禁药物及其他化合物的动物及其产品进行无害化处理；对违法单位处 1 万元以上 5 万元以下罚款；给他人造成损失的，依法承担赔偿责任。

第六十三条　违反本条例规定，销售尚在用药期、休药期内的动物及其产品用于食品消费的，或者销售含有违禁药物和兽药残留超标的动物产品用于食品消费的，责令其对含有违禁药物和兽药残留超标的动物产品进行无害化处理，没收违法所得，并处 3 万元以上 10 万元以下罚款；构成犯罪的，依法追究刑事责任；给他人造成损失的，依法承担赔偿责任。

第六十四条　违反本条例规定，擅自转移、使用、销毁、销售被查封或者扣押的兽药及有关材料的，责令其停止违法行为，给予警告，并处 5 万元以上 10 万元以下罚款。

第六十五条　违反本条例规定，兽药生产企业、经营企业、兽药使用单位和开具处方的兽医人员发现可能与兽药使用有关的严重不良反应，不向所在地人民政府兽医行政管理部门报告的，给予警告，并处 5 000 元以上 1 万元以下罚款。

生产企业在新兽药监测期内不收集或者不及时报送该新兽药的疗效、不良反应等资料的，责令其限期改正，并处 1 万元以上 5 万元以下罚款；情节严重的，撤销该新兽药的产品批准文号。

第六十六条　违反本条例规定，未经兽医开具处方销售、购买、使用兽用处方药的，责令其限期改正，没收违法所得，并处 5 万元以下罚款；给他人造成损失的，依法承担赔偿责任。

第六十七条　违反本条例规定，兽药生产、经营企业把原料药销售给兽药生产企业以外的单位和个人的，或者兽药经营企业拆零销售原料药的，责令其立即改正，给予警告，没收违法所得，并处 2 万元以上 5 万元以下罚款；情节严重的，吊销兽药生产许可证、兽药经营许可证；给他人造成损失的，依法承担赔偿责任。

第六十八条　违反本条例规定，在饲料和动物饮用水中添加激素类药品和国务院兽医行政管理部门规定的其他禁用药品，依照《饲料和饲料添加剂管理条例》的有关规定处罚；直接将原料药添加到饲料及动物饮用水中，或者饲喂动物的，责令其立即改正，并处1万元以上3万元以下罚款；给他人造成损失的，依法承担赔偿责任。

第六十九条　有下列情形之一的，撤销兽药的产品批准文号或者吊销进口兽药注册证书：

（一）抽查检验连续2次不合格的；

（二）药效不确定、不良反应大以及可能对养殖业、人体健康造成危害或者存在潜在风险的；

（三）国务院兽医行政管理部门禁止生产、经营和使用的兽药。

被撤销产品批准文号或者被吊销进口兽药注册证书的兽药，不得继续生产、进口、经营和使用。已经生产、进口的，由所在地兽医行政管理部门监督销毁，所需费用由违法行为人承担；给他人造成损失的，依法承担赔偿责任。

第七十条　本条例规定的行政处罚由县级以上人民政府兽医行政管理部门决定；其中吊销兽药生产许可证、兽药经营许可证、撤销兽药批准证明文件或者责令停止兽药研究试验的，由发证、批准部门决定。

上级兽医行政管理部门对下级兽医行政管理部门违反本条例的行政行为，应当责令限期改正；逾期不改正的，有权予以改变或者撤销。

第七十一条　本条例规定的货值金额以违法生产、经营兽药的标价计算；没有标价的，按照同类兽药的市场价格计算。

第九章　附　　则

第七十二条　本条例下列用语的含义是：

（一）兽药，是指用于预防、治疗、诊断动物疾病或者有目的地调节动物生理机能的物质（含药物饲料添加剂），主要包括：血清制品、疫苗、诊断制品、微生态制品、中药材、中成药、化学药品、抗生素、生化药品、放射性药品及外用杀虫剂、消毒剂等。

（二）兽用处方药，是指凭兽医处方方可购买和使用的兽药。

（三）兽用非处方药，是指由国务院兽医行政管理部门公布的、不需要凭兽医处方就可以自行购买并按照说明书使用的兽药。

（四）兽药生产企业，是指专门生产兽药的企业和兼产兽药的企业，包括从事兽药分装的企业。

（五）兽药经营企业，是指经营兽药的专营企业或者兼营企业。

（六）新兽药，是指未曾在中国境内上市销售的兽用药品。

（七）兽药批准证明文件，是指兽药产品批准文号、进口兽药注册证书、允许进口兽用生物制品证明文件、出口兽药证明文件、新兽药注册证书等文件。

第七十三条　兽用麻醉药品、精神药品、毒性药品和放射性药品等特殊药品，依照国家有关规定管理。

第七十四条　水产养殖中的兽药使用、兽药残留检测和监督管理以及水产养殖过程中违法用药的行政处罚，由县级以上人民政府渔业主管部门及其所属的渔政监督管理机构负责。

第七十五条 本条例自 2004 年 11 月 1 日起施行。

修改说明

1. 2014 年 7 月 29 日《国务院关于修改部分行政法规的决定》第一次修改，修改内容如下：

（1）第七条第二款修改为："研制新兽药，应当进行安全性评价。从事兽药安全性评价的单位应当遵守国务院兽医行政管理部门制定的兽药非临床研究质量管理规范和兽药临床试验质量管理规范。"

（2）第七条增加一款，作为第三款："省级以上人民政府兽医行政管理部门应当对兽药安全性评价单位是否符合兽药非临床研究质量管理规范和兽药临床试验质量管理规范的要求进行监督检查，并公布监督检查结果。"

2. 2016 年 2 月 6 日《国务院关于修改部分行政法规的决定》第二次修改，修改内容如下：

（1）第十一条第一款中的"设立兽药生产企业"修改为"从事兽药生产的企业"。第二款修改为："符合前款规定条件的，申请人方可向省、自治区、直辖市人民政府兽医行政管理部门提出申请，并附具符合前款规定条件的证明材料；省、自治区、直辖市人民政府兽医行政管理部门应当自收到申请之日起 40 个工作日内完成审查。经审查合格的，发给兽药生产许可证；不合格的，应当书面通知申请人。"删去第三款。

（2）第十二条第二款中的"原发证机关"修改为"发证机关"。

（3）第十三条修改为："兽药生产企业变更生产范围、生产地点的，应当依照本条例第十一条的规定申请换发兽药生产许可证；变更企业名称、法定代表人的，应当在办理工商变更登记手续后 15 个工作日内，到发证机关申请换发兽药生产许可证。"

（4）第十四条第二款中的"国务院兽医行政管理部门"修改为"省级以上人民政府兽医行政管理部门"。

（5）删去第二十二条第三款中的"申请人凭兽药经营许可证办理工商登记手续。"

（6）第二十三条第二款中的"原发证机关"修改为"发证机关"。

（7）删去第二十四条中的"申请人凭换发的兽药经营许可证办理工商变更登记手续"，"原发证机关"修改为"发证机关"。

（8）第三十四条中的"原发证机关"修改为"发证机关"。

（9）第四十六条第一款中的"需要暂停生产、经营和使用的，由国务院兽医行政管理部门或者省、自治区、直辖市人民政府兽医行政管理部门按照权限作出决定"修改为"需要暂停生产的，由国务院兽医行政管理部门或者省、自治区、直辖市人民政府兽医行政管理部门按照权限作出决定；需要暂停经营、使用的，由县级以上人民政府兽医行政管理部门按照权限作出决定"。

（10）第五十一条修改为："兽药生产企业、经营企业停止生产、经营超过 6 个月或者关闭的，由发证机关责令其交回兽药生产许可证、兽药经营许可证。"

（11）第七十条第一款中的"原发证、批准部门"修改为"发证、批准部门"。

饲料和饲料添加剂管理条例

（2017 年 3 月 1 日中华人民共和国国务院令第 676 号修订）

第一章 总 则

第一条 为了加强对饲料、饲料添加剂的管理，提高饲料、饲料添加剂的质量，保障动物产品质量安全，维护公众健康，制定本条例。

第二条 本条例所称饲料，是指经工业化加工、制作的供动物食用的产品，包括单一饲料、添加剂预混合饲料、浓缩饲料、配合饲料和精料补充料。

本条例所称饲料添加剂，是指在饲料加工、制作、使用过程中添加的少量或者微量物质，包括营养性饲料添加剂和一般饲料添加剂。

饲料原料目录和饲料添加剂品种目录由国务院农业行政主管部门制定并公布。

第三条 国务院农业行政主管部门负责全国饲料、饲料添加剂的监督管理工作。

县级以上地方人民政府负责饲料、饲料添加剂管理的部门（以下简称饲料管理部门），负责本行政区域饲料、饲料添加剂的监督管理工作。

第四条 县级以上地方人民政府统一领导本行政区域饲料、饲料添加剂的监督管理工作，建立健全监督管理机制，保障监督管理工作的开展。

第五条 饲料、饲料添加剂生产企业、经营者应当建立健全质量安全制度，对其生产、经营的饲料、饲料添加剂的质量安全负责。

第六条 任何组织或者个人有权举报在饲料、饲料添加剂生产、经营、使用过程中违反本条例的行为，有权对饲料、饲料添加剂监督管理工作提出意见和建议。

第二章 审定和登记

第七条 国家鼓励研制新饲料、新饲料添加剂。

研制新饲料、新饲料添加剂，应当遵循科学、安全、有效、环保的原则，保证新饲料、新饲料添加剂的质量安全。

第八条 研制的新饲料、新饲料添加剂投入生产前，研制者或者生产企业应当向国务院农业行政主管部门提出审定申请，并提供该新饲料、新饲料添加剂的样品和下列资料：

（一）名称、主要成分、理化性质、研制方法、生产工艺、质量标准、检测方法、检验报告、稳定性试验报告、环境影响报告和污染防治措施；

（二）国务院农业行政主管部门指定的试验机构出具的该新饲料、新饲料添加剂的饲喂效果、残留消解动态以及毒理学安全性评价报告。

申请新饲料添加剂审定的，还应当说明该新饲料添加剂的添加目的、使用方法，并提供该饲料添加剂残留可能对人体健康造成影响的分析评价报告。

第九条 国务院农业行政主管部门应当自受理申请之日起 5 个工作日内，将新饲料、新饲料添加剂的样品和申请资料交全国饲料评审委员会，对该新饲料、新饲料添加剂的安全性、有效性及其对环境的影响进行评审。

全国饲料评审委员会由养殖、饲料加工、动物营养、毒理、药理、代谢、卫生、化工合成、生物技术、质量标准、环境保护、食品安全风险评估等方面的专家组成。全国饲料评审委员会对新饲料、新饲料添加剂的评审采取评审会议的形式，评审会议应当有 9 名以上全国饲料评审委员会专家参加，根据需要也可以邀请 1 至 2 名全国饲料评审委员会专家以外的专家参加，参加评审的专家对评审事项具有表决权。评审会议应当形成评审意见和会议纪要，并由参加评审的专家审核签字；有不同意见的，应当注明。参加评审的专家应当依法公平、公正履行职责，对评审资料保密，存在回避事由的，应当主动回避。

全国饲料评审委员会应当自收到新饲料、新饲料添加剂的样品和申请资料之日起 9 个月内出具评审结果并提交国务院农业行政主管部门；但是，全国饲料评审委员会决定由申请人进行相关试验的，经国务院农业行政主管部门同意，评审时间可以延长 3 个月。

国务院农业行政主管部门应当自收到评审结果之日起 10 个工作日内作出是否核发新饲料、新饲料添加剂证书的决定；决定不予核发的，应当书面通知申请人并说明理由。

第十条 国务院农业行政主管部门核发新饲料、新饲料添加剂证书，应当同时按照职责权限公布该新饲料、新饲料添加剂的产品质量标准。

第十一条 新饲料、新饲料添加剂的监测期为 5 年。新饲料、新饲料添加剂处于监测期的，不受理其他就该新饲料、新饲料添加剂的生产申请和进口登记申请，但超过 3 年不投入生产的除外。

生产企业应当收集处于监测期的新饲料、新饲料添加剂的质量稳定性及其对动物产品质量安全的影响等信息，并向国务院农业行政主管部门报告；国务院农业行政主管部门应当对新饲料、新饲料添加剂的质量安全状况组织跟踪监测，证实其存在安全问题的，应当撤销新饲料、新饲料添加剂证书并予以公告。

第十二条 向中国出口中国境内尚未使用但出口国已经批准生产和使用的饲料、饲料添加剂的，由出口方驻中国境内的办事机构或者其委托的中国境内代理机构向国务院农业行政主管部门申请登记，并提供该饲料、饲料添加剂的样品和下列资料：

（一）商标、标签和推广应用情况；

（二）生产地批准生产、使用的证明和生产地以外其他国家、地区的登记资料；

（三）主要成分、理化性质、研制方法、生产工艺、质量标准、检测方法、检验报告、稳定性试验报告、环境影响报告和污染防治措施；

（四）国务院农业行政主管部门指定的试验机构出具的该饲料、饲料添加剂的饲喂效果、残留消解动态以及毒理学安全性评价报告。

申请饲料添加剂进口登记的，还应当说明该饲料添加剂的添加目的、使用方法，并提供该饲料添加剂残留可能对人体健康造成影响的分析评价报告。

国务院农业行政主管部门应当依照本条例第九条规定的新饲料、新饲料添加剂的评审程序组织评审，并决定是否核发饲料、饲料添加剂进口登记证。

首次向中国出口中国境内已经使用且出口国已经批准生产和使用的饲料、饲料添加剂的，应当依照本条第一款、第二款的规定申请登记。国务院农业行政主管部门应当自受理申请之日起 10 个工作日内对申请资料进行审查；审查合格的，将样品交由指定的机构进行复核检测；复核检测合格的，国务院农业行政主管部门应当在 10 个工作日内核发饲料、饲料添加剂进口登记证。

饲料、饲料添加剂进口登记证有效期为 5 年。进口登记证有效期满需要继续向中国出口饲料、饲料添加剂的，应当在有效期届满 6 个月前申请续展。

禁止进口未取得饲料、饲料添加剂进口登记证的饲料、饲料添加剂。

第十三条　国家对已经取得新饲料、新饲料添加剂证书或者饲料、饲料添加剂进口登记证的、含有新化合物的饲料、饲料添加剂的申请人提交的其自己所取得且未披露的试验数据和其他数据实施保护。

自核发证书之日起 6 年内，对其他申请人未经已取得新饲料、新饲料添加剂证书或者饲料、饲料添加剂进口登记证的申请人同意，使用前款规定的数据申请新饲料、新饲料添加剂审定或者饲料、饲料添加剂进口登记的，国务院农业行政主管部门不予审定或者登记；但是，其他申请人提交其自己所取得的数据的除外。

除下列情形外，国务院农业行政主管部门不得披露本条第一款规定的数据：

（一）公共利益需要；

（二）已采取措施确保该类信息不会被不正当地进行商业使用。

第三章　生产、经营和使用

第十四条　设立饲料、饲料添加剂生产企业，应当符合饲料工业发展规划和产业政策，并具备下列条件：

（一）有与生产饲料、饲料添加剂相适应的厂房、设备和仓储设施；

（二）有与生产饲料、饲料添加剂相适应的专职技术人员；

（三）有必要的产品质量检验机构、人员、设施和质量管理制度；

（四）有符合国家规定的安全、卫生要求的生产环境；

（五）有符合国家环境保护要求的污染防治措施；

（六）国务院农业行政主管部门制定的饲料、饲料添加剂质量安全管理规范规定的其他条件。

第十五条　申请从事饲料、饲料添加剂生产的企业，申请人应当向省、自治区、直辖市人民政府饲料管理部门提出申请。省、自治区、直辖市人民政府饲料管理部门应当自受理申请之日起 10 个工作日内进行书面审查；审查合格的，组织进行现场审核，并根据审核结果在 10 个工作日内作出是否核发生产许可证的决定。

生产许可证有效期为 5 年。生产许可证有效期满需要继续生产饲料、饲料添加剂的，应当在有效期届满 6 个月前申请续展。

第十六条　饲料添加剂、添加剂预混合饲料生产企业取得生产许可证后，由省、自治区、直辖市人民政府饲料管理部门按照国务院农业行政主管部门的规定，核发相应的产品批准文号。

第十七条　饲料、饲料添加剂生产企业应当按照国务院农业行政主管部门的规定和有关标准，对采购的饲料原料、单一饲料、饲料添加剂、药物饲料添加剂、添加剂预混合饲料和用于饲料添加剂生产的原料进行查验或者检验。

饲料生产企业使用限制使用的饲料原料、单一饲料、饲料添加剂、药物饲料添加剂、添加剂预混合饲料生产饲料的，应当遵守国务院农业行政主管部门的限制性规定。禁止使用国务院农业行政主管部门公布的饲料原料目录、饲料添加剂品种目录和药物饲料添加剂品种目录以外的任何物质生产饲料。

饲料、饲料添加剂生产企业应当如实记录采购的饲料原料、单一饲料、饲料添加剂、药物饲料添加剂、添加剂预混合饲料和用于饲料添加剂生产的原料的名称、产地、数量、保质期、许可证明文件编号、质量检验信息、生产企业名称或者供货者名称及其联系方式、进货日期等。记录保存期限不得少于 2 年。

第十八条 饲料、饲料添加剂生产企业，应当按照产品质量标准以及国务院农业行政主管部门制定的饲料、饲料添加剂质量安全管理规范和饲料添加剂安全使用规范组织生产，对生产过程实施有效控制并实行生产记录和产品留样观察制度。

第十九条 饲料、饲料添加剂生产企业应当对生产的饲料、饲料添加剂进行产品质量检验；检验合格的，应当附具产品质量检验合格证。未经产品质量检验、检验不合格或者未附具产品质量检验合格证的，不得出厂销售。

饲料、饲料添加剂生产企业应当如实记录出厂销售的饲料、饲料添加剂的名称、数量、生产日期、生产批次、质量检验信息、购货者名称及其联系方式、销售日期等。记录保存期限不得少于 2 年。

第二十条 出厂销售的饲料、饲料添加剂应当包装，包装应当符合国家有关安全、卫生的规定。

饲料生产企业直接销售给养殖者的饲料可以使用罐装车运输。罐装车应当符合国家有关安全、卫生的规定，并随罐装车附具符合本条例第二十一条规定的标签。

易燃或者其他特殊的饲料、饲料添加剂的包装应当有警示标志或者说明，并注明储运注意事项。

第二十一条 饲料、饲料添加剂的包装上应当附具标签。标签应当以中文或者适用符号标明产品名称、原料组成、产品成分分析保证值、净重或者净含量、贮存条件、使用说明、注意事项、生产日期、保质期、生产企业名称以及地址、许可证明文件编号和产品质量标准等。加入药物饲料添加剂的，还应当标明"加入药物饲料添加剂"字样，并标明其通用名称、含量和休药期。乳和乳制品以外的动物源性饲料，还应当标明"本产品不得饲喂反刍动物"字样。

第二十二条 饲料、饲料添加剂经营者应当符合下列条件：

（一）有与经营饲料、饲料添加剂相适应的经营场所和仓储设施；

（二）有具备饲料、饲料添加剂使用、储存等知识的技术人员；

（三）有必要的产品质量管理和安全管理制度。

第二十三条 饲料、饲料添加剂经营者进货时应当查验产品标签、产品质量检验合格证和相应的许可证明文件。

饲料、饲料添加剂经营者不得对饲料、饲料添加剂进行拆包、分装，不得对饲料、饲料添加剂进行再加工或者添加任何物质。

禁止经营用国务院农业行政主管部门公布的饲料原料目录、饲料添加剂品种目录和药物饲料添加剂品种目录以外的任何物质生产的饲料。

饲料、饲料添加剂经营者应当建立产品购销台账，如实记录购销产品的名称、许可证明文件编号、规格、数量、保质期、生产企业名称或者供货者名称及其联系方式、购销时间等。购销台账保存期限不得少于 2 年。

第二十四条　向中国出口的饲料、饲料添加剂应当包装，包装应当符合中国有关安全、卫生的规定，并附具符合本条例第二十一条规定的标签。

向中国出口的饲料、饲料添加剂应当符合中国有关检验检疫的要求，由出入境检验检疫机构依法实施检验检疫，并对其包装和标签进行核查。包装和标签不符合要求的，不得入境。

境外企业不得直接在中国销售饲料、饲料添加剂。境外企业在中国销售饲料、饲料添加剂的，应当依法在中国境内设立销售机构或者委托符合条件的中国境内代理机构销售。

第二十五条　养殖者应当按照产品使用说明和注意事项使用饲料。在饲料或者动物饮用水中添加饲料添加剂的，应当符合饲料添加剂使用说明和注意事项的要求，遵守国务院农业行政主管部门制定的饲料添加剂安全使用规范。

养殖者使用自行配制的饲料的，应当遵守国务院农业行政主管部门制定的自行配制饲料使用规范，并不得对外提供自行配制的饲料。

使用限制使用的物质养殖动物的，应当遵守国务院农业行政主管部门的限制性规定。禁止在饲料、动物饮用水中添加国务院农业行政主管部门公布禁用的物质以及对人体具有直接或者潜在危害的其他物质，或者直接使用上述物质养殖动物。禁止在反刍动物饲料中添加乳和乳制品以外的动物源性成分。

第二十六条　国务院农业行政主管部门和县级以上地方人民政府饲料管理部门应当加强饲料、饲料添加剂质量安全知识的宣传，提高养殖者的质量安全意识，指导养殖者安全、合理使用饲料、饲料添加剂。

第二十七条　饲料、饲料添加剂在使用过程中被证实对养殖动物、人体健康或者环境有害的，由国务院农业行政主管部门决定禁用并予以公布。

第二十八条　饲料、饲料添加剂生产企业发现其生产的饲料、饲料添加剂对养殖动物、人体健康有害或者存在其他安全隐患的，应当立即停止生产，通知经营者、使用者，向饲料管理部门报告，主动召回产品，并记录召回和通知情况。召回的产品应当在饲料管理部门监督下予以无害化处理或者销毁。

饲料、饲料添加剂经营者发现其销售的饲料、饲料添加剂具有前款规定情形的，应当立即停止销售，通知生产企业、供货者和使用者，向饲料管理部门报告，并记录通知情况。

养殖者发现其使用的饲料、饲料添加剂具有本条第一款规定情形的，应当立即停止使用，通知供货者，并向饲料管理部门报告。

第二十九条　禁止生产、经营、使用未取得新饲料、新饲料添加剂证书的新饲料、新饲料添加剂以及禁用的饲料、饲料添加剂。

禁止经营、使用无产品标签、无生产许可证、无产品质量标准、无产品质量检验合格证的饲料、饲料添加剂。禁止经营、使用无产品批准文号的饲料添加剂、添加剂预混合饲料。禁止经营、使用未取得饲料、饲料添加剂进口登记证的进口饲料、进口饲料添加剂。

第三十条　禁止对饲料、饲料添加剂作具有预防或者治疗动物疾病作用的说明或者宣传。但是，饲料中添加药物饲料添加剂的，可以对所添加的药物饲料添加剂的作用加以说明。

第三十一条　国务院农业行政主管部门和省、自治区、直辖市人民政府饲料管理部门应当按照职责权限对全国或者本行政区域饲料、饲料添加剂的质量安全状况进行监测，并根据监测情况发布饲料、饲料添加剂质量安全预警信息。

第三十二条　国务院农业行政主管部门和县级以上地方人民政府饲料管理部门，应当根据需要定期或者不定期组织实施饲料、饲料添加剂监督抽查；饲料、饲料添加剂监督抽查检测工作由国务院农业行政主管部门或者省、自治区、直辖市人民政府饲料管理部门指定的具有相应技术条件的机构承担。饲料、饲料添加剂监督抽查不得收费。

国务院农业行政主管部门和省、自治区、直辖市人民政府饲料管理部门应当按照职责权限公布监督抽查结果，并可以公布具有不良记录的饲料、饲料添加剂生产企业、经营者名单。

第三十三条　县级以上地方人民政府饲料管理部门应当建立饲料、饲料添加剂监督管理档案，记录日常监督检查、违法行为查处等情况。

第三十四条　国务院农业行政主管部门和县级以上地方人民政府饲料管理部门在监督检查中可以采取下列措施：

（一）对饲料、饲料添加剂生产、经营、使用场所实施现场检查；

（二）查阅、复制有关合同、票据、账簿和其他相关资料；

（三）查封、扣押有证据证明用于违法生产饲料的饲料原料、单一饲料、饲料添加剂、药物饲料添加剂、添加剂预混合饲料，用于违法生产饲料添加剂的原料，用于违法生产饲料、饲料添加剂的工具、设施，违法生产、经营、使用的饲料、饲料添加剂；

（四）查封违法生产、经营饲料、饲料添加剂的场所。

第四章　法律责任

第三十五条　国务院农业行政主管部门、县级以上地方人民政府饲料管理部门或者其他依照本条例规定行使监督管理权的部门及其工作人员，不履行本条例规定的职责或者滥用职权、玩忽职守、徇私舞弊的，对直接负责的主管人员和其他直接责任人员，依法给予处分；直接负责的主管人员和其他直接责任人员构成犯罪的，依法追究刑事责任。

第三十六条　提供虚假的资料、样品或者采取其他欺骗方式取得许可证明文件的，由发证机关撤销相关许可证明文件，处 5 万元以上 10 万元以下罚款，申请人 3 年内不得就同一事项申请行政许可。以欺骗方式取得许可证明文件给他人造成损失的，依法承担赔偿责任。

第三十七条　假冒、伪造或者买卖许可证明文件的，由国务院农业行政主管部门或者县级以上地方人民政府饲料管理部门按照职责权限收缴或者吊销、撤销相关许可证明文件；构成犯罪的，依法追究刑事责任。

第三十八条　未取得生产许可证生产饲料、饲料添加剂的，由县级以上地方人民政府饲料管理部门责令停止生产，没收违法所得、违法生产的产品和用于违法生产饲料的饲料原料、单一饲料、饲料添加剂、药物饲料添加剂、添加剂预混合饲料以及用于违法生产饲料添加剂的原料，违法生产的产品货值金额不足 1 万元的，并处 1 万元以上 5 万元以下罚款，货值金额 1 万元以上的，并处货值金额 5 倍以上 10 倍以下罚款；情节严重的，没收其生产设备，生产企业的主要负责人和直接负责的主管人员 10 年内不得从事饲料、饲料添加剂生产、经营活动。

已经取得生产许可证，但不再具备本条例第十四条规定的条件而继续生产饲料、饲料添加剂的，由县级以上地方人民政府饲料管理部门责令停止生产、限期改正，并处 1 万元以上 5 万元以下罚款；逾期不改正的，由发证机关吊销生产许可证。

已经取得生产许可证，但未取得产品批准文号而生产饲料添加剂、添加剂预混合饲料的，由县级以上地方人民政府饲料管理部门责令停止生产，没收违法所得、违法生产的产品和用于违法生产饲料的饲料原料、单一饲料、饲料添加剂、药物饲料添加剂以及用于违法生产饲料添加剂的原料，限期补办产品批准文号，并处违法生产的产品货值金额 1 倍以上 3 倍以下罚款；情节严重的，由发证机关吊销生产许可证。

第三十九条　饲料、饲料添加剂生产企业有下列行为之一的，由县级以上地方人民政府饲料管理部门责令改正，没收违法所得、违法生产的产品和用于违法生产饲料的饲料原料、单一饲料、饲料添加剂、药物饲料添加剂、添加剂预混合饲料以及用于违法生产饲料添加剂的原料，违法生产的产品货值金额不足 1 万元的，并处 1 万元以上 5 万元以下罚款，货值金额 1 万元以上的，并处货值金额 5 倍以上 10 倍以下罚款；情节严重的，由发证机关吊销、撤销相关许可证明文件，生产企业的主要负责人和直接负责的主管人员 10 年内不得从事饲料、饲料添加剂生产、经营活动；构成犯罪的，依法追究刑事责任：

（一）使用限制使用的饲料原料、单一饲料、饲料添加剂、药物饲料添加剂、添加剂预混合饲料生产饲料，不遵守国务院农业行政主管部门的限制性规定的；

（二）使用国务院农业行政主管部门公布的饲料原料目录、饲料添加剂品种目录和药物饲料添加剂品种目录以外的物质生产饲料的；

（三）生产未取得新饲料、新饲料添加剂证书的新饲料、新饲料添加剂或者禁用的饲料、饲料添加剂的。

第四十条　饲料、饲料添加剂生产企业有下列行为之一的，由县级以上地方人民政府饲料管理部门责令改正，处 1 万元以上 2 万元以下罚款；拒不改正的，没收违法所得、违法生产的产品和用于违法生产饲料的饲料原料、单一饲料、饲料添加剂、药物饲料添加剂、添加剂预混合饲料以及用于违法生产饲料添加剂的原料，并处 5 万元以上 10 万元以下罚款；情节严重的，责令停止生产，可以由发证机关吊销、撤销相关许可证明文件：

（一）不按照国务院农业行政主管部门的规定和有关标准对采购的饲料原料、单一饲料、饲料添加剂、药物饲料添加剂、添加剂预混合饲料和用于饲料添加剂生产的原料进行查验或者检验的；

（二）饲料、饲料添加剂生产过程中不遵守国务院农业行政主管部门制定的饲料、饲料添加剂质量安全管理规范和饲料添加剂安全使用规范的；

（三）生产的饲料、饲料添加剂未经产品质量检验的。

第四十一条　饲料、饲料添加剂生产企业不依照本条例规定实行采购、生产、销售记录制度或者产品留样观察制度的，由县级以上地方人民政府饲料管理部门责令改正，处 1 万元以上 2 万元以下罚款；拒不改正的，没收违法所得、违法生产的产品和用于违法生产饲料的饲料原料、单一饲料、饲料添加剂、药物饲料添加剂、添加剂预混合饲料以及用于违法生产饲料添加剂的原料，处 2 万元以上 5 万元以下罚款，并可以由发证机关吊销、撤销相关许可证明文件。

饲料、饲料添加剂生产企业销售的饲料、饲料添加剂未附具产品质量检验合格证或者包装、标签不符合规定的，由县级以上地方人民政府饲料管理部门责令改正；情节严重的，没收违法所得和违法销售的产品，可以处违法销售的产品货值金额30％以下罚款。

第四十二条　不符合本条例第二十二条规定的条件经营饲料、饲料添加剂的，由县级人民政府饲料管理部门责令限期改正；逾期不改正的，没收违法所得和违法经营的产品，违法经营的产品货值金额不足1万元的，并处2000元以上2万元以下罚款，货值金额1万元以上的，并处货值金额2倍以上5倍以下罚款；情节严重的，责令停止经营，并通知工商行政管理部门，由工商行政管理部门吊销营业执照。

第四十三条　饲料、饲料添加剂经营者有下列行为之一的，由县级人民政府饲料管理部门责令改正，没收违法所得和违法经营的产品，违法经营的产品货值金额不足1万元的，并处2000元以上2万元以下罚款，货值金额1万元以上的，并处货值金额2倍以上5倍以下罚款；情节严重的，责令停止经营，并通知工商行政管理部门，由工商行政管理部门吊销营业执照；构成犯罪的，依法追究刑事责任：

（一）对饲料、饲料添加剂进行再加工或者添加物质的；

（二）经营无产品标签、无生产许可证、无产品质量检验合格证的饲料、饲料添加剂的；

（三）经营无产品批准文号的饲料添加剂、添加剂预混合饲料的；

（四）经营用国务院农业行政主管部门公布的饲料原料目录、饲料添加剂品种目录和药物饲料添加剂品种目录以外的物质生产的饲料的；

（五）经营未取得新饲料、新饲料添加剂证书的新饲料、新饲料添加剂或者未取得饲料、饲料添加剂进口登记证的进口饲料、进口饲料添加剂以及禁用的饲料、饲料添加剂的。

第四十四条　饲料、饲料添加剂经营者有下列行为之一的，由县级人民政府饲料管理部门责令改正，没收违法所得和违法经营的产品，并处2000元以上1万元以下罚款：

（一）对饲料、饲料添加剂进行拆包、分装的；

（二）不依照本条例规定实行产品购销台账制度的；

（三）经营的饲料、饲料添加剂失效、霉变或者超过保质期的。

第四十五条　对本条例第二十八条规定的饲料、饲料添加剂，生产企业不主动召回的，由县级以上地方人民政府饲料管理部门责令召回，并监督生产企业对召回的产品予以无害化处理或者销毁；情节严重的，没收违法所得，并处应召回的产品货值金额1倍以上3倍以下罚款，可以由发证机关吊销、撤销相关许可证明文件；生产企业对召回的产品不予以无害化处理或者销毁的，由县级人民政府饲料管理部门代为销毁，所需费用由生产企业承担。

对本条例第二十八条规定的饲料、饲料添加剂，经营者不停止销售的，由县级以上地方人民政府饲料管理部门责令停止销售；拒不停止销售的，没收违法所得，处1000元以上5万元以下罚款；情节严重的，责令停止经营，并通知工商行政管理部门，由工商行政管理部门吊销营业执照。

第四十六条　饲料、饲料添加剂生产企业、经营者有下列行为之一的，由县级以上地方人民政府饲料管理部门责令停止生产、经营，没收违法所得和违法生产、经营的产品，违法生产、经营的产品货值金额不足 1 万元的，并处 2 000 元以上 2 万元以下罚款，货值金额 1 万元以上的，并处货值金额 2 倍以上 5 倍以下罚款；构成犯罪的，依法追究刑事责任：

（一）在生产、经营过程中，以非饲料、非饲料添加剂冒充饲料、饲料添加剂或者以此种饲料、饲料添加剂冒充他种饲料、饲料添加剂的；

（二）生产、经营无产品质量标准或者不符合产品质量标准的饲料、饲料添加剂的；

（三）生产、经营的饲料、饲料添加剂与标签标示的内容不一致的。

饲料、饲料添加剂生产企业有前款规定的行为，情节严重的，由发证机关吊销、撤销相关许可证明文件；饲料、饲料添加剂经营者有前款规定的行为，情节严重的，通知工商行政管理部门，由工商行政管理部门吊销营业执照。

第四十七条 养殖者有下列行为之一的，由县级人民政府饲料管理部门没收违法使用的产品和非法添加物质，对单位处 1 万元以上 5 万元以下罚款，对个人处 5 000 元以下罚款；构成犯罪的，依法追究刑事责任：

（一）使用未取得新饲料、新饲料添加剂证书的新饲料、新饲料添加剂或者未取得饲料、饲料添加剂进口登记证的进口饲料、进口饲料添加剂的；

（二）使用无产品标签、无生产许可证、无产品质量标准、无产品质量检验合格证的饲料、饲料添加剂的；

（三）使用无产品批准文号的饲料添加剂、添加剂预混合饲料的；

（四）在饲料或者动物饮用水中添加饲料添加剂，不遵守国务院农业行政主管部门制定的饲料添加剂安全使用规范的；

（五）使用自行配制的饲料，不遵守国务院农业行政主管部门制定的自行配制饲料使用规范的；

（六）使用限制使用的物质养殖动物，不遵守国务院农业行政主管部门的限制性规定的；

（七）在反刍动物饲料中添加乳和乳制品以外的动物源性成分的。

在饲料或者动物饮用水中添加国务院农业行政主管部门公布禁用的物质以及对人体具有直接或者潜在危害的其他物质，或者直接使用上述物质养殖动物的，由县级以上地方人民政府饲料管理部门责令其对饲喂了违禁物质的动物进行无害化处理，处 3 万元以上 10 万元以下罚款；构成犯罪的，依法追究刑事责任。

第四十八条 养殖者对外提供自行配制的饲料的，由县级人民政府饲料管理部门责令改正，处 2 000 元以上 2 万元以下罚款。

第五章 附 则

第四十九条 本条例下列用语的含义：

（一）饲料原料，是指来源于动物、植物、微生物或者矿物质，用于加工制作饲料但不属于饲料添加剂的饲用物质。

（二）单一饲料，是指来源于一种动物、植物、微生物或者矿物质，用于饲料产品生产的饲料。

（三）添加剂预混合饲料，是指由两种（类）或者两种（类）以上营养性饲料添加剂为主，与载体或者稀释剂按照一定比例配制的饲料，包括复合预混合饲料、微量元素预混合饲料、维生素预混合饲料。

（四）浓缩饲料，是指主要由蛋白质、矿物质和饲料添加剂按照一定比例配制的饲料。

（五）配合饲料，是指根据养殖动物营养需要，将多种饲料原料和饲料添加剂按照一定比例配制的饲料。

（六）精料补充料，是指为补充草食动物的营养，将多种饲料原料和饲料添加剂按照一定比例配制的饲料。

（七）营养性饲料添加剂，是指为补充饲料营养成分而掺入饲料中的少量或者微量物质，包括饲料级氨基酸、维生素、矿物质微量元素、酶制剂、非蛋白氮等。

（八）一般饲料添加剂，是指为保证或者改善饲料品质、提高饲料利用率而掺入饲料中的少量或者微量物质。

（九）药物饲料添加剂，是指为预防、治疗动物疾病而掺入载体或者稀释剂的兽药的预混合物质。

（十）许可证明文件，是指新饲料、新饲料添加剂证书，饲料、饲料添加剂进口登记证，饲料、饲料添加剂生产许可证，饲料添加剂、添加剂预混合饲料产品批准文号。

第五十条 药物饲料添加剂的管理，依照《兽药管理条例》的规定执行。

第五十一条 本条例自 2012 年 5 月 1 日起施行。

修改说明

1. 2001 年 11 月 29 日《国务院关于修改〈饲料和饲料添加剂管理条例〉的决定》第一次修改，修改内容如下：

（1）增加一条，作为第八条："国家对获得审定或者登记的、含有新化合物的饲料、饲料添加剂的申请人提交的其自己所取得且未披露的试验数据和其他数据实施保护。

"自审定或者登记之日起 6 年内，对其他申请人未经已获得审定或者登记的申请人同意，使用前款数据申请饲料、饲料添加剂审定或者登记的，审定或者登记机关不予审定或者登记；但是，其他申请人提交其自己所取得的数据的除外。

"除下列情况外，审定或者登记机关不得披露第一款规定的数据：

（一）公共利益需要；

（二）已采取措施确保该类信息不会被不正当地进行商业使用。"

（2）第三章标题修改为"生产、经营和使用管理"。

（3）增加一条，作为第十九条："使用饲料添加剂应当遵守国务院农业行政主管部门制定的安全使用规范。

"禁止使用本条例第十八条规定的饲料、饲料添加剂。禁止在饲料和动物饮用水中添加激素类药品和国务院农业行政主管部门规定的其他禁用药品。"

（4）第二十三条修改为第二十五条："违反本条例规定，经营未附具产品质量检验合格证和产品标签以及无生产许可证、批准文号、产品质量标准的饲料、饲料添加剂的，由县级以上地方人民政府饲料管理部门责令停止经营，没收违法经营的产品和违法所得，可以并处违法所得1倍以下的罚款。"

（5）第二十六条修改为第二十八条："违反本条例规定，生产、经营已经停用、禁用或者淘汰以及未经审定公布的饲料、饲料添加剂的，依照刑法关于非法经营罪的规定，依法追究刑事责任；尚不够刑事处罚的，由县级以上地方人民政府饲料管理部门责令停止生产、经营，没收违法生产、经营的产品和违法所得，并处违法所得1倍以上5倍以下的罚款。"

（6）增加一条，作为第二十九条："违反本条例规定，不按照国务院农业行政主管部门的规定使用饲料添加剂的，由县级以上地方人民政府饲料管理部门责令立即改正，可以处3万元以下的罚款。

"使用本条例第十八条规定的饲料、饲料添加剂，或者在饲料和动物饮用水中添加激素类药品和国务院农业行政主管部门规定的其他禁用药品的，由县级以上地方人民政府饲料管理部门没收违禁药品，可以并处1万元以上5万元以下的罚款。"

（7）第二十七条修改为第三十条："违反本条例规定，有下列行为之一的，依照刑法关于生产、销售伪劣产品罪的规定，依法追究刑事责任；尚不够刑事处罚的，由县级以上地方人民政府饲料管理部门责令停止生产、经营，没收违法生产、经营的产品和违法所得，并处违法所得1倍以上5倍以下的罚款；情节严重的，并由国务院农业行政主管部门吊销生产许可证：

（一）在生产、经营过程中，以非饲料、非饲料添加剂冒充饲料、饲料添加剂或者以此种饲料、饲料添加剂冒充他种饲料、饲料添加剂的；

（二）生产、经营的饲料、饲料添加剂所含成分的种类、名称与产品标签上注明的成分的种类、名称不符的；

（三）生产、经营的饲料、饲料添加剂不符合饲料、饲料添加剂产品质量标准的；

（四）经营的饲料、饲料添加剂失效、霉变或者超过保质期的。"

（8）第二十八条修改为第三十一条："经营未经国务院农业行政主管部门登记的进口饲料、进口饲料添加剂的，依照刑法关于非法经营罪的规定，依法追究刑事责任；尚不够刑事处罚的，由县级以上地方人民政府饲料管理部门责令立即停止经营，没收未售出的产品和违法所得，并处违法所得1倍以上5倍以下的罚款。"

（9）第二十九条修改为第三十二条："假冒、伪造或者买卖饲料添加剂、添加剂预混合饲料生产许可证、产品批准文号或者产品登记证的，依照刑法关于非法经营罪或者伪造、变造、买卖国家机关公文、证件、印章罪的规定，依法追究刑事责任；尚不够刑事处罚的，由国务院农业行政主管部门或者省、自治区、直辖市人民政府饲料管理部门按照职责权限收缴或者吊销生产许可证、产品批准文号或者产品登记证，没收违法所得，并处违法所得1倍以上5倍以下的罚款。"

（10）对条文的顺序作相应调整，并将第二十四条中的"第十三条""第十四条"分别修改为"第十四条""第十五条"，将第二十五条中的"第十五条"修改为"第十六条"。

2. 2013年12月7日《国务院关于修改部分行政法规的决定》第二次修改，修改内容如下：

删去第十五条第一款；第二款改为第一款，并将其中的"申请设立其他饲料生产企业"修改为"申请设立饲料、饲料添加剂生产企业"。

3. 2016 年 2 月 6 日《国务院关于修改部分行政法规的决定》第三次修改，修改内容如下：

将第十五条第一款中的"申请设立饲料、饲料添加剂生产企业"修改为"申请从事饲料、饲料添加剂生产的企业"。删去第二款。

4. 2017 年 3 月 1 日《国务院关于修改和废止部分行政法规的决定》第四次修改，修改内容如下：

将《饲料和饲料添加剂管理条例》第十二条第一款中的"应当委托中国境内代理机构向国务院农业行政主管部门申请登记"修改为"由出口方驻中国境内的办事机构或者其委托的中国境内代理机构向国务院农业行政主管部门申请登记"。

病原微生物实验室生物安全管理条例

(2016 年 2 月 6 日中华人民共和国国务院令第 666 号修订)

第一章 总 则

第一条 为了加强病原微生物实验室（以下称实验室）生物安全管理，保护实验室工作人员和公众的健康，制定本条例。

第二条 对中华人民共和国境内的实验室及其从事实验活动的生物安全管理，适用本条例。

本条例所称病原微生物，是指能够使人或者动物致病的微生物。

本条例所称实验活动，是指实验室从事与病原微生物菌（毒）种、样本有关的研究、教学、检测、诊断等活动。

第三条 国务院卫生主管部门主管与人体健康有关的实验室及其实验活动的生物安全监督工作。

国务院兽医主管部门主管与动物有关的实验室及其实验活动的生物安全监督工作。

国务院其他有关部门在各自职责范围内负责实验室及其实验活动的生物安全管理工作。

县级以上地方人民政府及其有关部门在各自职责范围内负责实验室及其实验活动的生物安全管理工作。

第四条 国家对病原微生物实行分类管理，对实验室实行分级管理。

第五条 国家实行统一的实验室生物安全标准。实验室应当符合国家标准和要求。

第六条 实验室的设立单位及其主管部门负责实验室日常活动的管理，承担建立健全安全管理制度，检查、维护实验设施、设备，控制实验室感染的职责。

第二章 病原微生物的分类和管理

第七条 国家根据病原微生物的传染性、感染后对个体或者群体的危害程度，将病原微生物分为四类：

第一类病原微生物，是指能够引起人类或者动物非常严重疾病的微生物，以及我国尚未发现或者已经宣布消灭的微生物。

第二类病原微生物，是指能够引起人类或者动物严重疾病，比较容易直接或者间接在人与人、动物与人、动物与动物间传播的微生物。

第三类病原微生物，是指能够引起人类或者动物疾病，但一般情况下对人、动物或者环境不构成严重危害，传播风险有限，实验室感染后很少引起严重疾病，并且具备有效治疗和预防措施的微生物。

第四类病原微生物，是指在通常情况下不会引起人类或者动物疾病的微生物。

第一类、第二类病原微生物统称为高致病性病原微生物。

第八条 人间传染的病原微生物名录由国务院卫生主管部门商国务院有关部门后制定、调整并予以公布；动物间传染的病原微生物名录由国务院兽医主管部门商国务院有关部门后制定、调整并予以公布。

第九条 采集病原微生物样本应当具备下列条件：

（一）具有与采集病原微生物样本所需要的生物安全防护水平相适应的设备；

（二）具有掌握相关专业知识和操作技能的工作人员；

（三）具有有效的防止病原微生物扩散和感染的措施；

（四）具有保证病原微生物样本质量的技术方法和手段。

采集高致病性病原微生物样本的工作人员在采集过程中应当防止病原微生物扩散和感染，并对样本的来源、采集过程和方法等作详细记录。

第十条 运输高致病性病原微生物菌（毒）种或者样本，应当通过陆路运输；没有陆路通道，必须经水路运输的，可以通过水路运输；紧急情况下或者需要将高致病性病原微生物菌（毒）种或者样本运往国外的，可以通过民用航空运输。

第十一条 运输高致病性病原微生物菌（毒）种或者样本，应当具备下列条件：

（一）运输目的、高致病性病原微生物的用途和接收单位符合国务院卫生主管部门或者兽医主管部门的规定；

（二）高致病性病原微生物菌（毒）种或者样本的容器应当密封，容器或者包装材料还应当符合防水、防破损、防外泄、耐高（低）温、耐高压的要求；

（三）容器或者包装材料上应当印有国务院卫生主管部门或者兽医主管部门规定的生物危险标识、警告用语和提示用语。

运输高致病性病原微生物菌（毒）种或者样本，应当经省级以上人民政府卫生主管部门或者兽医主管部门批准。在省、自治区、直辖市行政区域内运输的，由省、自治区、直辖市人民政府卫生主管部门或者兽医主管部门批准；需要跨省、自治区、直辖市运输或者运往国外的，由出发地的省、自治区、直辖市人民政府卫生主管部门或者兽医主管部门进行初审后，分别报国务院卫生主管部门或者兽医主管部门批准。

出入境检验检疫机构在检验检疫过程中需要运输病原微生物样本的，由国务院出入境检验检疫部门批准，并同时向国务院卫生主管部门或者兽医主管部门通报。

通过民用航空运输高致病性病原微生物菌（毒）种或者样本的，除依照本条第二款、第三款规定取得批准外，还应当经国务院民用航空主管部门批准。

有关主管部门应当对申请人提交的关于运输高致病性病原微生物菌（毒）种或者样本的申请材料进行审查，对符合本条第一款规定条件的，应当即时批准。

第十二条 运输高致病性病原微生物菌（毒）种或者样本，应当由不少于2人的专人护送，并采取相应的防护措施。

有关单位或者个人不得通过公共电（汽）车和城市铁路运输病原微生物菌（毒）种或者样本。

第十三条 需要通过铁路、公路、民用航空等公共交通工具运输高致病性病原微生物菌（毒）种或者样本的，承运单位应当凭本条例第十一条规定的批准文件予以运输。

承运单位应当与护送人共同采取措施，确保所运输的高致病性病原微生物菌（毒）种或者样本的安全，严防发生被盗、被抢、丢失、泄漏事件。

第十四条 国务院卫生主管部门或者兽医主管部门指定的菌（毒）种保藏中心或者专业实验室（以下称保藏机构），承担集中储存病原微生物菌（毒）种和样本的任务。

保藏机构应当依照国务院卫生主管部门或者兽医主管部门的规定，储存实验室送交的病原微生物菌（毒）种和样本，并向实验室提供病原微生物菌（毒）种和样本。

保藏机构应当制定严格的安全保管制度，作好病原微生物菌（毒）种和样本进出和储存的记录，建立档案制度，并指定专人负责。对高致病性病原微生物菌（毒）种和样本应当设专库或者专柜单独储存。

保藏机构储存、提供病原微生物菌（毒）种和样本，不得收取任何费用，其经费由同级财政在单位预算中予以保障。

保藏机构的管理办法由国务院卫生主管部门会同国务院兽医主管部门制定。

第十五条 保藏机构应当凭实验室依照本条例的规定取得的从事高致病性病原微生物相关实验活动的批准文件，向实验室提供高致病性病原微生物菌（毒）种和样本，并予以登记。

第十六条 实验室在相关实验活动结束后，应当依照国务院卫生主管部门或者兽医主管部门的规定，及时将病原微生物菌（毒）种和样本就地销毁或者送交保藏机构保管。

保藏机构接受实验室送交的病原微生物菌（毒）种和样本，应当予以登记，并开具接收证明。

第十七条 高致病性病原微生物菌（毒）种或者样本在运输、储存中被盗、被抢、丢失、泄漏的，承运单位、护送人、保藏机构应当采取必要的控制措施，并在2小时内分别向承运单位的主管部门、护送人所在单位和保藏机构的主管部门报告，同时向所在地的县级人民政府卫生主管部门或者兽医主管部门报告，发生被盗、被抢、丢失的，还应当向公安机关报告；接到报告的卫生主管部门或者兽医主管部门应当在2小时内向本级人民政府报告，并同时向上级人民政府卫生主管部门或者兽医主管部门和国务院卫生主管部门或者兽医主管部门报告。

县级人民政府应当在接到报告后2小时内向设区的市级人民政府或者上一级人民政府报告；设区的市级人民政府应当在接到报告后2小时内向省、自治区、直辖市人民政府报告。省、自治区、直辖市人民政府应当在接到报告后1小时内，向国务院卫生主管部门或者兽医主管部门报告。

任何单位和个人发现高致病性病原微生物菌（毒）种或者样本的容器或者包装材料，应当及时向附近的卫生主管部门或者兽医主管部门报告；接到报告的卫生主管部门或者兽医主管部门应当及时组织调查核实，并依法采取必要的控制措施。

第三章 实验室的设立与管理

第十八条 国家根据实验室对病原微生物的生物安全防护水平，并依照实验室生物安全国家标准的规定，将实验室分为一级、二级、三级、四级。

第十九条 新建、改建、扩建三级、四级实验室或者生产、进口移动式三级、四级实验室应当遵守下列规定：

（一）符合国家生物安全实验室体系规划并依法履行有关审批手续；

（二）经国务院科技主管部门审查同意；

（三）符合国家生物安全实验室建筑技术规范；

（四）依照《中华人民共和国环境影响评价法》的规定进行环境影响评价并经环境保护主管部门审查批准；

（五）生物安全防护级别与其拟从事的实验活动相适应。

前款规定所称国家生物安全实验室体系规划，由国务院投资主管部门会同国务院有关部门制定。制定国家生物安全实验室体系规划应当遵循总量控制、合理布局、资源共享的原则，并应当召开听证会或者论证会，听取公共卫生、环境保护、投资管理和实验室管理等方面专家的意见。

第二十条　三级、四级实验室应当通过实验室国家认可。

国务院认证认可监督管理部门确定的认可机构应当依照实验室生物安全国家标准以及本条例的有关规定，对三级、四级实验室进行认可；实验室通过认可的，颁发相应级别的生物安全实验室证书。证书有效期为5年。

第二十一条　一级、二级实验室不得从事高致病性病原微生物实验活动。三级、四级实验室从事高致病性病原微生物实验活动，应当具备下列条件：

（一）实验目的和拟从事的实验活动符合国务院卫生主管部门或者兽医主管部门的规定；

（二）通过实验室国家认可；

（三）具有与拟从事的实验活动相适应的工作人员；

（四）工程质量经建筑主管部门依法检测验收合格。

国务院卫生主管部门或者兽医主管部门依照各自职责对三级、四级实验室是否符合上述条件进行审查；对符合条件的，发给从事高致病性病原微生物实验活动的资格证书。

第二十二条　取得从事高致病性病原微生物实验活动资格证书的实验室，需要从事某种高致病性病原微生物或者疑似高致病性病原微生物实验活动的，应当依照国务院卫生主管部门或者兽医主管部门的规定报省级以上人民政府卫生主管部门或者兽医主管部门批准。实验活动结果以及工作情况应当向原批准部门报告。

实验室申报或者接受与高致病性病原微生物有关的科研项目，应当符合科研需要和生物安全要求，具有相应的生物安全防护水平。与动物间传染的高致病性病原微生物有关的科研项目，应当经国务院兽医主管部门同意；与人体健康有关的高致病性病原微生物科研项目，实验室应当将立项结果告知省级以上人民政府卫生主管部门。

第二十三条　出入境检验检疫机构、医疗卫生机构、动物防疫机构在实验室开展检测、诊断工作时，发现高致病性病原微生物或者疑似高致病性病原微生物，需要进一步从事这类高致病性病原微生物相关实验活动的，应当依照本条例的规定经批准同意，并在取得相应资格证书的实验室中进行。

专门从事检测、诊断的实验室应当严格依照国务院卫生主管部门或者兽医主管部门的规定，建立健全规章制度，保证实验室生物安全。

第二十四条　省级以上人民政府卫生主管部门或者兽医主管部门应当自收到需要从事高致病性病原微生物相关实验活动的申请之日起15日内作出是否批准的决定。

对出入境检验检疫机构为了检验检疫工作的紧急需要，申请在实验室对高致病性病原微生物或者疑似高致病性病原微生物开展进一步实验活动的，省级以上人民政府卫生主管部门或者兽医主管部门应当自收到申请之时起2小时内作出是否批准的决定；2小时内未作出决定的，实验室可以从事相应的实验活动。

省级以上人民政府卫生主管部门或者兽医主管部门应当为申请人通过电报、电传、传真、电子数据交换和电子邮件等方式提出申请提供方便。

第二十五条　新建、改建或者扩建一级、二级实验室，应当向设区的市级人民政府卫生主管部门或者兽医主管部门备案。设区的市级人民政府卫生主管部门或者兽医主管部门应当每年将备案情况汇总后报省、自治区、直辖市人民政府卫生主管部门或者兽医主管部门。

第二十六条　国务院卫生主管部门和兽医主管部门应当定期汇总并互相通报实验室数量和实验室设立、分布情况，以及取得从事高致病性病原微生物实验活动资格证书的三级、四级实验室及其从事相关实验活动的情况。

第二十七条　已经建成并通过实验室国家认可的三级、四级实验室应当向所在地的县级人民政府环境保护主管部门备案。环境保护主管部门依照法律、行政法规的规定对实验室排放的废水、废气和其他废物处置情况进行监督检查。

第二十八条　对我国尚未发现或者已经宣布消灭的病原微生物，任何单位和个人未经批准不得从事相关实验活动。

为了预防、控制传染病，需要从事前款所指病原微生物相关实验活动的，应当经国务院卫生主管部门或者兽医主管部门批准，并在批准部门指定的专业实验室中进行。

第二十九条　实验室使用新技术、新方法从事高致病性病原微生物相关实验活动的，应当符合防止高致病性病原微生物扩散、保证生物安全和操作者人身安全的要求，并经国家病原微生物实验室生物安全专家委员会论证；经论证可行的，方可使用。

第三十条　需要在动物体上从事高致病性病原微生物相关实验活动的，应当在符合动物实验室生物安全国家标准的三级以上实验室进行。

第三十一条　实验室的设立单位负责实验室的生物安全管理。

实验室的设立单位应当依照本条例的规定制定科学、严格的管理制度，并定期对有关生物安全规定的落实情况进行检查，定期对实验室设施、设备、材料等进行检查、维护和更新，以确保其符合国家标准。

实验室的设立单位及其主管部门应当加强对实验室日常活动的管理。

第三十二条　实验室负责人为实验室生物安全的第一责任人。

实验室从事实验活动应当严格遵守有关国家标准和实验室技术规范、操作规程。实验室负责人应当指定专人监督检查实验室技术规范和操作规程的落实情况。

第三十三条　从事高致病性病原微生物相关实验活动的实验室的设立单位，应当建立健全安全保卫制度，采取安全保卫措施，严防高致病性病原微生物被盗、被抢、丢失、泄漏，保障实验室及其病原微生物的安全。实验室发生高致病性病原微生物被盗、被抢、丢失、泄漏的，实验室的设立单位应当依照本条例第十七条的规定进行报告。

从事高致病性病原微生物相关实验活动的实验室应当向当地公安机关备案，并接受公安机关有关实验室安全保卫工作的监督指导。

第三十四条　实验室或者实验室的设立单位应当每年定期对工作人员进行培训，保证其掌握实验室技术规范、操作规程、生物安全防护知识和实际操作技能，并进行考核。工作人员经考核合格的，方可上岗。

从事高致病性病原微生物相关实验活动的实验室，应当每半年将培训、考核其工作人员的情况和实验室运行情况向省、自治区、直辖市人民政府卫生主管部门或者兽医主管部门报告。

第三十五条 从事高致病性病原微生物相关实验活动应当有 2 名以上的工作人员共同进行。

进入从事高致病性病原微生物相关实验活动的实验室的工作人员或者其他有关人员，应当经实验室负责人批准。实验室应当为其提供符合防护要求的防护用品并采取其他职业防护措施。从事高致病性病原微生物相关实验活动的实验室，还应当对实验室工作人员进行健康监测，每年组织对其进行体检，并建立健康档案；必要时，应当对实验室工作人员进行预防接种。

第三十六条 在同一个实验室的同一个独立安全区域内，只能同时从事一种高致病性病原微生物的相关实验活动。

第三十七条 实验室应当建立实验档案，记录实验室使用情况和安全监督情况。实验室从事高致病性病原微生物相关实验活动的实验档案保存期，不得少于 20 年。

第三十八条 实验室应当依照环境保护的有关法律、行政法规和国务院有关部门的规定，对废水、废气以及其他废物进行处置，并制定相应的环境保护措施，防止环境污染。

第三十九条 三级、四级实验室应当在明显位置标示国务院卫生主管部门和兽医主管部门规定的生物危险标识和生物安全实验室级别标志。

第四十条 从事高致病性病原微生物相关实验活动的实验室应当制定实验室感染应急处置预案，并向该实验室所在地的省、自治区、直辖市人民政府卫生主管部门或者兽医主管部门备案。

第四十一条 国务院卫生主管部门和兽医主管部门会同国务院有关部门组织病原学、免疫学、检验医学、流行病学、预防兽医学、环境保护和实验室管理等方面的专家，组成国家病原微生物实验室生物安全专家委员会。该委员会承担从事高致病性病原微生物相关实验活动的实验室的设立与运行的生物安全评估和技术咨询、论证工作。

省、自治区、直辖市人民政府卫生主管部门和兽医主管部门会同同级人民政府有关部门组织病原学、免疫学、检验医学、流行病学、预防兽医学、环境保护和实验室管理等方面的专家，组成本地区病原微生物实验室生物安全专家委员会。该委员会承担本地区实验室设立和运行的技术咨询工作。

第四章　实验室感染控制

第四十二条 实验室的设立单位应当指定专门的机构或者人员承担实验室感染控制工作，定期检查实验室的生物安全防护、病原微生物菌（毒）种和样本保存与使用、安全操作、实验室排放的废水和废气以及其他废物处置等规章制度的实施情况。

负责实验室感染控制工作的机构或者人员应当具有与该实验室中的病原微生物有关的传染病防治知识，并定期调查、了解实验室工作人员的健康状况。

第四十三条 实验室工作人员出现与本实验室从事的高致病性病原微生物相关实验活

动有关的感染临床症状或者体征时，实验室负责人应当向负责实验室感染控制工作的机构或者人员报告，同时派专人陪同及时就诊；实验室工作人员应当将近期所接触的病原微生物的种类和危险程度如实告知诊治医疗机构。接诊的医疗机构应当及时救治；不具备相应救治条件的，应当依照规定将感染的实验室工作人员转诊至具备相应传染病救治条件的医疗机构；具备相应传染病救治条件的医疗机构应当接诊治疗，不得拒绝救治。

第四十四条 实验室发生高致病性病原微生物泄漏时，实验室工作人员应当立即采取控制措施，防止高致病性病原微生物扩散，并同时向负责实验室感染控制工作的机构或者人员报告。

第四十五条 负责实验室感染控制工作的机构或者人员接到本条例第四十三条、第四十四条规定的报告后，应当立即启动实验室感染应急处置预案，并组织人员对该实验室生物安全状况等情况进行调查；确认发生实验室感染或者高致病性病原微生物泄漏的，应当依照本条例第十七条的规定进行报告，并同时采取控制措施，对有关人员进行医学观察或者隔离治疗，封闭实验室，防止扩散。

第四十六条 卫生主管部门或者兽医主管部门接到关于实验室发生工作人员感染事故或者病原微生物泄漏事件的报告，或者发现实验室从事病原微生物相关实验活动造成实验室感染事故的，应当立即组织疾病预防控制机构、动物防疫监督机构和医疗机构以及其他有关机构依法采取下列预防、控制措施：

（一）封闭被病原微生物污染的实验室或者可能造成病原微生物扩散的场所；

（二）开展流行病学调查；

（三）对病人进行隔离治疗，对相关人员进行医学检查；

（四）对密切接触者进行医学观察；

（五）进行现场消毒；

（六）对染疫或者疑似染疫的动物采取隔离、扑杀等措施；

（七）其他需要采取的预防、控制措施。

第四十七条 医疗机构或者兽医医疗机构及其执行职务的医务人员发现由于实验室感染而引起的与高致病性病原微生物相关的传染病病人、疑似传染病病人或者患有疫病、疑似患有疫病的动物，诊治的医疗机构或者兽医医疗机构应当在 2 小时内报告所在地的县级人民政府卫生主管部门或者兽医主管部门；接到报告的卫生主管部门或者兽医主管部门应当在 2 小时内通报实验室所在地的县级人民政府卫生主管部门或者兽医主管部门。接到通报的卫生主管部门或者兽医主管部门应当依照本条例第四十六条的规定采取预防、控制措施。

第四十八条 发生病原微生物扩散，有可能造成传染病暴发、流行时，县级以上人民政府卫生主管部门或者兽医主管部门应当依照有关法律、行政法规的规定以及实验室感染应急处置预案进行处理。

第五章 监督管理

第四十九条 县级以上地方人民政府卫生主管部门、兽医主管部门依照各自分工，履行下列职责：

（一）对病原微生物菌（毒）种、样本的采集、运输、储存进行监督检查；

（二）对从事高致病性病原微生物相关实验活动的实验室是否符合本条例规定的条件进行监督检查；

（三）对实验室或者实验室的设立单位培训、考核其工作人员以及上岗人员的情况进行监督检查；

（四）对实验室是否按照有关国家标准、技术规范和操作规程从事病原微生物相关实验活动进行监督检查。

县级以上地方人民政府卫生主管部门、兽医主管部门，应当主要通过检查反映实验室执行国家有关法律、行政法规以及国家标准和要求的记录、档案、报告，切实履行监督管理职责。

第五十条 县级以上人民政府卫生主管部门、兽医主管部门、环境保护主管部门在履行监督检查职责时，有权进入被检查单位和病原微生物泄漏或者扩散现场调查取证、采集样品，查阅复制有关资料。需要进入从事高致病性病原微生物相关实验活动的实验室调查取证、采集样品的，应当指定或者委托专业机构实施。被检查单位应当予以配合，不得拒绝、阻挠。

第五十一条 国务院认证认可监督管理部门依照《中华人民共和国认证认可条例》的规定对实验室认可活动进行监督检查。

第五十二条 卫生主管部门、兽医主管部门、环境保护主管部门应当依据法定的职权和程序履行职责，做到公正、公平、公开、文明、高效。

第五十三条 卫生主管部门、兽医主管部门、环境保护主管部门的执法人员执行职务时，应当有2名以上执法人员参加，出示执法证件，并依照规定填写执法文书。

现场检查笔录、采样记录等文书经核对无误后，应当由执法人员和被检查人、被采样人签名。被检查人、被采样人拒绝签名的，执法人员应当在自己签名后注明情况。

第五十四条 卫生主管部门、兽医主管部门、环境保护主管部门及其执法人员执行职务，应当自觉接受社会和公民的监督。公民、法人和其他组织有权向上级人民政府及其卫生主管部门、兽医主管部门、环境保护主管部门举报地方人民政府及其有关主管部门不依照规定履行职责的情况。接到举报的有关人民政府或者其卫生主管部门、兽医主管部门、环境保护主管部门，应当及时调查处理。

第五十五条 上级人民政府卫生主管部门、兽医主管部门、环境保护主管部门发现属于下级人民政府卫生主管部门、兽医主管部门、环境保护主管部门职责范围内需要处理的事项的，应当及时告知该部门处理；下级人民政府卫生主管部门、兽医主管部门、环境保护主管部门不及时处理或者不积极履行本部门职责的，上级人民政府卫生主管部门、兽医主管部门、环境保护主管部门应当责令其限期改正；逾期不改正的，上级人民政府卫生主管部门、兽医主管部门、环境保护主管部门有权直接予以处理。

第六章　法律责任

第五十六条 三级、四级实验室未依照本条例的规定取得从事高致病性病原微生物实验活动的资格证书，或者已经取得相关资格证书但是未经批准从事某种高致病性病原微生物或者疑似高致病性病原微生物实验活动的，由县级以上地方人民政府卫生主管部门、兽医主管部门依照各自职责，责令停止有关活动，监督其将用于实验活动的病原微生物销毁或者送交保藏机构，并给予警告；造成传染病传播、流行或者其他严重后果的，由实验室的设立单位对主要负责人、直接负责的主管人员和其他直接责任人员，依法给予撤职、开除的处分；有资格证书的，应当吊销其资格证书；构成犯罪的，依法追究刑事责任。

第五十七条 卫生主管部门或者兽医主管部门违反本条例的规定，准予不符合本条例规定条件的实验室从事高致病性病原微生物相关实验活动的，由作出批准决定的卫生主管部门或者兽医主管部门撤销原批准决定，责令有关实验室立即停止有关活动，并监督其将用于实验活动的病原微生物销毁或者送交保藏机构，对直接负责的主管人员和其他直接责任人员依法给予行政处分；构成犯罪的，依法追究刑事责任。

因违法作出批准决定给当事人的合法权益造成损害的，作出批准决定的卫生主管部门或者兽医主管部门应当依法承担赔偿责任。

第五十八条 卫生主管部门或者兽医主管部门对符合法定条件的实验室不颁发从事高致病性病原微生物实验活动的资格证书，或者对出入境检验检疫机构为了检验检疫工作的紧急需要，申请在实验室对高致病性病原微生物或者疑似高致病性病原微生物开展进一步检测活动，不在法定期限内作出是否批准决定的，由其上级行政机关或者监察机关责令改正，给予警告；造成传染病传播、流行或者其他严重后果的，对直接负责的主管人员和其他直接责任人员依法给予撤职、开除的行政处分；构成犯罪的，依法追究刑事责任。

第五十九条 违反本条例规定，在不符合相应生物安全要求的实验室从事病原微生物相关实验活动的，由县级以上地方人民政府卫生主管部门、兽医主管部门依照各自职责，责令停止有关活动，监督其将用于实验活动的病原微生物销毁或者送交保藏机构，并给予警告；造成传染病传播、流行或者其他严重后果的，由实验室的设立单位对主要负责人、直接负责的主管人员和其他直接责任人员，依法给予撤职、开除的处分；构成犯罪的，依法追究刑事责任。

第六十条 实验室有下列行为之一的，由县级以上地方人民政府卫生主管部门、兽医主管部门依照各自职责，责令限期改正，给予警告；逾期不改正的，由实验室的设立单位对主要负责人、直接负责的主管人员和其他直接责任人员，依法给予撤职、开除的处分；有许可证件的，并由原发证部门吊销有关许可证件：

（一）未依照规定在明显位置标示国务院卫生主管部门和兽医主管部门规定的生物危险标识和生物安全实验室级别标志的；

（二）未向原批准部门报告实验活动结果以及工作情况的；

（三）未依照规定采集病原微生物样本，或者对所采集样本的来源、采集过程和方法等未作详细记录的；

（四）新建、改建或者扩建一级、二级实验室未向设区的市级人民政府卫生主管部门或者兽医主管部门备案的；

（五）未依照规定定期对工作人员进行培训，或者工作人员考核不合格允许其上岗，或者批准未采取防护措施的人员进入实验室的；

（六）实验室工作人员未遵守实验室生物安全技术规范和操作规程的；

（七）未依照规定建立或者保存实验档案的；

（八）未依照规定制定实验室感染应急处置预案并备案的。

第六十一条 经依法批准从事高致病性病原微生物相关实验活动的实验室的设立单位

未建立健全安全保卫制度，或者未采取安全保卫措施的，由县级以上地方人民政府卫生主管部门、兽医主管部门依照各自职责，责令限期改正；逾期不改正，导致高致病性病原微生物菌（毒）种、样本被盗、被抢或者造成其他严重后果的，由原发证部门吊销该实验室从事高致病性病原微生物相关实验活动的资格证书；造成传染病传播、流行的，该实验室设立单位的主管部门还应当对该实验室的设立单位的直接负责的主管人员和其他直接责任人员，依法给予降级、撤职、开除的处分；构成犯罪的，依法追究刑事责任。

第六十二条　未经批准运输高致病性病原微生物菌（毒）种或者样本，或者承运单位经批准运输高致病性病原微生物菌（毒）种或者样本未履行保护义务，导致高致病性病原微生物菌（毒）种或者样本被盗、被抢、丢失、泄漏的，由县级以上地方人民政府卫生主管部门、兽医主管部门依照各自职责，责令采取措施，消除隐患，给予警告；造成传染病传播、流行或者其他严重后果的，由托运单位和承运单位的主管部门对主要负责人、直接负责的主管人员和其他直接责任人员，依法给予撤职、开除的处分；构成犯罪的，依法追究刑事责任。

第六十三条　有下列行为之一的，由实验室所在地的设区的市级以上地方人民政府卫生主管部门、兽医主管部门依照各自职责，责令有关单位立即停止违法活动，监督其将病原微生物销毁或者送交保藏机构；造成传染病传播、流行或者其他严重后果的，由其所在单位或者其上级主管部门对主要负责人、直接负责的主管人员和其他直接责任人员，依法给予撤职、开除的处分；有许可证件的，并由原发证部门吊销有关许可证件；构成犯罪的，依法追究刑事责任：

（一）实验室在相关实验活动结束后，未依照规定及时将病原微生物菌（毒）种和样本就地销毁或者送交保藏机构保管的；

（二）实验室使用新技术、新方法从事高致病性病原微生物相关实验活动未经国家病原微生物实验室生物安全专家委员会论证的；

（三）未经批准擅自从事在我国尚未发现或者已经宣布消灭的病原微生物相关实验活动的；

（四）在未经指定的专业实验室从事在我国尚未发现或者已经宣布消灭的病原微生物相关实验活动的；

（五）在同一个实验室的同一个独立安全区域内同时从事两种或者两种以上高致病性病原微生物的相关实验活动的。

第六十四条　认可机构对不符合实验室生物安全国家标准以及本条例规定条件的实验室予以认可，或者对符合实验室生物安全国家标准以及本条例规定条件的实验室不予认可的，由国务院认证认可监督管理部门责令限期改正，给予警告；造成传染病传播、流行或者其他严重后果的，由国务院认证认可监督管理部门撤销其认可资格，有上级主管部门的，由其上级主管部门对主要负责人、直接负责的主管人员和其他直接责任人员依法给予撤职、开除的处分；构成犯罪的，依法追究刑事责任。

第六十五条　实验室工作人员出现该实验室从事的病原微生物相关实验活动有关的感染临床症状或者体征，以及实验室发生高致病性病原微生物泄漏时，实验室负责人、实验室工作人员、负责实验室感染控制的专门机构或者人员未依照规定报告，或者未依照规定采取控制措施的，由县级以上地方人民政府卫生主管部门、兽医主管部门依照各自职责，责令限期改正，给予警告；造成传染病传播、流行或者其他严重后果的，由其设立单位对实验室主要负责人、直接负责的主管人员和其他直接责任人员，依法给予撤职、开除的处分；有许可证件的，并由原发证部门吊销有关许可证件；构成犯罪的，依法追究刑事责任。

第六十六条 拒绝接受卫生主管部门、兽医主管部门依法开展有关高致病性病原微生物扩散的调查取证、采集样品等活动或者依照本条例规定采取有关预防、控制措施的，由县级以上人民政府卫生主管部门、兽医主管部门依照各自职责，责令改正，给予警告；造成传染病传播、流行以及其他严重后果的，由实验室的设立单位对实验室主要负责人、直接负责的主管人员和其他直接责任人员，依法给予降级、撤职、开除的处分；有许可证件的，并由原发证部门吊销有关许可证件；构成犯罪的，依法追究刑事责任。

第六十七条 发生病原微生物被盗、被抢、丢失、泄漏，承运单位、护送人、保藏机构和实验室的设立单位未依照本条例的规定报告的，由所在地的县级人民政府卫生主管部门或者兽医主管部门给予警告；造成传染病传播、流行或者其他严重后果的，由实验室的设立单位或者承运单位、保藏机构的上级主管部门对主要负责人、直接负责的主管人员和其他直接责任人员，依法给予撤职、开除的处分；构成犯罪的，依法追究刑事责任。

第六十八条 保藏机构未依照规定储存实验室送交的菌（毒）种和样本，或者未依照规定提供菌（毒）种和样本的，由其指定部门责令限期改正，收回违法提供的菌（毒）种和样本，并给予警告；造成传染病传播、流行或者其他严重后果的，由其所在单位或者其上级主管部门对主要负责人、直接负责的主管人员和其他直接责任人员，依法给予撤职、开除的处分；构成犯罪的，依法追究刑事责任。

第六十九条 县级以上人民政府有关主管部门，未依照本条例的规定履行实验室及其实验活动监督检查职责的，由有关人民政府在各自职责范围内责令改正，通报批评；造成传染病传播、流行或者其他严重后果的，对直接负责的主管人员，依法给予行政处分；构成犯罪的，依法追究刑事责任。

第七章　附　　则

第七十条 军队实验室由中国人民解放军卫生主管部门参照本条例负责监督管理。

第七十一条 本条例施行前设立的实验室，应当自本条例施行之日起 6 个月内，依照本条例的规定，办理有关手续。

第七十二条 本条例自公布之日起施行。

修改说明

2016 年 1 月 13 日第一次修订，中华人民共和国国务院令第 666 号公布，修改内容如下：

将第二十二条第二款修改为："实验室申报或者接受与高致病性病原微生物有关的科研项目，应当符合科研需要和生物安全要求，具有相应的生物安全防护水平。与动物间传染的高致病性病原微生物有关的科研项目，应当经国务院兽医主管部门同意；与人体健康有关的高致病性病原微生物科研项目，实验室应当将立项结果告知省级以上人民政府卫生主管部门。"

实验动物管理条例

(2017 年 3 月 1 日中华人民共和国国务院令第 676 号修订)

第一章 总 则

第一条 为了加强实验动物的管理工作，保证实验动物质量，适应科学研究、经济建设和社会发展的需要，制定本条例。

第二条 本条例所称实验动物，是指经人工饲育，对其携带的微生物实行控制，遗传背景明确或者来源清楚的，用于科学研究、教学、生产、检定以及其他科学实验的动物。

第三条 本条例适用于从事实验动物的研究、保种、饲育、供应、应用、管理和监督的单位和个人。

第四条 实验动物的管理，应当遵循统一规划、合理分工，有利于促进实验动物科学研究和应用的原则。

第五条 国家科学技术委员会主管全国实验动物工作。

省、自治区、直辖市科学技术委员会主管本地区的实验动物工作。

国务院各有关部门负责管理本部门的实验动物工作。

第六条 国家实行实验动物的质量监督和质量合格认证制度。具体办法由国家科学技术委员会另行制定。

第七条 实验动物遗传学、微生物学、营养学和饲育环境等方面的国家标准由国家技术监督局制定。

第二章 实验动物的饲育管理

第八条 从事实验动物饲育工作的单位，必须根据遗传学、微生物学、营养学和饲育环境方面的标准，定期对实验动物进行质量监测。各项作业过程和监测数据应有完整、准确的记录，并建立统计报告制度。

第九条 实验动物的饲育室、实验室应设在不同区域，并进行严格隔离。

实验动物饲育室、实验室要有科学的管理制度和操作规程。

第十条 实验动物的保种、饲育应采用国内或国外认可的品种、品系，并持有效的合格证书。

第十一条 实验动物必须按照不同来源，不同品种、品系和不同的实验目的，分开饲养。

第十二条 实验动物分为四级：一级，普通动物；二级，清洁动物；三级，无特定病原体动物；四级，无菌动物。

对不同等级的实验动物，应当按照相应的微生物控制标准进行管理。

第十三条 实验动物必须饲喂质量合格的全价饲料。霉烂、变质、虫蛀、污染的饲料，不得用于饲喂实验动物。直接用作饲料的蔬菜、水果等，要经过清洗消毒，并保持新鲜。

第十四条 一级实验动物的饮水，应当符合城市生活饮水的卫生标准。二、三、四级实验动物的饮水，应当符合城市生活饮水的卫生标准并经灭菌处理。

第十五条 实验动物的垫料应当按照不同等级实验动物的需要，进行相应处理，达到清洁、干燥、吸水、无毒、无虫、无感染源、无污染。

第三章 实验动物的检疫和传染病控制

第十六条 对引入的实验动物，必须进行隔离检疫。

为补充种源或开发新品种而捕捉的野生动物，必须在当地进行隔离检疫，并取得动物检疫部门出具的证明。野生动物运抵实验动物处所，需经再次检疫，方可进入实验动物饲育室。

第十七条 对必须进行预防接种的实验动物，应当根据实验要求或者按照《中华人民共和国动物防疫法》的有关规定，进行预防接种，但用作生物制品原料的实验动物除外。

第十八条 实验动物患病死亡的，应当及时查明原因，妥善处理，并记录在案。

实验动物患有传染性疾病的，必须立即视情况分别予以销毁或者隔离治疗。对可能被传染的实验动物，进行紧急预防接种，对饲育室内外可能被污染的区域采取严格消毒措施，并报告上级实验动物管理部门和当地动物检疫、卫生防疫单位，采取紧急预防措施，防止疫病蔓延。

第四章 实验动物的应用

第十九条 应用实验动物应当根据不同的实验目的，选用相应的合格实验动物。申报科研课题和鉴定科研成果，应当把应用合格实验动物作为基本条件。应用不合格实验动物取得的检定或者安全评价结果无效，所生产的制品不得使用。

第二十条 供应用的实验动物应当具备下列完整的资料：

（一）品种、品系及亚系的确切名称；

（二）遗传背景或其来源；

（三）微生物检测状况；

（四）合格证书；

（五）饲育单位负责人签名。

无上述资料的实验动物不得应用。

第二十一条 实验动物的运输工作应当有专人负责。实验动物的装运工具应当安全、可靠。不得将不同品种、品系或者不同等级的实验动物混合装运。

第五章 实验动物的进口与出口管理

第二十二条 从国外进口作为原种的实验动物，应附有饲育单位负责人签发的品系和亚系名称以及遗传和微生物状况等资料。

无上述资料的实验动物不得进口和应用。

第二十三条 出口应用国家重点保护的野生动物物种开发的实验动物，必须按照国家的有关规定，取得出口许可证后，方可办理出口手续。

第二十四条　进口、出口实验动物的检疫工作，按照《中华人民共和国进出境动植物检疫法》的规定办理。

第六章　从事实验动物工作的人员

第二十五条　实验动物工作单位应当根据需要，配备科技人员和经过专业培训的饲育人员。各类人员都要遵守实验动物饲育管理的各项制度，熟悉、掌握操作规程。

第二十六条　实验动物工作单位对直接接触实验动物的工作人员，必须定期组织体格检查。对患有传染性疾病，不宜承担所做工作的人员，应当及时调换工作。

第二十七条　从事实验动物工作的人员对实验动物必须爱护，不得戏弄或虐待。

第七章　奖励与处罚

第二十八条　对长期从事实验动物饲育管理，取得显著成绩的单位或者个人，由管理实验动物工作的部门给予表彰或奖励。

第二十九条　对违反本条例规定的单位，由管理实验动物工作的部门视情节轻重，分别给予警告、限期改进、责令关闭的行政处罚。

第三十条　对违反本条例规定的有关工作人员，由其所在单位视情节轻重，根据国家有关规定，给予行政处分。

第八章　附　则

第三十一条　省、自治区、直辖市人民政府和国务院有关部门，可以根据本条例，结合具体情况，制定实施办法。

军队系统的实验动物管理工作参照本条例执行。

第三十二条　本条例由国家科学技术委员会负责解释。

第三十三条　本条例自发布之日起施行。

修改说明

2017年3月1日第一次修改，中华人民共和国国务院令第676号公布，修改内容如下：
删去《实验动物管理条例》第二十三条、第二十四条第一款、第二十七条。

农业植物品种命名规定

（2012 年 3 月 24 日农业部令第 2 号发布）

第一条 为规范农业植物品种命名，加强品种名称管理，保护育种者和种子生产者、经营者、使用者的合法权益，根据《中华人民共和国种子法》《中华人民共和国植物新品种保护条例》《农业转基因生物安全管理条例》，制定本规定。

第二条 申请农作物品种审定、农业植物新品种权和农业转基因生物安全评价的农业植物品种及其直接应用的亲本的命名，应当遵守本规定。

其他农业植物品种的命名，参照本规定执行。

第三条 农业部负责全国农业植物品种名称的监督管理工作。

县级以上地方人民政府农业行政主管部门负责本行政区域内农业植物品种名称的监督管理工作。

第四条 农业部建立农业植物品种名称检索系统，供品种命名、审查和查询使用。

第五条 一个农业植物品种只能使用一个名称。

相同或者相近的农业植物属内的品种名称不得相同。

相近的农业植物属见附件。

第六条 申请人应当书面保证所申请品种名称在农作物品种审定、农业植物新品种权和农业转基因生物安全评价中的一致性。

第七条 相同或者相近植物属内的两个以上品种，以同一名称提出相关申请的，名称授予先申请的品种，后申请的应当重新命名；同日申请的，名称授予先完成培育的品种，后完成培育的应当重新命名。

第八条 品种名称应当使用规范的汉字、英文字母、阿拉伯数字、罗马数字或其组合。品种名称不得超过 15 个字符。

第九条 品种命名不得存在下列情形：

（一）仅以数字或者英文字母组成的；

（二）仅以一个汉字组成的；

（三）含有国家名称的全称、简称或者缩写的，但存在其他含义且不易误导公众的除外；

（四）含有县级以上行政区划的地名或者公众知晓的其他国内外地名的，但地名简称、地名具有其他含义的除外；

（五）与政府间国际组织或者其他国际国内知名组织名称相同或者近似的，但经该组织同意或者不易误导公众的除外；

（六）容易对植物品种的特征、特性或者育种者身份等引起误解的，但惯用的杂交水稻品种命名除外；

（七）夸大宣传的；

（八）与他人驰名商标、同类注册商标的名称相同或者近似，未经商标权人同意的；

（九）含有杂交、回交、突变、芽变、花培等植物遗传育种术语的；

（十）违反国家法律法规、社会公德或者带有歧视性的；

（十一）不适宜作为品种名称的或者容易引起误解的其他情形。

第十条 有下列情形之一的，属于容易对植物品种的特征、特性引起误解的情形：

（一）易使公众误认为该品种具有某种特性或特征，但该品种不具备该特性或特征的；

（二）易使公众误认为只有该品种具有某种特性或特征，但同属或者同种内的其他品种同样具有该特性或特征的；

（三）易使公众误认为该品种来源于另一品种或者与另一品种有关，实际并不具有联系的；

（四）其他容易对植物品种的特征、特性引起误解的情形。

第十一条 有下列情形之一的，属于容易对育种者身份引起误解的情形：

（一）品种名称中含有另一知名育种者名称的；

（二）品种名称与另一已经使用的知名系列品种名称近似的；

（三）其他容易对育种者身份引起误解的情形。

第十二条 有下列情形之一的，视为品种名称相同：

（一）读音或者字义不同但文字相同的；

（二）仅以名称中数字后有无"号"字区别的；

（三）其他视为品种名称相同的情形。

第十三条 品种的中文名称译成英文时，应当逐字音译，每个汉字音译的第一个字母应当大写。

品种的外文名称译成中文时，应当优先采用音译；音译名称与已知品种重复的，采用意译；意译仍有重复的，应当另行命名。

第十四条 农业植物品种名称不符合本规定的，申请人应当在指定的期限内予以修改。逾期未修改或者修改后仍不符合规定的，驳回该申请。

第十五条 申请农作物品种审定、农业植物新品种权和农业转基因生物安全评价的农业植物品种，在公告前应当在农业部网站公示，公示期为15个工作日。省级审定的农作物品种在公告前，应当由省级人民政府农业行政主管部门将品种名称等信息报农业部公示。

农业部对公示期间提出的异议进行审查，并将异议处理结果通知异议人和申请人。

第十六条 公告后的品种名称不得擅自更改。确需更改的，报原审批单位审批。

第十七条 销售农业植物种子，未使用公告品种名称的，由县级以上人民政府农业行政主管部门按照《种子法》第五十九条的规定处罚。

第十八条 申请人以同一品种申请农作物品种审定、农业植物新品种权和农业转基因生物安全评价过程中，通过欺骗、贿赂等不正当手段获取多个品种名称的，除由审批机关撤销相应的农作物品种审定、农业植物新品种权、农业转基因生物安全评价证书外，三年内不再受理该申请人相应申请。

第十九条 本规定施行前已取得品种名称的农业植物品种，可以继续使用其名称。对有多个名称的在用品种，由农业部组织品种名称清理并重新公告。

本规定施行前已受理但尚未批准的农作物品种审定、农业植物新品种权和农业转基因生物安全评价申请，其品种名称不符合本规定要求的，申请人应当在指定期限内重新命名。

第二十条　本规定自 2012 年 4 月 15 日起施行。

附件：

相近的农业植物属

编号	相近的农业植物属	拉丁文
1	黑麦属	*Secale*
	黑小麦属	*Triticale*
	小麦属	*Triticum*
2	黍属	*Panicum*
	狗尾草属	*Setaria*
3	翦股颖属	*Agrostis*
	鸭茅属	*Dactylis*
	羊茅属	*Festuca*
	羊茅黑麦草属	*Festulolium*
	黑麦草属	*Lolium*
	虉草属	*Phalaris*
	梯牧草属	*Phleum*
	早熟禾属	*Poa*
4	百脉根属	*Lotus*
	苜蓿属	*Medicago*
	驴食豆属	*Onobrychis*
	车轴草属	*Trifolium*
5	菊苣属	*Cichorium*
	莴苣属	*Lactuca*
6	矮牵牛属	*Petunia*
	小花矮牵牛属	*Calibrachoa*
7	茼蒿属	*Chrysanthemum*
	亚菊属	*Ajania*
8	驼舌草属	*Goniolimon*
	补血草属	*Limonium*
	裸穗花属	*Psylliostachys*

注：表中列举的植物属，同编号内的植物品种名称不得相同。表以外的植物属种，以属为分类单位，在同一属内，植物品种名称不得相同。

主要农作物品种审定办法

（2016 年 7 月 8 日农业部令第 4 号发布）

第一章　总　　则

第一条　为科学、公正、及时地审定主要农作物品种，根据《中华人民共和国种子法》（以下简称《种子法》），制定本办法。

第二条　在中华人民共和国境内的主要农作物品种审定，适用本办法。

第三条　本办法所称主要农作物，是指稻、小麦、玉米、棉花、大豆。

第四条　省级以上人民政府农业主管部门应当采取措施，加强品种审定工作监督管理。省级人民政府农业主管部门应当完善品种选育、审定工作的区域协作机制，促进优良品种的选育和推广。

第二章　品种审定委员会

第五条　农业部设立国家农作物品种审定委员会，负责国家级农作物品种审定工作。省级人民政府农业主管部门设立省级农作物品种审定委员会，负责省级农作物品种审定工作。

农作物品种审定委员会建立包括申请文件、品种审定试验数据、种子样品、审定意见和审定结论等内容的审定档案，保证可追溯。

第六条　品种审定委员会由科研、教学、生产、推广、管理、使用等方面的专业人员组成。委员应当具有高级专业技术职称或处级以上职务，年龄一般在 55 岁以下。每届任期 5 年，连任不得超过两届。

品种审定委员会设主任 1 名，副主任 2～5 名。

第七条　品种审定委员会设立办公室，负责品种审定委员会的日常工作，设主任 1 名，副主任 1～2 名。

第八条　品种审定委员会按作物种类设立专业委员会，各专业委员会由 9～23 人的单数组成，设主任 1 名，副主任 1～2 名。

省级品种审定委员会对本辖区种植面积小的主要农作物，可以合并设立专业委员会。

第九条　品种审定委员会设立主任委员会，由品种审定委员会主任和副主任、各专业委员会主任、办公室主任组成。

第三章　申请和受理

第十条　申请品种审定的单位、个人（以下简称申请者），可以直接向国家农作物品种审定委员会或省级农作物品种审定委员会提出申请。

在中国境内没有经常居所或者营业场所的境外机构和个人在境内申请品种审定的，应当委托具有法人资格的境内种子企业代理。

第十一条 申请者可以单独申请国家级审定或省级审定，也可以同时申请国家级审定和省级审定，还可以同时向几个省、自治区、直辖市申请审定。

第十二条 申请审定的品种应当具备下列条件：

（一）人工选育或发现并经过改良；

（二）与现有品种（已审定通过或本级品种审定委员会已受理的其他品种）有明显区别；

（三）形态特征和生物学特性一致；

（四）遗传性状稳定；

（五）具有符合《农业植物品种命名规定》的名称；

（六）已完成同一生态类型区 2 个生产周期以上、多点的品种比较试验。其中，申请国家级品种审定的，稻、小麦、玉米品种比较试验每年不少于 20 个点，棉花、大豆品种比较试验每年不少于 10 个点，或具备省级品种审定试验结果报告；申请省级品种审定的，品种比较试验每年不少于 5 个点。

第十三条 申请品种审定的，应当向品种审定委员会办公室提交以下材料：

（一）申请表，包括作物种类和品种名称，申请者名称、地址、邮政编码、联系人、电话号码、传真、国籍，品种选育的单位或者个人（以下简称育种者）等内容；

（二）品种选育报告，包括亲本组合以及杂交种的亲本血缘关系、选育方法、世代和特性描述；品种（含杂交种亲本）特征特性描述、标准图片，建议的试验区域和栽培要点；品种主要缺陷及应当注意的问题；

（三）品种比较试验报告，包括试验品种、承担单位、抗性表现、品质、产量结果及各试验点数据、汇总结果等；

（四）转基因检测报告；

（五）转基因棉花品种还应当提供农业转基因生物安全证书；

（六）品种和申请材料真实性承诺书。

第十四条 品种审定委员会办公室在收到申请材料 45 日内作出受理或不予受理的决定，并书面通知申请者。

对于符合本办法第十二条、第十三条规定的，应当受理，并通知申请者在 30 日内提供试验种子。对于提供试验种子的，由办公室安排品种试验。逾期不提供试验种子的，视为撤回申请。

对于不符合本办法第十二条、第十三条规定的，不予受理。申请者可以在接到通知后 30 日内陈述意见或者对申请材料予以修正，逾期未陈述意见或者修正的，视为撤回申请；修正后仍然不符合规定的，驳回申请。

第十五条 品种审定委员会办公室应当在申请者提供的试验种子中留取标准样品，交农业部植物品种标准样品库保存。

第四章 品种试验

第十六条 品种试验包括以下内容：

（一）区域试验；

（二）生产试验；

（三）品种特异性、一致性和稳定性测试（以下简称 DUS 测试）。

第十七条 国家级品种区域试验、生产试验由全国农业技术推广服务中心组织实施，省级品种区域试验、生产试验由省级种子管理机构组织实施。

品种试验组织实施单位应当充分听取品种审定申请人和专家意见，合理设置试验组别，优化试验点布局，科学制订试验实施方案，并向社会公布。

第十八条 区域试验应当对品种丰产性、稳产性、适应性、抗逆性等进行鉴定，并进行品质分析、DNA 指纹检测、转基因检测等。

每一个品种的区域试验，试验时间不少于两个生产周期，田间试验设计采用随机区组或间比法排列。同一生态类型区试验点，国家级不少于 10 个，省级不少于 5 个。

第十九条 生产试验在区域试验完成后，在同一生态类型区，按照当地主要生产方式，在接近大田生产条件下对品种的丰产性、稳产性、适应性、抗逆性等进一步验证。

每一个品种的生产试验点数量不少于区域试验点，每一个品种在一个试验点的种植面积不少于 300 平方米，不大于 3 000 平方米，试验时间不少于一个生产周期。

第一个生产周期综合性状突出的品种，生产试验可与第二个生产周期的区域试验同步进行。

第二十条 区域试验、生产试验对照品种应当是同一生态类型区同期生产上推广应用的已审定品种，具备良好的代表性。

对照品种由品种试验组织实施单位提出，品种审定委员会相关专业委员会确认，并根据农业生产发展的需要适时更换。

省级农作物品种审定委员会应当将省级区域试验、生产试验对照品种报国家农作物品种审定委员会备案。

第二十一条 区域试验、生产试验、DUS 测试承担单位应当具备独立法人资格，具有稳定的试验用地、仪器设备、技术人员。

品种试验技术人员应当具有相关专业大专以上学历或中级以上专业技术职称、品种试验相关工作经历，并定期接受相关技术培训。

抗逆性鉴定由品种审定委员会指定的鉴定机构承担，品质检测、DNA 指纹检测、转基因检测由具有资质的检测机构承担。

品种试验、测试、鉴定承担单位与个人应当对数据的真实性负责。

第二十二条 品种试验组织实施单位应当会同品种审定委员会办公室，定期组织开展品种试验考察，检查试验质量、鉴评试验品种表现，并形成考察报告，对田间表现出严重缺陷的品种保留现场图片资料。

第二十三条 品种试验组织实施单位应当组织申请者代表参与区域试验、生产试验收获测产，测产数据由试验技术人员、试验承担单位负责人和申请者代表签字确认。

第二十四条 品种试验组织实施单位应当在每个生产周期结束后 45 日内召开品种试验总结会议。品种审定委员会专业委员会根据试验汇总结果、试验考察情况，确定品种是否终止试验、继续试验、提交审定，由品种审定委员会办公室将品种处理结果及时通知申请者。

第二十五条 申请者具备试验能力并且试验品种是自有品种的，可以按照下列要求自行开展品种试验：

（一）在国家级或省级品种区域试验基础上，自行开展生产试验；

（二）自有品种属于特殊用途品种的，自行开展区域试验、生产试验，生产试验可与第二个生产周期区域试验合并进行。特殊用途品种的范围、试验要求由同级品种审定委员会确定；

（三）申请者属于企业联合体、科企联合体和科研单位联合体的，组织开展相应区组的品种试验。联合体成员数量应当不少于 5 家，并且签订相关合作协议，按照同权同责原则，明确责任义务。一个法人单位在同一试验区组内只能参加一个试验联合体。

前款规定自行开展品种试验的实施方案应当在播种前 30 日内报国家级或省级品种试验组织实施单位，符合条件的纳入国家级或省级品种试验统一管理。

第二十六条 DUS 测试由申请者自主或委托农业部授权的测试机构开展，接受农业部科技发展中心指导。

申请者自主测试的，应当在播种前 30 日内，按照审定级别将测试方案报农业部科技发展中心或省级种子管理机构。农业部科技发展中心、省级种子管理机构分别对国家级审定、省级审定 DUS 测试过程进行监督检查，对样品和测试报告的真实性进行抽查验证。

DUS 测试所选择近似品种应当为特征特性最为相似的品种，DUS 测试依据相应主要农作物 DUS 测试指南进行。测试报告应当由法人代表或法人代表授权签字。

第二十七条 符合农业部规定条件、获得选育生产经营相结合许可证的种子企业（以下简称育繁推一体化种子企业），对其自主研发的主要农作物品种可以在相应生态区自行开展品种试验，完成试验程序后提交申请材料。

试验实施方案应当在播种前 30 日内报国家级或省级品种试验组织实施单位备案。

育繁推一体化种子企业应当建立包括品种选育过程、试验实施方案、试验原始数据等相关信息的档案，并对试验数据的真实性负责，保证可追溯，接受省级以上人民政府农业主管部门和社会的监督。

第五章　审定与公告

第二十八条 对于完成试验程序的品种，申请者、品种试验组织实施单位、育繁推一体化种子企业应当在 2 月底和 9 月底前分别将稻、玉米、棉花、大豆品种和小麦品种各试验点数据、汇总结果、DUS 测试报告提交品种审定委员会办公室。

品种审定委员会办公室在 30 日内提交品种审定委员会相关专业委员会初审，专业委员会应当在 30 日内完成初审。

第二十九条 初审品种时，各专业委员会应当召开全体会议，到会委员达到该专业委员会委员总数三分之二以上的，会议有效。对品种的初审，根据审定标准，采用无记名投票表决，赞成票数达到该专业委员会委员总数二分之一以上的品种，通过初审。

专业委员会对育繁推一体化种子企业提交的品种试验数据等材料进行审核，达到审定标准的，通过初审。

第三十条 初审实行回避制度。专业委员会主任的回避，由品种审定委员会办公室决定；其他委员的回避，由专业委员会主任决定。

第三十一条 初审通过的品种，由品种审定委员会办公室在 30 日内将初审意见及各试点试验数据、汇总结果，在同级农业主管部门官方网站公示，公示期不少于 30 日。

第三十二条 公示期满后，品种审定委员会办公室应当将初审意见、公示结果，提交品种审定委员会主任委员会审核。主任委员会应当在 30 日内完成审核。审核同意的，通过审定。

育繁推一体化种子企业自行开展自主研发品种试验，品种通过审定后，将品种标准样品提交至农业部植物品种标准样品库保存。

第三十三条 审定通过的品种，由品种审定委员会编号、颁发证书，同级农业主管部门公告。

省级审定的农作物品种在公告前，应当由省级人民政府农业主管部门将品种名称等信息报农业部公示，公示期为 15 个工作日。

第三十四条 审定编号为审定委员会简称、作物种类简称、年号、序号，其中序号为四位数。

第三十五条 审定公告内容包括：审定编号、品种名称、申请者、育种者、品种来源、形态特征、生育期、产量、品质、抗逆性、栽培技术要点、适宜种植区域及注意事项等。

省级品种审定公告，应当在发布后 30 日内报国家农作物品种审定委员会备案。

审定公告公布的品种名称为该品种的通用名称。禁止在生产、经营、推广过程中擅自更改该品种的通用名称。

第三十六条 审定证书内容包括：审定编号、品种名称、申请者、育种者、品种来源、审定意见、公告号、证书编号。

第三十七条 审定未通过的品种，由品种审定委员会办公室在 30 日内书面通知申请者。申请者对审定结果有异议的，可以自接到通知之日起 30 日内，向原品种审定委员会或者国家级品种审定委员会申请复审。品种审定委员会应当在下一次审定会议期间对复审理由、原审定文件和原审定程序进行复审。对病虫害鉴定结果提出异议的，品种审定委员会认为有必要的，安排其他单位再次鉴定。

品种审定委员会办公室应当在复审后 30 日内将复审结果书面通知申请者。

第三十八条 品种审定标准，由同级农作物品种审定委员会制定。审定标准应当有利于产量、品质、抗性等的提高与协调，有利于适应市场和生活消费需要的品种的推广。

省级品种审定标准，应当在发布后 30 日内报国家农作物品种审定委员会备案。

制定品种审定标准，应当公开征求意见。

第六章 引种备案

第三十九条 省级人民政府农业主管部门应当建立同一适宜生态区省际间品种试验数据共享互认机制，开展引种备案。

第四十条 通过省级审定的品种，其他省、自治区、直辖市属于同一适宜生态区的地域引种的，引种者应当报所在省、自治区、直辖市人民政府农业主管部门备案。

备案时，引种者应当填写引种备案表，包括作物种类、品种名称、引种者名称、联系方式、审定品种适宜种植区域、拟引种区域等信息。

第四十一条 引种者应当在拟引种区域开展不少于 1 年的适应性、抗病性试验，对品种的真实性、安全性和适应性负责。具有植物新品种权的品种，还应当经过品种权人的同意。

第四十二条 省、自治区、直辖市人民政府农业主管部门及时发布引种备案公告，公告内容包括品种名称、引种者、育种者、审定编号、引种适宜种植区域等内容。公告号格式为：（×）引种〔×〕第×号，其中，第一个"×"为省、自治区、直辖市简称，第二个"×"为年号，第三个"×"为序号。

第四十三条 国家审定品种同一适宜生态区，由国家农作物品种审定委员会确定。省级审定品种同一适宜生态区，由省级农作物品种审定委员会依据国家农作物品种审定委员会确定的同一适宜生态区具体确定。

第七章　撤销审定

第四十四条 审定通过的品种，有下列情形之一的，应当撤销审定：

（一）在使用过程中出现不可克服严重缺陷的；

（二）种性严重退化或失去生产利用价值的；

（三）未按要求提供品种标准样品或者标准样品不真实的；

（四）以欺骗、伪造试验数据等不正当方式通过审定的。

第四十五条 拟撤销审定的品种，由品种审定委员会办公室在书面征求品种审定申请者意见后提出建议，经专业委员会初审后，在同级农业主管部门官方网站公示，公示期不少于30日。

公示期满后，品种审定委员会办公室应当将初审意见、公示结果，提交品种审定委员会主任委员会审核，主任委员会应当在30日内完成审核。审核同意撤销审定的，由同级农业主管部门予以公告。

第四十六条 公告撤销审定的品种，自撤销审定公告发布之日起停止生产、广告，自撤销审定公告发布一个生产周期后停止推广、销售。品种审定委员会认为有必要的，可以决定自撤销审定公告发布之日起停止推广、销售。

省级品种撤销审定公告，应当在发布后30日内报国家农作物品种审定委员会备案。

第八章　监督管理

第四十七条 农业部建立全国农作物品种审定数据信息系统，实现国家和省两级品种审定网上申请、受理，品种试验数据、审定通过品种、撤销审定品种、引种备案品种、标准样品等信息互联共享，审定证书网上统一打印。审定证书格式由国家农作物品种审定委员会统一制定。

省级以上人民政府农业主管部门应当在统一的政府信息发布平台上发布品种审定、撤销审定、引种备案、监督管理等信息，接受监督。

第四十八条 品种试验、审定单位及工作人员，对在试验、审定过程中获知的申请者的商业秘密负有保密义务，不得对外提供申请品种审定的种子或者谋取非法利益。

第四十九条 品种审定委员会委员和工作人员应当忠于职守，公正廉洁。品种审定委员会委员、工作人员不依法履行职责，弄虚作假、徇私舞弊的，依法给予处分；自处分决定作出之日起五年内不得从事品种审定工作。

第五十条 申请者在申请品种审定过程中有欺骗、贿赂等不正当行为的，三年内不受理其申请。

联合体成员单位弄虚作假的，终止联合体品种试验审定程序；弄虚作假成员单位三年内不得申请品种审定，不得再参加联合体试验；其他成员单位应当承担连带责任，三年内不得参加其他联合体试验。

第五十一条 品种测试、试验、鉴定机构伪造试验数据或者出具虚假证明的，按照《种子法》第七十二条及有关法律行政法规的规定进行处罚。

第五十二条 育繁推一体化种子企业自行开展品种试验和申请审定有造假行为的，由省级以上人民政府农业主管部门处一百万元以上五百万元以下罚款；不得再自行开展品种试验；给种子使用者和其他种子生产经营者造成损失的，依法承担赔偿责任。

第五十三条 农业部对省级人民政府农业主管部门的品种审定工作进行监督检查，未依法开展品种审定、引种备案、撤销审定的，责令限期改正，依法给予处分。

第五十四条 违反本办法规定，构成犯罪的，依法追究刑事责任。

第九章 附 则

第五十五条 农作物品种审定所需工作经费和品种试验经费，列入同级农业主管部门财政专项经费预算。

第五十六条 转基因农作物（不含转基因棉花）品种审定办法另行制定。

第五十七条 育繁推一体化企业自行开展试验的品种和联合体组织开展试验的品种，不再参加国家级和省级试验组织实施单位组织的相应区组品种试验。

第五十八条 本办法自 2016 年 8 月 15 日起施行，农业部 2013 年 12 月 27 日公布的《主要农作物品种审定办法》（农业部令 2013 年第 4 号）和 2001 年 2 月 26 日公布的《主要农作物范围规定》（农业部令第 51 号）同时废止。

农作物种子生产经营许可管理办法

（2016 年 7 月 8 日农业部令第 5 号发布）

第一章　总　　则

第一条　为加强农作物种子生产经营许可管理，规范农作物种子生产经营秩序，根据《中华人民共和国种子法》，制定本办法。

第二条　农作物种子生产经营许可证的申请、审核、核发和监管，适用本办法。

第三条　县级以上人民政府农业主管部门按照职责分工，负责农作物种子生产经营许可证的受理、审核、核发和监管工作。

第四条　负责审核、核发农作物种子生产经营许可证的农业主管部门，应当将农作物种子生产经营许可证的办理条件、程序等在办公场所公开。

第五条　农业主管部门应当按照保障农业生产安全、提升农作物品种选育和种子生产经营水平、促进公平竞争、强化事中事后监管的原则，依法加强农作物种子生产经营许可管理。

第二章　申请条件

第六条　申请领取种子生产经营许可证的企业，应当具有与种子生产经营相适应的设施、设备、品种及人员，符合本办法规定的条件。

第七条　申请领取主要农作物常规种子或非主要农作物种子生产经营许可证的企业，应当具备以下条件：

（一）基本设施。生产经营主要农作物常规种子的，具有办公场所 150 平方米以上、检验室 100 平方米以上、加工厂房 500 平方米以上、仓库 500 平方米以上；生产经营非主要农作物种子的，具有办公场所 100 平方米以上、检验室 50 平方米以上、加工厂房 100 平方米以上、仓库 100 平方米以上。

（二）检验仪器。具有净度分析台、电子秤、样品粉碎机、烘箱、生物显微镜、电子天平、扦样器、分样器、发芽箱等检验仪器，满足种子质量常规检测需要。

（三）加工设备。具有与其规模相适应的种子加工、包装等设备。其中，生产经营主要农作物常规种子的，应当具有种子加工成套设备，生产经营常规小麦种子的，成套设备总加工能力 10 吨/小时以上；生产经营常规稻种子的，成套设备总加工能力 5 吨/小时以上；生产经营常规大豆种子的，成套设备总加工能力 3 吨/小时以上；生产经营常规棉花种子的，成套设备总加工能力 1 吨/小时以上。

（四）人员。具有种子生产、加工储藏和检验专业技术人员各 2 名以上。

（五）品种。生产经营主要农作物常规种子的，生产经营的品种应当通过审定，并具有 1 个以上与申请作物类别相应的审定品种；生产经营登记作物种子的，应当具有 1 个以上的登记品种。生产经营授权品种种子的，应当征得品种权人的书面同意。

（六）生产环境。生产地点无检疫性有害生物，并具有种子生产的隔离和培育条件。

（七）农业部规定的其他条件。

第八条　申请领取主要农作物杂交种子及其亲本种子生产经营许可证的企业，应当具备以下条件：

（一）基本设施。具有办公场所 200 平方米以上、检验室 150 平方米以上、加工厂房 500 平方米以上、仓库 500 平方米以上。

（二）检验仪器。除具备本办法第七条第二项规定的条件外，还应当具有 PCR 扩增仪及产物检测配套设备、酸度计、高压灭菌锅、磁力搅拌器、恒温水浴锅、高速冷冻离心机、成套移液器等仪器设备，能够开展种子水分、净度、纯度、发芽率四项指标检测及品种分子鉴定。

（三）加工设备。具有种子加工成套设备，生产经营杂交玉米种子的，成套设备总加工能力 10 吨/小时以上；生产经营杂交稻种子的，成套设备总加工能力 5 吨/小时以上；生产经营其他主要农作物杂交种子的，成套设备总加工能力 1 吨/小时以上。

（四）人员。具有种子生产、加工储藏和检验专业技术人员各 5 名以上。

（五）品种。生产经营的品种应当通过审定，并具有自育品种或作为第一选育人的审定品种 1 个以上，或者合作选育的审定品种 2 个以上，或者受让品种权的品种 3 个以上。生产经营授权品种种子的，应当征得品种权人的书面同意。

（六）具有本办法第七条第六项规定的条件。

（七）农业部规定的其他条件。

第九条　申请领取实行选育生产经营相结合、有效区域为全国的种子生产经营许可证的企业，应当具备以下条件：

（一）基本设施。具有办公场所 500 平方米以上，冷藏库 200 平方米以上。生产经营主要农作物种子或马铃薯种薯的，具有检验室 300 平方米以上；生产经营其他农作物种子的，具有检验室 200 平方米以上。生产经营杂交玉米、杂交稻、小麦种子或马铃薯种薯的，具有加工厂房 1 000 平方米以上、仓库 2 000 平方米以上；生产经营棉花、大豆种子的，具有加工厂房 500 平方米以上、仓库 500 平方米以上；生产经营其他农作物种子的，具有加工厂房 200 平方米以上、仓库 500 平方米以上。

（二）育种机构及测试网络。具有专门的育种机构和相应的育种材料，建有完整的科研育种档案。生产经营杂交玉米、杂交稻种子的，在全国不同生态区有测试点 30 个以上和相应的播种、收获、考种设施设备；生产经营其他农作物种子的，在全国不同生态区有测试点 10 个以上和相应的播种、收获、考种设施设备。

（三）育种基地。具有自有或租用（租期不少于 5 年）的科研育种基地。生产经营杂交玉米、杂交稻种子的，具有分布在不同生态区的育种基地 5 处以上、总面积 200 亩以上；生产经营其他农作物种子的，具有分布在不同生态区的育种基地 3 处以上、总面积 100 亩以上。

（四）科研投入。在申请之日前 3 年内，年均科研投入不低于年种子销售收入的 5％，同时，生产经营杂交玉米种子的，年均科研投入不低于 1 500 万元；生产经营杂交稻种子的，年均科研投入不低于 800 万元；生产经营其他种子的，年均科研投入不低于 300

万元。

（五）品种。生产经营主要农作物种子的，生产经营的品种应当通过审定，并具有相应作物的作为第一育种者的国家级审定品种3个以上，或者省级审定品种6个以上（至少包含3个省份审定通过），或者国家级审定品种2个和省级审定品种3个以上，或者国家级审定品种1个和省级审定品种5个以上。生产经营杂交稻种子同时生产经营常规稻种子的，除具有杂交稻要求的品种条件外，还应当具有常规稻的作为第一育种者的国家级审定品种1个以上或者省级审定品种3个以上。生产经营非主要农作物种子的，应当具有相应作物的以本企业名义单独申请获得植物新品种权的品种5个以上。生产经营授权品种种子的，应当征得品种权人的书面同意。

（六）生产规模。生产经营杂交玉米种子的，近3年年均种子生产面积2万亩以上；生产经营杂交稻种子的，近3年年均种子生产面积1万亩以上；生产经营其他农作物种子的，近3年年均种子生产的数量不低于该类作物100万亩的大田用种量。

（七）种子经营。具有健全的销售网络和售后服务体系。生产经营杂交玉米种子的，在申请之日前3年内至少有1年，杂交玉米种子销售额2亿元以上或占该类种子全国市场份额的1%以上；生产经营杂交稻种子的，在申请之日前3年内至少有1年，杂交稻种子销售额1.2亿元以上或占该类种子全国市场份额的1%以上；生产经营蔬菜种子的，在申请之日前3年内至少有1年，蔬菜种子销售额8 000万元以上或占该类种子全国市场份额的1%以上；生产经营其他农作物种子的，在申请之日前3年内至少有1年，其种子销售额占该类种子全国市场份额的1%以上。

（八）种子加工。具有种子加工成套设备，生产经营杂交玉米、小麦种子的，总加工能力20吨/小时以上；生产经营杂交稻种子的，总加工能力10吨/小时以上（含窝眼清选设备）；生产经营大豆种子的，总加工能力5吨/小时以上；生产经营其他农作物种子的，总加工能力1吨/小时以上。生产经营杂交玉米、杂交稻、小麦种子的，还应当具有相应的干燥设备。

（九）人员。生产经营杂交玉米、杂交稻种子的，具有本科以上学历或中级以上职称的专业育种人员10人以上；生产经营其他农作物种子的，具有本科以上学历或中级以上职称的专业育种人员6人以上。生产经营主要农作物种子的，具有专职的种子生产、加工储藏和检验专业技术人员各5名以上；生产经营非主要农作物种子的，具有专职的种子生产、加工储藏和检验专业技术人员各3名以上。

（十）具有本办法第七条第六项、第八条第二项规定的条件。

（十一）农业部规定的其他条件。

第十条 从事种子进出口业务的企业和外商投资企业申请领取种子生产经营许可证，除具备本办法规定的相应农作物种子生产经营许可证核发的条件外，还应当符合有关法律、行政法规规定的其他条件。

第十一条 申请领取种子生产经营许可证，应当提交以下材料：

（一）种子生产经营许可证申请表（式样见附件1）；

（二）单位性质、股权结构等基本情况，公司章程、营业执照复印件，设立分支机构、委托生产种子、委托代销种子以及以购销方式销售种子等情况说明；

（三）种子生产、加工储藏、检验专业技术人员的基本情况及其企业缴纳的社保证明复印件，企业法定代表人和高级管理人员名单及其种业从业简历；

（四）种子检验室、加工厂房、仓库和其他设施的自有产权或自有资产的证明材料；办公场所自有产权证明复印件或租赁合同；种子检验、加工等设备清单和购置发票复印件；相关设施设备的情况说明及实景照片；

（五）品种审定证书复印件；生产经营授权品种种子的，提交植物新品种权证书复印件及品种权人的书面同意证明；

（六）委托种子生产合同复印件或自行组织种子生产的情况说明和证明材料；

（七）种子生产地点检疫证明；

（八）农业部规定的其他材料。

第十二条　申请领取选育生产经营相结合、有效区域为全国的种子生产经营许可证，除提交本办法第十一条所规定的材料外，还应当提交以下材料：

（一）自有科研育种基地证明或租用科研育种基地的合同复印件；

（二）品种试验测试网络和测试点情况说明，以及相应的播种、收获、烘干等设备设施的自有产权证明复印件及实景照片；

（三）育种机构、科研投入及育种材料、科研活动等情况说明和证明材料，育种人员基本情况及其企业缴纳的社保证明复印件；

（四）近三年种子生产地点、面积和基地联系人等情况说明和证明材料；

（五）种子经营量、经营额及其市场份额的情况说明和证明材料；

（六）销售网络和售后服务体系的建设情况。

第三章　受理、审核与核发

第十三条　种子生产经营许可证实行分级审核、核发。

（一）从事主要农作物常规种子生产经营及非主要农作物种子经营的，其种子生产经营许可证由企业所在地县级以上地方农业主管部门核发；

（二）从事主要农作物杂交种子及其亲本种子生产经营以及实行选育生产经营相结合、有效区域为全国的种子企业，其种子生产经营许可证由企业所在地县级农业主管部门审核，省、自治区、直辖市农业主管部门核发；

（三）从事农作物种子进出口业务的，其种子生产经营许可证由企业所在地省、自治区、直辖市农业主管部门审核，农业部核发。

第十四条　农业主管部门对申请人提出的种子生产经营许可申请，应当根据下列情况分别作出处理：

（一）不需要取得种子生产经营许可的，应当即时告知申请人不受理；

（二）不属于本部门职权范围的，应当即时作出不予受理的决定，并告知申请人向有关部门申请；

（三）申请材料存在可以当场更正的错误的，应当允许申请人当场更正；

（四）申请材料不齐全或者不符合法定形式的，应当当场或者在五个工作日内一次告知申请人需要补正的全部内容，逾期不告知的，自收到申请材料之日起即为受理；

（五）申请材料齐全、符合法定形式，或者申请人按照要求提交全部补正申请材料的，应当予以受理。

第十五条　审核机关应当对申请人提交的材料进行审查，并对申请人的办公场所和种子加工、检验、仓储等设施设备进行实地考察，查验相关申请材料原件。

审核机关应当自受理申请之日起二十个工作日内完成审核工作。具备本办法规定条件的，签署审核意见，上报核发机关；审核不予通过的，书面通知申请人并说明理由。

第十六条　核发机关应当自受理申请或收到审核意见之日起二十个工作日内完成核发工作。核发机关认为有必要的，可以进行实地考察并查验原件。符合条件的，发给种子生产经营许可证并予公告；不符合条件的，书面通知申请人并说明理由。

选育生产经营相结合、有效区域为全国的种子生产经营许可证，核发机关应当在核发前在中国种业信息网公示五个工作日。

第四章　许可证管理

第十七条　种子生产经营许可证设主证、副证（式样见附件2）。主证注明许可证编号、企业名称、统一社会信用代码、住所、法定代表人、生产经营范围、生产经营方式、有效区域、有效期至、发证机关、发证日期；副证注明生产种子的作物种类、种子类别、品种名称及审定（登记）编号、种子生产地点等内容。

（一）许可证编号为"＿＿（××××）农种许字（××××）第××××号"。"＿＿"上标注生产经营类型，A为实行选育生产经营相结合，B为主要农作物杂交种子及其亲本种子，C为其他主要农作物种子，D为非主要农作物种子，E为种子进出口，F为外商投资企业；第一个括号内为发证机关所在地简称，格式为"省地县"；第二个括号内为首次发证时的年号；"第××××号"为四位顺序号。

（二）生产经营范围按生产经营种子的作物名称填写，蔬菜、花卉、麻类按作物类别填写。

（三）生产经营方式按生产、加工、包装、批发、零售或进出口填写。

（四）有效区域。实行选育生产经营相结合的种子生产经营许可证的有效区域为全国。其他种子生产经营许可证的有效区域由发证机关在其管辖范围内确定。

（五）生产地点为种子生产所在地，主要农作物杂交种子标注至县级行政区域，其他作物标注至省级行政区域。

种子生产经营许可证加注许可信息代码。许可信息代码应当包括种子生产经营许可相关内容，由发证机关打印许可证书时自动生成。

第十八条　种子生产经营许可证载明的有效区域是指企业设立分支机构的区域。

种子生产地点不受种子生产经营许可证载明的有效区域限制，由发证机关根据申请人提交的种子生产合同复印件及无检疫性有害生物证明确定。

种子销售活动不受种子生产经营许可证载明的有效区域限制，但种子的终端销售地应当在品种审定、品种登记或标签标注的适宜区域内。

第十九条　种子生产经营许可证有效期为五年。

在有效期内变更主证载明事项的，应当向原发证机关申请变更并提交相应材料，原发证机关应当依法进行审查，办理变更手续。

在有效期内变更副证载明的生产种子的品种、地点等事项的，应当在播种三十日前向原发证机关申请变更并提交相应材料，申请材料齐全且符合法定形式的，原发证机关应当当场予以变更登记。

种子生产经营许可证期满后继续从事种子生产经营的，企业应当在期满六个月前重新提出申请。

第二十条　在种子生产经营许可证有效期内，有下列情形之一的，发证机关应当注销许可证，并予以公告：

（一）企业停止生产经营活动一年以上的；

（二）企业不再具备本办法规定的许可条件，经限期整改仍达不到要求的。

第五章　监督检查

第二十一条　有下列情形之一的，不需要办理种子生产经营许可证：

（一）农民个人自繁自用常规种子有剩余，在当地集贸市场上出售、串换的；

（二）在种子生产经营许可证载明的有效区域设立分支机构的；

（三）专门经营不再分装的包装种子的；

（四）受具有种子生产经营许可证的企业书面委托生产、代销其种子的。

前款第一项所称农民，是指以家庭联产承包责任制的形式签订农村土地承包合同的农民；所称当地集贸市场，是指农民所在的乡（镇）区域。农民个人出售、串换的种子数量不应超过其家庭联产承包土地的年度用种量。违反本款规定出售、串换种子的，视为无证生产经营种子。

第二十二条　种子生产经营者在种子生产经营许可证载明有效区域设立的分支机构，应当在取得或变更分支机构营业执照后十五个工作日内向当地县级农业主管部门备案。备案时应当提交分支机构的营业执照复印件、设立企业的种子生产经营许可证复印件以及分支机构名称、住所、负责人、联系方式等材料（式样见附件3）。

第二十三条　专门经营不再分装的包装种子或者受具有种子生产经营许可证的企业书面委托代销其种子的，应当在种子销售前向当地县级农业主管部门备案，并建立种子销售台账。备案时应当提交种子销售者的营业执照复印件、种子购销凭证或委托代销合同复印件，以及种子销售者名称、住所、经营方式、负责人、联系方式、销售地点、品种名称、种子数量等材料（式样见附件4）。种子销售台账应当如实记录销售种子的品种名称、种子数量、种子来源和种子去向。

第二十四条　受具有种子生产经营许可证的企业书面委托生产其种子的，应当在种子播种前向当地县级农业主管部门备案。备案时应当提交委托企业的种子生产经营许可证复印件、委托生产合同，以及种子生产者名称、住所、负责人、联系方式、品种名称、生产地点、生产面积等材料（式样见附件5）。受托生产杂交玉米、杂交稻种子的，还应当提交与生产所在地农户、农民合作组织或村委会的生产协议。

第二十五条　种子生产经营者应当建立包括种子田间生产、加工包装、销售流通等环节形成的原始记载或凭证的种子生产经营档案，具体内容如下：

（一）田间生产方面：技术负责人，作物类别、品种名称、亲本（原种）名称、亲本（原种）来源，生产地点、生产面积、播种日期、隔离措施、产地检疫、收获日期、种子产量等。委托种子生产的，还应当包括种子委托生产合同。

（二）加工包装方面：技术负责人，品种名称、生产地点，加工时间、加工地点、包装规格、种子批次、标签标注、入库时间、种子数量、质量检验报告等。

（三）流通销售方面：经办人，种子销售对象姓名及地址、品种名称、包装规格、销售数量、销售时间、销售票据。批量购销的，还应包括种子购销合同。

种子生产经营者应当至少保存种子生产经营档案五年，确保档案记载信息连续、完整、真实，保证可追溯。档案材料含有复印件的，应当注明复印时间并经相关责任人签章。

第二十六条 种子生产经营者应当按批次保存所生产经营的种子样品，样品至少保存该类作物两个生产周期。

第二十七条 申请人故意隐瞒有关情况或者提供虚假材料申请种子生产经营许可证的，农业主管部门应当不予许可，并将申请人的不良行为记录在案，纳入征信系统。申请人在一年内不得再次申请种子生产经营许可证。

申请人以欺骗、贿赂等不正当手段取得种子生产经营许可证的，农业主管部门应当撤销种子生产经营许可证，并将申请人的不良行为记录在案，纳入征信系统。申请人在三年内不得再次申请种子生产经营许可证。

第二十八条 农业主管部门应当对种子生产经营行为进行监督检查，发现不符合本办法的违法行为，按照《中华人民共和国种子法》有关规定进行处理。

核发、撤销、吊销、注销种子生产经营许可证的有关信息，农业主管部门应当依法予以公布，并在中国种业信息网上及时更新信息。

对管理过程中获知的种子生产经营者的商业秘密，农业主管部门及其工作人员应当依法保密。

第二十九条 上级农业主管部门应当对下级农业主管部门的种子生产经营许可行为进行监督检查。有下列情形的，责令改正，对直接负责的主管人员和其他直接责任人依法给予行政处分；构成犯罪的，依法移送司法机关追究刑事责任：

（一）未按核发权限发放种子生产经营许可证的；

（二）擅自降低核发标准发放种子生产经营许可证的；

（三）其他未依法核发种子生产经营许可证的。

第六章　附　　则

第三十条 本办法所称种子生产经营，是指种植、采收、干燥、清选、分级、包衣、包装、标识、储藏、销售及进出口种子的活动；种子生产是指繁（制）种的种植、采收的田间活动。

第三十一条 本办法所称种子加工成套设备，是指主机和配套系统相互匹配并固定安装在加工厂房内，实现种子精选、包衣、计量和包装基本功能的加工系统。主机主要包括风筛清选机（风选部分应具有前后吸风道，双沉降室；筛选部分应具有三层以上筛片）、比重式清选机和电脑计量包装设备；配套系统主要包括输送系统、储存系统、除尘系统、除杂系统和电控系统。

第三十二条 本办法规定的科研育种、生产、加工、检验、储藏等设施设备，应为申请企业自有产权或自有资产，或者为其绝对控股子公司的自有产权或自有资产。办公场所应在种子生产经营许可证核发机关所辖行政区域，可以租赁。对申请企业绝对控股子公司的自有品种可以视为申请企业的自有品种。申请企业的绝对控股子公司不可重复利用上述办证条件申请办理种子生产经营许可证。

第三十三条　本办法所称不再分装的包装种子，是指按有关规定和标准包装的、不再分拆的最小包装种子。分装种子的，应当取得种子生产经营许可证，保证种子包装的完整性，并对其所分装种子负责。

有性繁殖作物的籽粒、果实，包括颖果、荚果、蒴果、核果等以及马铃薯微型脱毒种薯应当包装。无性繁殖的器官和组织、种苗以及不宜包装的非籽粒种子可以不包装。

种子包装应当符合有关国家标准或者行业标准。

第三十四条　转基因农作物种子生产经营许可管理规定，由农业部另行制定。

第三十五条　申请领取鲜食、爆裂玉米的种子生产经营许可证的，按非主要农作物种子的许可条件办理。

第三十六条　生产经营无性繁殖的器官和组织、种苗、种薯以及不宜包装的非籽粒种子的，应当具有相适应的设施、设备、品种及人员，具体办法由省级农业主管部门制定，报农业部备案。

第三十七条　没有设立农业主管部门的行政区域，种子生产经营许可证由上级行政区域农业主管部门审核、核发。

第三十八条　种子生产经营许可证由农业部统一印制，相关表格格式由农业部统一制定。种子生产经营许可证的申请、受理、审核、核发和打印，以及种子生产经营备案管理，在中国种业信息网统一进行。

第三十九条　本办法自 2016 年 8 月 15 日起施行。农业部 2011 年 8 月 22 日公布、2015 年 4 月 29 日修订的《农作物种子生产经营许可管理办法》（农业部令 2011 年第 3 号）和 2001 年 2 月 26 日公布的《农作物商品种子加工包装规定》（农业部令第 50 号）同时废止。

本办法施行之日前已取得的农作物种子生产、经营许可证有效期不变，有效期在本办法发布之日至 2016 年 8 月 15 日届满的企业，其原有种子生产、经营许可证的有效期自动延展至 2016 年 12 月 31 日。

本办法施行之日前已取得农作物种子生产、经营许可证且在有效期内，申请变更许可证载明事项的，按本办法第十三条规定程序办理。

附件：1. 农作物种子生产经营许可证申请表（式样）

2. 农作物种子生产经营许可证（式样）

3. 农作物种子生产经营备案表（分支机构）（式样）

4. 农作物种子生产经营备案表（经营代销种子/经营不分装种子）（式样）

5. 农作物种子生产经营备案表（种子生产者）（式样）

附件1：

农作物种子生产经营许可证申请表（式样）

（　）农种申字（　）第　　号

申请单位名称			
统一社会信用代码			
注册地址			
通信地址			
法定代表人		法定代表人身份证号	
联 系 人		联系电话	
邮政编码		电子邮箱	

基本情况	种子生产人员	名	加工储藏人员	名
	种子检验人员	名	科研育种人员	名
	检验仪器	台	检验室面积	平方米
	加工成套设备	吨/小时	加工厂房面积	平方米
	仓库面积	平方米	办公场所面积	平方米
	科研室面积	平方米	生产基地面积	亩

申请事项	生产经营范围				
	生产经营方式				
	生产经营区域				
	作物种类	品种名称	品种审定（登记）编号	植物新品种权号	生产地点	加工包装地点

申请单位： 负责人（签章） 年 月 日	审核机关： 负责人（签章） 年 月 日

注：申请生产经营种子的作物种类和品种较多的，可另附页。

本表一式三份，申请单位一份、受理机关二份。

附件2：

（许可信息代码标注位置）

农作物种子生产经营许可证（主证式样）

许可证编号：＿＿＿（ ）农种许字（ ）第 号

企业名称：

住所：

法定代表人：

生产经营范围：

生产经营方式：

有效区域：

有效期至：

统一社会信用代码：

发证机关（盖章）

年 月 日

（许可信息代码标注位置）

农作物种子生产经营许可证（副证式样）

企业名称：　　　　　　　　　　　　　　许可证编号：＿＿（　）农种许字（　）第　号

发证日期：　　　　　　　　　　　　　　有效期至：

作物种类	种子类别	品种名称	品种 审定（登记）编号	种子生产地点	备注

经办人（签章）：　　　　　　　　　　　　　打印日期：＿＿＿＿年＿＿月＿＿日

附件 3：

农作物种子生产经营备案表（式样）

（类型：分支机构）

分支机构名称：_____ 统一社会信用代码：_____

住　所：_____ 种子生产经营区域：_____

负　责　人：_____（签章） 联系方式：_____

设立企业的种子生产经营许可证编号：_____

备案日期：_____年_____月_____日

备案机关：_____农业主管部门（盖章）

本表一式三份，分支机构一份、备案机关二份。

附件 4：

农作物种子生产经营备案表（式样）

（类型：经营代销种子/经营不分装种子）

备案者名称：＿＿＿＿＿＿＿＿＿＿＿ 统一社会信用代码：＿＿＿＿＿＿＿＿＿＿

住　　所：＿＿＿＿＿＿＿＿＿＿＿ 种子销售地点：＿＿＿＿＿＿＿＿＿＿

负　责　人：＿＿＿＿＿＿（签章） 联系电话：＿＿＿＿＿＿＿＿＿＿

备案日期：＿＿＿＿年＿＿＿月＿＿＿日

备案机关：＿＿＿＿＿＿＿＿＿农业主管部门（盖章）

序号	作物种类	种子类别	品种名称	种子重量（千克）	备注

本表一式三份，种子经营者一份、备案机关二份。

附件5：

农作物种子生产经营备案表（式样）

（类型：种子生产者）

生产者名称：＿＿＿＿＿＿＿＿＿＿ 类　　别：<u>企业/农户</u>

身份证号码：＿＿＿＿＿＿＿＿＿＿ 住　　所：＿＿＿＿＿＿＿＿

负　责　人：＿＿＿＿（签章） 联系电话：＿＿＿＿＿＿＿＿＿＿

备案日期：＿＿＿＿年＿＿＿＿月＿＿＿＿日

备案机关：＿＿＿＿＿＿＿＿农业主管部门（盖章）

序号	作物种类	种子类别	品种名称	生产地点	生产面积（亩）	委托企业			备注
						单位名称	种子生产经营许可证号码	统一社会信用代码	

本表一式三份，种子生产者一份、备案机关二份。

兽药注册办法

（2004 年 11 月 15 日农业部令第 44 号发布）

第一章　总　　则

第一条　为保证兽药安全、有效和质量可控，规范兽药注册行为，根据《兽药管理条例》，制定本办法。

第二条　在中华人民共和国境内从事新兽药注册和进口兽药注册，应当遵守本办法。

第三条　农业部负责全国兽药注册工作。农业部兽药审评委员会负责新兽药和进口兽药注册资料的评审工作。中国兽医药品监察所和农业部指定的其他兽药检验机构承担兽药注册的复核检验工作。

第二章　新兽药注册

第四条　新兽药注册申请人应当在完成临床试验后，向农业部提出申请，并按《兽药注册资料要求》提交相关资料。

第五条　联合研制的新兽药，可以由其中一个单位申请注册或联合申请注册，但不得重复申请注册；联合申请注册的，应当共同署名作为该新兽药的申请人。

第六条　申请新兽药注册所报送的资料应当完整、规范，数据必须真实、可靠。引用文献资料应当注明著作名称、刊物名称及卷、期、页等；未公开发表的文献资料应当提供资料所有者许可使用的证明文件；外文资料应当按照要求提供中文译本。

申请新兽药注册时，申请人应当提交保证书，承诺对他人的知识产权不构成侵权并对可能的侵权后果负责，保证自行取得的试验数据的真实性。

申报资料含有境外兽药试验研究资料的，应当附具境外研究机构提供的资料项目、页码情况说明和该机构经公证的合法登记证明文件。

第七条　有下列情形之一的新兽药注册申请，不予受理：

（一）农业部已公告在监测期，申请人不能证明数据为自己取得的兽药；

（二）经基因工程技术获得，未通过生物安全评价的灭活疫苗、诊断制品之外的兽药；

（三）申请材料不符合要求，在规定期间内未补正的；

（四）不予受理的其他情形。

第八条　农业部自收到申请之日起 10 个工作日内，将决定受理的新兽药注册申请资料送农业部兽药审评委员会进行技术评审，并通知申请人提交复核检验所需的连续 3 个生产批号的样品和有关资料，送指定的兽药检验机构进行复核检验。

申请的新兽药属于生物制品的，必要时，应对有关种毒进行检验。

第九条　农业部兽药审评委员会应当自收到资料之日起 120 个工作日内提出评审意见，报送农业部。

评审中需要补充资料的，申请人应当自收到通知之日起 6 个月内补齐有关数据；逾期未补正的，视为自动撤回注册申请。

第十条　兽药检验机构应当在规定时间内完成复核检验，并将检验报告书和复核意见送达申请人，同时报农业部和农业部兽药审评委员会。

初次样品检验不合格的，申请人可以再送样复核检验一次。

第十一条　农业部自收到技术评审和复核检验结论之日起 60 个工作日内完成审查；必要时，可派员进行现场核查。审查合格的，发给《新兽药注册证书》，并予以公告，同时发布该新兽药的标准、标签和说明书。不合格的，书面通知申请人。

第十二条　新兽药注册审批期间，新兽药的技术要求由于相同品种在境外获准上市而发生变化的，按原技术要求审批。

第三章　进口兽药注册

第十三条　首次向中国出口兽药，应当由出口方驻中国境内的办事机构或由其委托的中国境内代理机构向农业部提出申请，填写《兽药注册申请表》，并按《兽药注册资料要求》提交相关资料。

申请向中国出口兽用生物制品的，还应当提供菌（毒、虫）种、细胞等有关材料和资料。

第十四条　申请兽药制剂进口注册，必须提供用于生产该制剂的原料药和辅料、直接接触兽药的包装材料和容器合法来源的证明文件。原料药尚未取得农业部批准的，须同时申请原料药注册，并应当报送有关的生产工艺、质量指标和检验方法等研究资料。

第十五条　申请进口兽药注册所报送的资料应当完整、规范，数据必须真实、可靠。引用文献资料应当注明著作名称、刊物名称及卷、期、页等；外文资料应当按照要求提供中文译本。

第十六条　农业部自收到申请之日起 10 个工作日内组织初步审查，经初步审查合格的，予以受理，书面通知申请人。

予以受理的，农业部将进口兽药注册申请资料送农业部兽药审评委员会进行技术评审，并通知申请人提交复核检验所需的连续 3 个生产批号的样品和有关资料，送指定的兽药检验机构进行复核检验。

第十七条　有下列情形之一的进口兽药注册申请，不予受理：

（一）农业部已公告在监测期，申请人不能证明数据为自己取得的兽药；

（二）经基因工程技术获得，未通过生物安全评价的灭活疫苗、诊断制品之外的兽药；

（三）我国规定的一类疫病以及国内未发生疫病的活疫苗；

（四）来自疫区可能造成疫病在中国境内传播的兽用生物制品；

（五）申请资料不符合要求，在规定期间内未补正的；

（六）不予受理的其他情形。

第十八条　进口兽药注册的评审和检验程序适用本办法第九条和第十条的规定。

第十九条　申请进口注册的兽用化学药品，应当在中华人民共和国境内指定的机构进行相关临床试验和残留检测方法验证；必要时，农业部可以要求进行残留消除试验，以确定休药期。

申请进口注册的兽药属于生物制品的，农业部可以要求在中华人民共和国境内指定的机构进行安全性和有效性试验。

第二十条 农业部自收到技术评审和复核检验结论之日起 60 个工作日内完成审查；必要时，可派员进行现场核查。审查合格的，发给《进口兽药注册证书》，并予以公告；中国香港、澳门和台湾地区的生产企业申请注册的兽药，发给《兽药注册证书》。审查不合格的，书面通知申请人。

农业部在批准进口兽药注册的同时，发布经核准的进口兽药标准和产品标签、说明书。

第二十一条 农业部对申请进口注册的兽药进行风险分析，经风险分析存在安全风险的，不予注册。

第四章 兽药变更注册

第二十二条 已经注册的兽药拟改变原批准事项的，应当向农业部申请兽药变更注册。

第二十三条 申请人申请变更注册时，应当填写《兽药变更注册申请表》，报送有关资料和说明。涉及兽药产品权属变化的，应当提供有效证明文件。

进口兽药的变更注册，申请人还应当提交生产企业所在国家（地区）兽药管理机构批准变更的文件。

第二十四条 农业部对决定受理的不需进行技术审评的兽药变更注册申请，自收到申请之日起 30 个工作日内完成审查。审查合格的，批准变更注册。

需要进行技术审评的兽药变更注册申请，农业部将受理的材料送农业部兽药审评委员会评审，并通知申请人提交复核检验所需的连续 3 个生产批号的样品和有关资料，送指定的兽药检验机构进行复核检验。

第二十五条 兽药变更注册申请的评审、检验的程序、时限和要求适用本办法新兽药注册和进口兽药注册的规定。

申请修改兽药标准变更注册的，兽药检验机构应当进行标准复核。

第二十六条 农业部自收到技术评审和复核检验结论之日起 30 个工作日内完成审查，审查合格的，批准变更注册。审查不合格的，书面告知申请人。

第五章 进口兽药再注册

第二十七条 《进口兽药注册证书》和《兽药注册证书》的有效期为 5 年。有效期届满需要继续进口的，申请人应当在有效期届满 6 个月前向农业部提出再注册申请。

第二十八条 申请进口兽药再注册时，应当填写《兽药再注册申请表》，并按《兽药注册资料要求》提交相关资料。

第二十九条 农业部在受理进口兽药再注册申请后，应当在 20 个工作日内完成审查。符合规定的，予以再注册。不符合规定的，书面通知申请人。

第三十条 有下列情形之一的，不予再注册：

（一）未在有效期届满 6 个月前提出再注册申请的；

（二）未按规定提交兽药不良反应监测报告的；

（三）经农业部安全再评价被列为禁止使用品种的；

（四）经考查生产条件不符合规定的；

（五）经风险分析存在安全风险的；

（六）我国规定的一类疫病以及国内未发生疫病的活疫苗；

（七）来自疫区可能造成疫病在中国境内传播的兽用生物制品；

（八）其他依法不予再注册的。

第三十一条　不予再注册的，由农业部注销其《进口兽药注册证书》或《兽药注册证书》，并予以公告。

第六章　兽药复核检验

第三十二条　申请兽药注册应当进行兽药复核检验，包括样品检验和兽药质量标准复核。

第三十三条　从事兽药复核检验的兽药检验机构，应当符合兽药检验质量管理规范。

第三十四条　申请人应当向兽药检验机构提供兽药复核检验所需要的有关资料和样品，提供检验用标准物质和必需材料。

申请兽药注册所需的 3 批样品，应当在取得《兽药 GMP 证书》的车间生产。每批的样品应为拟上市销售的 3 个最小包装，并为检验用量的 3～5 倍。

第三十五条　兽药检验机构进行兽药质量标准复核时，除进行样品检验外，还应当根据该兽药的研究数据、国内外同类产品的兽药质量标准和国家有关要求，对该兽药的兽药质量标准、检验项目和方法等提出复核意见。

第三十六条　兽药检验机构在接到检验通知和样品后，应当在 90 个工作日内完成样品检验，出具检验报告书；需用特殊方法检验的兽药应当在 120 个工作日内完成。

需要进行样品检验和兽药质量标准复核的，兽药检验机构应当在 120 个工作日内完成；需用特殊方法检验的兽药应当在 150 个工作日内完成。

第七章　兽药标准物质的管理

第三十七条　中国兽医药品监察所负责标定和供应国家兽药标准物质。

中国兽医药品监察所可以组织相关的省、自治区、直辖市兽药监察所、兽药研究机构或兽药生产企业协作标定国家兽药标准物质。

第三十八条　申请人在申请新兽药注册和进口兽药注册时，应当向中国兽医药品监察所提供制备该兽药标准物质的原料，并报送有关标准物质的研究资料。

第三十九条　中国兽医药品监察所对兽药标准物质的原料选择、制备方法、标定方法、标定结果、定值准确性、量值溯源、稳定性及分装与包装条件等资料进行全面技术审核；必要时，进行标定或组织进行标定，并作出可否作为国家兽药质量标准物质的推荐结论，报国家兽药典委员会审查。

第四十条　农业部根据国家兽药典委员会的审查意见批准国家兽药质量标准物质，并发布兽药标准物质清单及质量标准。

第八章　罚　　则

第四十一条　申请人提供虚假的资料、样品或者采取其他欺骗手段申请注册的，农业部对该申请不予批准，对申请人给予警告，申请人在一年内不得再次申请该兽药的注册。

申请人提供虚假的资料、样品或者采取其他欺骗手段取得兽药注册证明文件的，按《兽药管理条例》第五十七条的规定给予处罚，申请人在三年内不得再次申请该兽药的注册。

第四十二条　其他违反本办法规定的行为，依照《兽药管理条例》的有关规定进行处罚。

第九章　附　　则

第四十三条　属于兽用麻醉药品、兽用精神药品、兽医医疗用毒性药品、放射性药品的新兽药和进口兽药注册申请，除按照本办法办理外，还应当符合国家其他有关规定。

第四十四条　根据动物防疫需要，农业部对国家兽医参考实验室推荐的强制免疫用疫苗生产所用菌（毒）种的变更实行备案制，不需进行变更注册。

第四十五条　本办法自 2005 年 1 月 1 日起施行。

肥料登记管理办法

（2017 年 12 月 1 日农业部令第 8 号发布）

第一章 总 则

第一条 为了加强肥料管理，保护生态环境，保障人畜安全，促进农业生产，根据《中华人民共和国农业法》等法律法规，制定本办法。

第二条 在中华人民共和国境内生产、经营、使用和宣传肥料产品，应当遵守本办法。

第三条 本办法所称肥料，是指用于提供、保持或改善植物营养和土壤物理、化学性能以及生物活性，能提高农产品产量，或改善农产品品质，或增强植物抗逆性的有机、无机、微生物及其混合物料。

第四条 国家鼓励研制、生产和使用安全、高效、经济的肥料产品。

第五条 实行肥料产品登记管理制度，未经登记的肥料产品不得进口、生产、销售和使用，不得进行广告宣传。

第六条 肥料登记分为临时登记和正式登记两个阶段：

（一）临时登记：经田间试验后，需要进行田间示范试验、试销的肥料产品，生产者应当申请临时登记。

（二）正式登记：经田间示范试验、试销可以作为正式商品流通的肥料产品，生产者应当申请正式登记。

第七条 农业部负责全国肥料登记和监督管理工作。省、自治区、直辖市人民政府农业行政主管部门协助农业部做好本行政区域内的肥料登记工作。

县级以上地方人民政府农业行政主管部门负责本行政区域内的肥料监督管理工作。

第二章 登记申请

第八条 凡经工商注册，具有独立法人资格的肥料生产者均可提出肥料登记申请。

第九条 农业部制定并发布《肥料登记资料要求》。肥料生产者申请肥料登记，应按照《肥料登记资料要求》提供产品化学、肥效、安全性、标签等方面资料和有代表性的肥料样品。

第十条 农业部负责办理肥料登记受理手续，并审查登记申请资料是否齐全。境内生产者申请肥料临时登记，其申请登记资料应经其所在地省级农业行政主管部门初审后，向农业部提出申请。

第十一条 生产者申请肥料临时登记前，须在中国境内进行规范的田间试验。生产者申请肥料正式登记前，须在中国境内进行规范的田间示范试验。对有国家标准或行业标准，或肥料登记评审委员会建议经农业部认定的产品类型，可相应减免田间试验和/或田间示范试验。

第十二条 境内生产者生产的除微生物肥料以外的肥料产品田间试验，由省级以上农业行政主管部门认定的试验单位承担，并出具试验报告；微生物肥料、国外以及港、澳、台地区生产者生产的肥料产品田间试验，由农业部认定的试验单位承担，并出具试验报告。

肥料产品田间示范试验，由农业部认定的试验单位承担，并出具试验报告。省级以上农业行政主管部门在认定试验单位时，应坚持公正的原则，综合考虑农业技术推广、科研、教学试验单位。经认定的试验单位应接受省级以上农业行政主管部门的监督管理。试验单位对所出具的试验报告的真实性承担法律责任。

第十三条 有下列情形的肥料产品，登记申请不予受理：

（一）没有生产国使用证明（登记注册）的国外产品；

（二）不符合国家产业政策的产品；

（三）知识产权有争议的产品；

（四）不符合国家有关安全、卫生、环保等国家或行业标准要求的产品。

第十四条 对经农田长期使用，有国家或行业标准的下列产品免予登记：硫酸铵、尿素、硝酸铵、氰氨化钙、磷酸铵（磷酸一铵、二铵）、硝酸磷肥、过磷酸钙、氯化钾、硫酸钾、硝酸钾、氯化铵、碳酸氢铵、钙镁磷肥、磷酸二氢钾、单一微量元素肥、高浓度复合肥。

第三章 登记审批

第十五条 农业部负责全国肥料的登记审批、登记证发放和公告工作。

第十六条 农业部聘请技术专家和管理专家组织成立肥料登记评审委员会，负责对申请登记肥料产品的产品化学、肥效和安全性等资料进行综合评审。

第十七条 农业部根据肥料登记评审委员会的综合评审意见，在评审结束后20日内作出是否颁发肥料临时登记证或正式登记证的决定。肥料登记证使用《中华人民共和国农业部肥料审批专用章》。

第十八条 农业部对符合下列条件的产品直接审批、发放肥料临时登记证：

（一）有国家或行业标准，经检验质量合格的产品。

（二）经肥料登记评审委员会建议并由农业部认定的产品类型，申请登记资料齐全，经检验质量合格的产品。

第十九条 农业部根据具体情况决定召开肥料登记评审委员会全体会议。

第二十条 肥料商品名称的命名应规范，不得有误导作用。

第二十一条 肥料临时登记证有效期为一年。肥料临时登记证有效期满，需要继续生产、销售该产品的，应当在有效期满两个月前提出续展登记申请，符合条件的经农业部批准续展登记。续展有效期为一年。续展临时登记最多不能超过两次。

肥料正式登记证有效期为五年。肥料正式登记证有效期满，需要继续生产、销售该产品的，应当在有效期满六个月前提出续展登记申请，符合条件的经农业部批准续展登记。续展有效期为五年。

登记证有效期满没有提出续展登记申请的，视为自动撤销登记。登记证有效期满后提出续展登记申请的，应重新办理登记。

第二十二条　经登记的肥料产品，在登记有效期内改变使用范围、商品名称、企业名称的，应申请变更登记；改变成分、剂型的，应重新申请登记。

第四章　登记管理

第二十三条　肥料产品包装应有标签、说明书和产品质量检验合格证。标签和使用说明书应当使用中文，并符合下列要求：

（一）标明产品名称、生产企业名称和地址；

（二）标明肥料登记证号、产品标准号、有效成分名称和含量、净重、生产日期及质量保证期；

（三）标明产品适用作物、适用区域、使用方法和注意事项；

（四）产品名称和推荐适用作物、区域应与登记批准的一致。禁止擅自修改经过登记批准的标签内容。

第二十四条　取得登记证的肥料产品，在登记有效期内证实对人、畜、作物有害，经肥料登记评审委员会审议，由农业部宣布限制使用或禁止使用。

第二十五条　农业行政主管部门应当按照规定对辖区内的肥料生产、经营和使用单位的肥料进行定期或不定期监督、检查，必要时按照规定抽取样品和索取有关资料，有关单位不得拒绝和隐瞒。对质量不合格的产品，要限期改进。对质量连续不合格的产品，肥料登记证有效期满后不予续展。

第二十六条　肥料登记受理和审批单位及有关人员应为生产者提供的资料和样品保守技术秘密。

第五章　罚　　则

第二十七条　有下列情形之一的，由县级以上农业行政主管部门给予警告，并处违法所得 3 倍以下罚款，但最高不得超过 30 000 元；没有违法所得的，处 10 000 元以下罚款：

（一）生产、销售未取得登记证的肥料产品的；

（二）假冒、伪造肥料登记证、登记证号的；

（三）生产、销售的肥料产品有效成分或含量与登记批准的内容不符的。

第二十八条　有下列情形之一的，由县级以上农业行政主管部门给予警告，并处违法所得 3 倍以下罚款，但最高不得超过 20 000 元；没有违法所得的，处 10 000 元以下罚款：

（一）转让肥料登记证或登记证号的；

（二）登记证有效期满未经批准续展登记而继续生产该肥料产品的；

（三）生产、销售包装上未附标签、标签残缺不清或者擅自修改标签内容的。

第二十九条　肥料登记管理工作人员滥用职权、玩忽职守、徇私舞弊、索贿受贿，构成犯罪的，依法追究刑事责任；尚不构成犯罪的，依法给予行政处分。

第六章　附　　则

第三十条　生产者办理肥料登记，应按规定交纳登记费。生产者进行田间试验和田间示范试验，应按规定提供有代表性的试验样品并支付试验费。试验样品须经法定质量检测机构检测确认样品有效成分及其含量与标明值相符，方可进行试验。

第三十一条 省、自治区、直辖市人民政府农业行政主管部门负责本行政区域内的复混肥、配方肥（不含叶面肥）、精制有机肥、床土调酸剂的登记审批、登记证发放和公告工作。省、自治区、直辖市人民政府农业行政主管部门不得越权审批登记。

省、自治区、直辖市人民政府农业行政主管部门参照本办法制定有关复混肥、配方肥（不含叶面肥）、精制有机肥、床土调酸剂的具体登记管理办法，并报农业部备案。

省、自治区、直辖市人民政府农业行政主管部门可委托所属的土肥机构承担本行政区域内的具体肥料登记工作。

第三十二条 省、自治区、直辖市农业行政主管部门批准登记的复混肥、配方肥（不含叶面肥）、精制有机肥、床土调酸剂，只能在本省销售使用。如要在其他省区销售使用的，须由生产者、销售者向销售使用地省级农业行政主管部门备案。

第三十三条 下列产品适用本办法：

（一）在生产、积造有机肥料过程中，添加的用于分解、熟化有机物的生物和化学制剂；

（二）来源于天然物质，经物理或生物发酵过程加工提炼的，具有特定效应的有机或有机无机混合制品，这种效应不仅包括土壤、环境及植物营养元素的供应，还包括对植物生长的促进作用。

第三十四条 下列产品不适用本办法：

（一）肥料和农药的混合物；

（二）农民自制自用的有机肥料。

第三十五条 本办法下列用语定义为：

（一）配方肥是指利用测土配方技术，根据不同作物的营养需要、土壤养分含量及供肥特点，以各种单质化肥为原料，有针对性地添加适量中、微量元素或特定有机肥料，采用掺混或造粒工艺加工而成的，具有很强的针对性和地域性的专用肥料。

（二）叶面肥是指施于植物叶片并能被其吸收利用的肥料。

（三）床土调酸剂是指在农作物育苗期，用于调节育苗床土酸度（或 pH）的制剂。

（四）微生物肥料是指应用于农业生产中，能够获得特定肥料效应的含有特定微生物活体的制品，这种效应不仅包括了土壤、环境及植物营养元素的供应，还包括了其所产生的代谢产物对植物的有益作用。

（五）有机肥料是指来源于植物和/或动物，经发酵、腐熟后，施于土壤以提供植物养分为其主要功效的含碳物料。

（六）精制有机肥是指经工厂化生产的，不含特定肥料效应微生物的，商品化的有机肥料。

（七）复混肥是指氮、磷、钾三种养分中，至少有两种养分标明量的肥料，由化学方法和/或物理加工制成。

（八）复合肥是指仅由化学方法制成的复混肥。

第三十六条 本办法所称"违法所得"是指违法生产、经营肥料的销售收入。

第三十七条 本办法由农业部负责解释。

第三十八条 本办法自发布之日起施行。农业部 1989 年发布、1997 年修订的《中华人民共和国农业部关于肥料、土壤调理剂及植物生长调节剂检验登记的暂行规定》同时废止。

修改说明

1. 2004 年 7 月 1 日农业部令第 38 号第一次修改，修改内容如下：

（1）删去第六条、第十一条第二款、第二十一条第一款、第三十条第一款、第三十二条。

（2）删去第十条第二款、第十一条第一款、第十八条中的"临时"，第十一条第三款中的"和/或田间示范试验"，第十七条第一款中的"临时登记证或正式"，第三十条第二款中的"和田间示范试验"并支付试验费"。

（3）删去第十二条第一款、第二款、第三款，第四款修改为："生产者可按要求自行开展肥料田间试验，也可委托有关单位开展；生产者和试验单位应当对所出具试验报告的真实性承担法律责任。"

（4）第三十四条增加一项，作为第三项："植物生长调节剂。"

2. 2017 年 12 月 1 日农业部令第 8 号第二次修改，修改内容如下：

（1）取消由省级农业行政主管部门审批的境内申请肥料临时登记事项。此次修改中删去以下内容：

第六条【肥料登记分为临时登记和正式登记两个阶段：（一）临时登记：经田间试验后，需要进行田间示范试验、试销的肥料产品，生产者应当申请临时登记；（二）正式登记：经田间示范试验、试销可以作为正式商品流通的肥料产品，生产者应当申请正式登记。】

第十条第二款【境内生产者申请肥料临时登记，其申请登记资料应经其所在地省级农业行政主管部门初审后，向农业部提出申请。】

第十一条第一款【生产者申请肥料临时登记前，须在中国境内进行规范的田间试验。】

第十七条第一款中的"临时登记证或正式"；

第十八条中的"临时"；

第二十一条第一款【肥料临时登记证有效期为一年。肥料临时登记证有效期满，需要继续生产、销售该产品的，应当在有效期满两个月前提出续展登记申请，符合条件的经农业部批准续展登记。续展有效期为一年。续展临时登记最多不能超过两次。】

（2）取消了由省级农业行政主管部门审批的外省肥料登记产品备案核准事项。此次修改删去以下内容：

第三十二条【省、自治区、直辖市人民政府农业行政主管部门批准登记的复混肥、配方肥（不含叶面肥）、精制有机肥、床土调酸剂，只能在本省销售使用。如要在其他省区销售使用的，须由生产者、销售者向销售使用地省级农业行政主管部门备案。】

（3）不再要求申请人委托具有相应条件的农业技术推广、科研、教学等试验单位进行肥料田间示范试验，肥料田间示范试验有关内容在肥料田间试验中开展。此次修改对相应部分做了相应调整，删去了以下内容：

第十一条第二款【生产者申请肥料正式登记前，须在中国境内进行规范的田间示范试验】；

第十一条第三款中的"和/或田间示范试验"；

第三十条第二款中的"和田间示范试验"。

（4）申请人可按要求自行开展肥料田间试验，也可委托有关机构开展，审批部门不得以任何形式要求申请人必须委托特定中介机构提供服务。此次修改删去了以下内容：

第十二条第一款【境内生产者生产的除微生物肥料以外的肥料产品田间试验，由省级以上农业行政主管部门认定的试验单位承担，并出具试验报告；微生物肥料、国外以及港、澳、台地区生产者生产的肥料产品田间试验，由农业部认定的试验单位承担，并出具试验报告】

第二款【肥料产品田间示范试验，由农业部认定的试验单位承担，并出具试验报告】；

第三款【省级以上农业行政主管部门在认定试验单位时，应坚持公正的原则，综合考虑农业技术推广、科研、教学试验单位】。

第四款【经认定的试验单位应接受省级以上农业行政主管部门的监督管理。试验单位对所出具的试验报告的真实性承担法律责任。】修改为【生产者可按要求自行开展肥料田间试验，也可委托有关单位开展；生产者和试验单位应当对所出具试验报告的真实性承担法律责任。】

（5）在行政事业性收费方面，不再征收肥料登记费。此次修改删去了以下内容：

第三十条第一款【生产者办理肥料登记，应按规定交纳登记费。】和第二款中的"并支付试验费"。

（6）另外，不适用产品在原有的"肥料和农药的混合物""农民自制自用的有机肥料"基础上，增加了植物生长调节剂。第三十四条增加一项，作为第三项："植物生长调节剂。"据了解，植物生长调节剂是一类具有植物激素活性的人工合成农药，可用于调节水果的生长和储藏，适用于《农药管理条例》《农药登记管理办法》等法规。

开展林木转基因工程活动审批管理办法

（2017 年 12 月 26 日国家林业局局务会议修订通过并公布）

第一条 为了规范林木转基因工程活动审批行为，根据《中华人民共和国行政许可法》《国务院对确需保留的行政审批项目设定行政许可的决定》（国务院令第 412 号），制定本办法。

第二条 实施林木转基因工程活动的行政许可，应当遵守本办法。

第三条 本办法所称林木转基因工程活动，包括转基因林木的研究、试验、生产、经营和进出口活动。

本办法所称转基因林木，是指利用基因工程技术改变基因组构成，用于林业生产或者林产品加工的森林植物，主要包括：

（一）转基因森林植物；

（二）转基因森林植物产品；

（三）转基因森林植物的直接加工品；

（四）含有转基因森林植物及其产品成分的其他相关产品。

第四条 国家林业局负责全国林木转基因工程活动安全监督管理工作；县级以上地方人民政府林业主管部门在上级林业主管部门的指导下负责本行政区域林木转基因工程活动安全监督管理工作。

第五条 国家林业局成立林业生物基因安全委员会，为林木转基因工程活动的安全评价和监督管理提供科学咨询。

第六条 开展林木转基因工程活动，应当符合林木转基因工程活动安全技术标准和技术规范，具备相适应的安全设施和措施，确保林木转基因工程活动的安全。

林木转基因工程活动安全的技术标准和技术规范由国家林业局制定。

第七条 转基因林木的安全等级按照其对人类、动植物、微生物和生态环境可能造成的危险程度，分为以下三级：

Ⅰ级：未发现危险；

Ⅱ级：具有低度危险；

Ⅲ级：具有高度危险。

第八条 从事转基因林木研究和试验的单位，应当具备下列条件：

（一）有从事转基因林木研究和试验的专业技术人员；

（二）具备与研究和试验相适应的仪器设备和设施条件。

从事转基因林木研究和试验的单位应当制定本单位转基因林木安全管理制度，并成立转基因林木安全管理组织，负责本单位转基因林木研究和试验的安全工作。

第九条 从事安全等级为Ⅲ级的转基因林木研究的，研究单位应当在研究开始前向国家林业局提出申请，并提交下列材料：

（一）申请书；

（二）转基因林木的安全等级和确定安全等级的依据；

（三）与安全等级相适应的安全设施、安全管理和防范措施等情况的说明材料。

第十条 转基因林木试验，一般分为中间试验、环境释放和生产性试验3个阶段。中间试验，是指在控制系统内或者控制条件下进行的小规模的试验。环境释放，是指在自然条件下采取相应安全措施所进行的中规模的试验。生产性试验，是指在生产和应用前进行的较大规模的试验。

转基因林木的环境释放和生产性试验可以同步进行。

第十一条 转基因林木研究结束后，需要转入中间试验的，试验单位应当向国家林业局提出申请，并提交下列材料：

（一）申请书；

（二）研究总结报告（含分子鉴定、目标性状检测报告）；

（三）转基因林木的安全等级和确定安全等级的依据；

（四）相应的安全研究内容、安全管理和防范措施等情况的说明材料；

（五）土地所有权人或者使用权人同意使用土地进行试验的证明材料。

第十二条 转基因林木中间试验结束后，需要进行环境释放，或者同步进行环境释放和生产性试验的，以及在环境释放结束后需要转入生产性试验的，试验单位应当向国家林业局提出申请，并提交下列材料：

（一）申请书；

（二）转基因林木的安全等级和确定安全等级的依据；

（三）相应的安全研究内容、安全管理和防范措施等情况的说明材料；

（四）上一试验阶段总结报告（含试验情况、对生态环境等的影响）；

（五）土地所有权人或者使用权人同意使用土地进行试验的证明材料。

第十三条 申请安全等级为Ⅲ级的转基因林木研究，或者申请进行转基因林木试验，符合下列条件的，应当予以批准：

（一）具有可靠的安全性评价；

（二）具有符合安全等级要求的安全控制措施；

（三）符合本办法第八条规定的条件；

（四）符合国家有关法律、法规的规定。

批准开展转基因林木研究和试验的，应当对研究和试验的条件、步骤等作出具体规定。

第十四条 生产性试验结束后，需要申请转基因林木安全证书的，试验单位应当向国家林业局提出申请，并提交下列材料：

（一）申请书；

（二）转基因林木的安全等级和确定安全等级的依据；

（三）生产性试验阶段的总结报告（含试验情况、对生态环境的影响等）；

（四）国家林业局公告规定的其他有关材料。

国家林业局应当组织林业生物基因安全委员会对转基因林木进行安全性评价。安全性评价合格的，经国家林业局综合考虑技术、经济、社会等因素后，发放转基因林木安全证书。

第十五条 转基因林木安全证书应当载明证书编号、单位名称、转基因林木名称、外源基因、安全等级、规模范围、安全措施、安全责任人、有效期等内容。

第十六条 用于生产、经营的转基因林木，应当取得转基因林木安全证书。

生产、经营转基因林木的单位和个人，应当按照转基因林木安全证书的要求从事生产、经营活动，并应当遵守《中华人民共和国种子法》《中华人民共和国植物新品种保护条例》《植物检疫条例》等相关法律法规的规定。

销售转基因林木种子的，应当用明显的文字标注，并提示使用时的安全控制措施。

第十七条 拟从境外引进转基因林木用于研究、试验、生产或者经营的，应当向国家林业局提出申请，并提交下列材料：

（一）申请书；

（二）进口转基因林木安全管理登记表；

（三）拟引进的转基因林木在境外已经进行相应研究、试验、生产或者经营的证明文件；

（四）引进过程中拟采取的安全管理和防范措施，以及本单位转基因林木安全管理制度。

拟引进转基因林木用于生产、经营的，还应当提交输出国家或者地区经过科学试验未发现其对人类、动植物、微生物和生态环境有害的资料。

国家林业局应当组织林业生物基因安全委员会对拟从境外引进的转基因林木进行安全性评价后，作出行政许可决定。

第十八条 从境外引进的转基因林木用于研究、试验、生产、经营，应当依照本办法的规定执行。

第十九条 向境外出口转基因林产品，确需提供有关转基因林木证明的，国家林业局可以提供相关转基因林木的审批信息。

第二十条 国家林业局收到开展林木转基因工程活动的有关申请后，对申请材料齐全、符合法定形式的，应当受理并出具《国家林业局行政许可受理通知书》；对不予受理的，应当告知申请人并说明理由，出具《国家林业局行政许可不予受理通知书》；对申请材料不齐或者不符合法定形式的，应当在 5 日内一次性告知申请人需要补正的全部内容，出具《国家林业局行政许可补正材料通知书》。

第二十一条 国家林业局作出行政许可决定，需要组织专家评审论证或者委托检测机构对转基因林木进行检测的，应当自受理之日起 10 日内，出具《国家林业局行政许可需要听证、招标、拍卖、检验、检测、检疫、鉴定和专家评审通知书》，将专家评审论证和检测所需时间告知申请人。

专家评审论证和检测所需时间不计算在作出行政许可决定的期限内。

第二十二条 国家林业局应当自受理之日起 20 日内作出是否准予行政许可的决定，出具《国家林业局准予行政许可决定书》或者《国家林业局不予行政许可决定书》，并告知申请人。

第二十三条 在法定期限内不能作出行政许可决定的，经国家林业局主管负责人批准，国家林业局应当在法定期限届满前 5 个工作日办理《国家林业局行政许可延期通知书》，并告知申请人。

第二十四条 开展林木转基因工程活动的行政许可工作，应当按照有关规定公示、公告。

第二十五条 国家林业局应当组织县级以上地方人民政府林业主管部门对被许可人开展林木转基因工程活动的情况进行监督检查，并不定期组织专家进行安全监测。

国家林业局应当将开展林木转基因工程活动有关审批文件抄送相关省级人民政府林业主管部门，明确监督重点。县级以上地方人民政府林业主管部门应当按照要求开展监督工作，报告监督结果。

有关单位和个人对林业主管部门的监督检查，应当予以支持、配合，不得拒绝、阻碍监督检查人员依法执行职务。

第二十六条 被许可人以欺骗、贿赂等不正当手段取得批准的，国家林业局应当依法撤销其开展林木转基因工程活动的行政许可，并予以公示、公告。

作出撤销行政许可决定的，国家林业局应当以书面形式通知被许可人，并告知其享有依法申请行政复议或者提起行政诉讼的权利。

第二十七条 违反本办法规定，开展林木转基因工程活动的，县级以上人民政府林业主管部门应当责令整改、给予警告，有违法所得的，可以并处违法所得1倍以上3倍以下且不超过3万元的罚款；没有违法所得的，属于非经营活动的，可以并处1千元以下罚款，属于经营活动的，可以并处1万元以下罚款。

第二十八条 违反本办法规定开展林木转基因工程活动、拒不整改的，或者发现林木转基因工程活动对人类、动植物和生态环境存在危险时，国家林业局应当责令停止相关活动，撤销相关许可决定，注销转基因林木安全证书，销毁有关存在危险的转基因林木。

第二十九条 国家林业局的有关工作人员在实施开展林木转基因工程活动审批的行政许可中，滥用职权、徇私舞弊的，依法给予处分；情节严重，构成犯罪的，依法追究刑事责任。

第三十条 申请书等相关材料的格式，由国家林业局制定。

第三十一条 本办法自2018年3月1日起施行。

中华人民共和国畜禽遗传资源进出境和对外合作研究利用审批办法

(2008 年 8 月 20 日国务院第 23 次常务会议通过)

第一条 为了加强对畜禽遗传资源进出境和对外合作研究利用的管理，保护和合理利用畜禽遗传资源，防止畜禽遗传资源流失，促进畜牧业持续健康发展，根据《中华人民共和国畜牧法》，制定本办法。

第二条 从境外引进畜禽遗传资源，向境外输出或者在境内与境外机构、个人合作研究利用列入畜禽遗传资源保护名录的畜禽遗传资源，应当遵守《中华人民共和国畜牧法》，并依照本办法的规定办理审批手续。

第三条 本办法所称畜禽，是指列入依照《中华人民共和国畜牧法》第十一条规定公布的畜禽遗传资源目录的畜禽。

本办法所称畜禽遗传资源，是指畜禽及其卵子（蛋）、胚胎、精液、基因物质等遗传材料。

第四条 从境外引进畜禽遗传资源，应当具备下列条件：

（一）引进的目的明确、用途合理；

（二）符合畜禽遗传资源保护和利用规划；

（三）引进的畜禽遗传资源来自非疫区；

（四）符合进出境动植物检疫和农业转基因生物安全的有关规定，不对境内畜禽遗传资源和生态环境安全构成威胁。

第五条 拟从境外引进畜禽遗传资源的单位，应当向其所在地的省、自治区、直辖市人民政府畜牧兽医行政主管部门提出申请，并提交畜禽遗传资源买卖合同或者赠与协议。

引进种用畜禽遗传资源的，还应当提交下列资料：

（一）种畜禽生产经营许可证；

（二）出口国家或者地区法定机构出具的种畜系谱或者种禽代次证明；

（三）首次引进的，同时提交种用畜禽遗传资源的产地、分布、培育过程、生态特征、生产性能、群体存在的主要遗传缺陷和特有疾病等资料。

第六条 向境外输出列入畜禽遗传资源保护名录的畜禽遗传资源，应当具备下列条件：

（一）用途明确；

（二）符合畜禽遗传资源保护和利用规划；

（三）不对境内畜牧业生产和畜禽产品出口构成威胁；

（四）国家共享惠益方案合理。

第七条 拟向境外输出列入畜禽遗传资源保护名录的畜禽遗传资源的单位，应当向其所在地的省、自治区、直辖市人民政府畜牧兽医行政主管部门提出申请，并提交下列资料：

（一）畜禽遗传资源买卖合同或者赠与协议；

（二）与境外进口方签订的国家共享惠益方案。

第八条 在境内与境外机构、个人合作研究利用列入畜禽遗传资源保护名录的畜禽遗传资源，应当具备下列条件：

（一）研究目的、范围和合作期限明确；

（二）符合畜禽遗传资源保护和利用规划；

（三）知识产权归属明确、研究成果共享方案合理；

（四）不对境内畜禽遗传资源和生态环境安全构成威胁；

（五）国家共享惠益方案合理。

在境内与境外机构、个人合作研究利用畜禽遗传资源的单位，应当是依法取得法人资格的中方教育科研机构、中方独资企业。

第九条 拟在境内与境外机构、个人合作研究利用列入畜禽遗传资源保护名录的畜禽遗传资源的单位，应当向其所在地的省、自治区、直辖市人民政府畜牧兽医行政主管部门提出申请，并提交下列资料：

（一）项目可行性研究报告；

（二）合作研究合同；

（三）与境外合作者签订的国家共享惠益方案。

第十条 禁止向境外输出或者在境内与境外机构、个人合作研究利用我国特有的、新发现未经鉴定的畜禽遗传资源以及国务院畜牧兽医行政主管部门禁止出口的其他畜禽遗传资源。

第十一条 省、自治区、直辖市人民政府畜牧兽医行政主管部门，应当自收到畜禽遗传资源引进、输出或者对外合作研究利用申请之日起20个工作日内完成审核工作，并将审核意见和申请资料报国务院畜牧兽医行政主管部门审批。

第十二条 国务院畜牧兽医行政主管部门，应当自收到畜禽遗传资源引进、输出或者对外合作研究利用审核意见和申请资料之日起20个工作日内，对具备本办法第四条、第六条、第八条规定条件的，签发审批表；对不具备条件的，书面通知申请人，并说明理由。其中，对输出或者在境内与境外机构、个人合作研究利用列入畜禽遗传资源保护名录的畜禽遗传资源，或者首次引进畜禽遗传资源的，国务院畜牧兽医行政主管部门应当自收到审核意见和申请资料之日起3个工作日内，将审核意见和申请资料送国家畜禽遗传资源委员会评估或者评审。评估或者评审时间不计入审批期限。

第十三条 国务院畜牧兽医行政主管部门在20个工作日内不能作出审批决定的，经本部门负责人批准，可以延长10个工作日。延长期限的理由应当告知申请人。

第十四条 畜禽遗传资源引进、输出审批表的有效期为6个月；需要延续的，申请人应当在有效期届满10个工作日前向原审批机关申请延续。延续期不得超过3个月。

第十五条 从境外引进畜禽遗传资源、向境外输出列入畜禽遗传资源保护名录的畜禽遗传资源的单位，凭审批表办理检疫手续。海关凭出入境检验检疫部门出具的进出境货物通关单办理验放手续。从境外引进畜禽遗传资源、向境外输出列入畜禽遗传资源保护名录的畜禽遗传资源的单位，应当自海关放行之日起 10 个工作日内，将实际引进、输出畜禽遗传资源的数量报国务院畜牧兽医行政主管部门备案。国务院畜牧兽医行政主管部门应当定期将有关资料抄送国务院环境保护行政主管部门。

第十六条 在对外合作研究利用过程中需要更改研究目的和范围、合作期限、知识产权归属、研究成果共享方案或者国家共享惠益方案的，在境内与境外机构、个人合作研究利用列入畜禽遗传资源保护名录的畜禽遗传资源的单位，应当按照原申请程序重新办理审批手续。

第十七条 省、自治区、直辖市人民政府畜牧兽医行政主管部门应当对引进的畜禽遗传资源进行跟踪评价，组织专家对引进的畜禽遗传资源的生产性能、健康状况、适应性以及对生态环境和本地畜禽遗传资源的影响等进行测定、评估，并及时将测定、评估结果报国务院畜牧兽医行政主管部门。

发现引进的畜禽遗传资源对境内畜禽遗传资源、生态环境有危害或者可能产生危害的，国务院畜牧兽医行政主管部门应当商有关主管部门，采取相应的安全控制措施。

第十八条 在境内与境外机构、个人合作研究利用列入畜禽遗传资源保护名录的畜禽遗传资源的单位，应当于每年 12 月 31 日前，将合作研究利用畜禽遗传资源的情况报所在地的省、自治区、直辖市人民政府畜牧兽医行政主管部门。省、自治区、直辖市人民政府畜牧兽医行政主管部门应当对合作研究利用情况提出审核意见，一并报国务院畜牧兽医行政主管部门备案。

第十九条 与畜禽遗传资源引进、输出和对外合作研究利用的单位以及与境外机构或者个人有利害关系的人员，不得参与对有关申请的评估、评审以及对进境畜禽遗传资源的测定、评估工作。

第二十条 我国的畜禽遗传资源信息，包括重要的畜禽遗传家系和特定地区遗传资源及其数据、资料、样本等，未经国务院畜牧兽医行政主管部门许可，任何单位或者个人不得向境外机构和个人转让。

第二十一条 畜牧兽医行政主管部门工作人员在畜禽遗传资源引进、输出和对外合作研究利用审批过程中玩忽职守、滥用职权、徇私舞弊的，依法给予处分；构成犯罪的，依法追究刑事责任。

第二十二条 依照本办法的规定参与评估、评审、测定的专家，利用职务上的便利收取他人财物或者谋取其他利益，或者出具虚假意见的，没收违法所得，依法给予处分；构成犯罪的，依法追究刑事责任。

第二十三条 申请从境外引进畜禽遗传资源，向境外输出或者在境内与境外机构、个人合作研究利用列入畜禽遗传资源保护名录的畜禽遗传资源的单位，隐瞒有关情况或者提供虚假资料的，由省、自治区、直辖市人民政府畜牧兽医行政主管部门给予警告，3 年内不再受理该单位的同类申请。

第二十四条 以欺骗、贿赂等不正当手段取得批准从境外引进畜禽遗传资源，向境外输出或者在境内与境外机构、个人合作研究利用列入畜禽遗传资源保护名录的畜禽遗传资源的，由国务院畜牧兽医行政主管部门撤销批准决定，没收有关畜禽遗传资源和违法所得，并处以 1 万元以上 5 万元以下罚款，10 年内不再受理该单位的同类申请；构成犯罪的，依法追究刑事责任。

　　第二十五条　未经审核批准，从境外引进畜禽遗传资源，或者在境内与境外机构、个人合作研究利用列入畜禽遗传资源保护名录的畜禽遗传资源，或者在境内与境外机构、个人合作研究利用未经国家畜禽遗传资源委员会鉴定的新发现的畜禽遗传资源的，依照《中华人民共和国畜牧法》的有关规定追究法律责任。

　　第二十六条　未经审核批准，向境外输出列入畜禽遗传资源保护名录的畜禽遗传资源的，依照《中华人民共和国海关法》的有关规定追究法律责任。海关应当将扣留的畜禽遗传资源移送省、自治区、直辖市人民政府畜牧兽医行政主管部门处理。

　　第二十七条　向境外输出或者在境内与境外机构、个人合作研究利用列入畜禽遗传资源保护名录的畜禽遗传资源，违反国家保密规定的，依照《中华人民共和国保守国家秘密法》的有关规定追究法律责任。

　　第二十八条　本办法自 2008 年 10 月 1 日起施行。

出入境人员携带物检疫管理办法

（2012 年 6 月 27 日国家质量监督检验检疫总局局务会议审议通过）

第一章 总 则

第一条 为了防止人类传染病及其医学媒介生物、动物传染病、寄生虫病和植物危险性病、虫、杂草以及其他有害生物经国境传入、传出，保护人体健康和农、林、牧、渔业以及环境安全，依据《中华人民共和国进出境动植物检疫法》及其实施条例、《中华人民共和国国境卫生检疫法》及其实施细则、《农业转基因生物安全管理条例》、《中华人民共和国濒危野生动植物进出口管理条例》等法律法规的规定，制定本办法。

第二条 本办法所称出入境人员，是指出入境的旅客（包括享有外交、领事特权与豁免权的外交代表）和交通工具的员工以及其他人员。

本办法所称携带物，是指出入境人员随身携带以及随所搭乘的车、船、飞机等交通工具托运的物品和分离运输的物品。

第三条 国家质量监督检验检疫总局（以下简称国家质检总局）主管全国出入境人员携带物检疫和监督管理工作。

国家质检总局设在各地的出入境检验检疫机构（以下简称检验检疫机构）负责所辖地区出入境人员携带物检疫和监督管理工作。

第四条 出入境人员携带下列物品，应当申报并接受检验检疫机构检疫：

（一）入境动植物、动植物产品和其他检疫物；

（二）出入境生物物种资源、濒危野生动植物及其产品；

（三）出境的国家重点保护的野生动植物及其产品；

（四）出入境的微生物、人体组织、生物制品、血液及血液制品等特殊物品（以下简称特殊物品）；

（五）出入境的尸体、骸骨等；

（六）来自疫区、被传染病污染或者可能传播传染病的出入境的行李和物品；

（七）国家质检总局规定的其他应当向检验检疫机构申报并接受检疫的携带物。

第五条 出入境人员禁止携带下列物品进境：

（一）动植物病原体（包括菌种、毒种等）、害虫及其他有害生物；

（二）动植物疫情流行的国家或者地区的有关动植物、动植物产品和其他检疫物；

（三）动物尸体；

（四）土壤；

（五）《中华人民共和国禁止携带、邮寄进境的动植物及其产品名录》所列各物；

（六）国家规定禁止进境的废旧物品、放射性物质以及其他禁止进境物。

第六条 经检验检疫机构检疫，发现携带物存在重大检疫风险的，检验检疫机构应当启动风险预警及快速反应机制。

第二章　检疫审批

第七条　携带动植物、动植物产品入境需要办理检疫审批手续的，应当事先向国家质检总局申请办理动植物检疫审批手续。

第八条　携带植物种子、种苗及其他繁殖材料入境，因特殊情况无法事先办理检疫审批的，应当按照有关规定申请补办。

第九条　因科学研究等特殊需要，携带本办法第五条第一项至第四项规定的物品入境的，应当事先向国家质检总局申请办理动植物检疫特许审批手续。

第十条　《中华人民共和国禁止携带、邮寄进境的动植物及其产品名录》所列各物，经国家有关行政主管部门审批许可，并具有输出国家或者地区官方机构出具的检疫证书的，可以携带入境。

第十一条　携带特殊物品出入境，应当事先向直属检验检疫局办理卫生检疫审批手续。

第三章　申报与现场检疫

第十二条　携带本办法第四条所列各物入境的，入境人员应当按照有关规定申报，接受检验检疫机构检疫。

第十三条　检验检疫机构可以在交通工具、人员出入境通道、行李提取或者托运处等现场，对出入境人员携带物进行现场检查，现场检查可以使用X光机、检疫犬以及其他方式进行。

对出入境人员可能携带本办法规定应当申报的携带物而未申报的，检验检疫机构可以进行查询并抽检其物品，必要时可以开箱（包）检查。

第十四条　出入境人员应当接受检查，并配合检验检疫人员工作。

享有外交、领事特权与豁免权的外国机构和人员公用或者自用的动植物、动植物产品和其他检疫物入境，应当接受检验检疫机构检疫；检验检疫机构查验，须有外交代表或者其授权人员在场。

第十五条　对申报以及现场检查发现的本办法第四条所列各物，检验检疫机构应当进行现场检疫。

第十六条　携带植物种子、种苗及其他繁殖材料入境的，携带人应当向检验检疫机构提供《引进种子、苗木检疫审批单》或者《引进林木种子、苗木和其他繁殖材料检疫审批单》。

携带除本条第一款之外的其他应当办理检疫审批的动植物、动植物产品和其他检疫物以及应当办理动植物检疫特许审批的禁止进境物入境的，携带人应当向检验检疫机构提供国家质检总局签发的《中华人民共和国进境动植物检疫许可证》（以下简称检疫许可证）和其他相关单证。

检验检疫机构按照《引进种子、苗木检疫审批单》、《引进林木种子、苗木和其他繁殖材料检疫审批单》、检疫许可证和其他相关单证的要求以及有关规定对本条第一、二款规定的动植物和动植物产品及其他检疫物实施现场检疫。

第十七条 携带入境的活动物仅限犬或者猫（以下称宠物），并且每人每次限带1只。

携带宠物入境的，携带人应当向检验检疫机构提供输出国家或者地区官方动物检疫机构出具的有效检疫证书和疫苗接种证书。宠物应当具有芯片或者其他有效身份证明。

第十八条 携带农业转基因生物入境的，携带人应当向检验检疫机构提供《农业转基因生物安全证书》和输出国家或者地区官方机构出具的检疫证书。列入农业转基因生物标识目录的进境转基因生物，应当按照规定进行标识，携带人还应当提供国务院农业行政主管部门出具的农业转基因生物标识审查认可批准文件。

第十九条 携带特殊物品出入境的，携带人应当向检验检疫机构提供《入/出境特殊物品审批单》并接受卫生检疫。

携带供移植用器官、骨髓干细胞出入境，因特殊原因未办理卫生检疫审批手续的，出境、入境时检验检疫机构可以先予放行，货主或者其代理人应当在放行后10个工作日内申请补办卫生检疫审批手续。携带自用且仅限于预防或者治疗疾病用的血液制品或者生物制品出入境的，不需办理卫生检疫审批手续，但需出示医院的有关证明；允许携带量以处方或者说明书确定的一个疗程为限。

第二十条 携带尸体、骸骨等出入境的，携带人应当按照有关规定向检验检疫机构提供死者的死亡证明以及其他相关单证。

检验检疫机构依法对出入境尸体、骸骨等实施卫生检疫。

第二十一条 携带濒危野生动植物及其产品进出境或者携带国家重点保护的野生动植物及其产品出境的，应当在《中华人民共和国濒危野生动植物进出口管理条例》规定的指定口岸进出境，携带人应当向检验检疫机构提供进出口证明书。

第二十二条 检验检疫机构对携带人提供的检疫许可证以及其他相关单证进行核查，核查合格的，应当在现场实施检疫。现场检疫合格且无需作进一步实验室检疫、隔离检疫或者其他检疫处理的，可以当场放行。

携带物与提交的检疫许可证或者其他相关单证不符的，作限期退回或者销毁处理。

第二十三条 携带物有下列情形之一的，检验检疫机构依法予以截留：

（一）需要做实验室检疫、隔离检疫的；

（二）需要作检疫处理的；

（三）需要作限期退回或者销毁处理的；

（四）应当提供检疫许可证以及其他相关单证，不能提供的；

（五）需要移交其他相关部门的。

检验检疫机构应当对依法截留的携带物出具截留凭证，截留期限不超过7天。

第二十四条 携带动植物、动植物产品和其他检疫物出境，依法需要申报的，携带人应当按照规定申报并提供有关证明。

输入国家或者地区、携带人对出境动植物、动植物产品和其他检疫物有检疫要求的，由携带人提出申请，检验检疫机构依法实施检疫并出具有关单证。

第二十五条 检验检疫机构对入境中转人员携带物实行检疫监督管理。

航空公司对运载的入境中转人员携带物应当单独打板或者分舱运载，并在入境中转人员携带物外包装上加施明显标志。检验检疫机构必要时可以在国内段实施随航监督。

第四章　检疫处理

第二十六条　截留的携带物应当在检验检疫机构指定的场所封存或者隔离。

第二十七条　携带物需要做实验室检疫、隔离检疫的，经检验检疫机构截留检疫合格的，携带人应当持截留凭证在规定期限内领取，逾期不领取的，作自动放弃处理；截留检疫不合格又无有效处理方法的，作限期退回或者销毁处理。

逾期不领取或者出入境人员书面声明自动放弃的携带物，由检验检疫机构按照有关规定处理。

第二十八条　入境宠物应当隔离检疫 30 天（截留期限计入在内）。

来自狂犬病发生国家或者地区的宠物，应当在检验检疫机构指定的隔离场隔离检疫 30 天。

来自非狂犬病发生国家或者地区的宠物，应当在检验检疫机构指定隔离场隔离 7 天，其余 23 天在检验检疫机构指定的其他场所隔离。

携带宠物属于工作犬，如导盲犬、搜救犬等，携带人提供相应专业训练证明的，可以免予隔离检疫。

检验检疫机构对隔离检疫的宠物实行监督检查。

第二十九条　携带宠物入境，携带人不能向检验检疫机构提供输出国家或者地区官方动物检疫机构出具的检疫证书和疫苗接种证书或者超过限额的，由检验检疫机构作限期退回或者销毁处理。

对仅不能提供疫苗接种证书的工作犬，经携带人申请，检验检疫机构可以对工作犬接种狂犬病疫苗。

作限期退回处理的，携带人应当在规定的期限内持检验检疫机构签发的截留凭证，领取并携带宠物出境；逾期不领取的，作自动放弃处理。

第三十条　因不能提供检疫许可证以及其他相关单证被截留的携带物，携带人应当在截留期限内补交单证，检验检疫机构对单证核查合格，无需作进一步实验室检疫、隔离检疫或者其他检疫处理的，予以放行；未能补交有效单证的，作限期退回或者销毁处理。

携带农业转基因生物入境，不能提供农业转基因生物安全证书和相关批准文件的，或者携带物与证书、批准文件不符的，作限期退回或者销毁处理。进口农业转基因生物未按照规定标识的，重新标识后方可入境。

第三十一条　携带物有下列情况之一的，按照有关规定实施除害处理或者卫生处理：

（一）入境动植物、动植物产品和其他检疫物发现有规定病虫害的；

（二）出入境的尸体、骸骨不符合卫生要求的；

（三）出入境的行李和物品来自传染病疫区、被传染病污染或者可能传播传染病的；

（四）其他应当实施除害处理或者卫生处理的。

第三十二条　携带物有下列情况之一的，检验检疫机构按照有关规定予以限期退回或者销毁处理，法律法规另有规定的除外：

（一）有本办法第二十二条、第二十七条、第二十九条和第三十条所列情形的；

（二）法律法规及国家其他规定禁止入境的；

（三）其他应当予以限期退回或者作销毁处理的。

第五章　法律责任

第三十三条　携带动植物、动植物产品和其他检疫物入境有下列行为之一的，由检验检疫机构处以 5 000 元以下罚款：

（一）应当向检验检疫机构申报而未申报的；

（二）申报的动植物、动植物产品和其他检疫物与实际不符的；

（三）未依法办理检疫审批手续的；

（四）未按照检疫审批的规定执行的。

有前款第二项所列行为，已取得检疫单证的，予以吊销。

第三十四条　有下列违法行为之一的，由检验检疫机构处以警告或者 100 元以上 5 000元以下罚款：

（一）拒绝接受检疫，拒不接受卫生处理的；

（二）伪造、变造卫生检疫单证的；

（三）瞒报携带禁止进口的微生物、人体组织、生物制品、血液及其制品或者其他可能引起传染病传播的动物和物品的；

（四）未经检验检疫机构许可，擅自装卸行李的；

（五）承运人对运载的入境中转人员携带物未单独打板或者分舱运载的。

第三十五条　未经检验检疫机构实施卫生处理，擅自移运尸体、骸骨的，由检验检疫机构处以 1 000 元以上 1 万元以下罚款。

第三十六条　有下列行为之一的，由检验检疫机构处以 3 000 元以上 3 万元以下罚款：

（一）未经检验检疫机构许可擅自将进境、过境动植物、动植物产品和其他检疫物卸离运输工具或者运递的；

（二）未经检验检疫机构许可，擅自调离或者处理在检验检疫机构指定的隔离场所中截留隔离的携带物的；

（三）擅自开拆、损毁动植物检疫封识或者标志的。

第三十七条　伪造、变造动植物检疫单证、印章、标志、封识的，应当依法移送公安机关；尚不构成犯罪或者犯罪情节显著轻微依法不需要判处刑罚的，由检验检疫机构处以 2 万元以上 5 万元以下罚款。

第三十八条　携带废旧物品，未向检验检疫机构申报，未经检验检疫机构实施卫生处理并签发有关单证而擅自入境、出境的，由检验检疫机构处以 5 000 元以上 3 万元以下罚款。

第三十九条　买卖动植物检疫单证、印章、标志、封识或者买卖伪造、变造的动植物检疫单证、印章、标志、封识的，有违法所得的，由检验检疫机构处以违法所得 3 倍以下罚款，最高不超过 3 万元；无违法所得的，由检验检疫机构处以 1 万元以下罚款。

买卖卫生检疫单证或者买卖伪造、变造的卫生检疫单证的，有违法所得的，由检验检疫机构处以违法所得 3 倍以下罚款，最高不超过 5 000 元；无违法所得的，由检验检疫机构处以 100 元以上 5 000 元以下罚款。

第四十条　有下列行为之一的，由检验检疫机构处以 1 000 元以下罚款：

（一）盗窃动植物检疫单证、印章、标志、封识或者使用伪造、变造的动植物检疫单证、印章、标志、封识的；

（二）盗窃卫生检疫单证或者使用伪造、变造的卫生检疫单证的；

（三）使用伪造、变造的国外官方机构出具的检疫证书的。

第四十一条 出入境人员拒绝、阻碍检验检疫机构及其工作人员依法执行职务的，依法移送有关部门处理。

第四十二条 检验检疫机构工作人员应当秉公执法、忠于职守，不得滥用职权、玩忽职守、徇私舞弊；违法失职的，依法追究责任。

第六章 附 则

第四十三条 本法所称分离运输的物品是指出入境人员在其入境后或者出境前 6 个月内（含 6 个月），以托运方式运进或者运出的本人行李物品。

第四十四条 需要收取费用的，检验检疫机构按照有关规定执行。

第四十五条 违反本办法规定，构成犯罪的，依法追究刑事责任。

第四十六条 本办法由国家质检总局负责解释。

第四十七条 本办法自 2012 年 11 月 1 日起施行。国家质检总局 2003 年 11 月 6 日发布的《出入境人员携带物检疫管理办法》（国家质检总局令第 56 号）同时废止。

新食品原料安全性审查管理办法

(2013 年 2 月 5 日经原卫生部部务会审议通过)

第一条 为规范新食品原料安全性评估材料审查工作，根据《中华人民共和国食品安全法》及其实施条例的有关规定，制定本办法。

第二条 新食品原料是指在我国无传统食用习惯的以下物品：

（一）动物、植物和微生物；

（二）从动物、植物和微生物中分离的成分；

（三）原有结构发生改变的食品成分；

（四）其他新研制的食品原料。

第三条 新食品原料应当具有食品原料的特性，符合应当有的营养要求，且无毒、无害，对人体健康不造成任何急性、亚急性、慢性或者其他潜在性危害。

第四条 新食品原料应当经过国家卫生计生委安全性审查后，方可用于食品生产经营。

第五条 国家卫生计生委负责新食品原料安全性评估材料的审查和许可工作。

国家卫生计生委所属卫生监督中心承担新食品原料安全性评估材料的申报受理、组织开展安全性评估材料的审查等具体工作。

第六条 拟从事新食品原料生产、使用或者进口的单位或者个人（以下简称申请人），应当提出申请并提交以下材料：

（一）申请表；

（二）新食品原料研制报告；

（三）安全性评估报告；

（四）生产工艺；

（五）执行的相关标准（包括安全要求、质量规格、检验方法等）；

（六）标签及说明书；

（七）国内外研究利用情况和相关安全性评估资料；

（八）有助于评审的其他资料。

另附未启封的产品样品 1 件或者原料 30 克。

第七条 申请进口新食品原料的，除提交第六条规定的材料外，还应当提交以下材料：

（一）出口国（地区）相关部门或者机构出具的允许该产品在本国（地区）生产或者销售的证明材料；

（二）生产企业所在国（地区）有关机构或者组织出具的对生产企业审查或者认证的证明材料。

第八条 申请人应当如实提交有关材料，反映真实情况，对申请材料内容的真实性负责，并承担法律责任。

第九条 申请人在提交本办法第六条第一款第二项至第六项材料时，应当注明其中不涉及商业秘密，可以向社会公开的内容。

第十条 国家卫生计生委受理新食品原料申请后，向社会公开征求意见。

第十一条 国家卫生计生委自受理新食品原料申请之日起 60 日内，应当组织专家对新食品原料安全性评估材料进行审查，作出审查结论。

第十二条 审查过程中需要补充资料的，应当及时书面告知申请人，申请人应当按照要求及时补充有关资料。

根据审查工作需要，可以要求申请人现场解答有关技术问题，申请人应当予以配合。

第十三条 审查过程中需要对生产工艺进行现场核查的，可以组织专家对新食品原料研制及生产现场进行核查，并出具现场核查意见，专家对出具的现场核查意见承担责任。省级卫生监督机构应当予以配合。

参加现场核查的专家不参与该产品安全性评估材料的审查表决。

第十四条 新食品原料安全性评估材料审查和许可的具体程序按照《行政许可法》《卫生行政许可管理办法》等有关法律法规规定执行。

第十五条 国家卫生计生委根据新食品原料的安全性审查结论，对符合食品安全要求的，准予许可并予以公告；对不符合食品安全要求的，不予许可并书面说明理由。

对与食品或者已公告的新食品原料具有实质等同性的，应当作出终止审查的决定，并书面告知申请人。

第十六条 根据新食品原料的不同特点，公告可以包括以下内容：

（一）名称；

（二）来源；

（三）生产工艺；

（四）主要成分；

（五）质量规格要求；

（六）标签标识要求；

（七）其他需要公告的内容。

第十七条 有下列情形之一的，国家卫生计生委应当及时组织对已公布的新食品原料进行重新审查：

（一）随着科学技术的发展，对新食品原料的安全性产生质疑的；

（二）有证据表明新食品原料的安全性可能存在问题的；

（三）其他需要重新审查的情形。

对重新审查不符合食品安全要求的新食品原料，国家卫生计生委可以撤销许可。

第十八条 新食品原料生产单位应当按照新食品原料公告要求进行生产，保证新食品原料的食用安全。

第十九条 食品中含有新食品原料的，其产品标签标识应当符合国家法律、法规、食品安全标准和国家卫生计生委公告要求。

第二十条 违反本办法规定，生产或者使用未经安全性评估的新食品原料的，按照《食品安全法》的有关规定处理。

第二十一条　申请人隐瞒有关情况或者提供虚假材料申请新食品原料许可的，国家卫生计生委不予受理或者不予许可，并给予警告，且申请人在一年内不得再次申请该新食品原料许可。

以欺骗、贿赂等不正当手段通过新食品原料安全性评估材料审查并取得许可的，国家卫生计生委将予以撤销许可。

第二十二条　本办法下列用语的含义：

实质等同，是指如某个新申报的食品原料与食品或者已公布的新食品原料在种属、来源、生物学特征、主要成分、食用部位、使用量、使用范围和应用人群等方面相同，所采用工艺和质量要求基本一致，可以视为它们是同等安全的，具有实质等同性。

传统食用习惯，是指某种食品在省辖区域内有 30 年以上作为定型或者非定型包装食品生产经营的历史，并且未载入《中华人民共和国药典》。

第二十三条　本办法所称的新食品原料不包括转基因食品、保健食品、食品添加剂新品种。转基因食品、保健食品、食品添加剂新品种的管理依照国家有关法律法规执行。

第二十四条　本办法自 2013 年 10 月 1 日起施行。原卫生部 2007 年 12 月 1 日公布的《新资源食品管理办法》同时废止。

修改说明

国家卫生计生委 2017 年第 18 号文第一次修改，修改内容如下：

（1）将第五条第二款修改为："国家卫生计生委新食品原料技术审评机构（以下简称审评机构）负责新食品原料安全性技术审查，提出综合审查结论及建议。"

（2）在第十四条后增加一条："审评机构提出的综合审查结论，应当包括安全性审查结果和社会稳定风险评估结果。"

（3）将第二十一条第二款修改为："以欺骗、贿赂等不正当手段通过新食品原料安全性审查并取得许可的，国家卫生计生委应当撤销许可，且申请人在三年内不得再次申请新食品原料许可。"

水生生物增殖放流管理规定

(2009 年 3 月 20 日农业部第 4 次常务会议审议通过)

第一条 为规范水生生物增殖放流活动，科学养护水生生物资源，维护生物多样性和水域生态安全，促进渔业可持续健康发展，根据《中华人民共和国渔业法》《中华人民共和国野生动物保护法》等法律法规，制定本规定。

第二条 本规定所称水生生物增殖放流，是指采用放流、底播、移植等人工方式向海洋、江河、湖泊、水库等公共水域投放亲体、苗种等活体水生生物的活动。

第三条 在中华人民共和国管辖水域内进行水生生物增殖放流活动，应当遵守本规定。

第四条 农业部主管全国水生生物增殖放流工作。

县级以上地方人民政府渔业行政主管部门负责本行政区域内水生生物增殖放流的组织、协调与监督管理。

第五条 各级渔业行政主管部门应当加大对水生生物增殖放流的投入，积极引导、鼓励社会资金支持水生生物资源养护和增殖放流事业。

水生生物增殖放流专项资金应专款专用，并遵守有关管理规定。渔业行政主管部门使用社会资金用于增殖放流的，应当向社会、出资人公开资金使用情况。

第六条 县级以上人民政府渔业行政主管部门应当积极开展水生生物资源养护与增殖放流的宣传教育，提高公民养护水生生物资源、保护生态环境的意识。

第七条 县级以上人民政府渔业行政主管部门应当鼓励单位、个人及社会各界通过认购放流苗种、捐助资金、参加志愿者活动等多种途径和方式参与、开展水生生物增殖放流活动。对于贡献突出的单位和个人，应当采取适当方式给予宣传和鼓励。

第八条 县级以上地方人民政府渔业行政主管部门应当制定本行政区域内的水生生物增殖放流规划，并报上一级渔业行政主管部门备案。

第九条 用于增殖放流的人工繁殖的水生生物物种，应当来自有资质的生产单位。其中，属于经济物种的，应当来自持有《水产苗种生产许可证》的苗种生产单位；属于珍稀、濒危物种的，应当来自持有《水生野生动物驯养繁殖许可证》的苗种生产单位。

渔业行政主管部门应当按照"公开、公平、公正"的原则，依法通过招标或者议标的方式采购用于放流的水生生物或者确定苗种生产单位。

第十条 用于增殖放流的亲体、苗种等水生生物应当是本地种。苗种应当是本地种的原种或者子一代，确需放流其他苗种的，应当通过省级以上渔业行政主管部门组织的专家论证。

禁止使用外来种、杂交种、转基因种以及其他不符合生态要求的水生生物物种进行增殖放流。

第十一条 用于增殖放流的水生生物应当依法经检验检疫合格，确保健康无病害、无禁用药物残留。

第十二条　渔业行政主管部门组织开展增殖放流活动，应当公开进行，邀请渔民、有关科研单位和社会团体等方面的代表参加，并接受社会监督。

增殖放流的水生生物的种类、数量、规格等，应当向社会公示。

第十三条　单位和个人自行开展规模性水生生物增殖放流活动的，应当提前 15 日向当地县级以上地方人民政府渔业行政主管部门报告增殖放流的种类、数量、规格、时间和地点等事项，接受监督检查。

经审查符合本规定的增殖放流活动，县级以上地方人民政府渔业行政主管部门应当给予必要的支持和协助。

应当报告并接受监督检查的增殖放流活动的规模标准，由县级以上地方人民政府渔业行政主管部门根据本地区水生生物增殖放流规划确定。

第十四条　增殖放流应当遵守省级以上人民政府渔业行政主管部门制定的水生生物增殖放流技术规范，采取适当的放流方式，防止或者减轻对放流水生生物的损害。

第十五条　渔业行政主管部门应当在增殖放流水域采取划定禁渔区、确定禁渔期等保护措施，加强增殖资源保护，确保增殖放流效果。

第十六条　渔业行政主管部门应当组织开展有关增殖放流的科研攻关和技术指导，并采取标志放流、跟踪监测和社会调查等措施对增殖放流效果进行评价。

第十七条　县级以上地方人民政府渔业行政主管部门应当将辖区内本年度水生生物增殖放流的种类、数量、规格、时间、地点、标志放流的数量及方法、资金来源及数量、放流活动等情况统计汇总，于 11 月底以前报上一级渔业行政主管部门备案。

第十八条　违反本规定的，依照《中华人民共和国渔业法》《中华人民共和国野生动物保护法》等有关法律法规的规定处罚。

第十九条　本规定自 2009 年 5 月 1 日起施行。